TIERRA FIRME

BIENES DEL SIGLO

ENRICO MARIO SANTÍ

BIENES DEL SIGLO
Sobre cultura cubana

FONDO DE CULTURA ECONÓMICA
MÉXICO

Primera edición, 2002

Se prohíbe la reproducción total o parcial de esta obra
—incluido el diseño tipográfico y de portada—,
sea cual fuere el medio, electrónico o mecánico,
sin el consentimiento por escrito del editor.

Comentarios y sugerencias: editor@fce.com.mx
Conozca nuestro catálogo: www.fce.com.mx

D. R. © 2002, Fondo de Cultura Económica
Carretera Picacho-Ajusco, 227; 14200 México, D. F.

ISBN 968-16-6698-4

Impreso en México

A mi gente: dentro, fuera, más allá.
quem legis, ut noris

Poesía: búsqueda del tú.
OCTAVIO PAZ

Un modo de hacer patria:
grabar lo que se desvanece.
JOSÉ MARTÍ

Introducción

Escritos a lo largo de casi treinta años, los ensayos y notas que componen este libro reflejan una vida académica itinerante en el siglo xx. También una serie de pasiones, no sólo literarias, determinadas por un horizonte vital: mi condición de exiliado cubano. Publico este libro, de hecho, en un doble aniversario: los cuarenta años de la llegada de mi familia al exilio en Estados Unidos, y los veinticinco de profesor de literatura en universidades norteamericanas, los cuales coinciden, a su vez, con otro: el centenario de la primera República cubana. Hoy veo, o vivo, mis itinerarios más como signos de un espectáculo melancólico que como evidencia de dudosa realización.

A diferencia de mis trabajos sobre otros temas, con los que tal vez me identifico menos, muchos de los ensayos sobre cultura cubana que se recogen aquí los escribí poseído por una pasión moral, entregado no sólo a la elucidación crítica sino a la aclaración de ideas estéticas, políticas y espirituales. Son esos estados los "bienes" que evoco en el título. Lejos de ser lastres, son el legado que me acompaña en este otro siglo. Al mismo tiempo, la homonimia en el título me hace ver que mis ejercicios de crítica literaria representan, sin yo proponérmelo, una exploración personal: búsqueda de un *yo* dentro de un lenguaje español que a diario lucho por preservar, que a la vez es búsqueda de un *tú*, lector esquivo con quien comparto mis obsesiones. No es exagerado decir que en este libro lo más importante no es el que esto escribe, que hace tiempo conozco, sino tú, lector, que vienes.

Si para todo escritor el lector es clave, ¿qué no será para uno exiliado, que ha perdido a su lector natural? Tal vez el mayor o más importante descubrimiento que hice a lo largo de mi solitaria escritura de estos ensayos fue mi paulatino deseo de comunicarme con ese perdido lector, dentro de Cuba, o fuera, en el exilio. En ello me ayudó, gracias a mis amigos Octavio Paz y Enrique Krauze, mi colaboración a lo largo de varios años en la revista *Vuelta* de México. Cuando empecé esas colaboraciones, a principios de la década de los ochenta, sabía perfectamente que su circulación estaba prohibida en Cuba;

como también que, precisamente por esa razón, llegaría a esos lectores. Pronto lo confirmé cuando me enteré de que un funcionario del régimen había atacado uno de mis ensayos sobre José Martí (que aquí aparece bajo el título de "La Revolución cubana"), el cual de paso me acusaba de cuanto crimen pudiera imaginarse. Pedir el derecho a la réplica me fue inútil; no lo fue comprobar que mis palabras habían resonado dentro de la isla.

Pero en realidad mis trabajos, de índole y extensión diversa, se dirigen a distintos públicos –y no siempre exclusivamente cubano, por cierto–. Mi aprendizaje en las letras fue, además de familiar, universitario, y siempre en universidades estadunidenses. La crónica de mi paso por ellas es en gran parte el relato de mis cambios como ensayista de cultura cubana.

Primero en la Universidad de Vanderbilt, institución sureña en la que tuve la suerte de encontrarme con un par de maestros (sobre todo uno: J. Richard Andrews) que me enseñaron, literalmente, a leer. Me refiero a ese lento y laborioso ejercicio que los americanos llaman *close reading* y los franceses *explication de texte*. Lo que para el lector común puede resultar aburrido y una pérdida de tiempo, para el especialista no sólo es valioso sino voluptuoso: fuente de placer. Todavía recuerdo con emoción cómo en las clases de Dick Andrews nos demorábamos en la morosa lectura de la poesía del Siglo de Oro español (mi primer amor literario) y del *Quijote*. Esa iniciación formalista pronto se amplió cuando me aceptaron en el programa de posgrado en español y portugués de Yale, donde por cierto enseñaba un gran profesor cubano: José Juan Arrom. El carácter más bien tradicional de ese departamento contrastaba, en aquel entonces, con el radicalismo de los de Inglés y Literatura Comparada, donde impartían cursos gente tan notoria como Paul de Man –hoy inmencionable, hasta por sus propios alumnos–, Geoffrey Hartman, J. Hillis Miller y Harold Bloom; u otros latinoamericanistas, como el historiador Richard Morse, o el economista Carlos Díaz Alejandro. De todos ellos pude beneficiarme no sólo asistiendo a sus clases y a sus frecuentes conferencias; a veces, apenas sabiendo que estaban allí.

En cambio, nunca me propuse, ni durante mis estudios de posgrado ni después, especializarme en literatura cubana. Más bien evité el tema, y como se ve, infructuosamente. Además de doloroso, el tema de Cuba me parecía entonces demasiado identificado con el *ghetto* de los coterráneos que se desempeñaban como profesores, muchas veces sin formación crítica y como suplemento a la primera profesión que habían dejado en Cuba. Sí recuerdo con especial fervor, la gran cubanía (uso la palabra y concepto adrede) de

Arrom, a quien le agradezco no sólo seminarios inolvidables (uno sobre Martí, en especial) sino el empeño que puso en que yo restaurara el acento catalán de mi apellido paterno, que los años de adolescencia americana me habían hecho borrar. Con quien definitivamente me identifiqué más fue con el otro gran latinoamericanista de Yale, Emir Rodríguez Monegal. No lo conocía de antes, pero pronto me enteraron de su leyenda, mezcla de profesor venerable, icono del *jet set*, y *bête noire* de la izquierda. (Sobre todo lo último: algunos compañeros, y más tarde un profesor, me rumoraron de su fama de agente de la CIA.) Educado en Cambridge, donde también había ocupado una cátedra, Emir había sido en su etapa pre-Yale director de *Mundo Nuevo,* la revista que difundió a los novelistas del *boom* y tal vez la más perseguida por la izquierda latinoamericana. Lo cierto es que fue en los cursos de Emir –pero sobre todo en nuestras conversaciones fuera de clase– donde por primera vez palpé de cerca lo que era un "hombre de letras": alguien totalmente dedicado a la literatura; un políglota de cultura pasmosamente amplia, una memoria de elefante, y una experiencia internacional que no dejaba de ser, a un tiempo, cosmopolita y criolla. Además, Emir tenía otra virtud: su gran sentido del humor.

No encontré en las clases de Emir el riguroso laboratorio de lectura que antes había tenido en mi iniciación formalista. Encontré otra cosa que me sirvió de más: una ventana a la Biblioteca. A diferencia de muchos otros profesores que he conocido, Emir no ponía fronteras a sus gustos literarios, y me complacía que entre ellos contara especialmente a autores cubanos –desde Heredia y Martí hasta Sarduy y Cabrera Infante–, cosa que me sorprendió en el íntegro rioplatense que era él, biógrafo de Neruda, Quiroga y Borges. Fue bajo la tutela de Emir como terminé escribiendo no sólo mi tesis de grado sobre Pablo Neruda sino el ensayo más antiguo en este libro ("Lezama y Vitier: crítica de la razón reminiscente"). Por último, y por encima de todos sus conocimientos literarios, fue en realidad el espíritu crítico de Emir ante la izquierda cultural latinoamericana, de la que fue tantas veces víctima, lo que me hizo identificarme más. Descubrir ese espíritu crítico fue para mí descubrir otra cosa: que la literatura está inserta en un contexto histórico, político y cultural lleno de acuerdos y concordancias, pero también plagado de discordancias, polémicas y hasta guerras intestinas. No basta leer de cerca: es preciso también de lejos, con amplitud. Ese descubrimiento lo hice no sólo yo, por cierto, sino los muchos que tuvimos contacto con Emir por esos años. No deja de ser grotesco, por eso, que a casi un cuarto de siglo de su deceso, el estudioso que más contribuyó en el medio siglo a la discusión de la historicidad de la literatura latinoamericana –por su labor como promotor cultural y por sus biografías literarias– todavía hoy sea objeto del mito de un formalista encerrado en una torre de marfil.

Después de Yale, trabajé brevemente en Duke y luego en Cornell, donde habría de enseñar una década entera. Eran años de grandes pasiones en la teoría literaria, y Cornell era uno de sus centros de difusión más importante, gracias en parte a la presencia de un grupo de jóvenes profesores, casi todos de literatura francesa, que editaban una revista, *Diacritics,* a la que en seguida me incorporaron. Fue durante esos años de producción febril y aislamiento (el *campus* de Cornell está hundido en nieve la mayor parte del año, o así al menos lo recuerdo) los que me permitieron escribir textos como "Parridiso", "*Ismaelillo* y el modernismo", o el estudio sobre *Memorias del subdesarrollo.* Al frío del lugar se oponía su calor humano, sustentado por una serie de luminarias. Recuerdo con especial afecto a Ciriaco Morón Arroyo, especialista en Heidegger y un gran sabio del pensamiento hispánico; y a mi buen amigo italianista Giuseppe Mazzotta. Otra cosa buena tenía Cornell, además de sus excelentes alumnos: grandes recursos de universidad privada que permitían invitar a muchos conferencistas. Fue gracias a ello que a lo largo de los años llegué a conocer a gente como Jacques Derrida, Julia Kristeva, Michel de Certeau, Louis Marin, Edward Said, René Girard, Jürgen Habermas, Borges.

Pero el aislamiento físico de Cornell, perdido en medio del estado de Nueva York –que no la ciudad, mucho más al sureste, que visitaba mensualmente– unido a lo que entonces era mi infelicidad personal, llegó a hacer crisis a mediados de los años ochenta. Mi descontento venía de antes: a fines de los setenta había vuelto a visitar mi país en suertes de viajes mitad nostálgicos, mitad políticos. A mi fervor inicial siguió una gran desilusión que pronto culminó en mi testimonio del efecto que tuvieron los llamados "eventos del Mariel" en mayo de 1980. Cuento parte de esa historia en el ensayo "De Hanover a La Habana".[1] Pero lo que definitivamente cambió mi orientación, y no sólo política, fue mi acercamiento a ciertos escritores que salieron de Cuba en ese momento: José Triana, Antonio Benítez Rojo o Reinaldo Arenas, con quienes sostengo, o sostuve, intensa amistad. Fue a raíz de todo ello que empecé a acercarme y dialogar con otro escritor que admiro: Guillermo Cabrera Infante. Todos me confirmaron lo mismo que había sen-

---

[1] También en la introducción a mi libro, *Por una politeratura: literatura hispanoamericana e imaginación política,* Ediciones del Equilibrista/Conaculta, México, 1997.

tido durante mis viajes: la cooptación de los intelectuales y escritores por el castrismo. Tal vez quien más influyó en ese cambio ni siquiera tenía nada que ver con la literatura. Poco antes mi interés por la obra y figura de José Lezama Lima, el más grande poeta cubano de ese siglo, me había llevado, en una interminable, alucinada noche y madrugada, a conversar en su casa de la calle Trocadero con María Luisa Bautista, su viuda. Fue ella quien me reveló, en-tre furias y lágrimas, el calvario del exilio interior que su esposo padeció al final de su vida. El impacto que tuvo esa conversación en mí fue demorado pero profundo.

A todo esto se unía una circunstancia no tanto de la situación cubana como la mía universitaria: en Cornell, como en tantas universidades de este país, el aislamiento físico y la alienación (no hay otra palabra) de la riqueza produce un sentimiento de culpa (tampoco otra) que lleva a muchos de sus profesores a producir un peculiar discurso intelectual: prefieren ajustarse a las consignas oficiales que fustigan al poderío norteamericano u occidental en vez de escuchar a los críticos y disidentes de los regímenes que los castigan. No defiendo ese poderío, que tantas veces ha sido, y es, injusto; pero sí critico el discurso que pretende oponérsele siendo cruel con los que pensamos de manera independiente ante una dictadura como la actual cubana. En eso el llamado *liberal* norteamericano es claro: prefiere la autoflagelación a la caridad, el narcisismo al diálogo. Hoy la situación es distinta: han cambiado los temas –del poscolonialismo a la teoría *queer*– pero no, por desgracia, muchas de las actitudes.

Si entonces mi testimonio entró en conflicto con ese discurso, mi indignación moral fue aún mayor. Me salvaron tres cosas: enamorarme de una mujer, que ahora es mi esposa; salir de Cornell para aceptar una cátedra en Georgetown, en la capital de Estados Unidos; y trabajar con quien fue mi otro gran maestro: Octavio Paz. Mis años en Georgetown fueron, en general, felices, aunque no exentos de desilusiones de índole política. Descubrí que la vida en el centro no está menos atravesada de perversiones que la que antes había encontrado en la periferia. Pero el nuevo contexto urbano e internacional me dio bríos para incursionar en otros campos: la política cultural, las relaciones internacionales, el marxismo. No sólo de literatura vive el hombre, o la mujer. A su vez, mi contacto con Octavio Paz, a quien había conocido años antes de llegar a Washington, fue, primero, académico: quería trabajar su obra y necesitaba información. Lo que fue después sólo puedo describirlo como un aprendizaje moral: a medida que fuimos conversando sobre su pensamiento, obra y experiencia, me di cuenta de que yo atravesaba el mismo itinerario que muchos como Paz ya habían transitado. La desilusión con el maniqueísmo ideológico en la posguerra mundial, la ingenuidad de intelectuales de buena fe, la persecución del pensamiento independiente, no eran ni fantasmas ni únicamente míos, sino nada menos que el tema de nuestro tiempo. La situación de México, con todas sus ventajas sobre la de Cuba, ofrecía inquietantes paralelos en aquellos años, que Paz me hizo notar. Fue entonces cuando surgió mi conciencia crítica; no en el sentido de mi trabajo como lector especializado, que había comenzado mucho antes, sino de la aplicación consciente de mi posición moral ante fenómenos literarios y culturales. Comprendí entonces que la labor del crítico es, en efecto, solitaria; pero también solidaria: tiende puentes hacia otros que están solos, aunque a veces su posición u opinión le cueste aún mayor aislamiento y marginalidad. Soportar, pero también combatir, esa marginación es la tarea, el peso, del intelectual libre. Comprendí también que era esa mi situación dentro de la academia norteamericana: por muchas ilusiones que abrigara de compartir ideas mal llamadas "progresistas", o de solidarizarme con las penurias de exiliados de regímenes de derecha —que hoy han desaparecido pero en ese momento abundaban— seguía siendo visto como bicho raro, un exiliado dentro de una comunidad que siente una extraña y enfermiza simpatía por el mismo totalitarismo que me marginaba a mí y a muchos de los que pensamos de manera independiente.

Un amigo compatriota me dijo una vez, sin duda con buena intención, y reaccionando a algunos de mis escritos, que yo escribía con rabia. Es cierto que algunos de los trabajos reunidos en este libro ("Parridiso", "Contra la doble memoria", por ejemplo) reflejan polémicas en que me he visto involucrado. El problema con estas polémicas no ha sido la discusión basada en diferencias de opinión o interpretación —tan necesarias y saludables en cualquier disciplina— sino el tono que mis interlocutores han asumido al responderme; a veces al sonsacarme. En el caso de Cintio Vitier, quien más de una vez ha atacado mis ideas sin provocación (tampoco ha ofrecido un diálogo al respecto), su estrategia ha sido clara: negarme cartas de ciudadanía y de paso, moral.[2] En cambio, en el de Lisandro Otero, quien reaccionó con sorpresa ante lo que sin duda ha sido la lectura más detallada

---

[2] La mejor relación de esta polémica se encuentra en el libro de César Augusto Salgado, *From Modernism to Neobaroque: Joyce and Lezama Lima,* Bucknell University Press, Lewisburg, Pa., 2001, pp. 201-204.

de sus memorias, esgrimió otra descalificación: mi ausencia de "aval". En ambos casos se trata de la misma enfermedad totalitaria: la supresión del Otro.[3] Tal vez el mayor trauma que los cubanos, tanto dentro como fuera, hemos internalizado durante los cuarenta y pico de años de dictadura sea la incapacidad de discutir ideas abiertamente sin caer en un tono defensivo, ya sea personal o seudopatriótico.

Sí creo que este libro reúne mucho material que no está contaminado, como aquel que dice, por el demonio de la polémica. Prefiero los bienes del siglo a sus males. Es más, si algún espíritu preside sobre este conjunto de escritos se trata sin duda del de la Celebración: la de las obras, que a la postre son los únicos bienes que cuentan. Desde el pensamiento de Varela y Martí hasta las partituras de Aurelio de la Vega o los lienzos de Lydia Rubio, pasando por los textos de Arenas, Zoé Valdés y Cabrera Infante, celebro el día en que me enteré de su existencia, y dejo constancia de mi veneración. Sobre esas obras, sobre la cultura cubana en general, y en especial sobre su literatura, no poseo teorías. Le doy al libro una estructura histórica, o más bien cronológica, pero no pretendo ser exhaustivo, y las ausencias de ciertos temas brillan de por sí. No parto, en todo caso, ni de una condición o peculiaridad cubana ni de una teoría sobre sus géneros literarios a partir de una identidad nacional. Descreo de los nacionalismos teóricos, y por eso mi planteamiento sobre la cultura rehúye la abstracción. Más bien fluye con el tiempo, y en última instancia es él quien lo devora. Por eso algunos de los ensayos están marcados, tal vez demasiado, por su circunstancia. Quiero creer que esas marcas son también parte de los bienes de las obras: significan su recepción, el impacto que tuvieron en un lector o espectador en su tiempo.

Escribo hoy desde Lexington, Kentucky. Hace dos años asumí la primera cátedra nombrada de literatura hispánica en la historia de su universidad estatal. Escribir sobre Cuba, reunir en un libro ensayos sobre cultura cubana escritos a lo largo de casi un tercio de siglo, en un lugar tan ajeno a Cuba como éste tal vez podría parecer absurdo. ¿Acaso tienen algo que ver con Cuba los caballos purasangre o la música *bluegrass*?

Pero después de cuarenta años de exilio he aprendido no sólo que la Patria es de todos, sino que está en todas partes: donde quiera que se piense en

---

[3] Para la reacción de Otero, véase su respuesta a mi texto en *Encuentro de la cultura cubana*, 18 (otoño de 2000), pp. 189-194. En otros casos, tal vez peores, la descalificación junta el pretexto ideológico al ninguneo carrerista. Véase al respecto mi introducción a *Cuban Studies*, núm. 24, 1994.

ella. "Ser cubano es pensar siempre en Cuba", ha dicho otro cubano que siempre piensa en Cuba y es cifra de su literatura.

Publico este libro para que vean cómo he pensado en Cuba, y los bienes que me dejó.

Lexington, Ky.
8 de junio de 2002

NOTA: El autor desea agradecer a sus amigos del Fondo de Cultura Económica –Gonzalo Celorio, Hernán Lara Zavala, Adolfo Castañón– el empeño que pusieron en publicar este libro. También a los editores de mis tres anteriores colecciones –*Escritura y tradición* (1988), *Pensar a José Martí* (1995) y *Por una politeratura* (1997)– donde se recogió buena parte de estos ensayos.

Primera Parte
UNA MODERNIDAD

Nación inventada

Para mis hijos Alexis, Venissa y Camila y a la memoria de los 23 niños cubanos ahogados en el hundimiento del remolcador "13 de marzo" (13 de julio de 1994).

I

EL ESCENARIO SE ABRE una tarde de 1836 en Matanzas, provincia vecina de La Habana, en la residencia de Domingo Delmonte, un patricio criollo que durante los últimos dos años reunía en sus tertulias literarias a un grupo de escritores. Esa tarde era distinta: los criollos se reunían no para escucharse leer de sus obras, sino para escuchar nada menos que a un esclavo negro, Juan Francisco Manzano, quien en esa ocasión leería sus poemas. Invitado por Delmonte a que se reuniese con él y sus amigos, Manzano era un escritor autodidacta, y al aprender a escribir había iniciado una correspondencia con Delmonte con el fin de obtener su ayuda en la compra de su libertad. El poema que Manzano escribe para esa reunión, un soneto titulado "Mis treinta años", es el siguiente:

Cuando miro el espacio qe he corrido
Desde la cuna hasta el presente día
Tiemblo y saludo a la fortuna mía
Más de terror qe de atención movido.

Sorpéndeme la lucha qe he podido
Sostener contra suerte tan impía,
Si así puede llamarse la porfía
De mi infelice ser al mal asido;

Treinta años háy, qe conosí la tierra:
treinta años háy, que en gemidor estado,
Triste infortunio por do quier me asalta.

Mas nada es pa mí la dura guerra
Qe en vano suspirar he soportado,
Si carculo, oh Dios! con lo que falta.[1]

Al escuchar el poema de Manzano, los criollos blancos se quedaron asombrados. Si un esclavo letrado resultaba raro para ese tiempo y lugar, ¿qué decir entonces de un esclavo que para colmo era poeta? Justo después de escuchar a Manzano recitar, Delmonte, con ayuda de uno de los presentes, su amigo el filósofo José de la Luz y Caballero, ofreció iniciar una colecta destinada a comprar la ansiada libertad de Manzano. En pocos días se obtuvieron los 800 pesos necesarios para ese propósito, los que pagados a la dueña del esclavo obtuvieron su libertad. Tres años después, en 1839, tras otra invitación de Delmonte, Manzano terminaría de redactar una conmovedora autobiografía en la que narraba los horrores físicos y espirituales de su vida como esclavo. El manuscrito de esa autobiografía se sacó clandestinamente de Cuba a Inglaterra, donde se publicó en un tomo junto con muchos de los poemas del antiguo esclavo.

Comienzo esta charla sobre Cuba en el siglo XIX con esta anécdota, única en nuestra historia, porque nos sirve como hito de un buen número de eventos, así como de marco dramático para los temas que nos ocupan. Cuba fue, durante la mayor parte del siglo XIX, una sociedad traumatizada por la institución de la esclavitud. Pero el problema social aún mayor que encaraba la isla, para los cubanos de todas las razas, incluyendo desde luego a su minoría blanca, era la libertad a secas, y específicamente la independencia política de España. Fueron las transacciones culturales, tanto reales como imaginarias, entre blancos y negros, criollos y españoles, las que por tanto vertebraron la larga e intensa lucha política entre isla y metrópoli. En la lucha por esa independencia, que de hecho no se realizó hasta el siguiente siglo, los cubanos del XIX inventaron a su nación. Fue esa invención la que le dio justificación moral a su lucha separatista, la que le concedió al pueblo una identidad colectiva, y la que forjó gran parte de la mitología cultural con la que los cubanos se representan a sí mismos hasta hoy. La "búsqueda de la libertad" –para citar el título del conocido libro de Hugh Thomas– le da contenido a esa invención; y a su vez, la invención de la nación cubana le da forma a ese contenido, el cual incluye los valores de soberanía nacional e identidad autónoma.

[1] Cito por la versión del poema que da Roberto Friol en su *Suite para Juan Francisco Manzano*, Arte y Literatura, La Habana, 1977, p. 12.

Antes de pasar a estos temas, sin embargo, se imponen tres prevenciones al lector. Primero: no pretendo, en el poco espacio que tengo, agotar los diferentes aspectos de éste, el siglo sin duda más importante en la historia de Cuba. No podré, por esta razón, entrar en muchos detalles. Aspiro, a lo máximo, a esbozar una serie de temas, describir ciertas corrientes de vida histórica, y mencionar algunos actores. Segundo: aclaro que mi uso del término "invención" no quiere insinuar una versión falsa o aberrante de la realidad histórica. Antes bien, con él me refiero al aspecto muchas veces creador y siempre saludable de un "ansia nacional de forma". Inventar, en el uso que hago aquí, no quiere decir suplir lo que no está sino dar forma a un conjunto de elementos espirituales y psicológicos ya presentes. Como recientemente ha recordado Timothy Brennan, "las naciones son construcciones imaginarias que dependen para su existencia de un aparato de ficciones culturales..."[2] A su vez, llamar a ese aparato "ficticio" no hace de la nación algo menos real o menos histórico, o siquiera moralmente injustificado. Por el contrario, afirmar que el concepto de nación depende de la imaginación nos permite estudiarla como una estructura moldeable que no siempre sigue una rigurosa lógica científica. Tercero y último: mi perspectiva, como se verá, es la de un crítico literario, no la de un historiador. Por tanto, mi visión de la formación de la identidad nacional cubana está influida por algo más que datos históricos. Muchos de los ejemplos que utilizo, como la anécdota inicial, se derivan de la literatura, mi campo de investigación.

Estoy convencido de que en la búsqueda imaginaria de una forma nacional los poetas cubanos contribuyeron con su acción individual tanto como lo hicieron los patriotas con su acción colectiva. Y muchas veces tanto unos como otros lo hicieron con sus propias vidas.

II

El surgimiento de una conciencia criolla, según han documentado historiadores como Ramiro Guerra y Leví Marrero, puede remontarse en Cuba por lo menos al siglo XVII, con el comienzo de una economía de contrabando y ganadería en la parte oriental de la isla. Es precisamente en el siglo XVII cuando se afianza, por ejemplo, el mito de la Virgen de la Caridad del Cobre, futura patrona de Cuba. Pero no es en realidad sino hasta el siglo XIX,

---

[2] Cito del ensayo de este autor, "The National Longing for Form", en Homi K. Bhabha (comp.), *Nation and Narration,* Routledge, Londres, 1990, pp. 44-70.

con el surgimiento de la primera generación de letrados, que se puede rastrear una identidad cubana consciente de sí misma. El paulatino desarrollo de esta conciencia nacional culminará poco después del medio siglo, en 1868, con la llamada Guerra de los Diez Años, primer intento de una guerra de independencia en la isla. De hecho, se podría decir que esa guerra divide al siglo en dos: los hechos anteriores a 1868 preparan el camino a esa guerra; los posteriores, culminando con la muerte de José Martí en mayo de 1895, intentan recobrar los esfuerzos que llevaron a ella y que se comprometieron con su resolución. De igual manera, y según un conocido patrón de dependencia colonial, muchos de los eventos más importantes de la historia política de la isla están íntimamente ligados a eventos en la península. Por ejemplo, la adopción de la constitución liberal por las cortes en 1812 repercutió en una serie de acontecimientos en la isla –entre ellos, la libertad de prensa, así como la incrementación de demandas de legislación reformista–. Pero un ejemplo más fehaciente de esa dependencia fue el levantamiento liberal de 1868, que ese mismo año repercutiría en la isla en la declaración de guerra proclamada por liberales cubanos, hartos como estaban del incumplimiento de reformas por parte de la corona española.

No es un accidente que esa primera generación de letrados cubanos se entrenase en la discusión de la Constitución española de 1812. Fue precisamente la discusión de los derechos y responsabilidades ciudadanos que emanan de esa constitución, y de los que los cubanos se sentían partícipes, que hizo surgir una generación de intelectuales conscientes de sí mismos. El intelectual que más hizo por ese surgimiento, el primer maestro de esta primera generación de cubanos, fue sin duda el padre Félix Varela (1787-1853). Varela fue un sacerdote y filósofo católico que asumió la cátedra de la constitución de 1812 en el seminario San Carlos, entonces la institución académica más importante de la isla, como parte de un esfuerzo más amplio de la Iglesia por modernizar la educación en general.

El título de esta charla comienza con el nombre propio de Manzano, pero bien podría haberlo hecho con el de Varela, y acaso con mayor razón: fue el maestro de la generación a la que también perteneció Manzano. Luz y Caballero, quien con los años se convertiría en el filósofo más importante de su tiempo, fue alumno de Varela, como lo fue también José Antonio Saco, escritor reformista y acaso el miembro más brillante de todo ese grupo. También lo fueron los escritores Cirilo Villaverde, autor de *Cecilia Valdés,* la primera novela cubana; Ramón de Palma, Antonio Suárez y Romero, José Antonio Echeverría, Felipe Poey, Ramón Zambrana y Gaspar Betancourt Cisneros (alias *el Lugareño*). Una verdadera constelación de intelectuales liberales que llevaron a cabo el legado vareliano: exigir de España las reformas políticas que se derivaban de la propia constitución liberal española; y la invención de la nación cubana, incluidas en ella la invención de una cultura y una literatura autónoma. Años después de la muerte del padre Varela en San Agustín, Florida, Luz y Caballero diría que había sido el primero en enseñar a los cubanos a pensar. Hipérbole con la que Luz quiso señalar que Varela había logrado transmitir a sus compatriotas el uso de la conciencia y de la crítica, dos de los pilares de la modernidad, como parte del repertorio de valores nacionales.

No sólo abogó Varela por un pensamiento crítico. Como representante ante las cortes, exigió la autonomía política de la isla, parte del programa reformista que por esos años proclamaba la corona española, y la abolición de la trata. La última era especialmente repudiable pues servía de coartada política para España al mantener a la isla rehén de su propia prosperidad. La esclavitud era, en efecto, el factor principal que impedía que Cuba, junto al Brasil, se uniera al resto de América Latina en su búsqueda de la independencia, y fue lo que determinó la cuestión ética y política en torno al futuro de la isla. No es preciso entrar ahora en los detalles de esta cuestión, salvo quizá para señalar que toda ella se reducía a una pregunta: ¿cómo abolir la misma institución, la trata de esclavos, de la cual dependía no sólo la economía de la isla sino su supervivencia? Pregunta imponente, por lo demás: en el fondo se encontraban los intereses de la clase adinerada, que a su vez dependía de la esclavitud como principal modo de producción del azúcar y el café, las dos industrias más rentables de la isla. No es exagerado decir que la historia de las diversas maneras en que la esclavitud se comprendió, discutió y, en un final, se resolvió en Cuba resume la historia de esa "búsqueda de la libertad" durante el siglo XIX.

Para Varela, como para la mayoría de los pensadores cubanos del mismo siglo, la cuestión era sencilla: mientras existiese la trata, la isla seguiría siendo rehén de la ocupación militar española y a la población nativa se le seguirían negando sus demandas de control político y libertad económica. En el rejuego de extorsiones que devenía de esa situación, España salía ganando sólo con invocar el caso de la vecina Saint Domingue, que años antes había terminado convirtiéndose en una república negra y arruinando a su propia clase criolla. Y así, el control político durante el siglo XIX muchas veces se reducía a una cuestión de equilibrio demográfico: impórtense suficientes esclavos como para diseminar la paranoia colectiva entre la población criolla blanca pero no tantos como para hacer demasiado real la amenaza de una revuelta negra contra la autoridad blanca.

Precisamente porque el fantasma de Haití presidía toda discusión política en Cuba antes de 1868, la solución que más favorecían los criollos era el reformismo y la autonomía, llevados de la mano de la paulatina abolición. Tal fue, justamente la posición del padre Varela primero en Cuba y luego en las Cortes. Pero con la invasión napoleónica de 1823 todos esos esfuerzos se esfumaron: las Cortes se dispersaron y el propio Varela terminó exiliándose en Estados Unidos. Fue en Estados Unidos, y precisamente en Filadelfia, cuna de la democracia norteamericana, donde Varela empezó a sacar su periódico *El Habanero,* la primera publicación exiliada cubana. Desde sus páginas, abogó enérgicamente a favor de las causas por la independencia de la isla y la abolición de la trata. Lo que podría denominarse la radicalización política de Varela fue, por tanto, el resultado de la gran desilusión que experimentó en las Cortes, con la incapacidad por parte de los españoles de poner en práctica los principios de su propia constitución liberal. Fue como exiliado en Estados Unidos que Varela libró una lucha que duró más de diez años contra la dominación española de la isla, y que, por cierto, él pensó podría realizarse con la ayuda de una invasión militar por parte del ejército continental de Bolívar. Sin embargo, a medida que la posibilidad de esa invasión se fue esfumando, el trabajo político de Varela fue cesando también. Su desilusión fue doble, o quizá triple: por el abandono de las hermanas repúblicas latinoamericanas, por la indiferencia de sus compatriotas cubanos, y por la incompetencia política española. De hecho, Varela nunca regresaría a Cuba, y durante sus últimos años de exilio se dedicó enteramente a sus labores eclesiásticas. "En Cuba —escribió proféticamente en el primer número de *El Habanero*— no hay amor por España, por Colombia o por México, o por nada que no sea cajas de azúcar o sacos de café. Los nativos y los europeos que allí viven reducen el mundo entero a su isla, y los que van allí por poco tiempo para hacer dinero no quieren perderlo todo."

III

Para entonces, sin embargo, las semillas intelectuales de Varela ya habían dado fruto. Su influencia fue evidente en la generación de sus discípulos, que se extendió hasta medio siglo. Pero esa influencia es especialmente evidente en las respectivas vidas y obras de dos grandes intelectuales cubanos de su primera mitad. El poeta José María Heredia (1803-1839), conocido como el Cantor del Niágara por su oda a las famosas cataratas y sin duda el primer poeta romántico latinoamericano, se dio a conocer en su tiempo como el bardo de la libertad de Cuba. En 1823, a la edad de veinte años, tuvo que huir del país, uno de muchos acusados en la conspiración *Rayos y Soles de Bolívar*. Fue desde su largo exilio –primero en Estados Unidos, donde trabajaría junto a Varela, y luego solo en México, donde moriría en 1839– que escribió buena parte de los poemas que le darían a conocer en Cuba. Esos poemas circulaban clandestinamente, a veces hasta en manuscrito, por toda la isla; se aprendían de memoria y se recitaban en reuniones privadas como forma de protesta y resistencia a la autoridad española, como si fueran lo que hoy llamamos "poesía disidente". "Himno del desterrado", acaso el más famoso de ellos, rezaba, por ejemplo:

> Cuba al fin te verás libre y pura
> como el aire de luz que respiras,
> cual las olas hirvientes que miras,
> de tus playas la arena besar.
>
> Aunque viles traidores le sirvan,
> del tirano es inútil la saña,
> que no en balde entre Cuba y España,
> tiende inmenso sus olas el mar.

La pasión y vehemencia de la poesía de Heredia en torno a la causa de la libertad de Cuba encuentra una contrapartida en la lógica elocuente de José Antonio Saco (1797-1879), el otro alumno eminente de Varela, y cuya obra abarca casi todo el siglo XIX. Como reformista liberal, Saco, al igual que Varela, abogaba porque España reconociese la nación cubana. De ahí que pronto se convirtiese en un crítico de la aristocracia de la isla, que desde la época de Varela se había mostrado indiferente a la causa de la libertad. A diferencia de Varela, sin embargo, Saco nunca abogó por la independencia total: nunca pensó que se pudiese lograr del todo, y en cambio defendió la opción autonomista. Saco fue un espíritu crítico y moderno cuyo talento principal fue el de entablar una serie de polémicas que aclararon las cuestiones políticas y morales más importantes del siglo XIX cubano. Sus *Papeles sobre Cuba*, obra monumental que sólo se publicó póstumamente en 1881, aborda muchos de estos temas, como la trata. Saco favorecía una paulatina abolición, pero su concepto de nación excluía a los negros y favorecía, de manera análoga a

Sarmiento en la Argentina, la emigración europea como blanqueamiento de la población de la isla. A pesar de todo esto, es a Saco a quien le debemos muchas de las meditaciones que contribuyeron a la invención de Cuba como nación. Al final de la década de 1840, por ejemplo, cuando se afianza la amenaza de la anexión de Cuba a Estados Unidos y algunos cubanos la favorecen como solución desesperada para dar fin a la dominación española, Saco en cambio aboga en su contra. Su tesis era que lejos de facilitar la independencia, la anexión terminaría absorbiendo la frágil nacionalidad cubana. "Todo pueblo que habita un mismo suelo y tiene un mismo origen —escribió Saco en una de sus famosas polémicas—, una misma lengua, y unos mismos usos y costumbres, ese pueblo tiene una *nacionalidad*. Ahora bien: ¿no existe en Cuba un pueblo que procede del mismo origen, habla la misma lengua, tiene los mismos usos y costumbres, y profesa además una sola religión, que aunque común a otros pueblos, no por eso deja de ser uno de los rasgos que más le caracterizan? Negar la nacionalidad cubana es negar la luz del sol de los trópicos en punto de mediodía."

Fue a causa de comentarios como éstos, entre los cuales estuvo la defensa de la poesía de Heredia frente a los ataques de Ramón de la Sagra, un científico español residente en la isla, por lo que Saco fue desterrado de Cuba. Como Heredia, Saco se convirtió en un exiliado permanente —ambos regresaron a la isla sólo por breves intervalos y tanto uno como otro terminaron desilusionados con el estancamiento político de la sociedad cubana—. Pero en la poesía de Heredia, así como en el pensamiento de Saco, ya es evidente una nacionalidad autoconsciente que se nutre de la demanda de derechos civiles para la población nativa; y esta nacionalidad se traducía, a su vez, tanto en la elocuente crítica de una política colonial en franca decadencia como en una abierta rebelión contra la tiranía. De hecho, para mediados de siglo ya existía un espíritu de rebeldía en Cuba, evidente no sólo en las respectivas obras individuales de Saco y Heredia sino en las conspiraciones colectivas, que rayaron en la docena, contra el gobierno colonial, para no hablar de las tres guerras de 1868, 1880 y 1895.

Resulta difícil, desde nuestra perspectiva moderna, entender concretamente la gravedad de lo que he llamado la decadencia de la política colonial en la isla. Pero por suerte contamos con un sinnúmero de testimonios sobre las condiciones sociales en Cuba durante el siglo, las que por otra parte justifican el espíritu de rebeldía del cubano. Para abordar sólo uno de estos testimonios: en 1860, la señora Julia Ward Howe, famosa poeta y crítica social norteamericana, más conocida como la autora del *Battle Hymn of the Republic*, tan cantado durante la guerra civil norteamericana, visitó Cuba durante dos meses. Viajó extensamente a todo lo largo de la isla y se entrevistó con un sinnúmero de gente, entre ellos el filósofo Luz y Caballero. Basándose en las experiencias de ese viaje escribió un libro, *Viaje a Cuba*, en el que describe, en un estilo elegante y a veces hasta gracioso, la vida en la isla. El libro incluye por cierto un famoso retrato de Luz –le llama "el sabio, gentil, valiente, a quien todo el mundo venera"– pero es en uno de sus últimos capítulos, cuando Mrs. Howe está a punto de cerrar el libro, que aborda la siguiente descripción crítica de la vida en este remoto paraje colonial. Traduzco en extenso del original inglés:

> De las grandes cantidades de dinero que recibe el gobierno a través de impuestos directos e individuales, poco o nada se devuelve al pueblo en forma de mejorías. El gobierno no construye caminos, ni establece escuelas, ni reforma a criminales, ni extiende su largo brazo para impedir las ofensas de una juventud ignorante y depravada [...] Hay poca o ninguna instrucción para los niños de las clases más pobres, y las prisiones están abominablemente sucias, con gente desnuda y con desórdenes de todo tipo [...] La administración de la justicia parecería ser una de las peores de las plagas sociales en la isla. En ningún lado del mundo hay pueblo más temeroso de acudir a la ley. El gobierno no paga ninguna forma de procedimiento legal, y alguien involucrado en una demanda judicial queda a merced de jueces y abogados que le explotan deliberadamente y sin recurso. Mucho de lo que describimos solía ser práctica común en el mundo civilizado hace cien años, pero los cubanos no merecen quedarse bajo estos antiguos abusos. No son un pueblo débil, pero tienen algo de la primavera del presente en ellos, y fácilmente marcharían al compás del siglo XIX de no ser por el decrépito gobierno cuya mano se ha entumecido con cadenas.

IV

La guerra de 1868, más conocida como la Guerra Grande o la Guerra de los Diez Años, es la partida de las aguas del siglo XIX cubano. Con el fracaso de los repetidos intentos de reforma y los esfuerzos de anexión norteamericana, los liberales cubanos utilizaron otra coyuntura en la historia política española para avanzar la causa de independencia. Otra conspiración más en la larga serie contra el gobierno colonial ya hervía independientemente al oriente de la isla cuando una revolución liberal contra el gobierno de Isabel II estalla en España. La revolución española prometía, entre otras reformas, libertades públicas, elecciones constitucionales, sufragio universal, descentralización administrativa, prensa libre y abolición de la pena de muerte —programas todos que coincidían con los intereses de liberales criollos, tanto en Cuba como en Puerto Rico—. Así, el 8 de octubre de 1868, actuando bajo la amenaza de que las autoridades españolas se habían enterado de la conspiración, Carlos Manuel de Céspedes (1819-1874), el patricio liberal oriundo de Bayamo y líder del grupo, convocó a sus conjurados a un central azucarero de su propiedad, La Demajagua, cerca del pueblo oriental de Manzanillo. Allí, ante 500 personas libres y veinte esclavos, Céspedes presidió una conmovedora ceremonia: proclamó la independencia de Cuba, alzó una primera versión de la bandera cubana con la estrella solitaria, pidió la adopción de los principios que serían articulados dos días después por la Junta Revolucionaria —lo que bien se podría llamar la Declaración de Independencia cubana— y conjuró a todos los presentes a la causa de *Vencer o morir*. Y lo más importante, al menos desde el punto de vista simbólico, fue que en la misma ceremonia Céspedes declaró libres a sus esclavos, al mismo tiempo que los conminó a unirse a los blancos en la misma lucha.

Los eventos de La Demajagua fueron una deliberada ceremonia de fundación histórica. Hizo evidente lo que ya era un hecho desde los días del padre Varela y la poesía de Heredia: la nación cubana ya se había inventado y sólo aguardaba expresión a través de instituciones. Que Céspedes, quien de ese día en adelante sería conocido como el Padre de la Patria, escogiese unir a ese acto de fundación su decisión personal de liberar a sus esclavos fue de no poca importancia: con ella invitaba a otros criollos blancos a hacer lo mismo. E implícita en su decisión yacía la preocupación de que el tema de la abolición dentro de la llamada declaración de independencia, a ser adoptada sólo un par de días después, no era lo suficientemente radical, pues sólo pedía una "paulatina emancipación bajo compensación". En este sentido, los patriotas de Camagüey, liderados por Ignacio Agramonte y Salvador Cisneros Betancourt, a diferencia de los orientales, cuyo líder era Céspedes, fueron mucho más lejos: en su propia declaración, apenas cuatro meses después de los eventos de La Demajagua, proclamaron la abolición de la trata como primero de sus varios artículos.

Debemos a los patriotas de la guerra del 68, por tanto, el reconocimiento de la esclavitud como componente estructural del colonialismo español. Si la abolición se reconocía como primer paso hacia la independencia, entonces la producción del azúcar, la economía que dependía más de la manumisión de esclavos, y de la cual los criollos blancos se mostraban cómplices, se hacía implícitamente responsable de los males del colonialismo. No es un accidente que la ceremonia en La Demajagua, el acto de fundación de la nación cubana, haya ocurrido en un central azucarero y que haya ocurrido precisamente en una región de la isla (el sur de la provincia de Oriente) que desde el siglo XVII se distinguía por fuentes alternativas de economía, como el contrabando y la ganadería. De ahí la conciencia atávica, hoy evidente en pronunciamientos más actuales, de la sobredependencia económica en el monocultivo azucarero. Los cubanos todos, y no sólo los negros, hemos sido verdaderos esclavos del azúcar.

Esa conciencia adquiere forma dramática y concreta en un emblema que la tradición ha hecho parte de la mitología nacional. Todo cubano reconoce inmediatamente la composición (y que es en realidad una fotografía) que representa La Demajagua. En realidad lo que ese retrato representa no es tanto La Demajagua como lo que quedó de las ruinas de ese ingenio azucarero tras el bombardeo que las tropas españolas hicieron nueve días después de la ceremonia del 8 de octubre. En el retrato aparecen dos inmensas ruedas —una en el piso, la otra parada— que formaban parte de la maquinaria del ingenio destruido. A través de los rayos de la rueda que está en el piso ha crecido un árbol —una ceiba, nuestro árbol nacional— y es al costado de su poderoso tronco donde reposa la segunda de las ruedas. Con los años esta escena se ha convertido, junto a la campana rajada del ingenio de La Demajagua, en un icono de la libertad e independencia de Cuba, y aparece reproducida en cuanta representación de patriotismo cubano se haya hecho, ya sea en pinturas, monedas o estampillas. Sin embargo, a pesar de su popularidad, nadie entre nosotros ha querido, o nadie ha podido, explicar nuestra extraña fascinación por este icono. El simbolismo intrincado de este emblema revela algo más profundo sobre el carácter específico de la libertad e independencia que representa; al menos nos dice algo de la significación que el cubano le otorga. Como icono, sus símbolos vinculan el crecimiento orgánico de la nación (la ceiba) a la destrucción, o al menos a la humillación, de las ruedas del azúcar, que como una suerte de máquina infernal ha sido derrotada por las fuerzas de la Madre Naturaleza.

Humillación y destrucción fueron, por cierto, lo que ambas partes de la guerra experimentaron como efectos inmediatos de ésta, empezando con el incendio de la ciudad de Bayamo, capital de la insurrección y del territorio liberado. Apenas dos meses y medio después de que Bayamo fuese ocupado, primera victoria del ejército rebelde, y durante la cual se tocaría el himno nacional cubano que compuso *Perucho* Figueredo, Bayamo fue sitiado por las tropas españolas del coronel Valmaseda. En una reunión de toda la población los cubanos decidieron quemar el pueblo antes que rendirse a los españoles, acto que requirió el éxodo de los 6 500 habitantes que allí vivían, entre ellos muchas mujeres y niños. Pero no todo fue destrucción: en medio de la guerra, en abril de 1869, en el pueblo de Guáimaro, justo en la frontera entre las provincias de Camagüey y Oriente, los representantes de las tres provincias en guerra (incluyendo Las Villas) se reunieron para aprobar lo que fue la primera Constitución de la república cubana en armas.

V

La Guerra Grande tuvo otras repercusiones, aun cuando estas fueran menos evidentes. Entre ellas, le confirmó a la población de la isla, tanto a cubanos como españoles, a blancos y negros, que era posible el cambio político como resultado de la insurgencia. A su vez, esto cambió el carácter de la cultura política en toda la isla, y particularmente en La Habana, centro del poder colonial. Fue en esa misma Habana, durante los primeros meses de 1869, donde un adolescente de dieciséis años llamado José Martí empezó a publicar *La Patria Libre,* un periódico estudiantil que las autoridades españolas pronto utilizarían como evidencia en su contra. Acusado de traidor, Martí sería condenado a una sentencia de trabajo forzado en las canteras de San Lázaro. Consciente de que su salud se quebrantaba, la familia logró sacarlo de la cárcel a cambio de enviarlo al exilio en España. Allí, junto a exiliados como él, y en los comienzos de lo que se convertiría en una vida de sacrificios, Martí publicará sus primeros escritos sobre el presidio político en Cuba y el fracaso de la república liberal española ante el fenómeno político cubano. De esta manera el joven Martí denunciaría, casi al mismo tiempo, tanto la brutalidad de la represión colonial como la restitución legal que España le debía a sus súbditos coloniales. El propósito de Martí era probar una tesis, si no explícita entonces sí tácita: que la Guerra de 1868, todavía en curso cuando Martí vive en España como estudiante, había sido inevitable y que su única solución era la total independencia política para la isla.

Este concepto central de independencia política en el programa ideológico de Martí forma parte, desde luego, del legado del padre Varela a principios de siglo. De hecho, las primeras enseñanzas de Martí las recibe de manos de Rafael María Mendive, de cuyo colegio él era alumno; Mendive había sido discípulo de Luz y Caballero, quien a su vez lo había sido de Varela. La cadena humana de discípulos y maestros, que dramatiza la continuidad de la historia espiritual cubana y forma parte de lo que he llamado la forma nacional, constituye un elemento central de nuestra historiografía nacionalista, cadena que culmina en el llamado "apostolado" de José Martí. A su vez, Martí desarrolla ese legado a partir de un sistemático descrédito, dentro de lo que pudiéramos llamar su programa político, de las dos sendas por las que habían viajado muchos de sus compatriotas durante gran parte del siglo: el reformismo y el anexionismo. Para Martí, ninguna de las dos era una opción. Como en el caso de Varela, Martí desconfía del liberalismo español, pues éste había demostrado ser deshonesto, o al menos incompetente: sus promesas y programas todos habían resultado falsos. Y con Saco compartía además el convencimiento de que el frágil sentido de identidad nacional, debilitado por siglos de opresión colonial, no podría sobrevivir la anexión a Estados Unidos, a pesar de la confianza que le mostraban algunos de sus compatriotas. Su experiencia en Nueva York como miembro de una minoría exiliada durante una época en que Estados Unidos mantenía una política exterior expansionista, convence a Martí de que esa expansión terminaría tragándose a la nación cubana y con ella los esfuerzos de todo un siglo de invención. Por eso no es exagerado ver todo el siglo XIX cubano vinculado por lo que Rosario Rexach ha llamado "una misma actitud": la causa de la libertad.

Y no es que la otra senda, la de la independencia, estuviese exenta de obstáculos. A la esperada hostilidad de las autoridades españolas hacia Martí (nadie en la historia de España recibió mayores insultos que él) se añadió otra circunstancia a la que Martí reaccionó una y otra vez: la presencia del militarismo, o mejor dicho de la militarización de la cultura política, entre los propios cubanos. Habiendo vívido él mismo en varios países latinoamericanos –México y Venezuela, entre otros– y habiendo experimentado en carne propia los perniciosos efectos del caudillismo en esos países, Martí nunca quiso permitir que la revolución humanista por la que él luchaba cayese en manos de los militares, lo cual hubiese asegurado el fracaso de un régimen civil y democrático. "Un pueblo no se funda, general, como se manda un campamento", le escribe en 1884, con apenas 31 años, a Máximo Gómez, quien junto con Antonio Maceo era el caudillo más respetado de la guerra del 68.

El conflicto de Martí, visto de esta manera, era por tanto evidente: asegurar una base lo suficientemente poderosa que obtuviese la ansiada independencia de España y la distancia necesaria del imperialismo norteamericano; pero al mismo tiempo, impedir que esa misma base de poder, que desde luego tendría que tener una sustancia militar, cayese en manos de los caudillos. Los caudillos, en su opinión, monopolizarían el poder y frustrarían todo intento de crear la república democrática que él quería: la república "con todos y para el bien de todos".

Es con este lema que Martí funda en 1892 el Partido Revolucionario Cubano, la más alta expresión de identidad política de todo el siglo cubano. Por medio de esta organización política fue como se inició la guerra del 95, la segunda gran guerra del mismo siglo. Basándose en el concepto de coalición democrática, Martí pudo formar, en la organización de este partido político, una serie de precarias alianzas entre los diferentes grupos políticos de cubanos exiliados. Y colaborando con caudillos militares como Gómez y Maceo, fue como logró llevar la guerra a la isla. El diario que Martí llevó durante la campaña militar en la que participó brevemente entre enero y mayo de 1895, demuestra sin duda cuán vivo estaba el conflicto entre los conceptos divergentes de sociedad militarista y sociedad civil. Muchos historiadores han especulado, y sin duda seguirán haciéndolo, qué fue lo que Martí escribió en las cinco páginas que faltan en ese mismo diario a propósito de la junta en La Mejorana, la reunión crucial en la que Martí, Gómez y Maceo discutieron sobre el curso de la guerra y el futuro de la nación. En las páginas que preceden a esta laguna Martí muestra su angustia sobre la cuestión del caudillismo y su interés porque se respeten los principios civiles durante la guerra, y desde luego después de la ansiada victoria cubana. Pero las páginas mismas en las que se supone que Martí narró la reunión entre los tres líderes fueron misteriosamente arrancadas del diario. Hasta hoy no se sabe quién lo hizo o por qué, aun cuando se especula que hubo razones de rivalidad política, y hasta de discordia racial. Martí murió el 19 de mayo de 1895 sin decirnos exactamente qué pensaba acerca del futuro de Cuba basándose en estas últimas experiencias suyas. Todavía hoy se sienten los efectos de su elocuente silencio.

He tratado en estas páginas de transmitir la historia de la invención de la nación cubana durante el siglo XIX. Es apenas un apretado resumen de una vasta enciclopedia: soy el primero en reconocer sus defectos. Se trata, como hemos visto, de una historia de legados y continuidades, con acciones, eventos y figuras heroicas, pero también, tristemente, una historia de trágicas pérdidas, omisiones, fracasos: páginas arrancadas.

La invectiva de Varela sobre cómo en la isla lo único que importa es hacer dinero resuena demasiado en el discurso de la nación cubana. Cuba se inventó a sí misma en el siglo XIX, pero lo hizo pagando un legado de exilio –

hombres *y mujeres* (¿cómo olvidar a Gertrudis Gómez de Avellaneda [1814-1873], autora del prototípico poema del exilio: "Al partir"?)– obligados a abandonar su país únicamente por cometer el crimen de declararse a favor de la libertad. Tal fue la vida de algunas de las figuras que hemos repasado: Manzano, Delmonte, el padre Varela, Heredia, Saco, y por supuesto el mejor de todos, José Martí. Que todos ellos hayan inventado a la nación desde afuera, como quien dice, desde la experiencia del exilio, no sólo señala una paradoja: nos revela la trágica dimensión humana de la nacionalidad cubana.

La misma invención, por cierto, tuvo otro precio igualmente alto: el legado de racismo y discriminación que proviene de siglos de opresión esclavista. Juan Francisco Manzano, el esclavo con cuya historia inicié esta charla, sí obtuvo su libertad después de que sus mentores liberales se la compraran. Pero poco después de haber sido liberto volvió a ser víctima del mismo sistema al verse enredado en la *Conspiración de la Escalera,* la misma que privara de vida al poeta mulato "Plácido". Después de guardar prisión, Manzano dejó de escribir. Murió en 1845 en la más completa oscuridad y sin duda aterrorizado. A su vez, su autobiografía, después de haber sido sacada clandestinamente de Cuba y publicada en Inglaterra, no vería la luz en Cuba hasta 1937, más de un siglo después de que su autor la escribiese, y aún hoy día, sigue siendo ignorada por la gran mayoría de lectores cubanos.

Si es cierto que todas las naciones inventan y reinventan sus historias, entonces esta misma narración, lejos de la isla que es su objeto (para no hablar de su objetivo) también forma parte de esa reinvención, tanto o más que cualquier otra dentro de la isla. Que tenemos derecho a hacerlo no debe quedar duda, pues la hemos fraguado todos en esta nueva isla, hoy también nuestra.

(1995)

Félix Varela: visionario

Félix Varela es el primer pensador moderno en Cuba. Esa afirmación resume, me parece, tanto la apuesta como el límite de su obra. La modernidad significa la puesta en práctica de un pensamiento crítico. Miembro de una minoría ilustrada latinoamericana y viviendo en las postrimerías de la ilustración, Varela intenta cambiar a su país dando un salto hacia la modernidad. Recalco la imagen de salto porque eso en efecto fue: con la excepción de las tímidas intentonas de Agustín Caballero y O'Gaván, que a su vez eran tímidos reflejos del impacto intelectual que años antes había tenido la incursión inglesa en La Habana, poco o nada había en el pasado cubano que preparase el cambio que Varela intentó gestar. Si las revoluciones de Francia y Estados Unidos habían sido la consecuencia de una evolución política e intelectual que se remontaba a la Reforma, en España y América Latina no existía una tradición intelectual que formara las mentes de las élites. Tampoco existían las clases sociales que correspondían a la nueva ideología liberal y democrática. No niego que haya habido un movimiento filosófico o científico de cierto auge: el propio caso de Varela prueba lo contrario. Me refiero a otra cosa: no existía en Cuba una relación orgánica entre sus clases sociales y las ideas en torno a la modernidad.

Como se sabe, entre 1811 y 1820, año en que Varela parte a España como representante a Cortes, el presbítero cubano realiza una reforma que comprende la supresión del método escolástico en la enseñanza de la filosofía. Esa supresión, a su vez, tiene una serie de consecuencias: rebaja la importancia de la deducción y el silogismo como métodos, descarta la autoridad como factor probatorio, lleva a la adopción de una lógica autorrectificatoria (como las de Descartes y Destutt de Tracy) en la enseñanza de la ciencia, y sobre todo la física y la química. Dice Hernández Travieso, en el primero de sus dos estudios, que en el expediente de Varela se encuentran "claros indicios de la marcha renovacionista que se iniciaba en nuestro empobrecido mundo científico, donde Descartes y Copérnico habían dejado de ser considerados como peligrosos promotores de heterodoxia para serlo de sabiduría e inquietud científica".[1] Esa serena observación nos da una idea del patético contexto intelectual en que se educó Varela: se refiere a los primeros años del siglo XIX, cuando Varela, contemporáneo de Kant y Hegel, asiste a sus últimos cursos en el seminario San Carlos; pero aquellos "peligrosos promotores" habían publicado sus obras hacía siglos. Copérnico había muerto en 1543 (nada menos que doscientos cincuenta años antes) y Descartes en 1650, hacía siglo y medio.

La reforma de Varela no fue sólo filosófica, o dicho con más precisión: pedagógica. Tuvo también, como parte de la lógica de la modernidad, aspectos políticos y morales. Dentro del clima liberal de la sublevación antinapoleónica, fue uno de los primeros en realizar un comentario pormenorizado de la constitución monárquica. También fue uno de los primeros, una vez restaurado el absolutismo, en ser perseguido a causa de esas y otras críticas. Si a su llegada a Cádiz Varela sigue siendo reformista, a Estados Unidos, en 1823, llega hecho un separatista. El resto de su vida, Félix Varela vive en el exilio —comenzando así una funesta tradición que continúa hasta nuestros días— sin regresar jamás a la "siempre fiel isla de Cuba", donde se le había proscrito. Su crítica, que hizo pública en las páginas de *El Habanero* y más tarde en *El mensajero semanal,* era doble o, mejor dicho, era una sola con dos aspectos: independencia y abolición. El uno le ganó el odio y la persecución de la corona española, el otro el desprecio de sus compatriotas, más ávidos de hacer dinero que de una sociedad justa.

Siguiendo en parte una venerable tradición hagiográfica, y que por desgracia en la historia cubana no se limita a Varela, Hernández Travieso no especula, ni en ninguno de sus dos libros ni en su ponencia, sobre las consecuencias personales de esa postura crítica. Me refiero no tanto al sabotaje, por parte del gobierno español, del obispado de Nueva York —incidente más significativo dentro del contexto de la burocracia eclesiástica de esos años que dentro de la historia política de Cuba— sino a otra circunstancia aún más terrible: la soledad, la frustración y, en última instancia, la *desilusión* de Félix Varela. Ese estado moral debe haberle afectado lo suficientemente como para que se alejara, a partir de 1826, cuando se traslada a Nueva York, de su intensa actividad política para convertirse en un militante eclesiástico. Hoy, pasado casi un siglo, si bien no nos puede dejar de admirar la labor de Varela durante sus años de exilio neoyorkino en la fundación de escuelas para niños pobres, o su caridad hacia los emigrantes irlandeses y las víctimas del cólera,

---

[1] Antonio Hernández Travieso, *Varela y la reforma filosófica en Cuba*, prólogo de Herminio Portell Vilá, Jesús Montero, La Habana, 1942.

para no hablar de la reedición de su *Miscelánea filosófica,* no podemos sino reaccionar con incredulidad ante, dicho sea con mucho respeto, su militancia temperante, sus polémicas sobre la Biblia protestante (que hoy nos parecen un tanto inocuas), o la beatería mojigata de algunas de las *Cartas a Elpidio* o de las *Máximas morales y sociales*.

En su ponencia Hernández Travieso menciona, en cambio, otro incidente en la vida de Varela que sí me parece acaso el signo fundamental de su trayectoria moral. Varela rechaza la amnistía que le concede la regencia española y decide no regresar a Cuba, en contra de los consejos de sus familiares y de muchos de sus discípulos. En ese momento decisivo Varela comprendió bien que aceptar la amnistía significaba aceptar la culpa que ocasionaba. Cito a Hernández Travieso quien a su vez cita la famosa carta de Varela: "Acaso yo he tenido la culpa por haberla querido demasiado... pero he aquí una sola culpa de la que no me arrepiento".

Es en esta decisión terrible donde se plasma lo que Hernández Travieso llama "la conciencia cubana" y de la cual Félix Varela es su justo "forjador". Si bien nuestra frágil modernidad hispánica nos ha hecho tardíos comensales, como dijera Alfonso Reyes, en el banquete de Occidente, esa tardanza o desfase cronológico respecto a las corrientes intelectuales sí ha producido grandes espíritus. El valor, vale decir la *grandeza* de esos espíritus, suele ser desdeñado, y en especial por ingratos contemporáneos y compatriotas. No por ser numerosos los ejemplos son menos patéticos: sor Juana, Bolívar, Simón Rodríguez, San Martín, Martí, para no hablar de un puñado de nuestros propios contemporáneos. Como todos ellos, Varela vivió y murió como otra voz clamando en el desierto.

A veces, al intentar rescatar esa voz, las patéticas circunstancias de los últimos días de Varela, nos cegamos ante sus inevitables limitaciones humanas. No fue Varela ciertamente, *el* filósofo cubano de la modernidad, pero sí su primer *pensador,* con todos los aciertos y peligros que conlleva el adjetivo *primero*. Fue un hombre de transición, aun cuando la suya se realizara imperfectamente. Sin ella, sin embargo, no seríamos lo que fuimos –pienso sobre todo en sus discípulos, Saco, Luz y Caballero, Mendive y Martí– ni lo que somos –pienso aquí en Hernández Travieso y en el acto que hoy celebramos.

La palabra "conciencia", cuya pertinencia a Varela debemos a Hernández Travieso, y nos demuestra Varela con su obra y con su ejemplo, está más allá de la ideología o de cualquier institución. Antes de cualquier partido o iglesia están la justicia y la verdad. Semejante actitud no puede estar sometida a consideraciones de eficacia política, como pretendían sus entusiasmados discípulos ante la Regencia, porque la palabra conciencia, por más nebulosa que sea, no puede cambiarse por la palabra ideología, la "alcahueta de los Césares, los Inquisidores, y los Secretarios Generales", al decir de Octavio Paz.

Por eso, no puedo concebir peor destino para nuestro padre Félix Varela, "patriota cubano de tres mundos", al decir de Hernández Travieso, que una petrificante hagiografía, producto o bien de una iglesia o del actual régimen militarista, heredero directo del autoritarismo al que Varela dedicó gran parte de su vida a combatir. Más digno de homenaje, más fieles a su obra y ejemplo, me parecería una edición inteligente de lo mejor de su obra, hoy de circulación prácticamente clandestina, así como un mayor y más detallado conocimiento de las grandezas de su espíritu o las contradicciones de su pensamiento.

(1989)

Habanera

> En Cuba, la isla hermosa del ardiente sol,
> bajo su cielo azul,
> adorable trigueña,
> de todas las flores, la reina eres tú.

La publicación del estudio de Adriana Méndez Rodenas sobre María de las Mercedes Santa Cruz y Montalvo, *Comtesse Merlin*, es un acontecimiento sólo comparable con otro de hace dos décadas: el de *Sor Juana Inés de la Cruz o las trampas de la fe* (1982), de Octavio Paz. No exagero. Al igual que la biografía de la monja mexicana, el estudio de Méndez Rodenas sobre la que Salvador Bueno llamara una "escritora habanera de expresión francesa" constituye una empresa de restitución histórica. En ambos, dos mujeres escritoras son restituidas al lector del siglo XX, rescatadas o bien del olvido y la marginación canónica, o bien de la distorsión interesada. Ambos exponen y examinan los mecanismos de marginación y exclusión. Si la biografía de sor Juana corrigió la estatura de la monja poeta dentro del canon del barroco hispánico, su incómoda equivalencia a la poesía de Lope, Góngora y Quevedo, el estudio sobre la condesa narradora corrige su verdadera filiación con la historia de Cuba y con los debates sobre –y nada menos que– el origen de la literatura cubana a principios del siglo pasado, y en especial dentro del llamado grupo delmontino. Y si el libro de Paz, en su empresa restituyente, reveló la supervivencia –en éstos, nuestros tiempos ilustrados– del fanatismo ideológico y su impacto sobre la figura del intelectual moderno, el libro de Méndez Rodenas revela hoy los orígenes de la persistente marginación de toda diferencia, ya sea ideológica, genérica o sexual, que seguimos padeciendo en el canon cultural y político cubano. A la corrección histórica y cultural se une, por tanto, la crítica moral y política. Tanto uno como el otro contribuyen a reconfigurar no sólo el canon literario; también el rostro de la cultura que debería haber acogido a estas dos entre tantas otras, u otros, escritoras.

En ocho capítulos que abarcan más de 300 páginas, Méndez Rodenas explica el temprano exilio, a los 13 años, de María de las Mercedes Santa

Cruz y Montalvo, cuando parte a España con sus padres; su matrimonio a los 20 con el conde francés Antoine Christophe Merlin, a partir del cual ella se convierte en Mme. la Comtesse Merlin; su viudez, a los 48, luego de que sus cuatro hijos crecieran o muriesen; su viaje a La Habana, a los 50, y su relación polémica con los escritores cubanos de la época; su regreso a París, a los 52, cuando se dispone a escribir su obra magna, en tres tomos, *Voyage à La Havane;* las polémicas o, mejor dicho, el escándalo que produjo en Cuba la diseminación de esa obra; y finalmente su legado, principalmente en torno a dos temas: la mujer y el esclavo negro, antes de morir, a los 63 años, en París, sola y aún carente del reconocimiento como escritora que sin duda se merecía y ella esperaba.

El primer capítulo del estudio se titula "From the Margins of History" por una sencilla razón: se trata de estudiar cómo la obra de la Comtesse fue, y es, marginada. Primero, por ser mujer. Si aun dentro del contexto cultural parisino de principios del siglo XIX, la figura de la escritora era una excepción, en otro como el colonial habanero la misma figura resultaba no menos que escandalosa. Después, por tratarse no sólo de una verdadera aristócrata, sino de una rica venida a menos, y ya sabemos que la burguesía no perdona el fracaso económico o, al menos, la estrafalaria apariencia de ese fracaso. Su excepcionalidad como aristócrata cubana, y no ya francesa, es lo que explica, a un tiempo, su peculiar defensa de la esclavitud junto a su crítica despiadada a las instituciones coloniales que aparecen en *Voyage à La Havane* (1844), lo que ocasionó no sólo notorias críticas entre los colegas del grupo delmontino, sino múltiples malentendidos posteriores, como demuestra el estudio. Por último, la discriminaron por escribir en francés. Al menos para sus contemporáneos cubanos, esa lengua literaria reflejaba una radical extrañeza, que igualmente atraía y repelía. Después de todo, el francés era en su siglo la lengua civilizada, lógica y culta por excelencia –la lengua de Voltaire, de Napoleón, y del entonces joven Victor Hugo–. Pero el francés era igualmente la lengua de la modernidad que cuestionaba el anacrónico patrón de vida de la Colonia, y que ya a principios del mismo siglo había arrasado con el mismo tipo de vida en Saint Domingue, la isla de al lado.

Demasiado europea para ser cubana, demasiado criolla para ser francesa, la Comtesse Merlin se vuelve así, para sus colegas escritores cubanos, un espejo indiscreto. Su signo es el equívoco, autoconstruido o atribuido. Méndez Rodenas señala que la escritora tenía dos nombres: uno, español, María de las Mercedes Santa Cruz y Montalvo; otro, francés, Comtesse de Merlin. La doble identidad configura, en la lectura de Méndez Rodenas, una escritura doble, o texto ambivalente que se aparta de otros de la época escritos por hombres, y que termina creando uno híbrido, netamente femenino, cuya fluidez anticipa muchas de las posiciones del feminismo teórico de hoy, como por ejemplo las de Hélène Cixous. La ambivalencia de ese texto ambivalente no podía dejar de tener un efecto igualmente ambivalente.

Méndez Rodenas no llega a investigar la recepción de las primeras obras de la Comtesse, que ella empieza a publicar a los 43 años, entre los puntillosos lectores parisinos, cuya reticencia ante cualquier expresión francófona puede llegar, como sabemos, hasta el más implacable estreñimiento. Apuesto, sin embargo, que si se investigara este aspecto de su obra, se vería que esa recepción pudo haber sido, a lo sumo, también ambivalente, y que fue esa primera frustración en París la que la llevó a buscar, después de enviudar, otro lector y otra comunidad en Cuba, y que, desde luego, terminaron decepcionándola igualmente.

II

> La palma que en el bosque se mece gentil
> tu sueño arruyó,
> y un beso de la brisa
> al morir de la tarde, te despertó.

Fueron, y son, numerosos los mecanismos de exclusión y marginación que se han empleado para excluir la obra de la Comtesse Merlin, y de paso cualquier agencia femenina, en la constitución del canon cultural cubano.

Aun antes de su llegada a La Habana en 1840, sus contemporáneos, entre los cuales se contaba gente como Luz y Caballero, Saco, Domingo del Monte, Félix Tanco, los hermanos de Palma y González del Valle, Milanés, y –por supuesto– Cirilo Villaverde, tradujeron, reseñaron y discutieron sus primeras obras en revistas habaneras. No era para menos. En esos mismos años el grupo delmontino estaba enfrascado en una indagación colectiva sobre la especificidad nacional cubana, tanto política como literaria, y las obras de la Comtesse, escritas en francés por una mujer, ofrecían un caso límite de esa misma nacionalidad. Con un ojo puesto en la pericia filológica y otro en su interés feminista, Méndez Rodenas sin embargo encuentra, entre las múltiples reacciones a la radical extrañeza de ese texto, resistencias y señalamientos sobre cualquier tipo de llamados defectos en su obra. Por ejemplo la exageración romántica de su estilo, un tono demasiado confesional para los propósitos protonacionalistas del grupo; reseñas anónimas, o con resortes ficticios, escritas con mala leche, que, no muy lejos por cierto de la sor Filotea que le saliera al paso a sor Juana, criticaban, o al menos no acogían, la contribución de la escritora al discurso de la nación; luego, las burlas, crueles y condescendientes, porque en sus escritos abundan errores de datos: "En La Habana —dice Domingo del Monte en una carta de julio de 1844 que Méndez Rodenas cita— han excitado estas cartas un *tolle tolle* contra la condesa casi risible, porque le forman un proceso por cada inocente exageración, por cada fantástica pintura, por cada inevitable error geográfico, topográfico o cronológico, que no podía menos que cometer la ilustre 'Peregrina en su patria'". La culminación de todas esas marginaciones fue sin duda la *Refutación* que Félix Tanco, el Cintio Vitier del siglo XIX, publicó contra el *Voyage à La Havane* en 1844, el mismo año por cierto en que se descubre la llamada Conspiración de la Escalera, donde acusó a la *comtesse* nada menos que de plagiar *Una pascua en San Marcos*, de Ramón de Palma, y, de paso, de corromper la reputación de las ilustres, y seguramente inocentes, damas habaneras.

Méndez Rodenas no lo dice de la misma manera, pero es evidente que todas estas estrategias de marginación responden a un recurrente esfuerzo institucional de regulación y domesticación cultural dentro de la naciente maquinaria cultural cubana. Por eso no es menos significativo, como señala la propia autora, que, pasados casi dos siglos, estudiosos cubanos en Estados Unidos como Roberto González Echevarría y Lou Pérez Jr. sigan excluyendo toda mención de la obra de la Comtesse Merlin en obras tan pertinentes como son sus respectivos estudios sobre narrativa latinoamericana o sobre libros de viajes a Cuba. Resulta notable, en este sentido, cómo los mismos argumentos que fueron esgrimidos contra la Comtesse Merlin también fueron empleados, en la misma época, para juzgar un texto como la *Autobiografía* de Juan Francisco Manzano, los múltiples defectos e incorrecciones de su novicio estilo, y que conforma lo que Antonio Vera León ha llamado, con acierto, "el estilo bárbaro de la nación". Al igual que el texto original de Manzano fue sucesivamente reescrito sin las faltas ortográficas que ostentaba el manuscrito y tuvo que aguardar a que el historiador José Luciano Franco lo reestableciera en fecha reciente y publicara en su imperfección, así también la obra de la Comtesse Merlin ha tenido que aguardar al estudio de Méndez Rodenas su contribución a la nacionalidad cubana. Y esto de igual manera, por cierto, que el estilo bárbaro, carnavalesco, de José Lezama Lima en su novela *Paradiso* (1966), cuya primera edición Severo Sarduy cierta vez describiera como "plagada de las fantasías de un tipógrafo marsellés", y que ha sido recientemente regulado, desinfectado y, claro está, moral e ideológicamente neutralizado, en una infame edición crítica por el Tanco y Bosmeniel de nuestro siglo.

¿A qué responden todos y cada uno de estos ejemplos –la escritura bárbara de Manzano, los errores de la Comtesse, o el estilo incorrecto de Lezama– sino a una heterodoxa escritura poética que lucha, a toda costa y muchas veces contra su propio medio, para expresar su propia diferencia humana –la diferencia del negro esclavo, la de la mujer, exiliada del discurso nacional, o la del poeta, exiliado del poder– en torno a la nación?

III

> Fuego sagrado, guarda tu corazón.
> El claro cielo, tu alegría te dio.
> Y en tus miradas ha confundido Dios,
> de tus ojos, la noche y la luz
> de los rayos del sol.

Y sin embargo, tal como ocurre en la biografía de sor Juana que escribe Octavio Paz, en el estudio de Méndez Rodenas se esconde otra dimensión, íntima, secreta y autobiográfica, que otorga un sentido aún más actual a su estudio. En su "Preface", Méndez Rodenas explica que fue en otro viaje a La Habana, esta vez suyo, en junio de 1989, que pudo realizar muchas de las investigaciones que hicieron posible el estudio. Revela entonces que ese verano se volvió memorable por razones políticas, y no sólo académicas:

> While in the morning I exhausted the riches of the Colección Cubana, during the evening I stayed close to the television watching the Ochoa trials. It was then that I understood Merlin's travelogues in a different light, for they helped me realize that Cuba had reverted to a neocolonial condition, with a new Captain-General absorbing all power and energies, much in the same way that la Comtesse described the institution of the Captain-Generalcy in the nineteenth century.

Si en su *Voyage à La Havane*, la Comtesse había descubierto el despotismo que luego criticaría en su libro en francés, en *Gender and Nationalism in Colonial Cuba* Méndez Rodenas descubrirá, a su vez, la nueva versión del despotismo que luego criticaría, con precisión arqueológica, en su libro en inglés. Las dos cubanas, ambas exiliadas, viajan a su país de origen para descubrir, a través del espejo de otro idioma, marca de su exilio, la verdad sobre su origen: que la nación no concuerda con la lógica de la modernidad. Vale decir: que Cuba es una isla en más de un sentido de la palabra. Si además sabemos que cuando Méndez Rodenas viajó a La Habana para realizar sus investigaciones sobre la Comtesse Merlin estaba embarazada de su hija Julianna, a quien le dedica el libro, entonces comprendemos la solidaridad —no sé si llamarla afectiva, psicológica o moral— entre estas dos mujeres –la escritora y la estudiosa– a lo largo del tiempo. No es inverosímil asumir que la interlocutora ideal de Méndez Rodenas no sea otra que su hija Julianna, lectora futura, al igual que la interlocutora de muchas de las cartas del *Voyage à La Havane* lo fue Mme. Gentien de Dissay, hija mayor de la Comtesse. En respectivas dedicatorias, ambas autoras apuestan, por tanto, a que sean las hijas, cifras del futuro, las que reconozcan su contribución, ya que en el presente las posibilidades de participación en el discurso de la nación no existen, o mejor dicho: han sido eliminadas.

La dimensión moral del estudio nos lleva a un último punto: la diferencia específica del discurso de la Comtesse en relación con su tiempo. A lo largo del estudio, Méndez Rodenas señala que si hay algo que distinguió, y aún distingue, la especificidad del discurso de la Comtesse, es su voz. Su voz, no su escritura. La paradoja se explica. No sólo era la Comtesse una gran y notoria conversadora, rasgo que se transparenta en su estilo literario; también fue cronista de la ópera de París (escribió dos libros sobre Mme. Malinbran), fue una notable cantante de ópera, y en La Habana hizo su debut en el célebre Concierto de Peñalver, donde dejó chiquitas, *pour ainsi dire*, a las otras cantantes habaneras. Para Méndez Rodenas, la voz de la Comtesse es importante porque marca lo que ella llama la dimensión ejecutoria (*performative*, en inglés) del discurso nacional. (Según la estudiosa, esa dimensión provee, entre otras claves, la diferencia entre las respectivas versiones de *Una pascua en San Marcos*, de De Palma, y la Comtesse.) La dimensión ejecutoria, propia de una diferencia femenina, contrasta, así, con la pedagógica, propia del patriarcado. Si la pedagogía enseña y moraliza, la ejecución muestra y entretiene. La pedagogía es moral; la ejecución es estética y, sobre todo, dramática, visual. Por eso la pedagogía se ciñe a la permanencia –y el poder– de la escritura, mientras que la ejecución se consume en la voz, que se lleva el viento. En este sentido, habría que pensar la presencia *fonográfica*, virtual, de la Comtesse Merlin y de escritores como ella dentro del canon, y no sólo, por cierto, de la literatura cubana.

Para Severo Sarduy, a quien Méndez Rodenas cita oportunamente sobre este tema, "La presencia de lo sonoro puede seguirse desde su fundación hasta su corona barroca, el *Enemigo rumor* de Lezama; su epifanía en el romanticismo está en *Al partir* [de Gómez de Avellaneda]... Cuba, en la premonición de la lejanía, no se le presenta ni como una imagen ni como una nostalgia, sino como un sonido, como una palabra: lo que significa a Cuba, lo que la representa y la contiene... es su nombre: 'tu dulce nombre halagaría mi oído'". Tan impresionante tiene que haber sonado la voz de la Comtesse para sus contemporáneos que, a su partida de Cuba, se le dedicaron muchos poemas, no a ella precisamente sino a su voz. Tampoco faltó quien especulara que seguramente un hombre le había escrito sus textos literarios porque, según este anónimo comentarista que la estudiosa cita, "sus escritos estaban muy lejos de igualarse todavía al hechizo y originalidad de sus conversaciones".

Es precisamente el discurso de la ejecución, la huella de la voz, lo que debió haber impresionado más a los provincianos habaneros de hace dos siglos. Seguramente se quedaron sorprendidos ante la extrañeza de una mujer que, en la lengua de la dulce Francia, podría expresar las más patéticas declaraciones de amor a la isla y que, aún hoy, dos siglos después, se pueden auscultar. He aquí, al partir, la voz de la Comtesse: "Je souffrais toutes les angoisses de la séparation, sans que l'idée du retour vint se présenter un instant a ma pensée. Un secret pressentiment, plus puisant que la raison, s'était emparé de moi, et me répétait tout bas: Pour toujours, loin de la patrie! Et, comme la génie du mal, il me souivait partout, et me répétait sans relâche: Pour toujours, loin de la patrie!"

Y de nuevo, al regreso: "Je suis dans le ravissement! Depuis ce matin je respire cet aire tiède et amoureux des tropiques, cet air de vie et d'enthousiasme rempli de molles et douces voluptés! Le soleil, les étoiles, la voute éthérée, tout me paraît plus grand, plus diaphane, plus splendide!"

¿No entendemos? No importa. Lo que importa es la música, lo que importa es la voz.

IV

Dulce es la caña, pero más es tu voz
que la amargura quita del corazón.
Y al contemplarte, suspira mi laúd,
bendiciéndote hermosa sin par
porque Cuba eres tú.

(2000)

Cecilia Valdés, c'est moi

Entre los muchos cambios que Cirilo Villaverde efectuó entre la primera y definitiva ediciones de *Cecilia Valdés,* acaso el más significativo fue el de la fecha de nacimiento de la protagonista. En la primera edición se nos dice que Cecilia nació en 1816; en cambio, cuarenta y tres años después, cuando se publica la versión definitiva, esa fecha aparece como 1812. El cambio debe haber sido lo suficientemente importante, por cierto, para que Villaverde lo utilizara en el primer párrafo de su novela: "Hacia el obscurecer de un día de noviembre del año de 1812 seguía la calle de Compostela en dirección del norte de la ciudad una calesa tirada por un par de mulas..." Como se sabe, escondido en esa calesa va Cándido Gamboa, padre secreto de Cecilia Valdés, quien al comienzo de la acción de la novela tiene apenas unos días de nacida. Además, es al menos verosímil que, aunque no se especifica el día exacto del mes, la acción de la novela comienza a principios de noviembre, por lo cual resulta igualmente verosímil que Cecilia puede haber nacido hacia los últimos días de octubre. En efecto, más adelante, en la cuarta parte de la novela, se nos confirma que Cecilia nace en ese mes. "Yo nací, según me ha dicho mi abuela, en el mes de octubre de 1812." Ninguno de estos cálculos tendría interés, sin embargo, de no ser por una extraña coincidencia: el propio Cirilo Villaverde nació el 28 de octubre de 1812.

¿Por qué cambió Villaverde la fecha de nacimiento de su protagonista para que coincidiese con la suya? ¿Acaso quiso cifrar su identificación con su personaje desde el comienzo mismo de la acción? Y si es así, entonces ¿qué quiere decir esa cifra? Al menos otras dos coincidencias confirman esa identificación entre autor y personaje. Sabemos que Villaverde llega a La Habana (había nacido y se había criado en San Diego de Núñez, en la provincia de Pinar del Río) en 1823, cuando cuenta con apenas once años de edad. La primera vez que vemos a Cecilia Valdés en la novela es en el capítulo II, seguidamente después de la escena inicial entre Gamboa y Señá Josefa, donde la niña va "por las calles del barrio de Ángel, una muchacha de unos 11 a 12 años de edad quien ya por su hábito andariego, ya por otras circunstancias de que hablaremos más adelante, llamaba la atención general". Si a esta primera coincidencia le añadimos la otra más conocida –la coincidencia de las iniciales CV tanto en el autor como en la protagonista (Cirilo Villaverde, Cecilia Valdés)–, entonces podemos empezar a comprender el sentido de mi título. Como Flaubert con su célebre protagonista, Cirilo Villaverde también podía afirmar: "Cecilia Valdés, *c'est moi*".

Reconocer esta identificación entre autor y personaje en la novela de Villaverde equivale a plantear dos posibles lecturas, igualmente válidas. Una primera sería la que vulgarmente llamamos "biográfica": Cecilia Valdés, mulata habanera, es en realidad el *alter ego* de Cirilo Villaverde, escritor pinareño. El escritor transfirió afectivamente sus obsesiones a su protagonista. La biografía del uno aparece, en cifra, en la historia de la otra. Esa lectura biográfica, y hasta psicoanalítica si se quiere, resultaría enteramente válida, como he dicho, aunque me temo que no ha de ser muy completa hasta que conozcamos más datos acerca de las extensas vida y obra de Villaverde, o que sepamos los resultados de la investigación sobre ese tema que desde hace años viene realizando el poeta cubano Roberto Friol.

Pero hay también una segunda lectura cuya lógica sería justamente la inversa de la primera; una segunda lectura que buscara preguntar no si Cirilo Villaverde quiso ser una mulata habanera, sino todo lo contrario: si Cecilia Valdés, mulata habanera, quiso ser un escritor pinareño: un *autor*. Afirmar que "Cecilia Valdés, *c'est moi*", equivale, por tanto, a identificar a Cecilia como el verdadero autor de la novela. Equivale, en otras palabras, a señalarla como el personaje que, al final de la narración, y como resultado de las circunstancias que llevaron a ese final, asume una coherencia y una perspectiva que le permiten *escribir* la novela.

Escribir la novela quiere decir hacer que la perspectiva moral del personaje (en este caso el de la protagonista) coincida con la del autor, esa perspectiva que hace posible la producción del texto, el punto de mira desde el cual se hace posible la narración de los hechos. A su vez, esa coincidencia, perspectiva o punto de mira equivale a una *sabiduría* cuyo resultado es la novela, sin duda, pero cuya posibilidad surge de la acumulación de experiencias con que culmina el final de la narración. De esta manera, si el final de toda novela equivale al comienzo de su escritura, será porque es en ese final donde autor y personaje convergen, confluyen, se encuentran. Sólo que esa convergencia o encuentro ocurre únicamente después de la paulatina investigación cuyo registro es la novela que estamos leyendo. A lo largo de todo el *Quijote*, Cervantes arremete contra su protagonista demente, pero al final de la narración, cuando Don Quijote renuncia a la quimera de la caballería andante, esa renuncia, esa nueva sabiduría, producto de la propia novela, hace converger a autor y personaje. "Don Quijote de la Mancha, *c'est moi.*"

¿A qué renuncia Cecilia Valdés al final de la narración? ¿A qué tipo de sabiduría puede tener acceso y qué la convierte en el autor de la novela? Finalmente, ¿cuáles son las implicaciones del hecho que Cecilia sea el *autor* de la novela?

Un somero repaso de los hechos que ocurren en el estrepitoso final de la novela nos revela que: *1)* Cecilia da a luz una hija suya y de Leonardo Gamboa, *2)* Al mismo tiempo, Rosa de Gamboa, enterada del verdadero origen de Cecilia, concierta el matrimonio entre Leonardo e Isabel Ilincheta, *3)* José Dolores Pimienta, a petición de la abandonada Cecilia, impide ese matrimonio asesinando a Leonardo, y *4)* acusada de complicidad en el asesinato de Leonardo, Cecilia es condenada a un año de encierro en el hospital de Paula, el mismo donde está recluida Rosario Alarcón, su madre loca. "Por estos caminos —resume el narrador— llegaron a reconocerse y abrazarse la hija y la madre; habiendo ésta recobrado el juicio como suelen los locos, pocos momentos antes de que su espíritu abandonase la mísera envoltura humana." La escena final entre madre e hija, de parcos detalles, sugiere que al final Cecilia logra descubrir su origen. También descubre, retrospectivamente, su incestuosa unión con Leonardo Gamboa. El descubrimiento o desengaño de Cecilia es análogo, de esta manera, a la recuperación del juicio de la madre justo antes de que muera. Muerte quijotesca ella misma, por cierto, que de alguna manera cifra el destino de Cecilia. Así como en vida Rosario Alarcón resume el futuro de Cecilia —como la madre, Cecilia termina en el encierro del hospital de Paula—, así también en su muerte cifra ese mismo futuro más allá de la novela. Y así como la madre se vuelve cuerda antes de morir, así también Cecilia recupera su identidad antes de convertirse ella misma en *otra,* o al menos *distinta,* de lo que ha sido hasta ahora. Ambas mujeres mueren: pero la una muere literalmente; la otra muerte es figurativa. La diferencia entre ambas reside en ese acceso a la figura, o al menos a lo que podríamos llamar una figura *escrita,* el acceso a la escritura. Cecilia, al morir, deja de ser personaje y se convierte en escritura: en escritora.

La locura de Rosario, que según el doctor Montes de Oca, al menos, se debió a "una meningitis aguda, superviviente de un susto", significa su escape a un mundo imaginario, extrahistórico, cuya violencia interior sólo percibimos en esos "accesos de furor, en cuya disposición era difícil sujetarla e impedir que se hiciera daño o le hiciera daño a los suyos". Al igual que su madre, o que Dolores Santa Cruz, la otra loca andariega que también cifra el destino de la protagonista, Cecilia Valdés es una víctima del despojo –primero, a su paso por la casa de cuna; más tarde durante su "exilio" en el ingenio de Jaimanita; y finalmente, en el hospital de Paula. Pero a diferencia de esas dos locas, Cecilia convierte su locura en una novela, esa terrible demencia que no es sino la propia historia de Cuba, y la propia Cecilia su emblema. Al final de la narración, Cecilia renuncia a su orgullosa diferencia genética –esa supuesta "pinta menos" que la de su madre que Cecilia contaba como garantía de un marido blanco– y asume una diferencia moral y política: contar su historia es su manera de ganar acceso a la Historia. Toda la sabiduría o desengaño de Cecilia parece radicar en su fortuito encuentro con su *nombre* –Gamboa, claro está, y no Valdés– ese nombre que, como la piel morena que necesita blanquearse, ha sido "lavado", "borrado" a su paso por la casa de cuna. Por eso, recobrar el nombre coincide, al final, con el acceso a la sabiduría, y estas dos con la escritura de la novela y la conversión del (hacia el) autor. De *Cecilia,* la *ciega* (el nombre viene del latín *caecus,* ciego) pasa a *Cirilo,* el *señor* (del griego *kyros,* señor).

Que semejante lectura de *Cecilia Valdés* coincida en el tiempo con la producción de una parodia de la novela de Villaverde me parece significativo. Me refiero a *La loma del ángel* (1986), la nueva novela de Reinaldo Arenas. En ese texto verdaderamente brillante, Arenas desmonta precisamente el mecanismo que he señalado a lo largo de estas páginas, sólo que mostrando su envés y destruyendo la propia noción de autor, de modelo y autoridad. "No presento al lector –dice Arenas en su prólogo– la novela que escribió Villaverde (lo cual es obviamente innecesario), sino aquella que yo hubiese escrito en su lugar." En la parodia de Arenas no sólo se apoderan los personajes de la narración, desplazando al narrador omnisciente de la novela de Villaverde, sino que arremeten ellos mismos contra Villaverde y hasta contra el propio Arenas. Villaverde aparece, por ejemplo, como un alfabetizado perdido en el monte de Pinar del Río, afanado en instruir a una aldea de guajiros analfabetos con el propósito de que lean su novela. Pero no sólo no logra Villaverde su cometido: los personajes de su novela terminan persiguiéndolo a palos y poniendo su vida en peligro.

Por eso, y a pesar de que profesa ser y es una parodia, la novela de Arenas en realidad no distorsiona el texto de Villaverde. Más bien completa el mismo proceso de desplazamiento retórico y autorial que está implícito en el texto del célebre clásico cubano. Relectura radical que nos recuerda una vez más, como decía Borges, que un autor crea a sus precursores.

(1985)

José Martí

"ISMAELILLO" Y EL MODERNISMO

> El poeta parte de la soledad, y movido por el deseo, se dirige hacia la comunión.
>
> OCTAVIO PAZ

HACE VARIOS AÑOS SE CELEBRÓ el centenario de *Ismaelillo* (1882), el primer libro de poemas de José Martí. La crítica martiana del mundo entero lo conmemoró con simposios y homenajes. No era para menos. Reconocer la importancia de *Ismaelillo* equivale a tomar partido en el largo debate sobre si Martí fue un precursor o el iniciador del modernismo. De ahí que todo reconocimiento de *Ismaelillo* corra el riesgo de convertirse en una defensa de Martí, una voz más en el culto a su figura. No que Martí no se merezca admiración: su amor por "Nuestra América" sólo se paga con el nuestro. Pero hay amores que matan y para un escritor el peor de todos es el homenaje vacío que petrifique su obra y le condene al silencio. Por eso en la crítica martiana ha sido menos frecuente el tipo de estudio que proponga nuevos enfoques. Y el caso de *Ismaelillo* no ha sido, por desgracia, una excepción.[1] Si

---

[1] Entre los estudios dedicados al libro de Martí merecen destacarse los siguientes: Guillermo Servando Pérez Delgado, "Aproximación a la poesía de Martí: el *Ismaelillo*", *Anuario de Estudios Americanos,* 9, 1952, pp. 549-576; Jorge Mañach y Robato, "El *Ismaelillo,* bautismo poético", en *Homenaje en memoria de José Martí y Zayas Bazán,* La Habana, Academia de la Historia de Cuba, 1953, pp. 31-49; Cintio Vitier, "Trasluces de *Ismaelillo",* en Cintio Vitier y Fina García Marruz, *Temas martianos,* La Habana, Biblioteca Nacional José Martí, 1961, pp. 141-151; Gene Hammitt, "Función y símbolo del hijo en el *Ismaelillo* de Martí", *Revista Iberoamericana,* 31, 1965, pp. 71-81; Ángel Augier, "Introducción a *Ismaelillo",* *Anuario Martiano,* 1, 1969, pp. 167-206; Mary Cruz, "Alegoría viva: Martí", *Anuario L/L,* Academia de Ciencias de Cuba, 2, 1971, pp. 25-46; Joseph W. Zdenek, "Un estudio de la poética de *Ismaelillo",* *Explicación de textos literarios,* 4, 1975-76, pp. 87-91. Con motivo del centenario se han publicado, entre otros: Emilio de Armas, *"Ismaelillo:* Versos 'unos y sinceros' de José Martí", *Anuario del Centro de Estudios martianos,* 4, 1981, pp. 51-67; Larraine R. House, "José Martí, en el ansia de amor puro", *Cuadernos Americanos,* 239, 1981, pp. 134-152; Denia García Ronda, "'Mas está ausente mi despensero' (Notas en el centenario de *Ismaelillo),*" *Universidad de La Habana,* 217, mayo-agosto, 1982, pp. 17-32; Heberto Padilla, "En el centenario de *Ismaelillo",* *Noticias de Arte,* 7, 1, enero de

bien resulta indiscutible el papel decisivo que juega la obra de Martí en la historia literaria hispanoamericana, no deja de resultar extraño que sea precisamente este librito de quince poemas, que Martí escribe durante una doble crisis doméstica y política, el que la tradición crítica haya identificado como el origen de la modernidad literaria hispanoamericana.

Dicha identificación no ha estado exenta de contradicciones. De hecho, la contradicción parece haberle dado su razón de ser. Ya Pedro Henríquez Ureña observaba, en el penúltimo capítulo de *Las corrientes literarias en la América hispánica* (1945), que "el año de 1882, en que se publicó *Ismaelillo,* suele tomarse como fecha inicial de una nueva tendencia en nuestra poesía, conocida más tarde bajo el incoloro título de modernismo". Seguidamente, Henríquez Ureña añadía otras dos observaciones. Primero, que *Ismaelillo,* como él mismo dice, "la primera obra de nuestro modernismo", apareció exactamente cincuenta años después de la *Elvira* de Echevarría, "la primera obra de nuestro romanticismo)". Y segundo, y a manera de elogio, que ambas obras se anticiparon por varios años a las primeras manifestaciones de sus equivalentes movimientos españoles.

Las observaciones de Henríquez Ureña hicieron fortuna entre los defensores del papel fundador de Martí. Que *Ismaelillo* fuera consagrado de esa manera en la primera historia de la literatura hispanoamericana escrita por un hispanoamericano daba pie a sus justificaciones. Pero los mismos defensores nunca se percataron de que, a pesar de la certeza del juicio de Henríquez Ureña, su propio señalamiento había sido ambivalente y arbitrario. Ambivalente por-

1982, p. 10; Eliana Rivero, "*Ismaelillo* de José Martí", *Areíto,* 33, 1983, pp. 37-49; Evelyn Picón-Garfield e Iván Schulman, *"Ismaelillo* y la modernidad de la poesía futura", y "El arte de la 'sangre nueva' y el *Ismaelillo",* ambos recogidos en el número-homenaje a Martí de *Insula,* núms. 428-429, julio-agosto, 1982, pp. 5-6 y 7, respectivamente; y de ambos autores, "José Martí: el *Ismaelillo* y las prefiguraciones vanguardistas del modernismo", en su *Las entrañas del vacío: ensayos sobre la modernidad hispanoamericana,* México, Cuadernos Americanos, 1984, pp. 79-96. También, los ensayos de diversos autores recogidos en *José Martí ante la crítica actual (En el centenario de* Ismaelillo), Elio Alba-Bufill (ed.), New Jersey, Círculo de Cultura Panamericana, 1983. Hay valiosas referencias a *Ismaelillo* en los trabajos ya clásicos de Eugenio Florit, "José Martí: vida y obra: versos", *Revista Hispánica Moderna,* 18, 1952, pp. 20-71; "La poesía de José Martí", *Archivo José Martí,* 19-22, 1953, pp. 106-117; y "Notas sobre la poesía en Martí", *Anales de la Universidad de Chile,* 89, 1953, pp. 82-96; Juan Marinello, *Martí, escritor americano,* México, Grijalbo, 1958, y "Martí: poesía", *Anuario Martiano,* 1, 1969, pp. 117-165; Alfredo Roggiano, "Poética y estilo de José Martí", en Manuel Pedro González (ed.), *Antología crítica de José Martí,* México, Cultura, 1960, pp. 41-69; y Emir Rodríguez Monegal, "La poesía de Martí y el Modernismo", *Número, 5,* 22, enero-marzo, 1953, 38-67. La paginación de las citas corresponde a José Martí, *Poesía completa. Edición crítica,* Cintio Vitier, Fina García Marruz y Emilio de Armas (eds.), 2 t; La Habana, Letras Cubanas, 1985. He cotejado el texto de los poemas con el que aparece en *Ismaelillo. Edición facsimilar,* Angel Augier (ed.), La Habana, Arte y Literatura, 1976, que contiene el texto de Augier arriba indicado. Para las demás obras de Martí me refiero a los textos en *Obras completas,* La Habana, Editorial Nacional de Cuba, 1964.

que no lo hizo en su nombre y atribuyó su opinión a una fuente anónima (de ahí su "suele tomarse"); y arbitrario porque apenas lo justificó a base de una discutible simetría cronológica y a falta de un cotejo de ecos o influencias.

No sería arriesgado observar que la ambivalencia que revela el comentario de Henríquez Ureña caracteriza gran parte de lo que desde entonces se ha escrito sobre *Ismaelillo*.[2] Toda afirmación sobre el carácter fundador del libro ha ido acompañada de una discreta pero clara retracción. Se ha insistido mucho, por ejemplo, en que fue uno de los libros de poesía más influyentes de su tiempo. Y sin embargo fueron escasos los poetas modernistas que lo llegaron a conocer a tiempo. Es cierto que Darío, por ejemplo, lo conoció, pero al parecer fue de manera superficial. Lo menciona en la famosa esquela sobre Martí que recogió en *Los raros* (1896), pero años más tarde confesaría que de Martí entonces "yo no conocía sino muy escasos trabajos poéticos". (Otro dato curioso: Darío creyó, seguramente influido por el título, que el nombre del hijo de Martí era Ismael; es decir, creyó que su nombre poético era el real.) La excepción notable parece haber sido José Asunción Silva. Según Sanín Cano, *Ismaelillo* "sacudió vigorosamente su delicada y afectuosa naturaleza". Documentar, sin embargo, cómo ese "sacudimiento" influyó en la poesía de Silva resultaría una tarea mucho más difícil, si no imposible. Otras retracciones asumen versiones más retorcidas pero no menos significativas. Ya sea para precisar que fue a través de su prosa y no de su poesía que Martí ejerció su verdadera influencia, o que la españolidad de los versos de *Ismaelillo* constituye una excepción al "galicismo mental" por el que poco después se llegará a conocer la poesía modernista, la lectura fundacional termina subrayando la excepcionalidad de *Ismaelillo* para recalcar, paradójicamente, su fecundidad dentro de la historia literaria. Cuando Juan Marinello escribe en 1958, que *"Ismaelillo* puede encontrar admiración pero no seguimiento en los modernistas porque es, en mucho, la contradicción de su gesto lírico", ese juicio ya refleja, más allá de cualquier desacuerdo ideológico, una conciencia del lugar paradójico que ocupa el libro de Martí en la historia literaria de nuestro continente.[3]

---

[2] 1945; México, Fondo de Cultura Económica, 1949, p. 163. Más adelante se reitera que es "el *Ismaelillo,* el primer libro de poesía del movimiento modernista" (p. 179). Max Henríquez Ureña hizo planteamientos parecidos en su *Breve historia del modernismo*, 1954; México, Fondo de Cultura Económica, 1962, pp. 54-56.

[3] El testimonio de Darío aparece en "La poesía de José Martí" recogido en *Antología crítica de José Martí,* Manuel Pedro González (ed.), p. 269. El de Sanín Cano lo cita Marinello, Martí, p. 145, y lo confirma Rufino Blanco Fombona, *El modernismo y los modernistas,* Madrid, Mundo Latino, 1929, p. 113. Para una de muchas defensas de la influencia del libro de Martí, véase Manuel Pedro González, *José Martí en el octogésimo aniversario de la iniciación modernista, 1882-*

Lo cierto es que *Ismaelillo* no fue un libro influyente, no fue lo suficientemente leído en su tiempo para que influyese en el desarrollo de la poesía hispanoamericana de su momento. Pero aun si en efecto hubiese sido leído, la innovación que proponían sus poemas era limitada, o al menos equívoca: significó más una vuelta a la tradición popular española que una nueva tendencia en la poesía.[4]

Más revelador aún es que la ambivalencia evidente en la crítica sobre *Ismaelillo* comienza con el propio Martí. Como se sabe, Martí nunca quiso poner el libro en venta. (A los cuatro años de su publicación en Nueva York todavía confesaba en una carta que tenía "toda la edición en mis cajones".) A cuanto amigo se lo envió de regalo le adjuntó extrañas notas en las que se avergonzaba del libro. El epistolario de la época está repleto de esas notas, pero acaso la más reveladora sea la que le envió a Enrique José Varona, donde dice: "Me ha entrado una grandísima vergüenza de mi libro luego que lo he visto impreso. De intento di esa forma humilde a aquel tropel de mariposas que en los días en que lo escribí me andaban dando vueltas por la frente. Fue como una visita de rayos de sol, mas ¡ay! que luego que los vi puestos en papel, vi que la luz era ida" (21, 199). Resultaría incompleto, por no decir injusto, no reconocer en estos y otros comentarios parecidos el afán de Martí por no distraerse de sus luchas patrióticas. "Antes quiero yo hacer colección de mis obras que de mis versos" (20, 297), escribe a propósito por la misma fecha. Pero desplazar la valoración literaria a favor de la preocupación política, como suele hacer la tradición crítica, no explica del todo su reacción ante el libro. La carta a Varona, a diferencia de otras coetáneas, revela que Martí llegó a valorar más el acto de escribir los poemas de *Ismaelillo* que su reflexión sobre los mismos; demuestra que la experiencia de la poesía llegó a cobrar más importancia que su lectura. Por eso, soslayar la reacción de Martí ante su libro a cambio de su afán político no resuelve el problema. Lograría aumentar el culto a su figura, pero terminaría marginando aquello que es central en su obra: la conciencia desgarrada entre acto y reflexión, vida y literatura, que define su profunda modernidad. "Dos patrias tengo yo: Cuba y la noche / ¿O son una las dos?", sigue siendo la mejor expresión de ese desgarramiento.

1962, Caracas, Ediciones del Ministerio de Educación, 1962, pp. 39-42. Ángel Augier, en otro estudio de 1942, "Martí, poeta y su influencia innovadora en la poesía de América", recogido en su *De la sangre en la letra,* La Habana, UNEAC, 1977, pp. 59-132, afirma igualmente que fue este libro "por donde asomó la primera luz de la renovación lírica en Hispanoamérica" (p. 81), pero no ofrece pruebas al respecto.

[4] Marinello, *Martí,* p. 145. Françoise Pérus volvió a formular las mismas ideas de Marinello en su "Martí y el modernismo". *Ideologies and Literatures,* 3, 1979, pp. 97-115.

Que *Ismaelillo* no haya sido un libro influyente no niega, por cierto, que sea un libro importante. ¿En qué consiste esa importancia? ¿Un libro puede ser importante sin que haya influido en su tiempo? Yo creo que sí. La literatura no se mide con los procedimientos de la ciencia exacta. Los modelos de causa y efecto, o de influencias, siempre resultan insuficientes. Hasta hay quienes sugieren, como Eliot y Borges, que la historia literaria funciona, precisamente, a contrapelo de la ciencia y de la historia: es el efecto lo que produce la causa, la literatura contemporánea altera el sentido de la tradición, un autor crea a sus precursores. Y es por eso que un libro como *Ismaelillo* puede adquirir importancia con el tiempo sin haber influido en el suyo. Un nuevo contexto puede aclarar, retrospectivamente, su verdadera importancia, y de manera tanto más clara que un modelo genético, a la caza de influencias discutibles, lo haya podido hacer. Ese nuevo contexto es la perspectiva que ofrece el centenario de *Ismaelillo,* y la conciencia de que tanto Martí como su libro pertenecen no ya a la historia del modernismo hispánico sino a un marco más amplio: el de la modernidad. Por eso, el propósito de estas páginas es el de utilizar la tensión entre acto y reflexión que define la conciencia moderna, para hurgar en la dimensión imaginaria de *Ismaelillo.* Para ello me he de referir, en la primera parte del trabajo, a las figuras que estructuran esa dimensión. En la segunda parte, me referiré a los cuadernos de apuntes de Martí (verdadera cantera para el estudio de su poesía, como veremos) a fin de seguir de cerca el sentido de la experiencia de la poesía que afecta a Martí durante la redacción del libro. Una pregunta central guía mi lectura: si la ambivalencia ante el carácter fundador de *Ismaelillo* conforma una metáfora, un síntoma de su textualidad, entonces, ¿qué nos dice esa metáfora? Tratándose de un texto que ha venido a representar nada menos que la génesis del modernismo, los resultados nos podrían decir algo no sólo acerca de la obra de Martí, sino de su problemática relación con ese enigmático movimiento.

Primera parte: Figuras

A primera vista, *Ismaelillo* tiene poco o nada que ver con el planteamiento que acabo de esbozar. Sus diminutos versos andarines parecen escapar todo contenido intelectual, aun más toda tensión entre acto y reflexión que en cambio sí caracterizarían textos de Martí más conocidos, como son sus crónicas, o acaso los *Versos libres.* Por el contrario, la poesía de *Ismaelillo* nos da la impresión de crear un mundo aparte, un refugio textual en el que se suspenden la contingencia y temporalidad de las que huye el padre-hablante. "Hijo: espantado de todo me refugio en ti", comienza el célebre prólogo (I, 17). Ese "hijo", que es también desde luego el lector implícito del libro, junto con los versos en arte menor, el escenario doméstico de los primeros poemas, los delicados grabados que ilustran la primera edición, para no mencionar la brevedad del libro todo, configura la perspectiva de un mundo inocente y lírico, un jardín infantil que se invoca desde los primeros versos: "Para un príncipe enano / se hace esta fiesta" (I, 19). Naturalmente que no hacemos más que seguir leyendo el prólogo que nos damos cuenta de que, lejos de ser un mundo aparte, ese jardín infantil ya está contaminado por el mundo adulto del padre. En este sentido, y a diferencia de, por ejemplo, los textos de *La edad de oro*, *Ismaelillo* no pertenece al género de la literatura infantil; es decir, no es tanto un libro escrito para niños como un libro *sobre* un niño. Mejor dicho: es un libro sobre lo que significa un niño para su padre. Así lo confirma la perspectiva moral que asume el padre-hablante a partir del prólogo. Pues desde el momento en que aquel invoca categorías morales como "fe en el mejoramiento humano, en la vida futura, y en la utilidad de la virtud" (I, 17), vuelve a insertar, a pesar de todas sus virtuosas intenciones, la misma contingencia y temporalidad que desea esquivar refugiándose en el hijo. No es que el mundo lírico e inocente del hijo no exista, o siquiera que exista únicamente como un espejismo del padre. Se trata más bien de que el prólogo dramatiza una tensión entre este mundo lírico y el mundo moral del padre. Será precisamente el testimonio de esa tensión entre lírica y moral, literatura y vida, lo que estructura la dimensión imaginaria de los poemas de *Ismaelillo*.[5]

No nos equivocaríamos al llamar este testimonio el de un visionario. El propio Martí insistió repetidamente sobre este aspecto de su redacción en algunas de las cartas que adjuntó a ejemplares de *Ismaelillo*. Acaso la más significativa sea la que le envió a Diego Jugo Ramírez en la que le dice lo siguiente: "Mi trabajo ha sido escenario, y en él han sido actores todas estas visiones. Mi trabajo ha sido copiar, Jugo. No hay una sola línea mental. Pues ¿cómo he de ser responsable de las imágenes que vienen a mí sin que yo las solicite? Yo no he hecho más que poner en versos mis visiones" (7, 271). Más

---

[5] Sobre la literatura infantil en Martí sigue siendo inmejorable el estudio de Herminio Almendros, *A propósito de* La edad de oro. *Notas sobre Literatura infantil,* 1956, La Habana, Instituto Cubano del Libro, 1972. Es útil también la recopilación *Acerca de* La edad de oro, Salvador Arias (ed.), La Habana, Centro de Estudios Martianos, 1980. La profesora Ada María Teja se encuentra actualmente redactando un extenso y valioso estudio sobre *La edad de oro*. Véase también el reciente excelente libro de Eduardo Lolo, *Mar de espuma. Martí y la literatura infantil,* Miami, Ediciones Universal, 1995, y la edición de este mismo autor: *La edad de oro,* Miami, Ediciones Universal, 2001.

adelante se podrá precisar a qué se refiere Martí con la frase "línea mental" o sus variantes. Por el momento, conviene entender que en el modelo de representación que Martí describe –suerte de escritura automática *avant la lettre*–, su insistencia sobre la autenticidad de sus visiones surge de un curioso temor ante el carácter fantástico de sus poemas, como si Martí sintiese que al dramatizar un mundo lírico o inocente estuviese traicionando su responsabilidad ante la realidad material. Poco importa, desde luego, que leídas hoy día, después de la experiencia de la vanguardia, las visiones de *Ismaelillo* nos parezcan relativamente dóciles, y quizá hasta convencionales. Sí importa reconocer en cambio que ya para esta fecha el propio Martí encontraba alarmante su propia invención y que veamos en esa alarma un índice para la lectura de *Ismaelillo*. Si insisto sobre este aspecto no es sólo para destacar, como veremos en seguida, la forma que asume esa invención. Será también para cuestionar un poco la imagen que nos ha legado la tradición crítica de un Martí (no muy distinto, por cierto, al Góngora de hace unos años) de dos épocas o estilos: uno, claro y "saludable", el poeta de *Ismaelillo, Versos sencillos* y *La edad de oro;* otro oscuro y "enfermizo", el poeta de *Versos libres*, romántico y visionario. No hay que confundir la salubridad con la imaginación. En *Ismaelillo,* como en toda buena poesía, la raíz popular no excluye el elemento onírico, y la visión también incluye una veta tradicional.

Una vez que reconocemos la tensión entre fantasía y realidad en los poemas, podemos pasar a analizar la figura alrededor de la cual gira la misma. Me refiero, desde luego, al niño, esa figura que la tradición romántica, a partir de Rousseau y Blake, valora como modelo de percepción imaginaria. La valoración romántica del niño forma parte de lo que Octavio Paz ha llamado "la tentativa de la imaginación poética de repoblar las almas que había despoblado la razón crítica... el niño, el loco, la mujer, el otro no racional".[6] Tentativa que en el caso de la figura del niño, como también demuestra M. H. Abrams, implica un patrón teológico. Al recobrar la frescura infantil el adulto logra restaurar, como un nuevo Adán, la experiencia prístina del Paraíso: "Si no os volvéis y os hacéis como niños, no entraréis en el reino de los cielos" (Mateo 18:4). Toda la literatura del siglo XIX, de Blake hasta Freud, pasando por Hegel, Wordsworth, Novalis, Dickens, Pérez Galdós y Mark Twain, está repleta de niños redentores, por lo cual resultaría difícil exagerar la deuda de Martí con esta tradición.[7]

---

[6] *Los hijos del limo,* 1974, Barcelona, Seix Barral, 1981, p. 121.
[7] M. H. Abrams, *Natural Supernaturalism. Tradition and Revolution in Romantic Literature,* Nueva York, Norton, 1971, pp. 379-383. Para un estudio enciclopédico del tema del niño véase

Si el Romanticismo, que la poesía de Martí hereda, encuentra en el niño un modelo de percepción es porque lo concibe –igual que a la mujer, o al loco y al enfermo– como un agente acrítico que percibe la presencia inmediata de las cosas. Ellos mismos son, encarnan, esa presencia. No es que el escritor moderno meramente se inspire en estas figuras: más bien aspira a que su obra encarne la presencia como ellos la encarnan; es decir, aspira a que su obra sea *como* un niño, *como* una mujer, o *como* un loco. De ahí la polivalencia del título de Martí y de otros como él: *Ismaelillo* es el nombre tanto del libro como del niño. Y de ahí que la primera frase del prólogo sea también polivalente: "Hijo, espantado de todo me refugio en ti". El padre se refugia tanto en el niño como en la poesía, tanto en su vástago como en el texto que lo representa.

En su encarnación de la presencia, la figura del niño revela, de esta manera, un aspecto importante de la modernidad, o al menos de la modernidad literaria. La modernidad resulta ser no sólo un concepto temporal, aunque de todos modos significa una concepción distinta del tiempo. Como sugiriera Paul de Man, desde el punto de vista de la literatura, la modernidad plantea "la posibilidad problemática de que toda literatura exista en el presente, que sea considerada, o leída, desde un punto de vista que exija compartir con él su propio sentido de un presente temporal".[8] Posibilidad problemática, desde luego, ya que, a diferencia del historiador, para quien siempre existe una diferencia entre su lenguaje y los eventos que ese lenguaje denota, el escritor reúne tanto al historiador como al propio agente de su lenguaje. "La ambivalencia de escribir es tal que se le puede considerar tanto un acto propiamente como el proceso de interpretación que sigue tras un acto con el que no puede coincidir."[9] Es decir, ningún texto literario, ni siquiera los inocentes versos de *Ismaelillo,* existe totalmente en el presente, en el mundo de la acción, del acto libre e inmediato que no tiene conciencia o conoce pasado. Es cierto que la literatura (y sobre todo aquella literatura conscientemente moderna) imita o al menos aspira a imitar o representar esa acción o presen-

---

Reinhard Kuhn, *Corruption in Paradise. The Child in Western Literature,* Hanover y Londres, University Press of New England, 1982.

[8] Traduzco de Paul de Man, *Blindness and Insight. Essays on the Rhetoric of Contemporary Criticism,* Nueva York, Oxford University Press, 1971, p. 166, aunque ya contamos con una excelente edición en español de este libro: *Visión y ceguera,* Hugo Rodríguez Vecchini y Jacques Lezra (ed. y tr.), Río Piedras, P. R., Prensa Universitaria de Puerto Rico, 1990. Las ideas de De Man sobre la modernidad en la literatura, basadas mayormente en lecturas de textos de Baudelaire, Mallarmé y Nietzsche, aparecen en dos de los ensayos recogidos en este libro: "Literary History and Literary Modernity" y "Lyric and Modernity".

[9] *Blindness and Insight,* p. 152.

cia inmediata. Pero ya la misma fórmula que acabo de emplear para describir este concepto –"representar la presencia"– nos alerta a la problemática de este proyecto. ¿Cómo representar la presencia, ser el doble de lo mismo, sin traicionar la naturaleza de la presencia, aquello que por definición escapa a la representación? Algo no muy distinto, por cierto, ocurre con la figura del niño, la cual, como hemos dicho, es uno de los emblemas de la modernidad. Como la propia literatura, el niño tampoco puede existir totalmente en el presente, tampoco puede representarse como niño. Sólo el adulto puede percibirlo y representarlo como tal, pero lo hace como adulto, desde la perspectiva de una niñez ya corrupta; prefigurando, con nostalgia, el momento en que esa niñez dejará de serla.

Como veremos en seguida, la representación del niño en *Ismaelillo* responde a esta problemática. Pero para examinarla en detalle resulta preciso añadir otra observación. Mencioné antes que el rescate romántico de la figura infantil implica un patrón teológico. En el libro de Martí, como sugiere la alusión bíblica (la historia de Ismael en el Viejo Testamento), ese patrón teológico se vuelve explícito. Esa voluntad de explicación, que yo quisiera identificar como una voluntad alegórica, nos sugiere que el título comporta algo más que el contexto bíblico de la alusión. Sugiere lo que pudiéramos llamar un motivo orientalista, un "orientalismo", para invocar el título del célebre libro de Edward Said, y que se corrobora, por otra parte, en las ingenuas escenas de motivo oriental de muchos de los veintisiete grabados que el propio Martí dibujó para ilustrar la primera edición. No es que la alusión bíblica no sea importante (lo es, y mucho, como veremos), sino que esa alusión está enmarcada, a su vez, dentro de un campo semiótico más amplio: el orientalismo.

Como se sabe, el tema oriental es constante en la obra de Martí: aparece por primera vez en la alegoría política de *Abdala* (1869) y recurre a lo largo de su obra en los artículos sobre "La revuelta en Egipto" (1881), por ejemplo, hasta la moraleja tardía de "La perla de la mora". A su vez, el orientalismo literario de Martí es una convención de la época: la veta exotista que permea toda la literatura de su siglo, y especialmente de la época romántica. Goethe, Chateaubriand, Larra, Scott, Bécquer, Gautier, Nerval, Flaubert, Casal, Tablada, son sólo algunos de los autores que explotaron este recurso. Porque ante todo el orientalismo no es más que eso: un recurso literario que puede representar cualquier cosa –desde las diatribas imperialistas de *El talismán* hasta las fantasías eróticas de *Salammbô*. Menos un lugar real que un discurso, un campo organizado de lenguaje, el orientalismo romántico tiene su origen no en la observación empírica de pueblos o culturas históricas (en este caso, las del Levante), sino en la elaboración literaria de investigaciones eruditas acerca del Oriente. Desde luego que ni el investigador ni el escritor orientalista es un oriental: en ambos casos se trata de un señor occidental que escribe no *desde* sino *acerca del* Oriente. Sus obras no describen el Oriente tanto como que lo inventan.[10]

El motivo oriental guarda un estrecho vínculo con el mundo inocente del niño en *Ismaelillo* y le confiere una sutil complejidad a su dimensión imaginaria. Porque desde el momento en que reconocemos que el orientalismo no es en el fondo sino una convención arbitraria que aparece aliada a la figura del niño, emblema de la imaginación, se estructura el mundo inocente del hijo como espacio de ensueño y fantasía para crear lo que en otra carta de la época el propio Martí llamó un "juguete" con el que el hijo se podía "entre-

[10] Me refiero en especial a los grabados yuxtapuestos a "Mi caballero" (I, 23), "Musa traviesa" (I, 24), "Mi reyecillo" (I, 29) y "Sobre mi hombro" (I, 37). Según Said, "In the system of knowledge about the Orient the Orient is less a place than a topos, a set of references, a congeries of characteristics that seem to have its origin in a quotation, or a fragment, or a citation from someone's work in the Orient, or some bit of previous imagining, or an amalgalm of all these. Direct observation or circumstantial description of the Orient are the fictions presented by writing on the Orient, yet invariably these are totally secondary to systematic tasks of another sort. In Lamartine, Nerval, and Flaubert, the Orient is a representation of canonical material guided by aesthetic and executive will, capable of producing interest in the reader", *Orientalism*, Nueva York, Basic Books, 1968, p. 177. El estudio de Said, junto con el de Raymond Schwab, *La Renaissance Orientale*, París, Payot, 1950, es lo mejor que conozco sobre la recepción de la imagen oriental en Occidente. De interés, también, es el ensayo de Said sobre este último: "Raymond Schwab and the Romance of Ideas" en su *The World, the Text and the Critic*, Cambridge, Harvard University Press, 1983, pp. 248-268. En un notable ensayo, *"Ismaelillo* de José Martí" la profesora Eliana Rivero ha documentado con esmero otra posible relación del libro de Martí con *Ishmael, An Oriental Poem* (1818) del poeta inglés sir Edward Bulwer Lytton a quien Martí menciona en un artículo de 1889. Más que una influencia, sin embargo, la relación con el poema de Lytton aporta otra prueba más del orientalismo derivado a que se deben los poemas de Martí. Aclaro, por último, que si bien el uso que hace Martí del motivo oriental en su poesía forma parte del discurso occidental acerca del Oriente, también resulta evidente que sus puntos de vista políticos no lo fueron, y que expresan una fuerte simpatía anticolonial desde el Oriente. Así lo comprueban textos coetáneos suyos, como la serie "La revuelta en Egipto" (publicado en *La Opinión Nacional* de Caracas, 10 de octubre de 1881, pp. 14, 113-120), o posteriores, como "Un paseo por la tierra de los anamitas", de *La edad de oro*, 18, 459-471, entre otros. No existe, que yo sepa, un estudio del orientalismo martiano que tome en cuenta estas contradicciones. Véase, en cambio, el interesante estudio parcial de Bernabé López García, "José Martí y el despertar del mundo árabe: la conciencia de un renacimiento", *Anuario del Centro de Estudios martianos,* 4, 1981, pp. 286-297, así como el anterior (1970) de Roberto Fernández Retamar, "Martí y Ho Chi Minh, dirigentes anticolonialistas", en *Introducción a José Martí*, La Habana, Casa de las Américas, 1978, pp. 113-126. Tiene razón Emilio de Armas cuando observa que en muchos de sus poemas Martí acudió "al mundo cultural de los pueblos 'no blancos' —marginados del concepto de cultura propio de la Europa colonialista— en busca de una tradición que su insoslayable visión política reconocía como propia"; "*Ismaelillo:* versos 'unos y sinceros'", p. 54.

tener". Pero es preciso reconocer que sólo se puede convertir el libro en un juguete en la medida en que el orientalismo vacía su historicidad en aras de convertirse en una metáfora de la literatura, o al menos en una metáfora del aspecto reflexivo de la literatura –torre de marfil o refugio textual que tienta a todo artista como ídolo de su creación, como espejo de su narcisismo estético–.[11] No en balde encontró Martí alarmante la poderosa invención de sus poemas una vez que vio su libro impreso, como si la experiencia de verse reflejado en su primer libro dramatizara una idolatría que no había anticipado al escribirlo. Todo parece indicar que cuando Martí volvió a leer en el prólogo, "Hijo, espantado de todo me refugio en ti", descubrió que esa afirmación implicaba, más que resolvía, un dilema moral.

La alarma implícita en la reacción de Martí nos choca aún más cuando analizamos el papel simbólico que juega la figura del niño en los poemas. Porque si bien es cierto que el niño es el símbolo de una inocencia desconectada del mundo histórico del padre ("guedejas rubias", "brazos menudos", "pies frescos", "blanco y rollizo", son algunos de sus atributos), lo es también que en los poemas aparece como el agente que una y otra vez devuelve al padre al mundo histórico de donde éste huye. El motivo central del libro, acaso inspirado en una zincografía de la época en que aparece Martí con su hijo al hombro, es que el niño actúa como el escudo del padre. "Quiere el príncipe enano / que a luchar vuelva"; "Hijo soy de mi hijo / él me rehace"; "Él gira, él para, él bate; / Aquí su escudo opone" (I, 20, 28, 41) son, a su vez, algunos de los muchos versos con que el padre describe el rescate que realiza el niño. Naturalmente que cuando hablamos de un "rescate" del niño, o de la devolución del padre al mundo histórico, lo hacemos asumiendo la perspectiva del padre (la única que el libro nos ofrece, por cierto), no la del niño. El niño sencillamente juega con el padre. Su "heroísmo" es sólo un efecto accidentado del juego; no resulta de una intención altruista suya, sino de la interpretación ética que el padre proyecta sobre una serie de actos irresponsables que están ligados al momento inmediato. Al jugar de manera tan seria, como quien dice, el niño se convierte en una figura enigmática, o al menos paradó-

---

[11] Según Quesada y Miranda, Martí se esmeró en la producción del libro: "fija cada detalle de la impresión a la casa Thompson & Moreau, escoge el formato pequeño y fino, como en consonancia con la menudez de su hijo, y de propia mano esbozará los dibujos simbólicos que luego, en acalladas láminas artísticas, ornarán el librito", *Martí, hombre*, La Habana, Seoane, Fernández, 1949, p. 162. Resulta al menos significativo que Jorge Mañach se preguntase, a propósito de este motivo oriental: "¿Es eso un mero residuo del exotismo romántico, o se debe más bien a que Martí asociaba vagamente esas imágenes orientales con el esmalte y color, con el arabesco opulento y la gracia libérrima de su estilo?", "*El Ismaelillo...*", p. 46.

jica, como ese *puer senex,* o niño-viejo, que, según Curtius, la Antigüedad idealizó como síntesis de juventud y madurez.[12] Este niño no es muy niño. Y preguntar por qué no lo es equivale a explicar la alusión bíblica que le da su nombre. ¿Por qué "Ismaelillo"?

En un apartado marcado "pa. Ismaelillo" que figura en uno de los cuadernos de apuntes de Martí, correspondiente a 1881, leemos lo siguiente: "porque es necesario que ese hijo mío, sobre todas las cosas de la tierra, y a la par de las del cielo amado; ese hijo mío a quien no hemos de llamar José sino Ismael, no sufra lo que yo he sufrido" (21, 216). Este documento es el más explícito que poseemos en cuanto a la intención de Martí sobre su título. Tan explícito es que ello seguramente determinó que fuera excluido del prólogo. Son dos las cosas que aclara. Primero, que el nombre de Ismael es un sobrenombre; y segundo, que el cambio de nombre, a manera de un emblema, ocurrirá en la medida en que el hijo pueda superar el sufrimiento que ha padecido el padre. Para Martí esa superación la representaba la historia de Ismael en el Viejo Testamento. Agar, la esclava de Abraham, junto con su primogénito Ismael, es expulsada al desierto, donde el ángel los rescata en cumplimiento de la profecía hecha durante una anterior huida. Así, la profecía de Génesis 16:12: "Y llamarás su nombre Ismael porque Jehová ha oído tu aflicción, / Y él será hombre fiero" (Ismael en hebreo significa "Dios oirá"), se cumple cinco capítulos después cuando Ismael, ya moribundo, alza su voz y llora: "Y Dios estaba en el muchacho; y creció y habitó en el desierto, y fue tirador de arco" (Génesis 21:20). Ismael, por tanto, es el arquetipo del sobreviviente; del que, abandonado al desierto, lo conquista. Ya sea en el Viejo Testamento o en sus muchos avatares –la épica ballenera de Melville, la novela histórica de Acevedo Díaz, o el pequeño libro de Martí– Ismael se hace inmune a la orfandad y la soledad porque logra conquistar su exilio encarnando las fuerzas de la naturaleza.

El paralelo entre la historia bíblica y el contexto familiar de Martí resulta, entonces, evidente. Cintio Vitier ha resumido ese contexto de la siguiente manera:

> Fracasada la "guerra chiquita" en 1880, a finales de octubre, la esposa de Martí, Carmen Zayas Bazán, descontenta con la existencia inestable, de sacrificios y estrecheces, elegida por aquel hombre cuyo verdadero anillo nupcial estaba hecho con el hierro del grillete del presidio político, parte de Nueva York hacia

---

[12] Ernst Robert Curtius, *Literatura europea y Edad Media latina,* Margit Frenk Alatorre y Antonio Alatorre (trads.), México, Fondo de Cultura Económica, 1955, I, 100.

Cuba llevándose el hijo de ambos, próximo entonces a cumplir dos años. En los comienzos de 1881 Martí viaja a Caracas, donde rápidamente se hace de un círculo de amigos fascinados, pronuncia estupendos discursos, da clases de oratoria y funda la *Revista Venezolana*. Sintiéndose menos desamparado, reclama insistentemente a su mujer y a *su hijo,* pero Carmen no acude, y poco después los hechos le dan razón a su realismo maternal cuando Martí, en pugna con los modos dictatoriales de Guzmán Blanco, tiene que volver a Nueva York.[13]

Es precisamente a raíz de la deserción de su familia cuando Martí escribe los poemas de *Ismaelillo*.

El paralelo entre la alegoría bíblica y la situación familiar de Martí resulta, por tanto, evidente, aunque también es engañosamente simétrico. Agar e Ismael son desterrados al desierto, pero Carmen y José Francisco regresan *del* desierto *al* oasis; es decir, del destierro de Nueva York a las comodidades de la Cuba colonial. Con su regreso a la colonia, Carmen se convierte en Agar la esclava, pero de esa manera impide que el hijo suyo y de Martí se convierta en Ismael "el hombre fiero", negándole así el destino (el destierro, el desierto) que le haría fuerte. "Ser fuerte contra el destino", la etimología inventada que, según Quesada y Miranda, Martí le atribuía al nombre de Ismael, sintetiza la idea central del título: la imagen heroica del niño en los poemas viene a compensar imaginariamente por la negación del exilio al hijo, circunstancia que Martí parece haber visto como una trágica repetición de su propio destino.[14]

El paralelo alegórico requiere otra precisión. La alegoría doméstica inscrita en *Ismaelillo* sitúa simbólicamente al hijo y a la mujer de Martí no en el segundo y definitivo destierro de Agar e Ismael (Génesis 21:18-21), que es el que se suele invocar en explicaciones del poemario, sino en la primera huida de Agar de la casa de Abraham (Génesis 16:6-12). La distinción me parece importante. En su primera huida, Agar se escapa por temor a sufrir a manos de Sara, quien la tortura por celos. La huida de Agar, como en muchos otros momentos de la Biblia, constituye un evasión inauténtica, una claudicación espiritual que el ángel corrige oportunamente con el consuelo de la profecía. La escritura de *Ismaelillo* (por lo cual quiero decir la moralidad de su forma) se sitúa, de esta manera, entre estos dos momentos: después de la huida y antes de que "Ismaelillo" pueda asumir su destierro, es

---

[13] "Trasluces...", p. 142.
[14] Para un estudio de la figura de Ismael, véase el libro de James Baird, *Ishmael,* Baltimore, Md., The Johns Hopkins University Press, 1956.

decir antes de que pueda asumir su identidad como "Ismael". Si aceptamos este desciframiento de la alegoría, se aclara entonces que el modelo implícito de la escritura sería la profecía condicional que el ángel le dirige a Agar con el propósito de que regrese y encare su realidad. No creo arriesgado proponer, por eso, la siguiente hipótesis: a pesar de que *Ismaelillo* se inspira en el hijo de Martí y a él va dedicado, es a su esposa a quien Martí lo dirigió implícita o secretamente, acaso con la esperanza de que ella descifrase la alegoría y regresase a su lado. Dos hechos conocidos corroboran esta hipótesis. El primero es el regreso efectivo de la esposa de Martí a Nueva York en diciembre de 1882, luego de una separación de catorce meses y apenas ocho después de la publicación de *Ismaelillo*. No se conocen todas las cartas entre Martí y Carmen Zayas Bazán, pero creo probable que cuando se conozcan comprueben el efecto que el poemario tuvo en esa decisión. El segundo hecho es más conocido: un poema posterior de Martí donde se deja otro testimonio en la misma clave. La reunión de Martí y su esposa en Nueva York duró tres años, hasta marzo de 1885, cuando ella abandona a Martí por segunda vez y regresa a Cuba con el hijo. Esta segunda separación duró, a su vez, seis años, hasta junio de 1891, cuando la esposa se reúne fugazmente con Martí durante dos meses, para romper definitivamente en agosto del mismo año. Es en ese mismo año también cuando Martí publica *Versos sencillos,* donde se incluye el siguiente poema:

XLII

En el extraño bazar
Del amor, junto a la mar,
La perla triste y sin par
Le tocó por suerte a Agar.

Agar, de tanto tenerla
Al pecho, de tanto verla
Agar, llegó a aborrecerla:
Majó, tiró al mar la perla.

Y cuando Agar, venenosa
De inútil furia y llorosa,
Pidió al mar la perla hermosa
Dijo la mar borrascosa:
"¿Qué hiciste, torpe, que hiciste
De la perla que tuviste?

> La majaste, me la diste:
> Yo guardo la perla triste." (I, 279)

Es evidente que el poema de *Versos sencillos,* que explicita la figura de Agar, se sitúa en un momento posterior, demasiado tarde ya para la corrección de la profecía. La escritura de *Ismaelillo,* sin embargo, donde la figura de Agar permanece implícita, pertenece al momento anterior al desengaño definitivo.

Sólo falta atar un cabo para resumir esta primera parte de nuestra lectura. Si aceptamos que la imagen heroica del niño (la esencia de la figura de Ismael) funciona en *Ismaelillo* como un elemento realista o antiimaginario –como el "escudo" con el que el padre se puede proteger fuera de su torre de marfil o refugio textual, como el acto que se opone al ensueño o aspecto reflexivo de la literatura–, entonces el origen imaginario de ese heroísmo tiene el efecto de confundir el mundo lírico y el moral, de establecer una radical identidad entre fantasía y realidad, hijo y padre, reflexión y acto. Tiene el efecto, por tanto, de disolver la dualidad sobre la cual descansa todo el sistema figurativo de *Ismaelillo*. La contradicción forma parte íntegra del texto, por cierto, y no se puede descartar como una aberración psicológica que existe sólo en Martí. La alusión a la historia de Ismael, por ejemplo, explicita una voluntad alegórica que, a su vez, articula las preocupaciones éticas del padre. Y sin embargo, la alegoría sólo funciona en virtud de un campo semántico más amplio, el orientalismo, cuya representación depende, precisamente, del vaciamiento de su historicidad. El "sentido" del texto parece residir en la necesidad de esa contradicción, en la manera en que cada una de estas posibilidades genera su oposición subversiva, su otro polo, y no puede aparecer independientemente. "Ismaelillo" vivirá en el desierto, pero el orientalismo que lo constituye amenaza con convertirlo en un espejismo.

¿En qué medida, cabe preguntarse ahora, es esta equivalencia entre acto y reflexión, vida y literatura, ella misma un resultado de la deslumbrante experiencia de la poesía que atraviesa Martí al escribir los poemas de *Ismaelillo?* Los cuadernos de apuntes nos ofrecen algunas respuestas.

Segunda parte: la escritura de "Ismaelillo"

A mediados del séptimo cuaderno de apuntes de Martí, correspondiente a 1881, época en que redactaba los poemas de *Ismaelillo,* encontramos el siguiente comentario:

> Sucedió a poco que afligido mi espíritu por dolores más graves que los que corrientemente lo aquejan, y como extinguida temporalmente aquella luz de esperanza a la que yo había escrito los primeros versos, las ideas sobre mi hijo salían de mis labios en versos graves, de otro género distinto, acordes a la situación de mi espíritu, mas no en acuerdo con la necesidad artística que, por haber tomado diversas ideas semejante forma, pensé dar a la obrilla. Si la luz de la esperanza no se hubiera de reencender, quedaría así la obra, sin que yo la desfigurase ni falsificase, terminando con entretenimientos del cerebro lo que habían sido purísimas expansiones de mi amor. ¡Porque a esto tengo jurado guerra a muerte: a la poesía cerebral! (20, 213-214).

El comentario de Martí es uno de muchos sobre el proceso de composición de los poemas de *Ismaelillo* que aparecen en sus cuadernos de apuntes. Ángel Augier, poeta cubano y él mismo editor de una de las mejores ediciones del poemario, fue el primero en llamar la atención de la crítica hacia la importancia de estos apuntes. Entre estos y el epistolario martiano, que documenta la agitada vida de Martí durante estos años, Augier logró documentar, paso a paso, el itinerario vital y estético que culmina en la publicación de *Ismaelillo*. No obstante sus indudables méritos, al estudio pionero de Augier le faltó un ingrediente crucial: el análisis de comentarios como éste donde se transparenta el sentido de la experiencia poética de Martí.

De todos los comentarios que hace Martí sobre esa experiencia, éste que acabo de citar es el más sugestivo. Es sugestivo, primero, por su carácter sintético: resume todo el proceso de su experiencia en vez de describir sólo un momento del mismo. Segundo, porque plantea la relación entre ese proceso y la creación de los poemas. Esa creación, según revela Martí, no fue nada fácil; al menos no tan fácil como los críticos de *Ismaelillo* nos han dado a entender hasta hoy. El comentario tiene una lógica interna. Si bien Martí escribió los primeros versos "a la luz de la esperanza", pronto "dolores más graves" interfirieron en la creación e hicieron que las ideas sobre el niño salieran en "versos graves". El "dolor grave" –crisis interna, espiritual– resultó, entonces, en un "verso grave" –crisis externa, de creación– que si bien satisfizo una pasajera necesidad personal, un estado de ánimo propio, no resolvió la "necesidad artística" de la obra. A su vez, esa "necesidad artística" era muy distinta a la necesidad personal, y respondía ante todo a la convergencia de "diversas ideas", una serie de temas que pedían expresión en una sola forma –es decir, el plan de *Ismaelillo*–. Dicho de otro modo: el "verso grave" le habrá servido a Martí de calmante, pero no contribuía a crear la obra que él quería crear. Sólo al recuperar "la luz de la esperanza" es como

Martí pudo transformar el "verso grave" –o como Martí lo llama, "los entretenimientos del cerebro", lo que en la anterior carta a Ramírez llamara "línea mental". Resultado de esa experiencia: abandono del "verso grave", repudio de lo que al final Martí llama "poesía cerebral".

¿Cómo entender la experiencia que describe Martí? Son dos los temas que invoca. Primero, una critica al sujetivismo lírico, tan corriente en la poesía de su época; y segundo, el descubrimiento de lo que la crítica literaria hoy llama distancia estética. Los dos temas se reducen a uno: la trampa del sujeto como fuente y destino exclusivo de la creación. A su vez, ese tema revela una realidad: la soledad de Martí. En esa trampa se cae –llámese narcisismo, sujetivismo, o soledad, advierte Martí en su acaso ingenuo pero certero vocabulario– en reacción al "dolor grave" y a falta de "la luz de la esperanza". Para salir de la trampa no basta con que regrese la esperanza; hacen falta uno o dos ingredientes más. Primero la relación con el otro, o lo otro: aquello que está más allá del sujeto y al mismo tiempo lo define. Mejor dicho, la relación con el otro permite que regrese la esperanza. El comentario postula una llamada "necesidad artística" en el lugar de este otro; pero es evidente que para Martí una realidad humana –su hijo– conformaba esa "necesidad". El segundo ingrediente es lo que permite reconocer la realidad del otro: el amor. Ese otro, a su vez, no es sino la necesidad que siente Martí por escribir su obra: el "otro" es el hijo pero es también el propio Martí –o al menos el Martí artista– sólo que ya transmutado por la experiencia del amor. Si el cerebro se "entretiene", será porque el sujeto desea conocerse y transmutarse. Pero como su "entretenimiento" se limita a la autocontemplación, su transmutación resulta imposible. Por eso, la relación amorosa con el otro rompe el espejo de la autocontemplación y permite que se realice el verdadero conocimiento, que es siempre una forma de creación.

Que la intervención del amor es lo que resuelve la crisis no sólo espiritual sino poética se comprueba, en el mismo cuaderno, seis páginas después del comentario anterior, donde Martí ya puede decir: "al calor de mi amor, ¡qué variedad de formas toma ese hijo mío! A su belleza natural ¡cuánto no añade la enamorada fantasía!" (21, 221). Otro poema martiano, no recogido en libro, resume todo el argumento:

> Vivir en sí, ¡qué espanto!
> Salir de sí desea
> El hombre, que en su seno no halla modo
> De reposar, de renovar su vida,

En roerse a sí propia entretenida.
La soledad, ¡qué yugo!

No creo osado observar que es sólo a partir de la vivencia que refleja el comentario del cuaderno de apuntes que existe el Martí poeta. El Martí anterior a esta experiencia es sólo un escritor o versificador; el posterior es un poeta, en el sentido en que lo define la acertada fórmula de Octavio Paz: "El poeta parte de la soledad, movido por el deseo, y se dirige hacia la comunión".[15] La fórmula de Paz sólo describe un proceso; ofrece una definición: es poeta todo aquel que parte de la soledad y movido por el deseo se dirige hacia la comunión. Éste es el caso de Martí a partir de la "experiencia" de *Ismaelillo*. No en balde dejó dicho Martí, en su testamento literario, que la recopilación de su obra poética debía empezar por este libro, ya que ninguno de los versos anteriores "valía un ápice".[16] Los defensores de Martí se han roto la cabeza buscando justificar este juicio para probar el gesto fundador de *Ismaelillo*. Pero esa justificación no se encuentra en los hechos superficiales que han aducido, como la supuesta innovación métrica o estilística de los poemas. Más bien se encuentra en la manera en que Martí asumió su condición de poeta y en la manera en que esa experiencia se transparentó en los poemas de *Ismaelillo*.

Martí asume esa condición en respuesta a sus circunstancias familiares. Es evidente que los "dolores graves" del comentario se refieren al sufrimiento en que lo sumen el rechazo de su esposa y el abandono de ella y de su hijo. Pero para analizar de cerca las etapas de su reacción a ese abandono –para analizar la estructura, por así decirlo, de su soledad– es preciso referirse a otros apuntes coetáneos. Es una soledad, como señala Augier, "en que la propia nostalgia [está] unida a su desilusión". También estuvo unida a una profunda amargura. Ya hacia el final del cuarto cuaderno de apuntes se encuentran reveladoras notas, una de las cuales dice así: "Noche solitaria ¡aciaga! De cuán distinta manera, cuando, acostada en el mismo lecho, le hablé del libro comenzado, de unión de pueblos, de ideas no entendidas, de mi dolor por la miseria ajena…" La segunda es más explícita: "¿Qué quieres tú, mi esposa? ¿Que haga la obra que ha de serme aplaudida en la tierra, o que yo viva, mordido de rencores, sin ruido de aplausos, sin las granjerías del que

---

[15] "Poesía de soledad y poesía de comunión", *El hijo pródigo*, 5, 1943, p. 271. Cito por la publicación original de este influyente ensayo porque las versiones posteriores omiten esta frase.

[16] En su carta a Gonzalo de Quesada y Aróstegui que se considera el testamento literario de Martí, 1, 25-28.

se pliega, haciendo sereno la obra cuyo aplauso ya no oiremos?" (21, 147, 148). Es enteramente probable que Martí escribiese estas dos notas cuando todavía vivía con Carmen Zayas Bazán, aunque ya seguramente asediado por la mutua incomprensión. Pero entre estas revelaciones y el material que encontramos seis páginas más adelante en el mismo cuaderno, se percibe un cambio. Reproduzco el texto que aparece en las *Obras completas*:

>Dentro del pecho tenía
>una espléndida vivienda.
>Cuantos a mí se asomaban,
>Decían: ¡vivienda espléndida!
>Poblábame mi palacio
>Fe en mujer: sentí con ella,
>Como si en la espalda floja
>Fuertes alas me nacieran.
>—Me desperté esta mañana,
>Vi las dos alas por tierra—
>Me palpé dentro del pecho
>Las ruinas de mi vivienda.
>Desde entonces pasar miro
>Pueblos y hombres en la tierra,
>Como estatua que sonríe
>Con sus dos labios de piedra [38]
>
>Leandro es el hombre. Y Hero, la dormida—
>La dicha— ¡al otro lado de la vida!
>¡Bien vengas mar! de pie sobre la roca
>Te espero altivo: si mi barca toca
>Tu ola voraz, ni tiemblo ni me aflijo.
>Alas tengo y huiré: ¡las de mi hijo!
>
>Mi nave —¡pobre nave!
>Pusiste al cielo el rumbo, ¡oh error grave!
>Y andando por mar seco—
>Con estrépito horrendo diste en hueco—.
>Castiga así la tierra a quien la olvida:
>A quien la vida burla, hunde en la vida.
>Bien solitario estoy, y bien desnudo:
>Pero en tu pecho, ¡oh niño! está mi escudo.
>Va siendo la virtud entre la gente

A la moderna usanza, gran delito:
¡Salud a la gallarda delincuente!
¡Del muerto en nombre, gracias da el poscrito!

El pecho lleno de lágrimas:
Los flacos brazos sin brío:
¿A quién volveré los ojos?
　　　－¡A mi hijo!–

Si vienen dos brazos mórbidos
A enlazar mi cuello frío:
los haré atrás: sólo quiero
　　　－¡Los de mi hijo!

¡Sombras que pueblan los Andes
Americanos! –vencidos
De cuyo espíritu férvido
¡Me siento hijo!
Si para luchar de nuevo
Contra el hipántropo altivo
Flechas nuevas necesita
　　　Vuestro hijo,
No al curare venenoso
Pediré matador filtro:
Hincaré su brazo:
El tósigo
¡De ella es hijo! [39]

Comme Gélasimus, dans le *Stichus* de Planté, il eut pu dire: *Ibo intro ad libros, et discam de dictis melioribus.*

Il arrive d'ordinaire que la plus profonde tristesse, si l'on trouve des larmes et des paroles, se transforme en une douce mélancolie. Hoffmann. Maître Martin.

38. A continuación "Tamanaco". Véase el tomo 17, p. 237 de estas *Obras completas*.

39. A continuación "Sueño despierto" y "Mi caballero" del *Ismaelillo;* y también "Una virgen espléndida". Véanse las pp. 22, 25 y 317 del tomo 16 de estas *Obras completas* (21, 154-55).

En este largo pasaje resulta imposible determinar, a falta de un estudio paleográfico del manuscrito, hasta qué punto los apuntes forman una sola unidad. No hay manera de que formen un solo poema, desde luego: son demasiadas, entre otras, las diferencias de tono y tema. Pero es indudable que forman una sola unidad temática (lo cual no implica unidad estética), además de que todos aparecen yuxtapuestos en el mismo espacio textual. Si planteo esta posibilidad es porque seguidamente a continuación de estos fragmentos, como indica la correspondiente nota al calce, es que aparecen, por primera vez en la obra de Martí, dos poemas de *Ismaelillo:* "Sueño despierto" y "Mi caballero". Son estos los mismos "primeros versos" a que se referirá Martí en su comentario anterior. Y anexos también a la misma unidad hay otros poemas, "Tamanaco" y "Virgen espléndida", que posteriores editores de Martí han encontrado lo suficientemente elaborados para incluirlos en otras recopilaciones de su poesía. Aclaro, por último, que el material que acabo de citar no forma parte del manuscrito de *Ismaelillo*. Éste plantea otros problemas que, aunque interesantes, requerirían estudio aparte. Sin embargo, la aparición de los poemas de *Ismaelillo* en medio del cuaderno de apuntes ya hace de éste un primer borrador o *urtexte* que permite determinar la génesis del poemario.[17] Hay por lo menos otros tres momentos en los cuadernos de apuntes en que recurrirá la misma yuxtaposición de textos de *Ismaelillo* a esbozos o fragmentos de poemas. Y cada uno de ellos plantea las mismas preguntas. ¿Cuál es la relación entre los textos suprimidos y los publicados? ¿Cuáles son los móviles que determinan la supresión, y qué nos revelan estos acerca de los poemas publicados?

En el caso del primer momento, que acabo de citar y al cual me limitaré en este trabajo, resulta evidente la afinidad temática entre muchos de los

---

[17] Los editores de la por lo demás excelente edición crítica de los poemas de Martí no parecen haberse percatado, pese a sus indicaciones iniciales *(vide,* 15) de la relación entre los poemas suprimidos del cuaderno y los del manuscrito de *Ismaelillo*. En su edición, aquellos aparecen en sección aparte (II, 135-137) y no se indica que en el cuaderno aparecen junto a poemas de *Ismaelillo*. Sin embargo, es justamente la yuxtaposición de esos poemas lo que aclara la génesis del poemario. Por ejemplo: si el cuaderno de apuntes donde aparecen estos fragmentos está fechado, como queda dicho, en 1880, entonces corresponde al periodo anterior a la visita de Martí a Caracas (enero a julio de 1881). Aunque es sabido que en carta fechada el 19 de diciembre de 1881 a Diego Jugo Ramírez, Martí dice que está a punto de publicar "un librito que escribí en Caracas" (7, 269), la presencia de "Sueño despierto" y "Mi caballero" en este cuaderno parece confirmar que fue en Nueva York, y no en Caracas, donde Martí empezó a escribir el libro. Si, como indica Vitier, "los versos de Martí nacen en el momento de mayor soledad del padre acongojado", entonces tendría más sentido identificar ese momento entre octubre de 1880 y enero de 1881, en la soledad del destierro neoyorquino, y no posteriormente, una vez que Martí ingresa en la comunidad caraqueña donde, según el propio Vitier, "Martí se siente menos desamparado". ("Trasluces...", p. 142). Quede para un futuro estudio las relaciones entre los versos suprimidos de *Ismaelillo* y los de *Versos libres*. Como se sabe, algunos de estos (como "Canto de otoño", por ejemplo) son contemporáneos del primer libro.

fragmentos suprimidos y los poemas de *Ismaelillo*. De los nueve fragmentos, cuatro de ellos ("Dentro del pecho tenía...", "Bien vengas mar...", "Bien solitario estoy..." y "El pecho lleno de lágrimas...") tratan o bien de la casa o del hijo. Los cinco restantes ("Leandro es el hombre...", "Mi nave...", "Va siendo la virtud...", junto con los poemas "Tamanaco" y "Virgen espléndida") no tratan de estos temas, pero sí exploran, en clave simbólica, aspectos sentimentales de las circunstancias personales de Martí. Que Martí haya suprimido estos cinco últimos fragmentos parece natural, en apariencia al menos. Digo en apariencia porque en el manuscrito de *Ismaelillo* figuran varios poemas tachados donde ni siquiera se invoca la figura del niño; y en el libro publicado, como se sabe, hay poemas enteros ("Tórtola blanca" y "Rosilla nueva" son dos buenos ejemplos) en los que tampoco figura el niño, aunque su presencia moral está implícita. Lo contrario, por cierto, también ocurre: un fragmento como "El pecho lleno de lágrimas..." donde se invoca al hijo repetidamente, se suprime también. Por tanto, lo que parece determinar la supresión de estos fragmentos no es tanto la presencia o ausencia de la figura del niño como la eliminación de todos aquellos temas que no contribuyan a esa "fiesta" que anuncian los primeros versos del libro. Y el principal de estos temas suprimidos será la nota desengañada, rayana en la amargura y el resentimiento, que abunda en muchos de estos fragmentos. En la nota que se desprende, por ejemplo, de versos como "Las ruinas de mi vivienda", o "La dicha al otro lado de la vida", o bien "A quien la vida burla, hunde en la vida", etc. Se eliminan también otros temas, desde luego. Todo el fragmento "El pecho lleno de lágrimas...", por ejemplo, se debe haber suprimido no sólo por la presencia de sus versos amargos, sino también por la presencia del tema patriótico americano, que hubiese desequilibrado la unidad del libro. Lo mismo ocurrirá con la supresión de poemas como "Tamanaco", que trata de la derrota de un guerrero indio, y "Una virgen espléndida", sobre el desfloramiento de una virgen, para no hablar de los poemas tachados del manuscrito. Pero en definitiva, lo que parece determinar estas supresiones en general es la eliminación del tono amargo y resentido.

No nos equivocaríamos al identificar todos estos versos desechados como la misma "línea mental", los mismos "versos graves" o "poesía cerebral" a que se referirá Martí tres cuadernos más adelante, como el obstáculo moral que le había impedido escribir su obra. El pasaje del cuaderno de apuntes demuestra que poemas como "Sueño despierto" y "Mi caballero", que sí respondían desde un principio a la "necesidad artística", el plan íntimo de *Ismaelillo*, vinieron como envueltos en el "saco" de la "poesía cerebral", y que sólo fue a partir de un proceso de depuración (hablo de un cambio espiritual, no de un mero pulimento estilístico) que Martí pudo sacarlos de ese saco y escribir la obra que él quería. El mismo proceso se hace evidente en los otros dos momentos posteriores del cuaderno, que son como los hitos del proceso de redacción. Primero, a principios del sexto cuaderno (21, 176-177), donde aparece el borrador del poema "Amor errante" (el noveno del libro) entre otros tres que no formarán parte de *Ismaelillo;* y a mediados del mismo cuaderno (21, 181-182), donde aparecen los borradores de "Mi despensero" (el decimocuarto del libro) y de la dedicatoria-prólogo.[18]

Es precisamente esa depuración lo que ya parece anunciar la cita del *Maître Martin* de Hoffmann que Martí copió a continuación del fragmento arriba citado: "la plus profonde tristesse, si l'on trouve des larmes et des paroles, se transforme en une douce mélancolie" (21, 155). Transformar la tristeza en melancolía, el resentimiento en poesía, por medio de lágrimas y palabras, no ha sido, sin embargo, el tipo de proceso que la crítica ha querido reconocer en Martí. Pero es precisamente esa transformación la que el propio Martí indicará más adelante en el siguiente comentario del quinto cuaderno: "Siempre que me siento a escribir, la Fortuna celosa me pone una copa de hiel al lado. Mi obra es trocarla en mieles. —Jamás he entrado en una gran labor sin que alguna profunda pena haya venido a perturbar en el comienzo.— Y he hecho mi jornada bravamente, con un muerto a la espalda" (21, 161). Hay en todas estas reflexiones una íntima conciencia de la relación entre el estado de ánimo del poeta y su capacidad creadora. Escribir poesía, parece estar(se) diciendo Martí, no significa saber rimar o contar metros: no depende de una habilidad técnica. Significa asumir una condición que permita transformar la pasión en poesía. El comentario de Martí nos recuerda a otro de Hölderlin en una de sus célebres cartas: "Por cuanto soy más destructible que los otros, debo sacarle partido a lo que tiene un efecto destructivo en mí... debo aceptarlo como material indispensable, sin lo cual mi ser interior no se podría enteramente conformar".[19] Una expresión popular lo resume aun mejor: "Haz de tripas, corazones".

---

[18] Los tres momentos que señalo son los más evidentes por contener algunos de los textos publicados. Hay otros pasajes de los cuadernos cuya temática los acerca a la de *Ismaelillo,* pero cuya procedencia y cronología, como bien aclaran los editores de la edición crítica (I, 5), es más difícil de determinar con precisión. Véase, por ejemplo (citando por la edición que contiene los cuadernos): 21, 162 ("Nació en sí mismo... "), 21, 184 ("Azuce el divino viento"); 21, 190 ("De mi cuaderno al golpe ..."); 21, 218 ("Y suelo en noche oscura ..."); 21, 227-228 ("Cuando duermo me prestas...").

[19] Carta a Christian Ludwig Neuffer, fechada en Hamburgo, a 12 de noviembre de 1798. Traduzco de *The Poet's Vocation,* William Burford y Christopher Middleton (eds.), Austin, The University of Texas Press, s. f., pp. 15-16.

Otros tres comentarios de los cuadernos permiten trazar como un itinerario del mismo proceso. Los primeros dos son del quinto cuaderno de apuntes; el tercero aparece en el sexto:

¡Qué vacío en el cerebro, qué demandar lo que no viene, qué no saber lo que se desea, qué sentir a la par embriaguez y náuseas en el espíritu! —La mente, contagiada del hábito común de jeremiar, dice: —¡Lo que no está en la tierra! —El juicio sólido, dice: Inaplicación de fuerza rebosante: inactividad de mente activa. ¡Hormiga que lleva en el vientre huevos de águila!

Imágenes geniales, espontáneas y grandes, no vienen del laboreo penoso de la mente, sino de su propia voluntad e instinto. La poesía no ha de perseguirse. Ella ha de perseguir al poeta. No es dama de alquiler, quien se enseña, como a interés que vuelve en gracias el afán con que se la corteja y la suma con que se la paga. Es señora soberana, que ordena erguida. Cuando duerme, duerme. Ella es q[uien] despierta el alma. Ninguna voz humana la disturba. Así las mujeres bellas con los solicitadores importunos (21, 168).

Mas esa que fue en su primer momento la inspiración sana del corazón, vino a ser luego la inspiración fatigada de la imaginación. De la trascendental e influyente inspiración voluntaria vino a la floja y fría inspiración voluntaria. Cada pensamiento trae su molde: mas, así como piedra de litógrafo se gasta cuando imprimen en ella muy numerosos ejemplares, y pierde vigor de línea y tinta la figura impresa, así pierde fuerza de influir y color con qué brillar el pensamiento que cae sobre otros pensamientos en un molde usado. Y lo que comenzó como rugido de león, acaba como ladrido de can (21, 185).

Los tres comentarios van aclarando lo que Martí resumirá más adelante como "poesía cerebral". ¿En qué consiste? De la queja inconforme, es decir, inconforme con las condiciones y circunstancias que le han sido dadas al poeta. Esa queja del cerebro representa una mala aplicación de energías, ya que se gastan en señalar lo que no existe ("lo que no está en la tierra"), como si fuera una hormiga que quisiera parir águilas. El poeta, en su soledad, y antes de dirigirse hacia la comunión, parece decir Martí, debe empezar por aceptarse a sí mismo aceptando su circunstancia. Aceptar es aceptarse. Para Martí, esa circunstancia era la poesía, a la cual le pedía nada menos que su salvación. Pero, ¿qué significa salvarse por la poesía? Significa ante todo aceptar no sólo la condición de poeta, sino la naturaleza espontánea de la poesía. Aceptar esa espontaneidad es la única manera de aceptarse como poeta y de crear la obra que se quiere. Y es a partir de esa aceptación que Martí puede llegar a decir, como de hecho lo hace oscuramente en el quinto cuaderno de apuntes, que "las obras literarias son como los hijos: rehacen a sus padres" (21, 165).

Un proceso de transmutación, por tanto, es lo que se verifica en las páginas de estos verdaderos diarios íntimos que son los cuadernos de apuntes de Martí. Transmutación que no es sólo espiritual sino, como hemos visto, poética. Mejor dicho: es poética porque logra ser espiritual: funde vida con creación, acto vital con reflexión estética. Por eso, a partir de este cambio, salvar el alma —rehuir de la amargura y del resentimiento— equivale a salvar el poema. La salvación es mutua: crear el poema equivale a salvarse por el otro. Crear equivale a crearse. Y si el niño se convierte en el padre, en un niño viejo, también será cierto que el padre, siguiendo el modelo del hijo, se convertirá en un niño: asumirá esa niñez que es la condición del poeta moderno, de la modernidad. Por eso del hijo en *Ismaelillo* se podrá decir lo que de la poesía se dice al final de *Versos sencillos:* "Verso, o nos condenan juntos / o nos salvamos los dos" (I, 283).

La confusión de estas dos dimensiones del libro —acto y reflexión, hijo y padre, vida y literatura— es el tema explícito de "Musa traviesa", el quinto poema y el arte poética de *Ismaelillo*. El texto del poema se divide en dos partes. En la primera (hasta el verso 74), el padre-hablante confiesa su absorción en "entretenimientos del cerebro". De hecho, el poema nos ofrece como una alegoría del proceso que se explicita en los cuadernos de apuntes. Aparecen, por ejemplo, los "sueños graves" (1, 24), como aquellos "dolores graves" del cuaderno, y cuya narración produce, a su vez, un "gozo grave" (1, 25). En cambio, en la segunda parte (el resto del poema), la irrupción del niño en el recinto "cerebral" del padre, y su alteración del orden de la biblioteca, en verdadera batalla campal, saca al hablante de sus entretenimientos y le confiere al niño su alegórico sobrenombre:

¡Oh, Jacob, mariposa,
Ismaëlillo, árabe!
¿Qué ha de haber que me guste
Como mirarle
De entre polvo de libros
Surgir radiante,
Y, en vez de acero, verle
De pluma armarse,
Y buscar en mis brazos
Tregua al combate?

> Venga, venga, Ismaelillo:
> La mesa asalte,
> Y por los anchos pliegues
> Del paño árabe
> En rota vergonzosa
> Mis libros lance,
> Y siéntese magnífico
> Sobre el desastre,
> Y muéstreme riendo,
> Roto el encaje
> —Que encaje no se rompe
> En el combate!—
> Su cuello, en que la risa
> Gruesa onda hace!
> Venga, y por cauce nuevo
> Mi vida lance,
> Y a mis manos la vieja
> Péñola arranque,
> Y del vaso manchado
> la tinta vacie! (I, 27)

La travesura, la acción espontánea del niño, será precisamente la contrapartida del "polvo de libros" y de la "vieja péñola", que en el poema actúan como los emblemas de la "poesía cerebral". No es cuestión ya de encontrar un nuevo modelo de actividad literaria que remplace el "entretenimiento" del cerebro, sino de participar en aquello que no admite modelos: la imprevisible acción vital misma que representa el casi-oxímoron de la expresión "musa traviesa", para subrayar el escándalo de la confusión entre vida y literatura. Y es precisamente la inversión cronológica y biológica, que el padre invoca en el punto culminante del poema, la figura que representa esa confusión:

> Hete aquí, hueso pálido
> Vivo y durable.
> ¡Hijo soy de mi hijo!
> ¡Él me rehace! (I, 28)

El padre se convierte en "hijo del hijo" porque la instrucción activa de éste le salva de su propio "cerebro". Y si el hijo y el libro (lo que equivale a la poesía) resultan ser lo mismo, como hemos visto, entonces la conclusión a que se llega en el poema equivale, en efecto, a lo que Martí había previsto oscuramente en el quinto cuaderno: "las obras literarias son como los hijos: rehacen a sus padres".[20]

Conclusión: el enigma del modernismo

¿Qué significa este resumen de la poética de *Ismaelillo,* y qué nos dice acerca de la relación entre este libro y el modernismo, el movimiento poético que se dice fundar?

El modernismo fue la respuesta del poeta hispanoamericano al vacío espiritual que crea la ideología positivista. "Por haber sido una respuesta de la marginación y la sensibilidad al positivismo y a su visión helada de la realidad –ha dicho Octavio Paz–, por haber sido un estado de espíritu, pudo ser un auténtico movimiento poético."[21] Pero la respuesta del modernismo no se expresó únicamente en la formación de una escuela poética. Se expresó en una creencia en la poesía. Y más que en una creencia, en una manera de vivirla. La frase de Rodó en relación con Darío, "Yo soy un modernista también", resuena en todo texto del modernismo. Esa resonancia, sin embargo, no comienza ni con Darío ni con Rodó, sino, al parecer por la evidencia que hemos examinado, con Martí. Mucho antes de que el surrealismo lo proclamara como uno de sus hallazgos, el modernismo hispanoamericano ya había hecho de la poesía una experiencia apasionada: algo que el hombre transforma al transformarlo a él. Por eso, ser modernista, como ser martiano, es justamente eso: una manera de *ser*. Con Martí comienza en nuestra literatura la conciencia no sólo de ser moderno, sino de que la poesía existe como acto, como ente histórico.[22] Los conocidos rechazos de lo "meramente literario" en nuestra tradición a partir de entonces –pasando por las conversiones y la tentación de la acción histórica que experimentan poetas desde Darío hasta Cardenal, pasando por Vallejo, Neruda y Paz– forman parte de la errática dialéctica que suscita esta conciencia de la historicidad de la poesía.

La ambivalencia de Martí ante *Ismaelillo* no es muy distinta a esta tentación, por cierto. Pero es una ambivalencia que surge de una conciencia de la realidad histórica de la poesía y no, como se ha pensado, de un simple y total rechazo de la literatura. Esa ambivalencia radical es el gesto inaugural de

---

[20] Para otra lectura del mismo pasaje ver el estudio de Angel Rama, "La dialéctica de la modernidad en José Martí", en *Estudios martianos,* San Juan, P. R., Universitaria, 1974, p. 152.
[21] *Los hijos del limo,* p. 127.
[22] Para una reciente y fina lectura de este tema en la obra de Martí recomiendo el estudio de José Olivio Jiménez, *José Martí: poesía y existencia,* México, Oasis, 1983.

nuestra tradición poética, el gesto que lleva a Martí a negar y afirmar, simultáneamente, la especificidad de su actividad literaria: a enviar el libro y prohibir su lectura. Como escritor conscientemente moderno, ávido de novedad, Martí "permanece tan estrechamente vinculado a la acción que nunca puede librarse del todo de la tentación de destruir lo que le separa de su acto".[23] Ese acto fue, para Martí, la experiencia de la poesía, que si bien le ayudó a crear el poema, antes lo transfiguró como persona: lo hizo un poeta.

Resultará evidente, por último, que el sistema de oposiciones que he tratado de identificar en el análisis de la dimensión imaginaria de *Ismaelillo* –acto/reflexión, vida/literatura, moral/lírica– yace en el fondo de casi toda discusión crítica sobre el modernismo como empresa literaria y sobre la relación polémica que con ella guarda la obra de Martí. Como se sabe, esa discusión tiene una larga historia y cubre una amplia gama de valores –desde las acusaciones de escapismo y traición cultural de los detractores del modernismo, hasta las defensas de experimentación formal de sus exaltadores–. Ya sea para atacar o defenderlo, o aun para precisar sus etapas y modalidades (como la espinosa cuestión del *pos*modernismo), la estrategia crítica ha sido siempre la de movilizar uno de los polos de este sistema a expensas del otro, la mayoría de las veces con el propósito más bien implícito de legitimar una historiografía que responda a la ortodoxia ideológica del historiador en vez de a la compleja realidad textual que pretende documentar. El análisis del mismo sistema en *Ismaelillo* demuestra, sin embargo, una poética basada en la radical equivalencia entre vida y literatura y en la inversión de una jerarquía que incluye, desde luego, la figura del padre o autor. El efecto más corrosivo de esta poética sería, por tanto, la negación de antemano de una historia del modernismo que pretenda restaurar esa jerarquía. Si el error de la tradición crítica en torno a *Ismaelillo* ha sido el de concebir su importancia en términos genéticos –es decir, concibiéndolo como libro influyente, y fundador– entonces la inversión genealógica que constituye la poética de *Ismaelillo* habrá de contener, en cifra, la historia de ese error. En este sentido, el libro de Martí prefigura y anticipa la historia de sus (malas) interpretaciones, y por tanto predice la imposibilidad de una historia del modernismo –o al menos de una historia del modernismo concebida exclusivamente en términos genéticos, tal y como la practica la actual crítica literaria hispanoamericana.

No sabemos lo que nos diría una nueva historia del modernismo. Que ya la necesitamos parece inevitable. Pero sospecho que para escribirla se tendrá

---

[23] *Blindness and Insight*, p. 153.

que empezar haciéndose una nueva lectura del primer lector de Martí –es decir, el propio José Martí– y juzgar hasta qué punto sus prejuicios y palinodias han condicionado nuestras lecturas, no menos que los prejuicios y palinodias (para no mencionar los delirios de grandeza) de un Rubén Darío, por ejemplo, condicionaron otras lecturas en otro momento. Esa historia nos ayudaría a comprender, entre otras cosas, cuán arbitraria resulta la contraposición de obras tan complejas como son la de Casal y Martí (para limitarnos al ámbito de la poesía cubana). Se vería entonces que distinciones como la que invoca el propio Martí en su esquela sobre Casal, entre "lo raro" y "el instante raro de la emoción", por ejemplo, no significa una distinción legítima sino una reacción de su tardía radicalización política ante Casal, poeta "decadente" que nunca encaró el exilio.

Todavía hay quienes abogan por la modernidad de Martí pero consideran su sentimentalismo pasado de moda; al igual que muchos defienden el carácter tradicional de su poesía, pero sólo a expensas de su aspecto visionario. Una nueva historia del modernismo no haría desaparecer estas contradicciones, pero sí ayudaría a comprenderlas dentro de una estructura dialéctica. Sospecho, sin embargo, que sólo podremos escribir esa historia cuando acabemos de aceptar el carácter profundamente enigmático del modernismo. Y cuando escribir crítica sobre Martí haya dejado de ser un temeroso ejercicio de superstición.

(1985)

LA REVOLUCIÓN CUBANA

ABORDAR LA RELACIÓN entre José Martí y la actual revolución cubana significa discutir uno de los temas centrales de nuestra historia. Qué impacto ha tenido Martí en la Cuba contemporánea, de qué manera el pensamiento y ejemplo de Martí han influido en el desarrollo de la actual revolución cubana, y qué significa, dentro de ella, la apropiación de Martí, son todas preguntas urgentes y complejas. Son los propios hechos históricos, desde luego, los que contienen las respuestas a estas preguntas. Pero como toda literatura nos advierte, ningún hecho histórico resulta ni tan claro ni tan estable como parece a primera vista. Y si bien es cierto que la historia no es ficción, también es cierto que estamos condenados no sólo a vivir la historia sino a interpretarla: a derivar un sentido de ella. La historia no sólo transcurre: también posee una significación. Por esta razón no ha de preocuparme, en lo que sigue, el probar o no la afinidad ideológica o moral entre el pensamiento de Martí y la ideología del actual gobierno cubano. En cambio, una pregunta más global sí determinará mi respuesta a estas preguntas: ¿cuál es el sentido de la figura de José Martí dentro de la historia cubana?

Acaso no debería sorprendernos que sea precisamente un profesor de literatura el que haya sido llamado a cerrar esta reunión de especialistas sobre historia y política. Después de todo, ¿dónde hoy en día, salvo en departamentos de literatura, se lee a Martí dentro de los círculos universitarios norteamericanos? ¿Dónde más se toleran su torturada prosa y su verso sentimental; dónde, excepto en cursos de historia literaria, se consideran sus textos como una fuente de conocimiento? (Hablo, desde luego, de la universidad norteamericana; la ubicación de Martí entre nosotros los cubanos es muy diferente.) Esa dicotomía ya de por sí nos alerta sobre la ambivalencia que asumen muchos académicos hacia Martí. Para muchos científicos sociales —historiadores, sociólogos y politólogos, por ejemplo— Martí es apenas un poeta soñador cuya imaginación literaria e idealismo lírico terminan diluyendo la eficacia de su pensamiento sociopolítico. Para ellos las obras de Martí constituyen una forma peculiar de moralismo nacionalista y no una clara doctrina ideológica. En cambio, para muchos críticos literarios, Martí nos presenta la paradoja de una figura de primer rango sin cuyos pensamiento y presencia no se concibe la literatura hispanoamericana moderna, pero cuyas propias obras literarias —su poesía, por ejemplo, sus torpes obras de teatro, o su única novela— no llegan a ajustarse del todo a la modernidad. Las obras, la escritura de Martí, resultan demasiado retóricas, demasiado cargadas de un anticuado contenido moral e ideológico que sirva de ajuste a una poética moderna de ambigüedad. En cambio, es precisamente el carácter ambiguo, literario y, por tanto, abierto, de la prosa de Martí lo que explica, al menos en parte, el por qué su obra se lee, entre nosotros, un poco como la Biblia: es todo para todos. A Martí se le invoca tanto para elogiar como para condenar a los Estados Unidos, tanto para justificar como para negar al actual gobierno cubano, y para inspirar a cubanos tanto de la isla como del exilio. La densidad retórica, el moralismo y peso ideológico de sus obras literarias son factores que determinan, en gran medida, el consabido debate sobre si Martí fue un mero precursor o el verdadero iniciador de la modernidad literaria hispanoamericana.[24]

---

[24] La mejor guía sobre el tema es Manuel Pedro González e Ivan A. Schulman, *Martí, Darío y el modernismo,* Madrid, Gredos, 1969.

Frente a este equívoco papel en círculos académicos fuera de Cuba, se emplaza el papel sacramental que desempeña Martí dentro de la historia y política cubanas. Para todo cubano, según una tradición que comienza con su muerte en 1895, Martí encarna nada menos que el espíritu de identidad nacional, y todo cubano busca en sus obras, cual texto sagrado, las llaves que o bien justificarían al actual gobierno o bien le otorgarían sentido a la tragedia del destierro. Resulta ocioso, pero de todos modos necesario, recordar la presencia de Martí dentro de la retórica del actual régimen. Mucho antes de que siquiera hubiese un "Movimiento 26 de Julio", los seguidores de Fidel Castro se autodenominaban la "Generación del Centenario", invocando así el centenario del nacimiento de Martí. El asalto al cuartel Moncada el 26 de julio de 1953, como se sabe, se realizó en nombre de Martí, y el propio Fidel Castro invocó a Martí una docena de veces en su célebre discurso de autodefensa "La historia me absolverá", una de ellas incluso para señalar que Martí había sido nada menos que el "autor intelectual" de esa acción. Desde entonces, todo discurso político y declaración del gobierno cubano, incluso sus documentos principales, invoca a Martí. La primera y segunda Declaraciones de La Habana, la Constitución Socialista de 1976 y los Estatutos del Partido Comunista Cubano, todos citan de sus obras. Desde luego que existen documentos anteriores al periodo insurreccional, como el *Manifiesto del Moncada* y *Nuestra razón,* que igualmente invocan y citan a Martí. Martí está presente en todo pronunciamiento del gobierno cubano, así como su gigantesca estatua marmórea está presente en la llamada Plaza de la Revolución, desde donde se suelen lanzar muchos de esos pronunciamientos.

No basta decir, sin embargo, que el gobierno cubano invoca a Martí a su conveniencia. A lo largo de 25 años, desde el triunfo de Fidel Castro, el mismo gobierno ha elaborado cierta *lectura* de Martí, lectura que ha estado encaminada a probar los vínculos ideológicos entre el pensamiento de Martí y el proceso revolucionario. Esa lectura ha tenido el efecto ciertamente saludable de restaurarle el radicalismo político al pensamiento martiano, contrapesando así el patriotismo difuso que rodeaba a la figura de Martí antes de 1959. En un útil estudio sobre Martí, el historiador norteamericano John M. Kirk ha señalado cómo a partir de esa fecha hubo un cambio en la imagen de Martí: del "inadaptado sublime" que prevaleció durante los años de la República al de "líder revolucionario" que se proyecta actualmente. Dice Kirk: "Una lectura cuidadosa de los estudios del pensamiento político de Martí revela que, sobre todo después de 1969, muchos 'martianos' empezaron a ver a José Martí no sólo como un ferviente revolucionario, sino también como un vínculo directo entre el pensamiento de Marx y la naturaleza marxista-leninista de la Revolución de Castro".[25] Apropiarse de Martí, promover la interpretación de sus obras desde el punto de vista del marxismo-leninismo e, implícitamente, legitimar al actual gobierno en términos de su pensamiento, son los propósitos explícitos del *Centro de Estudios Martianos* de La Habana, institución que creara el Partido Comunista Cubano en 1978. Bajo el cargo de Roberto Fernández Retamar en su primera etapa, el Centro ha llevado a cabo varios proyectos: publicar el *Anuario* del Centro; preparar la primera edición crítica de las *Obras completas* de Martí (de la cual ya se han publicado varios tomos), y patrocinar seminarios anuales para jóvenes sobre la obra de Martí.[26]

Es evidente, por tanto, que Martí fue un precursor de ciertos aspectos del actual régimen cubano. De hecho, Martí fue un nacionalista, un crítico de los Estados Unidos durante las primicias de su expansión imperialista, y un promotor de la autonomía política y económica de América Latina. Resulta igualmente evidente que Martí simpatizó con el llamado Tercer Mundo en general, y no sólo con la América Latina. El nacionalismo revolucionario de Martí, su imaginación indigenista, le hacen por tanto un precursor natural del actual régimen. En cambio, demostrar que Martí era marxista o aun protomarxista ha sido una tarea harto más difícil, si no imposible. Al invocar el antimperialismo martiano, el gobierno cubano implícitamente reduce la ideología de Martí a la suya. Pero resulta de todos modos revelador que todo intento por definir en detalle la ideología martiana termine, por lo general, negando semejante explicitación. Los lectores más asiduos de Martí dentro de Cuba —Roberto Fernández Retamar, Carlos Rafael Rodríguez, Cintio Vitier y, hasta hace poco, Juan Marinello— concuerdan en lo difícil que resulta hacer de Martí un precursor directo del actual régimen a través de una filiación marxista. Ya en un ensayo de 1962, "El pensamiento de José Martí y nuestra revolución socialista", Marinello advertía lo siguiente:

Desde luego que el hecho de que un hombre como Martí contemple con visión tan sagaz los problemas que su época acumulaba sobre Cuba, no quiere decir que

---

[25] *José Martí. Mentor of the Cuban Nation,* Tampa, University Presses of Florida, 1983, p. 15. La traducción de esta y otras citas en inglés es mía. Carlos Ripoll ha criticado los puntos de vista y la metodología de Kirk; véase José *Martí, the United States and the Marxist Interpretation of Cuban History,* New Brunswick, N. J., Transaction Books, 1984, pp. 33-50.

[26] Los documentos en torno a la fundación del Centro se pueden consultar en *Anuario del Centro de Estudios Martianos* 1, 1978, pp. 11-21. Para una crítica contundente de esta apropiación de Martí, véase, de Ripoll, "The Falsification of José Martí in Cuba", *Cuban Studies,* 24, 1995, pp. 11-49.

poseyera la doctrina y el método oportuno para su tratamiento y solución. En Martí se da una oposición intermitente y vitalicia entre sus puntos de mira de gran demócrata liberal y su asombroso entendimiento de cuestiones que, como ha probado su posteridad, no podían ser liquidadas por las ideas que propugnaba.[27]

Con un gesto típico de esta lectura, Marinello quiso mostrar en Martí una mezcla de ceguera e intuición acerca de la historia cubana. Reconoce que Martí conocía los problemas, pero advierte que de alguna manera no poseía las claves actuales para comprender esos problemas, y menos aún para resolverlos, como si la fe de Martí en la democracia liberal y el pluralismo político, para no hablar de su orientación espiritual, le hubiesen impedido analizar correctamente los problemas sociales y políticos que detectó. Así pues, la lectura dialéctica de Marinello restaura el dilema histórico de Martí, dilema que el actual gobierno revolucionario, según prosigue Marinello, ha tenido la buena fortuna de resolver. Lo que sí queda por resolver, en cambio, es si el acercamiento de Martí a la ideología del actual gobierno cubano le hace justicia a la complejidad del pensamiento de Martí, o si el actual gobierno ha podido integrar sus ideales a la realidad histórica, y no sólo reciclar la retórica de esos ideales.

Acaso no resultara tan necesario plantear estas cuestiones de no existir esa venerable tradición de reciclaje dentro de la historia política cubana. Porque no hay duda de que a Martí se le ha utilizado periódicamente como un emblema retórico. Mucho antes de que el actual gobierno propusiese su propia lectura, cada uno de los presidentes cubanos –desde Estrada Palma hasta Batista– propusieron la suya: alabaron a Martí y explotaron su figura con sus propios fines estratégicos. Con antecedentes institucionales como los que cumple Martí dentro de la retórica de la política cubana, su actual utilización dentro del régimen castrista se vuelve al menos sospechoso. No niego lo que antes afirmé: el actual gobierno cubano ha demostrado que Martí fue un precursor de ciertos aspectos de su ideología. Mi propósito es distinto: ubicar esa demostración dentro de una perspectiva histórica que ilumine sus motivaciones.

---

[27] Cito de Juan Marinello, "El pensamiento de José Martí y nuestra revolución socialista", en *Escritos sociales,* Mirta Aguirre (ed.), México, Universidad Autónoma de México, 1980, pp. 4-5. El ensayo se publicó por primera vez en *Cuba Socialista* 2, enero de 1962. Hay argumentos e interpretaciones parecidos en la recopilación *Siete enfoques marxistas sobre José Martí,* La Habana, Editora Política, 1978. El título exagera el contenido marxista de los ensayos, que en realidad son agresivamente nacionalistas. Para una crítica de esta recopilación y otros datos, véase el ensayo de Ripoll, "The Falsification ..."

¿Qué es lo que explica esa cíclica utilización? La recurrencia de la imagen de Martí se debe a razones diversas y complejas, que tienen que ver tanto con el propio Martí como con sus lectores. Como es sabido, la muerte de Martí a principios de la guerra de Independencia de 1895, dejó muchos planes políticos y militares en estado de confusión. Las demoras en el envío de nuevas expediciones armadas para ayudar a los mambises, la fragmentación interna de las fuerzas rebeldes que el propio Martí controlaba como "delegado" del Partido Revolucionario Cubano, para no hablar de la pérdida moral que acarreó su muerte, éstos y otros factores explican el fracaso del esfuerzo bélico del ejército cubano, así como la pronta intervención del gobierno norteamericano en la guerra. Cualesquiera que hayan sido los efectos inmediatos que tuvo la muerte de Martí, lo cierto es que la primera generación de cubanos republicanos reaccionó hacia Martí de manera profundamente ambivalente. Mártir y loco, líder y fracasado, héroe y suicida –tal era, entre ellos, la doble y ambivalente imagen de Martí–. Para darnos sólo una idea de cuán ambivalente ha de haber sido esa imagen: en 1899, el diario habanero *El Fígaro* realizó una encuesta entre ciento cinco personalidades cubanas para determinar la identidad del prócer que más mereciese una estatua en el Parque Central de la ciudad. De los 105 consultados, sólo 16 (poco más de 10%) escogieron a Martí; y de entre esos 16, 3 de ellos –Fermín Valdés Domínguez, Juan Gualberto Gómez y Miguel Viondi– habían sido íntimos amigos suyos; Valdés Domínguez, incluso, dirigía entonces un comité promonumento a Martí. Decir que Martí fue olvidado y que sus obras no fueron reconocidas no describe del todo la pobreza de la recepción de Martí durante esos años de la joven república. Como Martí nunca recopiló su prosa, escrita casi toda para periódicos extranjeros, en forma de libro, sus ideas se dispersaron y no circularon dentro de Cuba. Que la primera edición de las *Obras completas* de Martí se hubiese publicado en forma fragmentada entre 1900 y 1933 y en el extranjero constituye tanto causa como efecto de este vacío inicial.

No basta decir, como se acostumbra, que la revolución nacionalista de 1933 vindicó a Martí. Que Martí tuviese que ser vindicado es lo significativo. Martí había sido un mártir de la independencia de Cuba, y sin embargo los propios cubanos aún no lo habían reconocido como se merecía. Durante los años inmediatamente posteriores a la muerte de Martí, el escaso reconocimiento que recibió se debió a figuras literarias extranjeras –de Rubén Darío a Unamuno y Gabriela Mistral– quienes alabaron su importancia como escritor. En cambio, fue sólo con la caída del dictador Gerardo Machado cuando la nación cubana comenzó a reconocer la importancia de Martí como líder político, moral y espiritual. Ese reconocimiento coincide con el culto a Martí, cuyos motes son por todos conocidos. A partir de entonces Martí se convierte en "el Santo de América", "el Cristo americano", "Místico del deber", "El Apóstol", etcétera.

Resultaría simplista, desde luego, atribuir la existencia de estos motes religiosos a una mera influencia católica dentro de la vida republicana. Las razones del culto a Martí son, a mi juicio, mucho más profundas, y tienen que ver, en su motivación psicológica al menos, con un complejo nacional de expiación debido al desprecio que sufrió Martí precisamente en el momento en que nace la república que él mismo había ideado. De esta manera, al reaccionar con una mezcla de reverencia y admiración ante la memoria de Martí después de las convulsiones políticas de los años treinta, el pueblo cubano compensaba su propia ambivalencia y desprecio anterior. Esa reverencia sirvió para reconocer, de manera masiva, la contribución crucial de Martí, así como para diseminar su pensamiento radical y su obra literaria. También importa reconocer, sin embargo, que su pensamiento sólo empezó a diseminarse dentro del marco de un culto religioso que compensaba, a su vez, lo que bien podría denominarse un complejo nacional de culpa. Ese complejo, forjado inconscientemente, como todo mecanismo psicológico defensivo, alrededor de la figura de Martí, ha persistido y aumentado con los años; sus efectos se siguen sintiendo hasta hoy. Después de todo, la desaparición de Martí fue un factor en la frustración de la independencia cubana y en la imposición de la funesta Enmienda Platt sobre la primera constitución del país. De hecho, en Martí –o, mejor dicho, en su ausencia– se basó en gran parte una crisis de identidad nacional, crisis que se refleja en el lamento de la popular "Clave a Martí":

> Martí no debió de morir
> ¡ay de morir!
> Si fuera el maestro y el guía
> otro gallo cantaría.
> La patria se salvaría
> y Cuba sería feliz.

Esa crisis de identidad nacional se agudiza con la revolución contra Machado, a partir de la cual la imagen de Martí empieza a cobrar importancia, como si fuera un espíritu que guiase al pueblo cubano hacia la restitución de valores nacionales. No es por azar que por entonces comiencen igualmente los primeros intentos de una lectura marxista de su obra. Julio Antonio Mella, por ejemplo, uno de los fundadores del Partido Comunista Cubano, escribió para entonces sus "Glosas al pensamiento de José Martí".[28] Años después, con la victoria de la revolución nacionalista contra Machado, ese espíritu-guía cobró aún más importancia. Pero es el complejo de culpa colectivo lo que explica, a mi juicio, el éxito con que a partir de entonces los sucesivos gobiernos lo pudieron explotar. Con anterioridad al castrismo, la explotación más dramática fue sin duda la de Batista, quien utilizó el centenario del natalicio de Martí en 1953 para justificar su reciente golpe de Estado. La lectura institucional que prevalece hoy en Cuba extiende esa estratégica explotación.

Desde luego que ni el complejo de culpa nacional ni el culto religioso que ha intentado compensar por el mismo habrían sido posibles sin la retórica religiosa del propio José Martí. Quiero decir que, más allá de las circunstancias específicas de la muerte de Martí y de las primeras recepciones de su obra, sus propios pensamientos y lenguaje están atravesados por un aura religiosa, evidente sobre todo en su oratoria, que de alguna manera contribuye, si no determina, el culto a su figura. Al mencionar el aura religiosa del propio Martí no me refiero únicamente a su ética espiritual —ética que, como Agramonte y otros han demostrado, Martí deriva de sus lecturas del idealismo poshegeliano—. Me refiero a algo más que su utopismo americanista, o al tono elevado de su oratoria, con el cual Martí intentaba forjar la precaria alianza política de sus díscolos compatriotas.[29] Sí me refiero, en cambio, a su visión de la historia cubana y que, sin que el propio Martí jamás se lo imaginase, es lo que fundamenta la explotación de su figura a lo largo de la misma.

La visión de la historia a la que me refiero tiene que ver con una relación progresiva que se suele establecer entre los diversos momentos revolucionarios de los siglos XIX y XX: 1868, 1895, 1933 y 1959 —los "cien años de lucha" que se invocaron en Cuba en 1968, el centenario del Grito de Yara—. Es muy conocida la interpretación que convierte a cada uno de estos momentos revolucionarios en una expresión cada vez más poderosa y organizada del nacionalismo cubano. Si aceptamos esa progresión, entonces la expresión nacionalista culminaría, a su vez, en la última revolución de la serie, tal como la encarna el actual régimen. Dicha interpretación asume, por lo demás, que existe no sólo una economía, un depósito de experiencias del que se benefi-

---

[28] Sobre el culto a Martí se puede consultar con provecho el libro de Richard Butler Grey, *José Martí, Cuban Patriot,* Gainesville, Fla., University of Florida Press, 1962.

[29] Véase Roberto Agramonte, *Martí y su concepción del mundo,* Río Piedras, P.R., Universitaria, 1971, pp. 200-272.

cian las sucesivas revoluciones; asume también, y sobre todo, una teleología, un *telos* o plan providencial que nos permite leer cada revolución en términos de las otras sucesivas. Es esa teleología la que le confiere sentido a todo el patrón de la historia cubana y lo que privilegia, implícita y necesariamente, el final de ese patrón. Las tres revoluciones anteriores desembocan en la actual revolución, pero la revolución actual es la que le confiere sentido a las otras tres. Es precisamente la fragmentación —o al menos la apariencia de la misma— los sucesivos y frustrados intentos de independencia a través de movimientos revolucionarios, lo que evoca tal teleología y acredita su formulación.

Si es válida o no la interpretación que acabo de describir no debe preocuparnos mucho, al menos por el momento. Baste decir que se esgrime constante e irreflexivamente, sobre todo por aquellos científicos sociales que tratan de explicar el fenómeno del actual régimen dentro de un esquema histórico más global. Sí me interesa, en cambio, derivar de ella un par de implicaciones. La primera es que tal teleología postula una "interpretación figurativa" de sucesos históricos. ¿A qué me refiero con ese término? Según Erich Auerbach, a quien acudo por medio de su influyente ensayo "Figura", se define de la siguiente manera:

> La interpretación figurativa establece una conexión entre dos acontecimientos o personas, la primera de las cuales significa no sólo ella misma, sino también la segunda, mientras que la segunda abarca o cumple la primera. Los dos polos de esta figura están separados en el tiempo, pero ambos, siendo ellos mismos acontecimientos o figuras reales, están dentro del tiempo, dentro del curso de la vida histórica.

Ofrezco el siguiente ejemplo, sobre la relación entre Moisés y Cristo, para ilustrar el planteamiento de Auerbach. Moisés *significa* a Cristo, Cristo *cumple* a Moisés; Moisés *contiene* a Cristo, Cristo *revela* a Moisés; Moisés es una *figura* de Cristo, Cristo es la *verdad* de Moisés. "El propósito de este tipo de interpretación —aclara a su vez Auerbach— era demostrar que los personajes y acontecimientos del Viejo Testamento eran prefiguraciones del Nuevo Testamento y de su historia de salvación." Además, como también demuestra Auerbach, la interpretación figurativa tenía una función ideológica concreta en el momento de la ruptura cristiana con el judaísmo. Le confirió al cristianismo un inmenso poder persuasivo y legitimó la nueva visión providencial de la historia.[30]

---
[30] *Ibid.*, p. 30.

¿Qué tiene que ver todo esto con José Martí y la Revolución cubana? Mi planteamiento, y en esto consiste mi segunda derivación, es que toda interpretación teleológica de la historia cubana, como la que acabo de describir, constituye necesariamente una interpretación figurativa de personajes y hechos históricos. Por ejemplo, así como la Guerra de Independencia de 1895 se interpreta como una revolución precursora de la revolución de 1959, así también José Martí se convierte automáticamente en una *figura* (en el sentido preciso que le da Auerbach a este término) de Fidel Castro, quien a su vez pasa a convertirse en la *verdad* o *cumplimiento* de José Martí. Desde luego que esa analogía, que invoco ahora, entre Martí y Fidel Castro se ha hecho muchas veces. Lo que quiero decir con ella es que la frecuencia irreflexiva con que se hace ha terminado diluyendo su verdadera significación. Esa interpretación figurativa es la espina dorsal, por ejemplo, de libros propagandísticos como *José Martí, el autor intelectual* (1983), que recopila todas las referencias a Martí y a su obra que había hecho Fidel Castro en sus discursos entre 1953 y 1981, junto a las notas marginales de Castro en su ejemplar de las *Obras completas* de Martí. De la larga historia que tiene el uso de esa analogía podríamos derivar, además, muchos momentos significativos: por ejemplo, el que aparece en "Martí en Fidel", un típico artículo de periódico de principios de los años sesenta, en el que Edmundo Desnoes, el autor de *Memorias del subdesarrollo* (1965), la célebre novela y film del mismo nombre, afirma lo siguiente:

> Aunque el habla de Fidel carece del nerviosismo poético de Martí ha logrado por otra parte un estilo más directo y eficaz. Martí era un incendio y su cultura humanista de raíz cristiana lo llevaba siempre a grandes alturas expresivas; su genio verbal era deslumbrante [...] Tal vez sea mejor así. Martí era demasiado frágil, su sentido inalcanzable del hombre noble y puro lo llevaron a vivir constantemente desgarrado, lanzado hacia la muerte. Para la toma y el ejercicio del poder fue una ventaja que Fidel no haya tenido la profundidad sentimental de Martí, el humanismo desgarrador y trágico de Martí. Martí es el ideal. Fidel es la acción. Pero los principios son los mismos.[31]

El argumento figurativo de Desnoes refleja la creencia popular que prevalecía durante esos primeros años de la revolución que José Martí había nada menos que encarnado en Fidel Castro. La analogía entre los dos fue entonces, y aun sigue siendo, evidente. Pero lo que acaso no ha sido evidente es que esa analogía sólo se hace posible, a su vez, a partir de una interpretación figurativa y una visión teleológica de la historia cubana.

---

[31] "Martí en Fidel Castro", *Lunes de Revolución,* 30 de enero de 1961, pp. 61-62.

A su vez, sin embargo, el ejercicio periodístico de Desnoes no resultaría tan significativo de no ser porque repite de manera insólita el mismo gesto de muchos de los escritos políticos del propio Martí, al menos en lo que toca a su propia visión de la historia. Cuando Martí encara la necesidad de persuadir a sus compatriotas exiliados del imperativo moral de renovar la guerra contra España, recurre constantemente a los héroes de 1868 y la relación entre estos y su propia época. De esta manera, Martí legitima y justifica la lucha militar y política que él y sus compatriotas llevaban a cabo. En un típico pasaje de uno de sus más famosos discursos anuales en conmemoración del Grito de Yara nos dice, por ejemplo, lo siguiente:

> Oh, sí, aquellos tiempos eran maravillosos. Ahora les tiran piedras los pedantes, y los enanos vestidos de papel se suben sobre los cadáveres de los héroes para así excomulgar a los que están continuando su obra. ¡De un revés de las sombras irritadas se vendrán abajo, si se les quieren oponer, los que tienen por única hueste las huestes de las sombras: los que han intentado dispersarles, en la hora del descanso, las fuerzas que necesitaban triunfar, cuando se levanten, como ya se están levantando, sobre la debilidad de los enemigos y el desconcierto de los propios! Aquellos tiempos eran de veras maravillosos. Con ramas de árbol paraban, y echaban atrás, el fusil enemigo; aplicaban a la naturaleza salvaje el ingenio virgen; creaban en la poesía de la libertad la civilización; se confundían en la muerte, porque nada menos que la muerte era necesario para que se confundiesen el amo y el siervo.[32]

Que toda historia debe ser leída teleológicamente parece, a primera vista al menos, inevitable. Proponer otra cosa significaría contradecir la propia lógica del conocimiento histórico: le conferimos sentido al pasado a partir no sólo de la configuración de ese pasado, sino también de los resultados de esa configuración: el punto de mira actual que nos permite conferir ese sentido. Y sin embargo, al leer textos como los de Desnoes sobre Martí, o el de Martí acerca de los próceres de 1868, nos encontramos con que el argumento figurativo que tienen en común descansa sobre un gesto profundamente antihistórico. Para destacar que es Fidel Castro y no Martí el verdadero hombre de acción, Desnoes tiene que convertir a Martí en un idealista pasivo (y de "nerviosismo poético") de cuyos defectos sentimentales Fidel Castro ha tenido la fortuna de carecer. El contraste —y todo argumento figurativo necesariamente destaca un contraste— entre las dos figuras privilegia a Castro a expensas de Martí, a quien de paso distorsiona. Y sin embargo, un gesto

---

[32] José Martí, *Obras completas,* La Habana, Editorial Nacional de Cuba, 1963, 4 237.

parecido, y a mi juicio aún más revelador, aparece en el texto de Martí donde la guerra de 1868 se convierte en "tiempos maravillosos", en su doble sentido de sorprendente y sobrenatural. Junto con esa "maravilla" se invoca, por cierto, la fantasmagoría de todo un ejército de ultratumba que regresa para vengarse de su indiferente prole, lo cual dista mucho de ser una descripción material o concreta de Céspedes o Agramonte. Es decir, en ambos pasajes, tanto en el de Desnoes como en el de Martí, se dramatiza el propósito implícito de toda interpretación figurativa –legitimar una ideología actual a expensas de la deshistorización del pasado–. Y esa deshistorización ocurre, como hemos visto, para que una ideología actual se establezca en el presente. Sobre este mecanismo, Auerbach añade que en la lectura que hicieron los padres de la Iglesia, el Viejo Testamento dejó de ser una historia de Israel para convertirse en una promesa, una prefiguración de Cristo. Algo parecido se podría decir de la gran mayoría de las lecturas que prevalecen de la historia cubana. Acaso empezando con Martí, tales lecturas eliminan las contradicciones e interrupciones que separan los diversos momentos revolucionarios con el propósito de hilar una trama sólida y significativa.

Regreso, por tanto, a la pregunta con la que comencé este ensayo: ¿cuál es el sentido de la figura de José Martí dentro de la historia cubana? Es evidente que para contestarla tenemos que examinar la continua utilización que se ha hecho de Martí, incluso la que realiza tan eficazmente el régimen actual. Que el propio Martí haya contribuido a hacer prevalecer la lectura que distorsiona su complejidad histórica es una ironía cuya responsabilidad es menos suya que la del pueblo cubano en esa, su desesperada lucha por hallarle un sentido a su historia. Existen, a mi juicio, dos maneras de resolver esa ironía, dos soluciones cuyo desarrollo y explicación quedan por desgracia fuera del alcance de este trabajo. La primera y más difícil, acaso utópica, sería la de abandonar el hábito de leer la historia cubana a partir de esa teleología, cuyo efecto ha sido, como hemos visto, el de distorsionar el pasado cubano. La segunda y acaso más asequible sería la de investigar y escribir una biografía verdaderamente crítica de José Martí.

Pocas historias como la nuestra están tan repletas de mártires y héroes. No hacen más que morirse para regresar como fantasmas en una pesadilla recurrente que exige más mártires y más héroes. Pero los fantasmas se disuelven tan pronto como les hablamos frente a frente. Sólo así descubrimos que están hechos de la sustancia de nuestros sueños.

(1986)

"NUESTRA AMÉRICA" Y LA CRISIS DEL LATINOAMERICANISMO

Para Carlos Ripoll

I

COMIENZO ESTE ENSAYO considerando el siguiente pasaje de la crónica de Martí sobre el Congreso Panamericano de Washington con fecha del 3 de mayo de 1890. Para cuando Martí escribe y publica su texto en *La Nación* de Buenos Aires el congreso ya ha terminado, después de ocho meses de reuniones, y los delegados de América Latina se disponen a regresar a sus respectivos países. Pero en su crónica Martí describe lo que parece haber sido la última reunión social en Nueva York de dichos delegados: una celebración de la derrota de las propuestas estadunidenses en torno a un acuerdo continental de aduanas *(Zollverein)* y su paralela agencia de arbitraje. Durante ésta, su última fiesta, los delegados brindaron por Manuel Quintana, un joven y a todas luces enérgico delegado argentino cuyo elocuente heroísmo los delegados ensalzan con el epíteto de "Bayardo de la Conferencia". Con este elogio se referían a la defensa que Quintana había hecho de la posición latinoamericana durante dichas reuniones del congreso. Martí cita la respuesta de Quintana al brindis de sus colegas: "¡Para mi patria acepto estos cariños! ¡Nada más que un pueblo somos todos nosotros en América!" Y añade Martí la siguiente apostilla: "Un americano sin patria, hijo infeliz de una tierra que no ha sabido aún inspirar compasión a las repúblicas de que es centinela natural, y parte indispensable, veía, acaso con lágrimas, aquel arrebato de nobleza. Las repúblicas compadecidas se volvieron al rincón del hombre infeliz, y brindaron por el americano sin patria. Lo que tomaron unos a piedad y otros a profecía".[33]

Mi breve trabajo se basa en la idea que sostiene este pasaje de la crónica de Martí y está circunscrito por él. Quiero documentar y analizar el aislamiento de Martí, y por ende el aislamiento de su patria, Cuba, dentro del

---

[33] Para esta y todas las citas utilizo el texto de *Obras completas*, La Habana, Editora Nacional, 1964. Una útil recopilación de los textos de Martí en torno a los dos congresos panamericanos de 1889-1890 y 1891-1892 es *Dos congresos. Las razones ocultas*, Centro de Estudios Martianos, La Habana, Editorial de Ciencias Sociales, 1985. Por cierto, en mi texto siempre digo "congreso", que es el término que utiliza Martí, en vez del anglicismo "conferencia" al que esta última edición, entre otras publicaciones hechas en Cuba en época reciente, recurre indiscriminadamente.

llamado "rapto de nobleza" del panamericanismo, o como lo llamaré aquí, del *latinoamericanismo:* la ficción piadosa de unidad continental que si bien motivó la convocatoria norteamericana a la conferencia de 1889-1890 también produjo la victoria latinoamericana sobre las propuestas estadunidenses dentro de ella. En el fondo, el *latinoamericanismo* encierra un dispositivo de poder, pues si por una parte resulta ser la ficción piadosa que le permite a Estados Unidos mantener los intereses europeos a raya, por otra es la ficción que mantiene a raya los intereses norteamericanos contra los de la América Latina después de su llamada independencia.[34]

Ciertamente pocos temas han sido más agotados en el reciente canon crítico que el antimperialismo de José Martí. Al menos tal ha sido la tradición que han inspirado hasta a líderes políticos, de Julio Antonio Mella hasta Fidel Castro. Pero es de notar que el tema antimperialista se ha desarrollado a contrapelo de la escasa atención que se le ha prestado a la crítica paralela que hace Martí, y que colinda con la franca angustia, a la exclusión de intereses cubanos por parte de las llamadas "hermanas repúblicas" latinoamericanas. Y sin embargo, acaso no debería sorprendernos que la crítica de Martí al latinoamericanismo se haya soslayado de forma tan cabal. Debido en gran parte a los usos retóricos a los que se ha dedicado la propia retórica latinoamericanista de Martí a partir de su muerte en 1895 –la defensa de "Nuestra América"– a un lado han quedado los aspectos más problemáticos de su vocación americana. En cambio, un análisis somero del contexto del que surge el texto "Nuestra América" demuestra que esa misma retórica está teñida de una terrible ambivalencia ante el propio *latinoamericanismo*, al extremo que termina cuestionando el mismo "rapto de nobleza" que lo sostiene. Para parafrasear el conocido ensayo de Ángel Augier, se podría decir también que Martí promulga una "tesis antilatinoamericanista en la cuna del panamericanismo".[35]

Más decisivo aún, sin embargo, es que la crítica de Martí al respecto, en éste y otros pasajes de sus crónicas, está dispersa, se expresa oblicuamente y resulta, en última instancia, ambivalente. Son coscorrones a un amigo más que patadas a un enemigo. Y si bien es cierto que las críticas indirectas de Martí se justifican por presiones políticas –es decir, por sus propios intereses estratégicos a favor de la inminente lucha por la independencia de Cuba–, tam-

[34] Desarrollo esta idea en mi ensayo "Latinoamericanismo", *Vuelta,* núm. 210, mayo de 1994, pp. 62-64, también reproducido en mi libro *Por una politeratura. Literatura hispanoamericana e imaginación política*, México, Ediciones del Equilibrista/UNAM, 1995.

[35] El ensayo de Augier, "Martí: tesis antimperialista en la cuna del panamericanismo", se reproduce en *Dos congresos,* pp. 185-210.

bién es cierto que nuestra distancia histórica ante estos hechos dicta, o debe dictar, un juicio harto diferente. Menos justificada aún, en este sentido, resulta la ceguera piadosa, más moral que académica, que ha demostrado el canon crítico al tratar el tema, aun cuando dicha ceguera también se podría atribuir a los efectos perniciosos del *latinoamericanismo* como discurso e ideología. Poco importa, por último, que la realidad histórica haya comprobado la exclusión de Martí y otros compatriotas contemporáneos suyos de las discusiones que interesaban a los delegados latinoamericanos durante su última celebración. Lo crucial es que desde la perspectiva de Martí al menos, Cuba era, como él mismo dice, "parte indispensable" de "nuestra América", y que su exclusión fue lo que le provocó hablar en términos de una "América" que él llamaba "nuestra". De ahí mi tesis: la crítica de Martí al *latinoamericanismo* no sólo constituye la retórica de "nuestra América" como tema; explica también las motivaciones que tuvo Martí al escribir el célebre ensayo del mismo nombre.

II

No hacemos más que empezar esta lectura y en seguida recordamos la primera cuestión que para Martí surge en el horizonte del Primer Congreso Panamericano: el peligro de la anexión de Cuba a los Estados Unidos. Sus crónicas del momento aluden con frecuencia al tema, pero es la correspondencia con Gonzalo de Quesada Aróstegui, quien entonces fuera asistente de Roque Sáenz Peña, delegado principal de la Argentina, la que muestra decisivamente su angustia personal ante dicha situación. La angustia provenía de tres fuentes. La primera era el rumor de que ciertos funcionarios del Departamento de Estado de Estados Unidos por entonces realizaban visitas a Cuba y Madrid buscando negociar con España la compra de Cuba. La segunda fuente fue la propuesta fehaciente, iniciada por el anexionista cubano José Ignacio Rodríguez, de que el gobierno de Estados Unidos comprase la independencia de Cuba. Y por último estaba la noticia, que llegó a oídos de Martí, de que una crónica periodística fechada en Washington y que llevaba las iniciales "JM" se había publicado en el periódico habanero *La discusión*. En ella se describía en términos elogiosos el compromiso del secretario de Estado James E. Blaine con la idea de la anexión. Martí vio estos tres eventos simultáneos como una siniestra conspiración que coincidía con la celebración del Congreso Panamericano. Y fue precisamente a consecuencia de esa coincidencia que Martí también creyó prudente combatirla a través del mismo congreso: al proponer una resolución a favor de la independencia de Cuba mientras existiese la posibilidad de que la apoyaran los delegados latinoamericanos de las llamadas "hermanas repúblicas".

Como se sabe, Martí no era delegado a este congreso (aun cuando sí era cónsul del Uruguay en Nueva York), y por tanto sólo pudo actuar indirectamente y a larga distancia a favor de esta gestión. A Gonzalo de Quesada le escribe el 29 de octubre de 1889, por ejemplo: "Lo que del congreso se había de obtener entonces era, pues, una recomendación que llevase aparejado el reconocimiento de nuestro derecho a la independencia y de nuestra capacidad para ella, de parte del gobierno norteamericano... De quien necesitamos saber es de los Estados Unidos; que está a nuestra puerta como un enigma, por lo menos. Y un pueblo en la angustia del nuestro necesita despejar el enigma muy de cerca" *(OC,* 1, 249). Al mes siguiente, a medida que aumentaban conversaciones informales entre los delegados sobre el tema de la anexión de Cuba, Martí le vuelve a escribir a Gonzalo de Quesada más directamente: "Para todo hay ciegos, y cada empleo tiene en el mundo su hombre. Pero el señor Sáenz Peña sabe pensar por sí y es de tierra independiente y decorosa. El verá y sabrá lo que hace. Trabájele bien, que este noviciado le va a ser a Ud. muy provechoso, y de utilidad acaso decisiva" *(OC,* 6, 121).

Que Martí esperaba una resolución del congreso en torno a la cuestión cubana resulta, por tanto, evidente. Esa presunta y deseada resolución seguiría las líneas generales de su carta de octubre a Gonzalo de Quesada; en el foro mismo del congreso hubiera sido propuesta por la delegación argentina, sin duda la más poderosa entre todas las latinoamericanas. Pero dicha resolución nunca se produjo, quizá ni siquiera se tomó en serio por ninguna de las delegaciones, y ya en la siguiente carta a Gonzalo de Quesada, con fecha de noviembre 16, se transparenta la desilusión de Martí: "Son algunos los vendidos, y muchos más los venales; pero de un bufido del honor puede echarse atrás a los que, por hábitos de rebaño, o el apetito de las lentejas, se salen de las filas en cuanto oyen el látigo que los convoca o el plato puesto" *(OC,* 6, 122). El mismo día que escribe lo anterior le escribe también a Serafín Bello, otro cubano exiliado en Cayo Hueso, acerca de los paralelos designios anexionistas, y después le agrega al respecto de su desilusión en torno a "las hermanas repúblicas": "En la soledad en que me veo –porque cuál más cuál menos espera lo que abomino– lo que he de impedir, he de implorar, estoy implorando, pongo al servicio de mi patria en el silencio todo el crédito que he podido darle dando en esas tierras hermanas mi nombre" *(OC,* 1, 254). Por último, en otra carta a Sáenz Peña del 10 de abril de 1890, durante los últimos días del congreso, Martí le anuncia un futuro viaje suyo a Washington para hacerle "una súplica cauta y muy privada por mi patria" *(OC, 7, 398)*.

¿Qué conclusiones podemos sacar de estos documentos? En el fondo de la posición de Martí bullía un ardiente conflicto: la América por la que sentía devoción no hacía nada por asistir a la "hermana" tierra, Cuba, a la que él se sentía más atado. Es cierto que Martí puede haber considerado políticamente sabio preservar, y hasta exacerbar, sus alianzas latinoamericanistas. Pero en última instancia esa circunstancia delata una resignación que no elimina o siquiera reduce la gravedad moral del conflicto. De hecho, el conflicto, que Martí ciertamente no explicita pero que debe ser evidente para sus lectores, es lo que determina una actitud que no podemos menos que llamar *doble:* por una parte, su agresivo *latinoamericanismo;* por otro, la incidencia de comentarios que lo modifican, o que al menos demuestran sus reservas ante el fracaso de esa misma ideología.

Prueba de ello es lo que dice en su discurso sobre José María Heredia, el poeta romántico cubano, que pronuncia el mismo mes de noviembre de 1889 en lo que fue su primer encuentro con los delegados latinoamericanos al Congreso Panamericano. En medio del discurso, a medida que Martí va describiendo la vida de Heredia en México, decide aludir al anterior Congreso de Panamá de 1826, otrora convocado por Simón Bolívar, en el que se decidió, entre otras cosas, que el movimiento de independencia continental no podía llegar a la isla de Cuba: "Por su patria había querido él, y por la patria mayor de nuestra América, que las repúblicas libres echaran los brazos al único pueblo de la familia emancipada que besaba aún los pies del dueño enfurecido. ¡Vaya, decía, la América libre a rescatar la isla que la naturaleza le puso de pórtico y guarda! Ya ponía Bolívar el pie en el estribo cuando un hombre que hablaba inglés, y que venía del Norte con papeles de gobierno, le asió el caballo de la brida, y le habló así: 'Yo soy libre, tú eres libre; pero ese pueblo que ha de ser mío, porque lo quiero para mí, no puede ser libre'" *(OC,* t 5, 136).

No sería exagerado describir los trabajos de Martí durante este tiempo como el de un equilibrista en la cuerda floja entre el elogio a "nuestra América" y la resistencia al imperialismo norteamericano, por un lado, y por el otro una severa crítica del *latinoamericanismo*. He ahí la fuente de su conflicto. En este sentido, en el pasaje alegórico que acabamos de leer, Bolívar resulta no menos culpable de la falta de libertad del pueblo de Cuba que aquel "hombre que hablaba inglés", quien convence a Bolívar de que debe desistir de la idea de llevar la guerra de independencia a Cuba. En el pasaje, en cambio, la idea de que Bolívar en efecto se deja convencer sólo se deduce indirectamente, casi por implicación. La razón por la que Martí escoge esa vía indirecta es sencilla: desea mantener, como parte de su retórica, un delicado equilibrio entre eficiencia política y conciencia histórica, todo ello dedicado a beneficio de una posible, eventual independencia de Cuba con la ayuda de la igualmente potencial ayuda (pero a la postre inexistente) del resto de las naciones latinoamericanas.

Lo que en el discurso sobre Heredia se vuelve un coscorrón histórico a los delegados al Congreso Panamericano, quienes se mantuvieron extrañamente pasivos ante la cuestión de Cuba, en "Madre América," el otro gran discurso que Martí pronunciará apenas un mes después ante los mismos delegados, se convertirá en una reivindicación de la experiencia latinoamericana. En él Martí no sólo justifica a los delegados en su resistencia a las propuestas norteamericanas en dicho congreso; igualmente evidente será la estrategia retórica de Martí. Apelará, por ejemplo, a una simpatía continental hacia su propia condición de exiliado político en sus repetidas alusiones, sobre todo hacia el final, a la vida de los inmigrantes latinoamericanos en Estados Unidos. Y no obstante el desarrollo de esa simpatía, en septiembre de 1890, poco después de que terminó el Congreso y los delegados ya están de regreso en sus respectivos países, Martí describe al poeta cubano Francisco Sellén, en otro ensayo dedicado a su obra, como "Hijo de Cuba, a cuyos héroes novicios dio tiempo para errar la indiferencia de un continente sordo" *(OC,* t. 5, 187). La descripción sobre Sellén vale para el propio Martí.

El pasaje de la crónica del 3 de mayo de 1890 que cité al principio, donde Martí describe el brindis a Quintana y del cual él se sintió excluido, acaso encuentra su más pleno sentido (y quizá hasta su fuente) en otro pasaje significativo, no en la propia obra de Martí sino en nada menos que en *La democracia en América* de Alexis de Tocqueville. "Cuando los rangos son casi iguales en un pueblo –dice De Tocqueville en su clásico del liberalismo–, como todos los hombres piensan y sienten casi de la misma manera, cada uno puede juzgar instantáneamente el sentimiento de los demás; sólo tiene que mirarse a sí mismo y es suficiente. Así, no hay miseria que no se pueda entender en seguida, y un secreto instinto le dice su cantidad. No importa si se trata de amigos o enemigos; su imaginación en seguida lo pone en su lugar. Algo de la sensación personal se mezcla con su piedad y eso le hace sufrir cuando otro cuerpo se despedaza".[36] Precisamente porque Martí se ve a sí mismo como un paradójico "americano sin patria", suspendido en el limbo

---

[36] Traduzco de Alexis de Tocqueville, *Democracy in America,* G. Lawrence (trad.), J. P. Mayer (ed.), Nueva York, Harper Perennial, 1988, p. 564.

intermedio de la piedad de sus colegas y la profecía histórica, busca refugio en lo que él mismo llamó "Nuestra América". "Tendiendo la mano, sin que se nos canse de estar tendida a los mismos que nos niegan la suya", escribió con patetismo el 10 de octubre 1890, apenas cinco meses después de que terminase el congreso y de que todos los delegados se hubiesen regresado a casa. Todos, desde luego, excepto el propio Martí, quien ni siquiera pudo aspirar a ser delegado de su propio país.

No debe sorprendernos, por tanto, que hacia el final de su corta vida, en el documento conocido como la "Carta de los líderes cubanos", que suscribiesen Martí y Máximo Gómez cinco días antes del combate en Dos Ríos, dejase dicho que "A los pueblos de la América española no pedimos aquí ayuda, porque firmará su deshonra aquel que nos la niegue". Sin decirlo del todo, Martí afirma que no espera nada de la América española porque en efecto nada le había sido dado a Cuba durante los muchos años en que él se lo había pedido.[37]

III

En vano buscaremos a lo largo de los muchos tomos de investigación dedicados a la obra de José Martí para encontrar algún estudio sobre la ambivalencia que sintió hacia la llamada América Latina. La opinión que más predomina sobre este tema es más bien la contraria: la imagen de un Martí tan agresivamente latinoamericanista al extremo de que excluye todo otro matiz al respecto. Las monografías de Florencia Peñate y Graciella Chailloux, dedicadas a los respectivos temas del Primer Congreso Panamericano y el antiimperialismo económico de Martí, hacen caso omiso de los temas que he resaltado.[38] Su omisión de estos dos estudios acaso se pueda atribuir a sus obligados límites metodológicos. ¿Pero entonces qué decir de estudios que pretenden ser abarcadores, como es el caso de *Idea y cuestión nacional latinoamericanas* de Recaurte Soler, o incluso *José Martí et l'Amérique* del profesor Jean Lamore?[39]

---

[37] La afirmación de Martí es un remedo de otra que suscriben igualmente él y Gómez en la carta "Al Editor del New York Herald" (publicada en *Patria,* 3 de junio de 1895): "A los pueblos de la América española no pedimos aquí ayuda, porque firmará su deshonra aquel que nos la niegue". Cito de *Epistolario,* Luis García Pascual y Enrique H. Moreno Plá (eds.), La Habana, Editorial de Ciencias Sociales, 1993, V, pp. 213 y 225.

[38] Véase Florencia Peñate, *José Martí y la Primera Conferencia Panamericana,* La Habana, Editorial Arte y literatura, 1977, y Graciella Chailloux, *Estrategia y pensamiento económico de José Martí frente al imperialismo norteamericano,* La Habana, CESEU/Universidad de La Habana, 1989.

[39] Véase Recaurte Soler, *Idea y cuestión nacional latinoamericanas de la independencia a la emergencia del imperialismo,* México, Siglo XXI, 1980, y Jean Lamore, *José Martí et l'Amérique,* París, L'Harmattan, 1986, 1988, dos tomos.

El contenido de este último resulta particularmente escandaloso. Se trata de una tesis de grado de varios tomos presentada a la facultad de la Universidad de Toulouse y luego, en versión revisada, de un libro publicado en 1986 sobre el vasto tema del americanismo martiano. En ninguna de sus muchas páginas se sospecha siquiera la ambivalencia de Martí hacia sus contemporáneos latinoamericanos y, en cambio, sí se insiste en una imagen exaltada, e irreal, de José Martí como un ciego, si bien leal, fanático latinoamericanista. Podemos también preguntarnos hasta el cansancio sobre el porqué de tal ceguera crítica. Pero su explicación es igualmente sencilla: a lo largo de los años Martí, héroe y mártir de la independencia cubana, ha sido confiscado por la ideología del *latinoamericanismo* para así justificar pequeños intereses políticos y económicos regionales ante los sucesivos gobiernos estadunidenses. Esta confiscación ha ocurrido, trágica y desgraciadamente, de manera paralela a la que han realizado regímenes políticos cubanos, empezando con el primero de Estrada Palma hasta el actual, al apropiarse de la figura de Martí para autojustificarse.[40]

Es con este trasfondo que me parece se debería volver a leer un importante documento del canon martiano: el ensayo "Nuestra América". Si bien no cabe duda de que este ensayo es una extensión de la vasta defensa de Martí de la experiencia y modo de ser latinoamericanos, a diferencia de sus versiones norteamericanas o europeas, tampoco cabe duda de que condena la adulteración de esa experiencia *por parte de los propios latinoamericanos*. La pereza que esos latinoamericanos contemporáneos suyos demostraban hacia el conocimiento de su propia cultura —lo que el ensayo llama "el desdén inicuo e impolítico de la raza aborigen"— sólo era sobrepasado por el oportunismo político que el ensayo también critica. Desde el mismo título el ensayo está dirigido al lector latinoamericano, y sus muchas referencias a las culturas europea y norteamericana —lo que Martí llamó "la América europea"— nunca remplaza su verdadero objetivo crítico, que es América Latina y sus habitantes.

Es precisamente en "Nuestra América" donde Martí dio rienda suelta a su crítica del comportamiento que hoy se conoce con el nombre de "neocolonial", comportamiento que por lo demás debe haber sido evidente para él en las acciones de los delegados latinoamericanos al Congreso del año que precedió al ensayo. Dicho comportamiento debe haberle sido evidente, sobre todo en la falta de solidaridad con la causa de la independencia cubana, primerísimo

---

[40] Planteo esta lectura en mi trabajo "La Revolución cubana", recogido en este mismo libro.

tema en la agenda política de Martí. Por eso no sería exagerado decir que el ensayo "Nuestra América" es la respuesta al desdén de esos mismos delegados. A pesar de ello, sin embargo, es deplorable que la mayoría de lecturas que se han hecho del ensayo "Nuestra América" durante los últimos treinta años reduzcan su contenido a una respuesta tardía de Martí, no a esos delegados sino a las acciones del gobierno norteamericano dentro del Primer Congreso Panamericano. Lo cierto es que "Nuestra América" no es propiamente un ensayo político, que es como suele leerse, sino un tratado filosófico y moral. Encierra una crítica reformista de costumbres que predominaban entre latinoamericanos de la época, y en particular de su clase educada.[41]

Acaso el ejemplo más reciente de esa deplorable, distorsionante lectura, sea el de Cintio Vitier, en lo que se podría denominar el marco canónico de "Nuestra América": la presentación que hace este autor de la edición crítica del ensayo publicada en 1992 por Casa de las Américas y el Centro de Estudios Martianos. Ahí Vitier nos dice que los problemas que Martí discute "llegan hasta nuestros días, dramáticamente agravados en el contexto de lo que hoy llamamos Tercer Mundo, por la creciente codicia, prepotencia y agresividad del imperialismo norteamericano.[42] De no ser porque en su presentación Vitier no menciona nada más acerca del contenido de "Nuestra América", ni siquiera acerca de la alienación colonial a la que Martí le dedica por lo menos 90% de su texto, no sería difícil estar de acuerdo con esta descripción. En cambio, ignorar el aspecto más importante del ensayo –su crítica moral y reformista de la América Latina de fines de siglo– contribuye a reducirlo a un panfleto antiimperialista, lo que a la postre termina siendo cómplice de la estrategia del *latinoamericanismo* –es decir, una vuelta de tuerca más del propio imperialismo–. Por eso no es exagerado ver "Nuestra América" como la defensa de Martí de una identidad cultural latinoamericana que resistían los propios delegados al Congreso Panamericano, representantes de países pretendidamente libres; mientras que el propio Martí, "un americano sin patria", era el que estaba dispuesto a abrazar esa identidad.

---

[41] Sobre este tema es ilustrador el pequeño ensayo "Pueblos nuevos", donde Martí dice: "Por nuestra América abundan, de pura flojera de carácter, de puro carácter inepto y segundón, de pura impaciencia y carácter imitativo, los iberófilos, los galófilos, los yankófilos, los que no conocen el placer profundo de amasar la grandeza con las propias manos, los que no tienen fe en la semilla del país, y se mandan a hacer el alma fuera, como los trajes y los zapatos"; en *Escritos desconocidos de José Martí,* Carlos Ripoll (ed.), Nueva York, Eliseo Torres, 1975, p. 211.
[42] Véase Cintio Vitier, "Presentación", en *Nuestra América, Edición Crítica,* La Habana, Centro de Estudios Martianos/Casa de las Américas, 1992, p. 12.

Mi crítica a la versión canónica del contenido del ensayo "Nuestra América" se afirma a partir de otro documento de la época, el conocido prefacio a los *Versos sencillos,* donde Martí revela que el Congreso Panamericano afectó su salud: "Y la agonía en que viví, hasta que pude confirmar la cautela y el brío de nuestros pueblos; y el horror y vergüenza en que me tuvo el temor legítimo de que pudiéramos los cubanos, con manos parricidas, ayudar al plan insensato de apartar a Cuba, para bien único de su amo disimulado, de la patria que la reclama y en ella se completa" *(OC,* t. 16, 142). El pasaje del prólogo al poemario martiano también se suele leer exclusivamente según la lógica *latinoamericanista:* la alusión al "amo disimulado", los Estados Unidos, contra "la cautela y el brío de nuestros pueblos". Pero nótese también que, según Martí, la culpa del plan que él condena no sólo la tienen los estadunidenses sino los propios latinoamericanos, incluyendo algunos cubanos, compatriotas suyos, cuyos proyectos anexionistas ("manos parricidas") con el tiempo comprobaron ser mucho más duraderos que los que propugnaban los propios funcionarios del gobierno de Estados Unidos, como el secretario de Estado James Blaine. Como dijera Martí en "Al extranjero", uno de los poemas de su hipotético libro *Flores del destierro:* "Lo que escribo,/ Por compasión lo borro, porque el crimen,/ el crimen es al fin de mis hermanos" *(OC,* t. 16, p. 255).

IV

Es un lugar común del canon crítico que Martí sentía una actitud ambivalente hacia Estados Unidos: admiraba sus instituciones democráticas y la manera en que su sociedad acogió la modernidad; pero detestaba sus prácticas imperiales, y en particular su condescendencia hacia América Latina. "Amamos la tierra de Lincoln como tememos la patria de Cutting", escribió en "Vindicación de Cuba". Philip Foner ha descrito esta percepción, con justicia, como "las dos caras de los Estados Unidos". Deberíamos estar igualmente conscientes, sin embargo, que así como Martí vio dos caras hacia el norte también vio dos caras hacia el sur. Amó a Nuestra América, pero también se compadecía ante ella porque no la creía perfecta; antes bien, la veía plagada de lastres morales y políticos. Su devoción estaba atravesada por una conciencia trágica de los mezquinos intereses que impedían que esas "hermanas repúblicas" actuaran como un solo bloque, impedimento que en última instancia él sabía ya estaba contribuyendo a sellar el destino histórico de Cuba. La representación que Martí hace de este dilema surge de una perspectiva exterior −es decir, la escribe desde la posición de una extrema marginalidad y aislamiento. La figura que encarna a esta representación es la del huérfano, y es precisamente por eso que Martí imagina a América Latina como madre −"Madre América" sí, pero madre *ausente*−. Si Martí se sentía y estaba de hecho aislado y solo, su soledad no se debía a su alienación de un poder imperial como el de Estados Unidos, sino debido a la distancia con que le trataba, en contra de sus propios deseos, el propio pueblo para el que él escribía y trabajaba: los otros latinoamericanos, sin excluir desde luego a sus compatriotas. Martí los veía a todos como semejante, no como extraño; no como Otro, sino como uno más entre ellos.

Pero el hecho de que los contemporáneos latinoamericanos de José Martí nunca movieran un dedo para reconocer su derecho político a su país −como de hecho ocurre hoy cuando muchos de los descendientes de esos contemporáneos suyos le niegan ese mismo derecho a cubanos exiliados, descendentes de Martí, a una tierra que nunca ha dejado de ser suya− no contribuye a hacer esta recurrente situación menos justificada, menos racional, o más deseable. Sólo la hace mucho más triste, más trágica, más patética.

(1995)

MEDITACIÓN EN NUREMBERG

> ¿Hasta cuándo aguardar por un milenio que vive entre nosotros, escondido bajo la incomprensible soledad del presente?
> LOURDES RENSOLI, *Noche de abril*

LOS ORGANIZADORES DE ESTE SIMPOSIO internacional sobre José Martí han pedido que reflexionemos sobre la vida y obra del genial cubano a cien años de su muerte. Ciertamente la perspectiva resulta propicia no sólo por el siglo que ahora se cumple, sino por los acontecimientos que rodean a esta efemérides. Me refiero al colapso, hace pocos años, del llamado Socialismo Real y la desaparición de la Unión Soviética y, con ella, el de la Guerra Fría; y dentro de otros pocos al fin del siglo y el comienzo de un nuevo milenio. La imantación histórica de un lugar como Nuremberg −sitio tanto de odiosos mítines como de históricos juicios, para no hablar de una Alemania reunificada− no podría ser más ideal para una meditación sobre lo que bien podría llamarse el estado de cuentas con José Martí en este momento clave de nuestra común historia.

Como seguramente reconocerán, el título de mi trabajo coincide con otro conocido de Gerardo Castellanos, pero con él no pretendo volver a visitar esa crónica pormenorizada de los últimos días en la vida de Martí. Sí he querido, con su resonancia, aludir a otra cosa: al fin de cierta lectura de la obra de José Martí y al comienzo de otra que los nuevos tiempos parecen prometer pero cuyo perfil aún no vislumbramos, y que quizá ninguno de nosotros alcance a comprobar del todo. Si "José Martí" en este título significa más una institución creada por sus lectores o usuarios de su pensamiento y obra que una persona real, es porque en la coyuntura histórica que marca nuestra reunión esta perspectiva me parece más urgente. Al mismo tiempo, con el mismo título he querido aludir también a la propia noción profética o escatológica de "últimos días" –*latter days, derniers jours, letzten Tagen*– que permea todo el pensamiento de Martí y que su obra, a su vez, también termina cuestionando y negando. Mi título, por tanto, es un compuesto que apunta, a un tiempo, al final de la vida de Martí, al final de los tiempos, y al final de cierta lectura. Qué nos espera después de esos tres finales es lo que trato de indagar en esta breve meditación.

¿Cómo articular una lectura de Martí en éste, nuestro momento? Esa pregunta se hace necesaria a consecuencia no sólo de las circunstancias históricas que acabo de mencionar, y sobre las que no es necesario abundar, sino del agotamiento de cierta lectura utopista y redentoria del pensamiento martiano que comenzó con la tercera década del siglo y se agudizó a partir de su segunda mitad. Su agotamiento se debe, en primer lugar, a que han cambiado algunas, aunque ciertamente no todas, circunstancias históricas que en un momento hicieron necesaria esa lectura. Con el colapso de la idea del cambio social a través de la solución violenta, ya sea por medio de la revolución de izquierda o el golpe de derecha, se ha vuelto relativamente menos importante recordarnos el antimperialismo de Martí, al que la lectura redentora está aliado, que otros aspectos de su obra, como por ejemplo su reformismo liberal.

Pero aun cuando habría que conceder la enorme importancia histórica que tuvo ese filtro ideológico durante buena parte de nuestro siglo, no me parece tan importante, en última instancia, como sí lo ha sido su efecto deletéreo en la crítica e investigación de la obra de Martí. Con demasiada frecuencia el canon crítico, en vez de concebir la suya como una tarea independiente, dejó subordinar su estudio de la obra a posiciones políticas, de diverso signo ideológico, en torno al actual gobierno de Cuba. En vez de concebir su tarea como una lectura historicista independiente, y que trascienda las cambiantes necesidades de justificación política de una generación, buena parte de la lectura de Martí, con raras excepciones, se puede reducir a versiones críticas de consignas sectarias.

Es cierto que podemos atribuir ese efecto a circunstancias específicas; pero lo es más que existe otro filtro ideológico –el culto nacional y continental a José Martí– que sobredetermina toda lectura. Sólo hoy, con la distancia que nos ofrecen tanto un siglo de la desaparición de Martí como la nueva coyuntura histórica por la que atravesamos, es cuando quizá podemos empezar a percatarnos de los efectos que ese culto ha tenido y de la necesidad de establecer la saludable distancia crítica hacia nuestro objeto de estudio. Los dos efectos más palpables de ese culto han sido, a mi juicio, los de distracción y censura. Bien podremos, en este sentido, volver a repetir el manido repertorio temático martiano –su vocación americanista, su antimperialismo y su devoción por Cuba; como lectores, podremos también felicitarnos mutuamente, y hasta sentirnos redimidos, después de haber repetido todos esos lugares comunes. Todo lo cual es, me apresuro a subrayarlo, moralmente admirable. Dudo mucho, sin embargo, que a pesar de la exaltación moral que podamos sentir al repetirlos, lleguemos a realizar lo que hoy parece más útil y necesario– como lo es el estudio de su evolución intelectual, como escritor y como político; su lugar dentro del tejido de relaciones que fueron cada uno de los contextos en que vivió, su controvertida poética (que muchas veces roza aspectos francamente nihilistas) y hasta su biografía íntima. Conocemos, es cierto, los más íntimos detalles de la vida de José Martí, hemos recogido hasta el último papel escrito por él o sobre él, y sin embargo no hemos sabido, o no hemos podido, hilar todos estos detalles en un solo conjunto. Es escandaloso admitir que a cien años de su muerte, y a contrapelo del desmesurado culto a su persona, todavía carezcamos de una biografía crítica sobre Martí y su época, al estilo y al nivel del proyecto de Sartre sobre Flaubert o al de Octavio Paz sobre sor Juana. No es una exageración decir, por eso, que la persona y obra de Martí han constituido, ni más ni menos, un "texto de fundación". Y como texto de fundación, ha formado parte del dogma de una comunidad fundamentalista que a su vez declara como políticamente subversivo todo intento hermenéutico en su torno.

Casi como para rellenar el vacío que ha dejado lo que antes llamé el agotamiento de la lectura utópica y redentoria de Martí, últimamente ha surgido en Cuba un último avatar: una lectura de Martí a partir de lo que se ha dado por llamar "el desafío de los noventa", formulación ya de por sí sintomática del problema interpretativo que acabo de plantear. Brevemente, este desafío asumiría que como América Latina no pertenece a la lógica cultural de la posmodernidad –o, dicho de otro modo, que la posmodernidad ha sido impuesta en nuestro continente, y no elaborada desde ella–, figuras como la de Martí significan una excepción resistente a los nuevos tiempos. Lejos del conocido relativismo histórico de la llamada posmodernidad, del cuestionamiento de los grandes relatos con sus múltiples retóricas redentorias, o del colapso de la idea del progreso, toda auténtica modernidad latinoamericana se limitaría, según este argumento, a la fundación de la utopía, lo cual haría de todo el pensamiento posmoderno una moda occidental más cuya penetración debe ser resistida.

No seré yo, ciertamente, quien haga aquí la apología del pensamiento posmoderno, o de sus posibles aplicaciones, particularmente en el complejísimo caso del texto de Martí. Hacerlo ahora y aquí equivaldría, para decirlo en buen cubano, a "meter La Habana en Guanabacoa". Pero no podría tampoco dejar de señalar la pobreza de este planteamiento, que a mi juicio, posee un perfil netamente reaccionario. El idioma español –para tomar un ejemplo que podrá parecer extremo pero no deja de ser elocuente– nunca fue pensado *desde* o siquiera *para* América Latina. Sin embargo, una vasta población latinoamericana habla ese idioma sin que por ello traicionemos nuestra diferencia cultural. No procede, tampoco, que América Latina constituya la excepción a la lógica cultural de la llamada condición posmoderna, sobre todo si esa posmodernidad se concibe como un mundo sin fronteras ni muros donde tiempo y espacio se anulan para dar paso a las redes de comunicación. No hay que repetir que argumentos parecidos fueron formulados, en su momento, sobre la Modernidad a secas, sin que nunca se llegara a eliminar del todo la pertinencia –así fuera una pertinencia *polémica*– de esta categoría histórica.

Por lo demás, resulta evidente la selectividad en torno a la problemática que se pretende denunciar. Nada nos dice este argumento de la vocación pluralista martiana –tan bien estudiada por Paul Estrade– o de cómo su defensa de la heterogeneidad cultural del hemisferio americano, para no hablar de las heterogéneas posiciones en torno al problema político de Cuba, de hecho anticipa la proliferación de pequeñas narrativas (locales, culturales, étnicas, religiosas, etc.) que el momento posmoderno parece propiciar. En el intento por recortar la pertinencia martiana en las discusiones más actuales, esa reacción olvida la conocida defensa martiana de las llamadas "libertades formales", y en particular la del multipartidismo, el voto secreto, o aun la libertad de prensa. Es semejante amnesia lo que ha hecho que un conocido escritor cubano llegue al patético extremo de confundir la militancia de la prensa política, con la que Martí se identificaba en obras suyas como el periódico *Patria,* nada menos que con una defensa de la censura, es decir el repudio a la libertad de prensa y, de ahí, a la libre expresión de ideas.[43] Y sin embargo, no hacemos más que repasar algunas de las crónicas más conocidas de Martí sobre la sociedad moderna en que le tocó vivir para comprobar cómo las innegables condenas suyas de los abusos de las llamadas "libertades formales" —como el voto secreto— suelen ir acompañadas de la apasionada defensa de esas mismas libertades. Dice Martí, por ejemplo, en una crónica de 1886 sobre las elecciones municipales de Nueva York, que publica en *El partido liberal* de México y después recogió la conocida recopilación de Ernesto Mejía Sánchez: "Pues bien: después de verlo surgir, temblar, dormir, comerciarse, equivocarse, violarse, venderse, corromperse; después de ver acarnerados los votantes, sitiadas las casillas, volcadas las urnas, falsificados los recuentos, hurtados los más altos oficios, es preciso proclamar, porque es verdad, que el voto es un arma aterradora, incontrastable y solemne, que el voto es el instrumento más eficaz y piadoso que han imaginado para su conducción los hombres".[44]

No nos equivocaríamos en ver en Martí, por tanto, un pensador de lo que hoy damos por llamar la Diferencia —el componente central de la Modernidad y el centro móvil de su obra—. Y por eso las implicaciones de su pensamiento pluralista, e incluso la forma o formas en que ese pensamiento se llegó a desarrollar, auguran esa nueva lectura a que antes aludí. Veríamos, en este sentido, que más allá del repertorio temático de la redención —desarrollo, progreso, emancipación, finalidad teleológica—, nos aguarda otro Martí —el de la convivencia y el diálogo, el innovador práctico de la república cordial, el pragmático pensador político *frente a,* y no sólo *en contra de,* los intereses de los grandes imperios.

Reconozco, sin embargo, que lograrlo supondría una tarea aún más difícil, como lo es abandonar hábitos de lectura condicionados por las exigencias de otras épocas —ya sea la construcción del imaginario nacional en la joven República, el antimperialismo justificatorio, o las defensas psicológicas y morales del destierro—. Uno de ellos sería, justamente, la perniciosa tendencia a sacralizar el texto de Martí, lo que con frecuencia desemboca en

---

[43] Véase Cintio Vitier, "Martí y el desafío de los noventa", *La Gaceta de Cuba,* septiembre-octubre, 1992, pp. 19-21.
[44] *Nuevas cartas de Nueva York,* Ernesto Mejía Sánchez (ed.), México, Siglo XXI, 1985.

una práctica fetichista y momificante de su obra, para no hablar de una actitud crítica francamente supersticiosa. Antes bien, una lectura deliberadamente desacralizadora permitiría desmontar los presupuestos intelectuales de Martí, describir sus límites –inevitables en todo escritor– y analizar, entre otras cosas, el trasfondo personal de muchos de sus argumentos, incluyendo aquellos que, en apariencia, se prestarían menos a una subjetividad, como son sus ideas políticas.

Esa desacralización nos llevaría, a su vez, a abandonar la postulación de un centro eficaz en el corpus de su obra y a cambio valorar positivamente el carácter heterogéneo, fragmentado y a veces hasta contradictorio de su obra. No sólo es Martí heterogéneo en cuanto a los géneros y discursos que practica; también porque en su obra no existe propiamente el Libro como concepto de unidad, y a cambio sí tenemos el de Texto como ente de relación. Si bien no hay que recordar a los estudiosos aquí presentes la dificultad metodológica que procede de esa heterogeneidad, puesto que nos obliga siempre a realizar una dificultosa reconstrucción, sí tenemos que destacar cómo la fragmentación de la obra dramatiza a cada paso su naturaleza abierta y plural.

No quiero extenderme en lo que ya empieza a sonar como un pedestre catálogo de *desiderata* académica. Mi propósito ha sido otro: reflexionar sobre lo que bien podríamos llamar el futuro de Martí. Sólo que semejante reflexión nos conduce, a su vez, a la búsqueda, o más bien al descubrimiento, del presente. Un presente que no sea ni ideológico ni escatológico, libre del doble dominio de la dominación y la exclusión, y en el que la máxima pluralista de "con todos y para el bien de todos", sea una premisa, y no sólo una consigna.

(1993)

Cuba/España

EL TRONCO Y LA RAMA

Franco, fiero, fiel, sin saña.

Acaso no debería sorprendernos que la literatura cubana sea una rama de la cultura española. No hago más que afirmar esto que también debo añadir: aunque naturalmente la literatura cubana no se reduce a eso —es una rama que ya, después de medio milenio de historia, se ha convertido en otro árbol—. La literatura cubana es una de las ramas de un árbol que se llama literatura hispanoamericana y que, a su vez, forma parte de un bosque que se llama la literatura hispánica, la literatura escrita en idioma español. Por eso hablar hoy, como se me ha pedido, de la influencia de la cultura hispánica sobre la literatura cubana resulta, hasta cierto punto, redundante. También, sin embargo, cautivante: un tema que, por demasiado sabido, no se ha analizado con suficiente detenimiento. El bosque no ha dejado ver los árboles... Si en efecto durante casi cuatrocientos años la cultura hispánica y la literatura cubana fueron una y la misma cosa, entonces ¿qué fue exactamente lo que la cultura española legó a la literatura de la última de sus colonias?

No por evidente resulta ociosa esta pregunta. Su interés radica justamente en que indaga lo contrario de lo que se suele investigar: ¿dónde termina la literatura española y comienza la literatura nacional, llámese ésta mexicana, argentina o cubana? Es decir, acostumbramos preguntar qué constituye lo específicamente cubano en literatura en vez de qué hay de español en la literatura cubana. Nos interesan menos las continuidades que las rupturas y diferencias, más la identidad de los nuevos pueblos y menos lo que ellos tienen en común con España o entre sí.

Es clara la razón por la que se ha preferido ese interés. Desde comienzos del siglo XIX, con la invención en todo Occidente de las peculiaridades nacionales, los países hispanoamericanos, recién iniciadas las guerras de independencia, usaron la literatura como un instrumento para afirmar su diferencia y especificidad. La literatura se convirtió en una manera de hacer patria, si bien la patria que esa literatura hizo y justificó muchas veces no pasó de ser el mediocre proyecto político de élites locales queriendo defender sus mezquinos intereses. Así, la literatura nacional, de espaldas a España, fue llamada a justificar una diferencia harto problemática, puesto que ni por el idioma, ni por los estilos, ni siquiera por los temas, podía reclamar tal diferencia, al menos en los términos absolutos en que se vienen haciendo hasta hoy. La llamada "independencia literaria" de América Latina resultó tan falsa, o al menos tan equívoca, como la propia llamada "independencia política" del continente. Y esto, a contrapelo de que sí existió y existe, desde luego, una literatura hispanoamericana. Como apunta Octavio Paz: "La unidad de la desunida Hispanoamérica está en su literatura".

Sin embargo, no existe ni nunca ha existido, propiamente, un lenguaje literario hispanoamericano distinto al de los españoles. Tampoco, por cierto (y a pesar de lo que dice la nota preliminar de *Tres tristes tigres*) un "idioma cubano". Existe, sí, un idioma español, que llegó formado a América hace quinientos años y con el que se crearon literaturas trasplantadas que, a su vez y con el tiempo, cambiaron el idioma español. Tampoco existen, estrictamente, literaturas nacionales, tanto como comunidades de literaturas (autores, textos y géneros), llámense éstas literatura europea, asiática o, en nuestro caso, hispanoamericana. Por eso siempre me ha parecido que hablar, como ha hecho Cintio Vitier, de "lo cubano en la poesía" equivale a construir una singular aberración. No dudo que exista una poesía escrita por autores cubanos, pero todas aquellas peculiaridades que presuntamente constituyen un llamado "carácter cubano" en y de la literatura se reducen a temas o posturas existenciales que, si bien se hallan expresados dentro del país, en realidad son comunes a todo el mundo. El nacionalismo literario (en esto, por cierto, no muy distinto al político) es una defensa psicológica que servirá para consolarnos de nuestra fragilidad como nación pero termina condenándonos al aislamiento cultural y las fantasías históricas.

No es posible, por tanto, siquiera pensar en la literatura cubana sin la influencia y presencia de la cultura española. José María Heredia, Juan Clemente Zenea, "Plácido", "la Avellaneda", José Martí, Agustín Acosta, Nicolás Guillén, Jorge Mañach, José María Chacón y Calvo, Alejo Carpentier, Lydia Cabrera, Eugenio Florit, José Lezama Lima, Heberto Padilla, Reinaldo Arenas, María Elena Cruz Varela, y hasta ese, hoy súbdito británico, que se llama Guillermo Cabrera Infante, la obra de ninguno de ellos sería concebible sin el idioma español que ellos heredaron y transformaron para siempre. Pero no me refiero únicamente al legado del idioma, que ya mencioné; tampoco, y mucho menos, a aquellas influencias epidérmicas o circunstanciales que ilustran, por decirlo así, el contacto de la rama con el tronco: la extensa vida de "la Avellaneda" en Madrid, por ejemplo, los padres españoles de José Martí, o el azaroso nacimiento de Eugenio Florit, o Lino Novás Calvo en la Península, para no hablar de tantos escritores cubanos que vivieron desterrados allá, como Gastón Baquero. Si algo prueba todo eso es, una vez más, la virtual coincidencia de la literatura de Cuba con la realidad de España. No son, por cierto, idénticos, aunque sí muy próximos.

No obstante todas esas circunstancias, lo que une a todos esos escritores es otro importante aspecto. Me refiero a su espíritu crítico y autocrítico. No suele repararse en ese espíritu crítico, toda vez que se intenta hacer un balance de préstamos y ganancias tal y como pide un aniversario como éste del Quinto Centenario del viaje de Colón a América. La obra de todos estos autores, debemos subrayar, constituye un diálogo con la cultura española que comenzó hace quinientos años y aún no termina. A su vez, lo que impulsa ese diálogo, el motor que lo anima, es el espíritu *crítico* de la propia cultura española. Si de España heredamos un idioma con el que entablamos un diálogo, el espíritu de ese diálogo es la crítica que incluye la propia razón de ser.

Reconozco que esta afirmación resulta discutible y hoy tiene pocos admiradores –que no sean españoles, digo–. El propio Octavio Paz ha insistido en el carácter excéntrico de la literatura hispánica en relación con Occidente, a consecuencia precisamente de que España y sus colonias carecieron de una verdadera tradición crítica durante la Ilustración, el siglo XVIII. Como no tuvimos un Kant o un David Hume –y sin embargo, sí tuvimos un Torquemada y un Felipe II (la Contrarreforma)– la modernidad hispánica y por tanto su característico espíritu crítico resultan falsos, o al menos superficiales y equívocos en relación con los de otros países europeos, como Francia, Alemania e Inglaterra. Es difícil no estar de acuerdo con Paz, si bien yo optaría por una respuesta menos tajante por la que veríamos que, a diferencia del resto de Europa, España desarrolló no el mismo pero sí su propio espíritu crítico a partir del humanismo cristiano, o católico, que la diferenció de sus vecinos. Dos casos lo prueban.

Uno es el célebre debate salmantino entre Sepúlveda y Las Casas en torno a la moralidad de la Conquista y el sometimiento de los indios. Se trata de un evento absolutamente crucial que, a mi juicio al menos, rebasa la discusión teológica y forma parte de un legado crítico que no tiene equivalente en el resto de Europa: la crítica de la empresa imperial desde dentro del Imperio. De la importancia del otro caso nos ha recordado, con justicia, el novelista mexicano Carlos Fuentes: me refiero al *Quijote* de Cervantes. ¿Podría un país, una cultura, que desconoce la crítica producir semejante obra, origen de la novela, género crítico por excelencia? En resumen, no es tanto que la cultura hispánica desconozca la crítica cuanto que en ella es más aguda la lucha internecina contra otro aspecto de sí misma que *no* lo es: ese "castellano viejo", al decir de Larra, que vive obcecado ante la realidad de los otros y que representa lo peor del español.

En cambio, lo mejor de la literatura cubana, y por extensión de la hispanoamericana, surge precisamente de esa instancia crítica y autocrítica, de ese debate entre la rama y el tronco dentro del árbol que constituye a los dos. Mares de tinta han regado ejércitos enteros de historiadores de literatura afanándose por demostrar la ociosa tesis de que en la poesía cubana se escuchan ecos de la tradición española. Y sin embargo ninguno de esos mismos historiadores ha reparado en la paradoja de que esos ecos se escuchan con mucha más claridad precisamente cuando se agudiza la nota crítica . De ahí los conocidos versos del "Himno del desterrado" de José María Heredia:

> ¡Cuba! al fin te verás libre y pura
> como el aire de luz que respiras,
> cual las ondas hirvientes que miras
> de tus playas la arena besar.
> Aunque viles traidores le sirvan,
> del tirano es inútil la saña,
> que no en vano entre Cuba y España
> tiende inmenso sus olas el mar.

Nunca antes, y pocas veces después, la poesía cubana había captado con tanta concreción el repudio criollo hacia el español. Pero al mismo tiempo, pocas veces como ésta la poesía cubana había explotado con tanta pericia los recursos del idioma y, por consiguiente, había logrado sonar tan "español", aun cuando semejante efecto haya estado lejos de la intención de Heredia. Nada más español que denunciar a España. De ahí que los "viles traidores" a los que se refiere Heredia no sean, por cierto, españoles sino cubanos, compatriotas suyos que "sirven" al tirano y que el poeta, ya desterrado, denuncia desde su precario espacio de libertad. Tendrían que pasar otros treinta años para que se oyese la misma autocrítica nacional, ahora más desengañada que furibunda, en el igualmente célebre *En días de esclavitud* de Juan Clemente Zenea:

> Tengo el alma, ¡Señor!, adolorida
> por unas penas que no tienen nombres,
> y no me culpes, no, porque te pida
> otra patria, otro siglo y otros hombres;
>
> que aquella edad con que soñé no asoma;
> con mi país de promisión no acierto;
> mis tiempos son los de la antigua Roma,
> y mis hermanos con la Grecia han muerto.

Los dos ejemplos de Heredia y Zenea que he citado me sirven para apuntar una paradoja –es decir, que aun en aquellos momentos en que el poeta pretende subrayar su diferencia nacional cubana (ser más diferente y por tanto menos español)– termina pareciéndose más al español y sonando como él. La diferencia nacional basada en una crítica temática bien puede expresar ese tema, pero no logra romper con aquella realidad más profunda y determinante que es el idioma y la expresión. Antes bien, la crítica que hacen Heredia y Zenea a sus propios compatriotas resulta mucho más aguda, al extremo de que en Zenea el desengaño con el fracaso que conllevan los "días de esclavitud" le hace rechazar su contorno y evadirse hacia la Antigüedad. Prefiero citar estos ejemplos a sabiendas de que, si bien elocuentes, no son los únicos ni los más dramáticos. Baste recordar, para ello, los *Versos sencillos* de José Martí –sin los que la identidad nacional cubana hoy nos parece prácticamente inconcebible– o algunos de los más célebres poemas (los buenos, los de los años treinta) de Nicolás Guillén. Tanto en uno como en otro se construye una radical diferencia nacional, pero sólo a partir de un regreso a la más tradicional poesía española –coplas en el caso del libro martiano, la poesía de los cancioneros (donde por cierto abundan hablantes negros) en el de Guillén.

Es casi un lugar común entre nosotros afirmar la intuición de que, como fuimos la última colonia española, somos de entre todos los hispanoamericanos los que más nos parecemos a nuestros antepasados. Esa intuición se extiende no sólo a juicios de nuestro carácter, tanto personal como político (la proverbial comparación entre los caudillos Franco y Castro, por ejemplo), sino hasta zonas culturales menos transitadas, como es el caso de la cocina. Ya sea para lamentarnos o para enorgullecernos, aceptamos nuestra herencia española como un hecho en el que la ilusión nacionalista no interfiere. Por eso siempre me ha chocado la agresiva diferencia nacional que hemos expresado en nuestra vida pública –empezando con la gesta histórica, pasando por la contienda política y culminando con la historia literaria– que de alguna manera contradice nuestras creencias, mucho más arraigadas, en la continuidad. La verdad es que somos mucho más españoles de lo que pudiéramos o quisiéramos ser. Y máxime cuando, como sucede hoy, al cabo de quinientos años de vicisitudes históricas, España ha decidido volver a desembarcar en Cuba con la misma rapacidad explotadora, la misma condescendencia paternalista, y la misma complicidad con el poder ciego que mostrara "en días de esclavitud". Criticar y denunciar esa política con la vehemencia que se merece ciertamente será una manera más de defender a Cuba. Pero también significa una manera más digna de ser español.

(1992)

98: NARCISISMO Y MELANCOLÍA

A la memoria de Gastón Baquero, poeta de Cuba y amante de España

Nadie coloniza con inocencia, ni tampoco impunemente.
AIMÉ CÉSAIRE

¿QUÉ NOS DICE UNA LECTURA poscolonial de la Generación del 98? La pregunta se impone no sólo por el auge de que hoy disfruta el poscolonialismo como postura crítica, sino por la sorprendente ausencia de semejante lectura en la recepción de la Generación del 98, incluso a un siglo del llamado *Desastre*. Ya sabemos, a estas alturas, que una lectura poscolonial involucra el análisis de la producción de textos o culturas periféricas bajo la égida de una Metrópoli dominante. Pero igualmente incluye, a mi entender, tanto el comportamiento cultural de la propia Metrópoli, la manera en que codifica su conocimiento de la Periferia, como el de esa cultura subalterna. Dentro de esa perspectiva poscolonial que enmarca mi lectura quiero situar una paradoja o, al menos, una inquietud.

Siempre me ha llamado la atención que en los textos canónicos de la Generación del 98 figure tan poco el tema de Cuba y, por extensión, el del colonialismo español. Dicho con punta de paradoja: la literatura del Desastre dice poco o nada sobre las razones de ese Desastre. Digo esto porque, siendo cubano, mi búsqueda del tema no siempre ha sido fructífera, y porque su relativa ausencia frustra una mínima normatividad histórica. Llamamos *Desastre* precisamente a la pérdida que sufre España de las colonias en la Guerra Hispano-Cubano-Americana a fines del siglo pasado; de todas esas colonias, Cuba era la más rica e importante y, sin duda, la que más sangre y dinero costó a la Restauración, durante la guerra separatista –o de independencia, según se vea–. Una conocida frase popular, "Más se perdió en Cuba", resume hiperbólicamente el dolor colectivo de esa pérdida.

La relativa ausencia del tema ocurre, por cierto, tanto en los textos de los escritores de la Generación como en el canon crítico que sobre ellos se ha escrito. Ábrase cualquiera de las discusiones canónicas de la Generación del 98 –Fox, Granjel, Laín Entralgo, López Morillas, Mainer, Shaw o Ramsden– y se comprobará que el tema apenas se roza, y surge de manera ambivalente –dicho con todo el peso semántico, sobre todo el psicoanalítico, que implica el concepto de ambivalencia–. No digo, por tanto, que el tema de Cuba no aparezca; al contrario, aparece por todas partes. Pero su aparición casi siempre está atravesada, tanto en uno como en otro canon, por una dialéctica de ausencia y presencia –algo así como quien no quiere la cosa.

Es precisamente en esa ambivalencia que quisiera centrarme, con el propósito de interrogar la vigencia histórica del Desastre en la vida común de nuestras dos naciones. Mi hipótesis es que, de cierta insólita manera, el Desastre aún no ha terminado. Sus problemas sobreviven al trauma histórico que lo causó. Las razones de esa supervivencia tienen que ver, en gran parte, con lo que pudiéramos llamar una crisis de la memoria histórica, cuyo origen fue no sólo la guerra de Cuba sino la índole misma del Estado español, la Restauración, que libró esa guerra. No cabe dentro de mi horizonte moral rechazar de plano el canon del 98. Pero sí quisiera volver a situar esos textos, tratando de indagar en su común naturaleza profunda. Por otra parte, resultaría insuficiente llevar a cabo esta indagación con anteojeras exclusivamente historicistas; mi perspectiva es francamente metahistórica y se sitúa a medio camino entre la filosofía de la historia y el psicoanálisis. Mi reflexión, más que la de un hispanista, es la de un intelectual preocupado por nuestra historia común. Y por eso, adonde deseo y debo llegar, al final, es a una crítica de la repetición inconsciente y dañina de aquellos históricos lastres que siguen afectando la vida de la antigua colonia española y de sus habitantes. A través de esa crítica, quisiera contribuir a la salud moral de una España que me preocupa tanto como la de mi propio país.

Abulia española

Empiezo con la siguiente descripción que hizo Pío Baroja del momento culminante del año del Desastre: "Un domingo se supo en Madrid que la guerra con los Estados Unidos se había terminado, y que Cuba y Filipinas dejaban de ser españolas. Ahora se conocía muy bien la importancia de estas islas y su riqueza; pero a pesar de ello, la gente se mostraba tranquila y resignada. No hubo protestas ni agitación. La gente acudió a los toros y al teatro como si no pasara nada. Fue por entonces cuando dijo Silvela que España no tenía pulso."[1]

La descripción que hace Baroja de una España indiferente o abúlica ante las noticias del Desastre resume, como sabemos, la actitud colectiva que cundía en la época, o al menos en ese momento crítico. A la exaltación patriotera y triunfalista que se había generalizado en toda la Península durante los anteriores tres años de la guerra de Cuba, le sigue, una vez consumada la derrota ante Estados Unidos, una total indiferencia pesimista. Está claro que para el Baroja de esta cita no era tanto el Desastre en sí lo que le indignaba como la falta de reacción popular al fenómeno político. Pero basta con rastrear la reacción de otros intelectuales de la época para encontrar que la observación de Baroja no fue la única. Sobre un discurso de la reina Regente en el Senado, al que la condesa de Pardo Bazán asiste por esos días, escribirá ésta, por ejemplo, lo siguiente: "Y nadie sentía lo crítico de la hora; nadie temblaba —cuando todos debieran temblar porque aquellos periodos endebles y llenos de eufemismos señalaban el momento más negro de nuestra historia, la agonía de España–". Unamuno, por su parte, en típica actitud contemplativa, fue más enfático aún en su actitud defensiva, no sólo de los intelectuales, sino de él mismo y del pueblo en general ante las mismas noticias: "El mismo día de la escuadra de Cervera, hallábame yo acordonado desde hacía días para no recibir diarios en una dehesa en cuyas eras trillaban en paz los labriegos su centeno, ignorantes de cuanto a la guerra se refiere. Y estoy seguro de que eran en toda España muchísimos más los que trabajaban en silencio preocupados tan sólo del pan de cada día, que los inquietos por los públicos sucesos". Ramiro de Maeztu, en su *Autobiografía*, resumía todo esto en una sola,

---

[1] En Pío Baroja, "La decadencia de los pueblos", *Ensayos, Obras completas,* VIII, p. 577, según citan Luis de Llera Esteban y Milagros Romero Samper en su "Los intelectuales españoles y el problema colonial", Emilio de Diego (ed.), *1895: La guerra en Cuba y la España de la Restauración,* Madrid, Complutense, 1996, p. 285.

breve frase cuando alude a la actitud que permeaba la Semana Santa de 1898: "La gente se empeña en no querer sentir para poder vivir..."[2]

Que el pueblo español reaccionara de manera defensiva a las noticias del Desastre resulta comprensible, aun cuando tampoco deja de ser significativo. Todo pueblo se defiende psicológicamente ante cualquier derrota, sobre todo cuando un abismo lo separa de la clase política dominante, como en efecto fue el caso de la España de la Restauración. Más significativo aún es que ninguno de los intelectuales canónicos de la llamada Generación del 98 –Unamuno, Azorín, Baroja, Maeztu, Valle-Inclán o Machado– haya indagado acerca de las causas o efectos de esa defensa psicológica, o al menos de las razones históricas y públicas –es decir, la política colonialista– que propiciaron esa actitud. Es cierto que en sus obras se encuentran, como he dicho, muchas observaciones sobre el Desastre. Pero esos comentarios se limitan, cuando más, a reaccionar al fenómeno histórico, no a criticarlo o analizarlo. La observación se aplica, por cierto, hasta a Ramiro de Maeztu, quien había vivido en Cuba durante la última década del siglo, él mismo hijo y nieto de dueños arruinados de un ingenio azucarero cerca de Cienfuegos, y quien llegó a escribir una buena cantidad de artículos sobre el tema a su regreso a la Península.[3]

La indiferencia generalizada de la Generación es tanto más grave, o al menos paradójica, cuando pensamos que gran parte del prestigio canónico de todos estos escritores descansa sobre su ostensible análisis moral del espíritu español a través de su historia y tradiciones. Pero como confirman Llera Esteban y Romero Samper, en uno de los pocos estudios dedicados al tema: "los intelectuales españoles se preocuparon poco, muy poco, del Desastre de Cavite y Santiago, sobre todo –y puede parecer más sorprendente– a partir de agosto de 1898".[4] Interesa saber, al respecto, que tanto Baroja como Unamuno escriben sus primeras novelas durante la guerra de Cuba. Pero en 1897 y 1900, cuando se publican *Paz en la guerra* y *La casa de Aizgorri*, respectivamente, la primera menciona a Cuba una sola vez (a Puerto Rico, dos; a Filipinas, ninguna), y únicamente en relación con la toma de Bilbao durante la guerra Carlista; mientras que la otra novela hace caso omiso del tema.

---

[2] Véase Javier Figuero y Carlos G. Santa Cecilia, *La España del Desastre,* Madrid, Plaza y Janés, 1997, pp. 224, 155, 141.

[3] Sobre Maeztu y su estancia en Cuba, véase la introducción de E. Inman Fox a su recopilación, Ramiro de Maeztu, *Artículos desconocidos, 1897-1904,* Madrid, Castalia, 1977, pp. 11-12; sobre su opinión de la guerra, véase el primer libro del escritor vasco *Hacia otra España* (1899), Madrid, Biblioteca Nueva, 1997.

[4] Véase De Diego, p. 267.

Que existiese esta indiferencia, o a lo sumo irresponsabilidad, por parte de estos intelectuales –no todos, desde luego, y como veremos– se explica en parte por la propia actitud del Estado Restaurador hacia la cuestión colonial. Digo actitud y no ideología, como en realidad corresponde, porque, como ha demostrado el historiador Carlos Serrano, la Restauración nunca tuvo propiamente una ideología colonial:

> Tuvieron una política –la de defensa sin contemplaciones de los intereses de los grupos sociales más estrechamente vinculados con las colonias– y desarrollaron un discurso: el del patriotismo y de la integridad nacional, que más oportuno parecía. Pero no se hicieron cargo del indispensable debate sobre lo que el interés nacional podía significar o sobre la naturaleza de esa patria cuya grandeza e integridad se ofrecían como justificativos retóricos de una política de altos costes pero de escasos vuelos.[5]

Dicha ausencia de una ideología colonial en la Restauración es lo que explica que cada vez que se aborda públicamente la crisis de Cuba se haga "desde un planteamiento esencialmente peninsular de política interior y con la mirada puesta en los intereses del régimen y de la Corona, que a su vez dependían de los intereses de los grupos oligárquicos".[6] Otros historiadores, como por ejemplo Raymond Carr, han llegado a observar que Cánovas del Castillo negociaba la crisis cubana toreando exclusivamente los diferentes grupos de presión en Madrid y con el único propósito de preservar el precario liderazgo de su partido, que por un lado le disputaban Romero Robledo y los generales y, por otro, los llamados silvelistas, que deseaban la solución del autonomismo para la isla.[7]

Con la derrota, a la que como se sabe precede el asesinato de Cánovas, esa crisis política se agrava, y se generaliza la opinión, incipiente desde el comienzo de la guerra, de que el Estado es incapaz de amparar los intereses y las aspiraciones nacionales. Es decir, el enemigo ha dejado de ser la llamada insurrección cubana o tan siquiera Estados Unidos, para convertirse en el propio Estado español, o al menos sus dirigentes. Sobre este momento, López Morillas llegó a observar, por ejemplo, que "el Estado quedaba flotando en el vacío como algo ajeno a la realidad o, a lo sumo, era conceptuado como aparatoso disfraz de un hombre incapaz de hacerse valer por sí mismo", aña-

---

[5] Cito del excelente estudio de Serrano, "Aspectos ideológicos del conflicto cubano", en De Diego, p. 73. De este historiador destaquemos también su documentado estudio, *Final del imperio. España, 1895-1898,* Madrid, Siglo XXI, 1984.

[6] *Ibid.*, p. 74.

[7] Raymond Carr, *Spain, 1808-1939,* Oxford, Clarendon Press, 1975, p. 382.

diendo además que "el Estado continuó arrastrando durante la Restauración y la regencia una existencia fingida, fantasmal".[8] Si a las certeras imágenes que empleó López Morillas –*aparatoso disfraz, existencia fingida, fantasmal*– añadimos nosotros la crisis de legitimidad que afecta a la Corona durante la Restauración –con una reina regente que no era española y un pretendiente alborotando en las fronteras–, tendremos un retrato bastante completo de la alienación colectiva –no hay otra palabra– que afecta a todos los estratos de la sociedad española de fines de siglo. No en balde Antonio Machado, en uno de sus más célebres poemas, recordaría este tiempo como "de mentira, de infamia", en el que "A España toda,/ la malherida España, de Carnaval vestida/ nos la pusieron pobre, y escuálida y beoda/ para que no acertaran la mano con la herida" ("A una España joven").

El mito del retraimiento español

Aun así, no se entiende del todo, dentro de la perspectiva poscolonial que nos hemos trazado, la reacción tan alienada de la sociedad española ante la pérdida de las colonias si no entendemos antes la índole misma de la relación entre España y Cuba, es decir, la colonia por antonomasia. Lo cierto es que las dimensiones y gravedad de esa reacción nos llevan a cuestionar la tradicional relación Metrópoli-Periferia que podríamos asumir existía entonces entre ambos países: es decir, una relación por la que la isla sería un simple territorio virgen, al que la metrópoli extrae una cierta cantidad de materias primas y somete a sus habitantes. La realidad, y sobre todo la realidad económica, fue muy diferente. Como aclaró el historiador cubano Moreno Fraginals: "Cuba nunca fue una colonia típica [...] Por el contrario, era un país que tenía la primera industria azucarera del mundo, que era a su vez el primer producto básico del comercio internacional". Por tanto, añade Moreno, "en Cuba era imposible imponer las normas y prejuicios de las metrópolis europeas y los métodos elementales de apoderamiento y extracción de sus riquezas". Y por eso, concluye el mismo historiador, después de repasar todo un tomo de cifras irrefutables, la realidad era más bien la contraria: era España la que dependía económicamente de Cuba y no, como se suele pensar, la situación inversa y harto más común: "Cuba, en una serie de aspectos, desbordaba a la metrópoli [...] La política española era de supervivencia

---

[8] Véase Juan López Morillas, "Preludio del 98 y literatura del Desastre", en su *Hacia el 98: literatura, sociedad e ideología*, Barcelona, Ariel, 1972, p.235.

dentro de un sistema en el cual no actuaba como metrópoli económica que dirige la vida de un país, sino como una extraña mezcla de parásito que extrae riquezas y centro que aporta su cultura".[9]

Esta relación peculiar entre Cuba y España aporta, a mi juicio, una importante alternativa a la explicación de la alienación colectiva de 1898, que se suele ofrecer en términos macropolíticos pero que a la postre resulta poco convincente: a saber, que tras la pérdida de sus colonias, el Estado español se sintió acomplejado, primero por la derrota ante una joven potencia cuyos valores despreciaba, y segundo ante el creciente poderío imperialista de las demás potencias europeas. Nunca se dice, en cambio, lo que parece mucho más plausible y la historia económica confirma: que la reacción psicológica ante la pérdida estuvo condicionada por una insólita dependencia económica que al disolverse –o al menos al percibir que se disolvía– hizo cundir el pánico y precipitó la crisis de identidad que llamamos, precisamente, la Generación del 98. Para resumirlo rápido y seguramente mal: la España del 98 reaccionó no como la Madre que pierde a una hija, y que por cierto creía "siempre fiel", sino como una huérfana que se queda sin protección.

La alienación colectiva que a su vez produce la indiferencia defensiva tiene otro aspecto. Me refiero al proverbial retraimiento español. No extraña que en este contexto el joven Ramiro de Maeztu, en una de sus muchas reacciones a la crisis, haya observado, tan pronto como agosto de 1897, que "todos nos preguntamos si no se ha regado aún con bastante sangre una tierra que no se la merece".[10] La tesis de Maeztu, típica de su pensamiento reaccionario y de gran parte de su generación, no es tanto que la empresa colonial había sido injustificada e inmoral –lo cual le hubiese llevado lógicamente a identificarse con la causa de los llamados insurrectos– cuanto que la colonia era una carga insoportable que hacía de su retención, sobre todo al costo militar para entonces acumulado, una empresa quijotesca. Mucho antes de que Maeztu hablara sobre esa sangre española derramada en vano, Ángel Ganivet ya había hecho su conocida advertencia, en el célebre *Idearium español,* que "hay que cerrar con cerrojos, llaves y candados todas las puertas por donde el espíritu español se escapó de España para derramarse por los cuatro puntos del horizonte".[11] Pero es con la pérdida de Cuba y la derrota que

---

[9] Todas las citas vienen del excelente estudio de Manuel Moreno Fraginals, *Cuba/España, España/Cuba. Historia común,* Barcelona, Grijalbo Mondadori, 1995, pp. 293-294, *passim.*

[10] Cito de "¿Qué se debe hacer de Cuba? Cuatro palabras con sentido común", en Maeztu, *Artículos desconocidos,* p. 64. El artículo data del 6 de agosto de 1897 y se publicó en la revista *Germinal.*

[11] *Idearium español-El porvenir de España,* Madrid, Espasa-Calpe (col. Austral), 1966, p. 124.

el mensaje póstumo de Ganivet adquiere vigencia, a tal punto que, podría decirse, se convierte no sólo en consigna nacional de grupos como el de los Regeneracionistas (Joaquín Costa, por ejemplo), sino el común denominador de los intelectuales del 98, sin que por ello se excluyan versiones más personales, como en efecto fueron, las de Baroja, Azorín y Unamuno.

De todo lo anterior quiero sacar dos conclusiones provisionales. La primera se refiere a ese proverbial retraimiento español. Reforzado en el tiempo por la imagen canónica de la Generación del 98, ha creado el malentendido, a veces con visos de sofisma, de que ocurrió en virtud del abandono o disolución del proyecto colonial por parte tanto del Estado como de los propios intelectuales. Es decir, que la Generación del 98 y su característico retraimiento significó, como decimos en Cuba, "borrón y cuenta nueva" para la conciencia política española. Nada más falso. Aparte del hecho de que retraimiento no es sinónimo de reflexión, baste recordar la opinión del joven Maeztu de que Cuba es "tierra que no se merece" la sangre española que en ella se ha regado. Semejante afirmación no niega, ni siquiera a las alturas de 1897, que es cuando Maeztu la escribe, la legitimidad de la empresa colonial; cuando más, niega que los cubanos seamos subalternos dignos de esa empresa. El propio Ganivet, que en el *Idearium* pedía volver a encerrar el espíritu español que había escapado con las empresas ultramarinas, volverá a afirmar en *El porvenir de España,* el libro que contiene su correspondencia de 1895 con Unamuno (y por tanto escrito en plena guerra), que: "Yo decía también que convendría cerrar todas las puertas para que España no se escape, y sin embargo, contra mi deseo, dejo una entornada, la de África, pensando en el porvenir […] Si se mira el porvenir hay mil hechos que anuncian que África será el campo de nuestra expansión".[12] De haber sobrevivido a la crisis personal que le llevó al suicidio, me temo que Ganivet hubiese terminado dirigiendo la escuela de africanistas que le propone a Unamuno en esa misma carta, cuyo propósito era aconsejar con más información, destreza y sabiduría la expansión colonial en África. ¡Y es posible que hasta Edward Said hubiese tenido que dedicarle un capítulo aparte en su conocido estudio sobre el orientalismo!

Narcisismo, negación...

Lo dicho sobre Maeztu y Ganivet se aplica, en mayor o menor medida, a todos y cada uno de los miembros canónicos de la Generación. Como el Estado que

[12] *Ibid.*, p. 169.

criticaban, el planteamiento que sostenían "fue esencialmente peninsular, de política interior", y en ningún momento de análisis o crítica de política exterior, ni siquiera en relación con la más cercana, insensata resistencia de la Restauración a las diferentes versiones del separatismo. Ni siquiera Unamuno, que sin duda fue el que más cerca puso el dedo en la llaga, llegó a hacer ese planteamiento moral, debido menos, quizá, a desacuerdos políticos específicos que a la desconfianza con la que para entonces, tras su crisis religiosa, don Miguel ya veía todo argumento político en general.

La segunda conclusión se deriva de mis anteriores observaciones sobre la alienación colectiva de la sociedad española en este momento. No basta decir, en este sentido, que la reacción a la pérdida de las colonias estuvo condicionada por una previa dependencia económica en una insólita pero a la postre evidente inversión de papeles. También es preciso ver esta reacción en todas sus implicaciones francamente neuróticas, es decir, como la defensa colectiva ante una injuria al amor propio, al histórico narcisismo español. Cánovas del Castillo llegará a decir, en el que seguramente fue el más infame de sus discursos al Congreso, que "El gobierno está dispuesto a no detenerse ante ningún sacrificio, a gastar hasta la última peseta y a disponer hasta el último hombre en defensa de la patria, de nuestra bandera gloriosa, de nuestra soberanía que jamás se extinguirá en América, porque Cuba será siempre española [...] persistiremos en nuestro esfuerzo y en nuestra actitud de negarnos a toda concesión a los rebeldes en armas".[13] He aquí, en síntesis, la ideología que el propio Cánovas llamará de "guerra con la guerra". Hoy, la sentencia del "último hombre y la última peseta" no puede dejar de recordarnos otras posteriores y no menos terribles sentencias que hemos tenido la desgracia de escuchar a lo largo de nuestro infortunado siglo, como por ejemplo la "solución final". No podemos olvidar, en este sentido, que en la guerra de Cuba la política canovista tomó forma concreta en los llamados bandos de Reconcentración de 1896 y 1897, que, llevados a cabo por Valeriano Weyler y Nicolau, el capitán-general de turno, fueron responsables de las muertes de casi medio millón de civiles, lo cual equivalía en ese momento a más de una cuarta parte de la población de la isla.[14]

[13] Cito del texto que aparece en Luis Morote, *La moral de la derrota,* Madrid, G. Juste, 1900, pp. 31-32. Al repetir la sentencia "hasta el último hombre y la última peseta" en múltiples discursos, informes y entrevistas de la época, Cánovas logró convertirla en la consigna de la guerra. Esta cita es, por tanto, una de las varias versiones que existen de la misma frase.

[14] Sobre la Reconcentración no se ha hecho aún un estudio exhaustivo y modernamente documentado. Hay comentarios sueltos en las siguientes fuentes: Emilio Roig de Leuchsenring, *Weyler en Cuba. Un precursor de la barbarie fascista,* La Habana, Páginas, 1947; Francisco de P.

Trátese de la España de la Restauración, la Alemania nazi o los Estados Unidos durante la guerra de Vietnam, el común denominador y condición previa de todas esas empresas es siempre la sobrevaloración del ego colectivo basada en una fantasía infantil de omnipotencia. A mi juicio, a la alienación de la sociedad española que aflora a raíz de la pérdida de las colonias corresponde estructuralmente esta previa sobrevaloración, o inflación, del ego colectivo, que en este caso tuvo su más nefasto efecto en la política militar de la Reconcentración. De no haber ocurrido esa inflación, de no haberse declarado la desesperada política del "último hombre y la última peseta", la sociedad española de posguerra posiblemente no se hubiese precipitado en la crisis que la sacudió a fines del siglo pasado, o al menos no hubiese tenido la misma gravedad existencial que la afectó posteriormente.

Mencioné la analogía con la Alemania nazi. Dicho con más precisión, sería la Alemania de la segunda posguerra, porque a pesar de las múltiples diferencias entre las dos situaciones históricas, que soy el primero en reconocer, sí existe un importante vínculo que quiero llamar, con ayuda del clásico estudio de la pareja de psicoanalistas Alexander y Margarete Mitscherlich, "la incapacidad de guardar duelo" –en inglés, *The Inability to Mourn*, o en el original alemán, *Die Unfahigket zu trauern*–. El tema de este extraordinario libro es, precisamente, los mecanismos de defensa colectivos padecidos por la sociedad alemana después del trauma de la segunda guerra, su negación a admitir a la conciencia los terribles datos de la historia inmediatamente anterior, y la consecuente incapacidad colectiva de guardar duelo, es decir, de realizar el indispensable trabajo interior que haría posible la reconciliación espiritual con cualquier pérdida. A su vez, las consecuencias de esta incapacidad de guardar duelo se manifiestan de varias maneras, como, por ejemplo, la desrealización o vaciamiento del pasado y la censura de toda información que ponga en peligro la integridad del ego. Y así, de la misma manera que la Alemania de posguerra durante años se dedicó neurótica y obsesivamente a crear "el milagro alemán", viviendo de espaldas al pasado y hasta negando la responsabilidad de los múltiples crímenes cometidos, así también la Espa-

---

Machado, *¡Piedad! Recuerdos de la Reconcentración,* La Habana, 1917; José Antonio Medel, *La guerra hispano-americana y sus resultados,* La Habana, F. Fernández, 1932; Enrique Piñeyro, *Cómo acabó la dominación de España en América,* París, Garnier, 1908; Fernando Portuondo, *Historia de Cuba,* 4ª ed., La Habana, Minería, 1950; Jorge Ibarra, *Historia de Cuba,* 3a. ed., La Habana, Dirección Política de las FAR, 1971; Louis A. Pérez, Jr., *Cuba Between Empires: 1878-1902,* Pittsburgh, Pittsburgh University Press, 1983. Raymundo Cabrera llegó a escribir una novela, *Episodios de la guerra. Mi vida en la manigua (relato del coronel Ricardo Buenamor),* Filadelfia, La Compañía Levytype, 1898, que en parte comenta la Reconcentración. Para fuentes estadunidenses sobre el tema, véase Carlos M. Trelles, *Biblioteca histórica cubana,* Matanzas, Juan F. Oliver, 1922,1, pp. 454-456.

ña posterior a 1898 se sume en el empobrecimiento melancólico de su ser como resultado del duro golpe recibido en su autoestima.[15]

Casi todos los conceptos que asociamos tradicionalmente a la visión conjunta de la Generación del 98 –silencio, tristeza, adustez, sobriedad, austeridad, nostalgia, decadencia, ruinas, hastío, monotonía, desolación, abulia, decadencia, abandono, aridez– no son sino satélites de otro concepto: la melancolía, que es común a toda la época. Y es preciso invocar la melancolía en relación con esta situación histórica para redondear nuestra comprensión de la alienación colectiva a la que he aludido. Porque, como observara Freud, una cosa es el duelo y otra la melancolía. El duelo ocurre, o puede realizarse, cuando el objeto perdido era amado en sí mismo, es decir, cuando sentimos empatía por lo que perdimos. En cambio, la pérdida que lleva a la melancolía revela que el objeto perdido tenía otra función: esa función es la función narcisista. Si yo he escogido ese objeto a mi semejanza, o si ese objeto estaba dispuesto a adaptarse a mi fantasía, cuando lo pierda no podré guardar duelo sino sentir otra cosa: melancolía. Mi dolor no será por haber perdido el objeto, sino por mí mismo. Y si además yo asocio ese objeto a una pronunciada ambivalencia de sentimiento, entonces conllevará el autodesprecio de la melancolía. Característico de mi dolor será que no implica el final de una relación sino algo más grave: una pérdida parcial de mi propio ser, algo así como una amputación. De manera que la autotortura de la melancolía no es en el fondo sino un reproche contra el objeto por haberme causado a mí una pérdida. A la incapacidad de guardar duelo –y al revés: a la capacidad de sentir melancolía– le precede, por tanto, un tipo de amor en el cual preocupa menos compartir los sentimientos del otro que confirmar la propia autoestima.

La crisis internacional que en España se conoce como el Desastre implica la íntima relación narcisista de la Metrópoli con Cuba, la más rica de sus últimas colonias. La política de la Restauración hizo posible que los españoles, a nivel nacional y con pocas excepciones, creyesen en las fantasías infantiles de omnipotencia de sus líderes. Pero a, la pérdida irreparable de la Colonia le respondió no el duelo colectivo, que los intelectuales del 98 ciertamente hubiesen podido propiciar, sino la negación, en el preciso sentido de un mecanismo de defensa contra las percepciones dañinas de la realidad externa –esa "falta de pulso" que Silvela denunció y Baroja más tarde comentaría. Los resultados de esa

---

[15] Véase, para lo que sigue, *The Inability to Mourn. Principles of Collective Behavior,* Beverley R. Plazek (trad.), Nueva York, Grove Press, 1975. El original alemán es de 1967.

negación han sido múltiples, dañinos y de larga duración. Hoy persisten y se refuerzan mutuamente.

No es exagerado decir, por tanto, que el canon noventayochista está atravesado por una irresponsabilidad histórica. Ninguno de sus integrantes llegó a propiciar lo que hemos llamado la capacidad de guardar duelo en relación específica con la empresa colonial, y de ahí, con uno de los componentes esenciales de la identidad histórica española. Prueba de ello es el uso generalizado del término *Desastre* para referirse a lo que propiamente fue no sólo una derrota militar, sino prueba fehaciente de la incapacidad política de la Restauración. El concepto de *Desastre*, que es impersonal, puesto que se refiere etimológicamente a la "mala estrella", se abstiene de asignar cualquier responsabilidad, y atribuye el mal a una fuerza anónima, algo así como el Destino. Más allá de lo que el uso de esta palabra nos pueda decir sobre la política de la Restauración, lo cierto es que, debido precisamente a esa incapacidad de guardar duelo, España nunca se ha reconciliado con la pérdida de la "siempre fiel" isla de Cuba. Aún hoy, su relación con la antigua colonia sigue siendo una extraña mezcla de narcisismo y melancolía.

Luego, y en segundo lugar, esa misma incapacidad de guardar duelo ha llegado a afectar la propia memoria histórica española. A partir del llamado Desastre se admitieron a la conciencia únicamente ciertos aspectos aceptables del pasado, de manera que cualquier culpa fue negada o reinterpretada para desplazar la responsabilidad hacia los otros —otros que, por cierto, casi nunca eran españoles—. No deja de llamar la atención, en este sentido, que todos aquellos escritores e intelectuales españoles del 98 que en su momento denunciaron la política colonial como la razón profunda del Desastre y que pidieron, y hasta cierto punto realizaron, esa misma reflexión —me refiero a gente como Morote, Macías Picavea, Altamira, Pi y Margall, Isern, Sánchez de Toca, Gener, entre otros—, ninguno de ellos, digo, pudo ingresar al canon de la llamada Generación del 98, y hoy casi nadie los recuerda. Esto no es un accidente. Y su censura tampoco obedece, como quien dice, a razones puramente literarias. En su libro del año 1900 *La moral de la derrota* (su explícito título es todo un programa), Luis Morote, uno de los españoles más honestos de la época, llegará a decir, sobre la política del "último hombre y la última peseta", que "los hechos la han condenado, aunque está por averiguar si de ellos hemos sacado alguna enseñanza".[16] Múltiples advertencias análo-

---

[16] Morote, p. 35.

gas pueblan los textos de todos estos desconocidos del 98, que aún hoy siguen a la espera de ser restaurados al canon de una generación que los extirpó de su memoria.

Que no hubo en su momento una reflexión crítica sobre la empresa colonial, y por tanto que aún hoy sigue expuesta a una repetición dañina; que nunca ha habido, en otras palabras, un duelo satisfactorio de la pérdida del 98, lo comprueba en parte la historia española posterior al llamado *Desastre*. Primero, porque después del 98, en efecto, se llevó a cabo, como quiso Ganivet, la expansión colonial en África, aunque ciertamente de manera igualmente desastrosa. Para citar una vez más a Carlos Serrano: el deseo de España de incorporarse al concierto de las grandes naciones (léase potencias coloniales) "siguió determinando buena parte de la política exterior [...] al promover en particular un arriesgadísimo aventurismo africano por tierras de Marruecos que sólo se entendía si se le refería a esa ambición de los dirigentes españoles de no verse totalmente desbancados, a pesar de todo, del reparto colonial".[17] Luego, porque la realidad de Cuba ha sido repetidamente desrealizada, vaciada de realidad, y aún hoy está sujeta a sucesivas proyecciones y fantasías de omnipotencia. Es la fantasía que, por ejemplo, hizo que en 1952, Manuel Fraga Iribarne, el mismo Fraga Iribarne que hoy ocupa la presidencia de la Xunta de Galicia, y que en aquel 1952 franquista que hoy nadie quiere recordar ocupaba la del Instituto de Cultura Hispánica, llegara a decir, en un infame prólogo a una recopilación de *Las Constituciones de Cuba*, que la Reconcentración de Weyler —en la que, repito, se asesinaron a casi medio millón de cubanos civiles— fue en realidad "un mito propagandístico", pues "quienes realmente provocaron el hambre fueron los insurrectos con su táctica de *tierra quemada*.[18] Y es la misma fantasía que hace poco hizo que el propio presidente de España, José María Aznar, se refiriese a Cánovas del Castillo —el autor de la política de la "guerra con la guerra", el propiciador de la Reconcentración, y el culpable de la muerte de Antonio Maceo— como "un político excepcional cuya luz todavía nos ilumina".[19]

---

[17] Serrano en De Diego, p. 73.

[18] *Las Constituciones de Cuba,* Madrid, Cultura Hispánica, 1952, p. XXIV. La justificación de Fraga Iribarne es un vulgar remedo de la del propio Weyler, quien la remachó en los cinco tomos de su obra *Mi mando en Cuba* (1910) y antes en su prólogo a la obra de D. Fernando Gómez, *La insurrección por dentro. Apuntes para la historia,* La Habana, M. Ruiz, 1897, pp. VII-IX. No tengo conocimiento de que ninguna de las figuras canónicas del 98 haya discutido, criticado o siquiera reseñado la obra escrita del marqués de Tenerife, mucho menos contestado sus increíbles afirmaciones.

[19] Véase José María Aznar, "Pérdida de un político excepcional", *El Nuevo Herald* (Miami), 3 de agosto de 1997, p. 16-A. El ensayo de Aznar fue publicado en este diario junto a otro de Frank Fernández, "Razón y consecuencia del magnicidio", que lo refuta.

Como vemos, el Desastre todavía nos acompaña. De hecho, cada vez que una nueva inversión económica española sienta cabeza en la Cuba actual; cada vez que abre un nuevo hotel, o que un turista acude a la isla a consumir sexo barato con mujeres, o con niños; cada vez que todo esto ocurre, se obedece, a ciegas a pesar de la distancia, la política del "último hombre y la última peseta". Se trata, por tanto, de un Desastre que se ha convertido, a cien años de la derrota, en un Desquite, que si bien tiene claro el objetivo de la revancha –la difícil relación histórica con Estados Unidos–, aún no se percata de la relación narcisista que guarda con Cuba, ese eterno objeto perdido.

Quién diría que fue Ángel Ganivet, el mismo Ganivet que en 1895 había pedido a la vez cerrar España y lanzarse hacia el África, y autor del *Idearium español* que inauguró la época que conocemos como "el 98", el que llegara a comentar, sin él saberlo, todos estos avatares de la antigua política colonial. Acaso no sepamos que Ganivet también escribió: "Si hoy nos vemos totalmente derrotados (y la derrota empezó hace siglos) porque se nos combatió en nombre de los intereses, nuestro desquite llegará el día en que nos impulse un ideal nuevo, no el día que tengamos, si esto fuera posible, tanta riqueza como nuestros adversarios.[20] Ciertamente ese ideal nuevo no llega aún, ni para los españoles ni para nosotros los cubanos. Para alcanzarlo tendremos todos que atravesar esa imprescindible etapa de duelo colectivo a la que siempre hemos temido y nos hemos negado, pero sobre la cual poetas como Antonio Machado, en Castilla, o como el gran Joan Maragall, en Cataluña, nos han legado maravillosos versos. "Sálvate, sálvate de todo mal", increpó Maragall en su "Oda a España": "que el llanto te haga nueva, alegre, viva/ piensa en la vida que te rodea/ alza tu frente,/ sonríe al iris que en las nubes brilla".

(1998)

---

[20] En Ganivet, *Idearium español-El porvenir de España,* p. 178. Sobre este mismo tema, véase el iluminador ensayo de Carlos Ripoll, "Castro y la España del desquite", *Diario Las Américas,* 26 julio, 1992, p. 8-A, recogido en sus *Páginas cubanas,* Nueva York, Dos Ríos, 1998.

Segunda Parte
BIENES DEL SIGLO

Primera República

> Yo que no sé decirlo: la República.
> ELISEO DIEGO, "Cuba, 1920"

EL CENTENARIO DE LA REPÚBLICA nos da ocasión para reflexionar sobre su sentido histórico, aun cuando esa reflexión aparece atravesada por un dilema moral. ¿Cómo celebrar, desde un exilio que ya cuenta más de cuarenta años, la aparente causa de nuestra desgracia histórica? Nuestra percepción negativa de la República, la condena del pasado inmediato, se desprende, claro está, de la ruptura que causó la Revolución castrista, que no sólo condenó y sustituyó a la República, sino que durante cuarenta años no ha cesado de desacreditarla en un esfuerzo por legitimar su poder más allá de cualquier cuestionamiento. Así, si el descrédito de la República sirve a los intereses de la clase que actualmente ostenta el poder en Cuba, un análogo descrédito, latente pero de todos modos evidente, sobrevive entre nosotros como parte de otra justificación pesimista –la que podría explicar las causas de nuestro incomprensible y largo exilio–. De no haber tenido una República tan corrupta e inestable, no habría ocurrido la catástrofe que vino después.

Nada menos que al actual historiador de la ciudad de La Habana, Eusebio Leal Spengler, le ha tocado explicar, en una oportuna entrevista que ha sido muy difundida, el tono de este estado de cuentas. La nuestra fue, nos dice, "una República que nace bajo la circunstancia de no ser la hija legítima de la Revolución, sino un aborto". Y si bien el historiador es lo suficientemente misericordioso para evitar los habituales descalificativos –como "República mediatizada", "seudo República", etc.– es evidente el tono general de su argumento. "La República como tal no existió, porque desde el punto de vista jurídico el gobierno de Estados Unidos podía intervenir en Cuba sin consultar al Congreso ni al presidente [...] La República que se entroniza nació con todos los vicios de corrupción propios del modelo que le habían propuesto como fórmula de existencia" (Pedro Martínez Pirez, "Eusebio Leal: 'No podremos entender la Revolución sin la República'", *La Jiribilla* [Dossier], septiembre 15, 2001).

Al margen de nuestro desacuerdo, la tesis del historiador tiene al menos la ventaja de aclararnos una estructura: la relación dialéctica entre revolución y república. Como la República de Estrada Palma y Varona es la hija ilegítima, tal vez el aborto, de la Revolución de Céspedes y Martí, el malogrado engendro debe desaparecer para instaurar la Revolución, y de manera permanente. El historiador no toma en cuenta, sin embargo, que revolución y república tienen, a partir de la Modernidad, una permanente relación dialéctica. No había sido ese el caso, por cierto, ni en Roma ni en los tímidos experimentos republicanos del Renacimiento. Pero a partir de las revoluciones norteamericana y francesa a fines del XVIII, revolución y república se engendran mutuamente. Esto significa, en términos concretos, que revolución y república –cambio acelerado y estabilidad institucional– o bien se suceden en el tiempo histórico o bien actúan simultáneamente, uno crítico del otro, como sístole y diástole del cuerpo político. Ésa es, en efecto, la gran lección positiva de la revolución norteamericana, que instituye sus leyes a raíz del Congreso constitucional de 1789, y la negativa de la francesa, que termina negando con la Gironda los hermosos principios que incendiaron la Bastilla. Más allá de los esfuerzos nominales por llamar al actual régimen una "República socialista", la tesis del historiador pretende, con el típico revisionismo que caracterizó a los regímenes totalitarios del siglo pasado, justificar el arresto de ese proceso dialéctico y dejar a la República sin asentamiento. Lo cierto es que una revolución sin república termina siendo no sólo una contradicción sino, propiamente, una realidad contrarrevolucionaria: una reacción antimoderna.

Lo que sustenta la tesis del historiador –que, repito, en el exilio compartimos de manera inconsciente– es una grotesca simplificación de la historia, y tal vez de la realidad, de Cuba. Como la República fue imperfecta, ese orden de cosas estaba condenado a desaparecer y dio lugar a otro –una alternativa anti, o a-republicana– que instituyese un régimen que marchara a la perfección. No entro, por el momento, en la realidad económica de nuestro país, que es lo que suele justificar semejante argumento. Subrayo, en cambio, lo que me parece mucho más decisivo: la idealización, diría hasta mitificación, del orden político que hace posible esta idea. Tampoco tengo que aclarar que ha sido esta idealización lo que ha hecho posible la manipulación de la historia que el actual régimen supo esgrimir, desde un principio, contra la República. Aunque en realidad la condena no estaba dirigida contra ella sino contra los grupos que legítimamente se oponían, y aún se oponen, a la confiscación de los objetivos democráticos de la lucha contra Batista. Por eso, a estas alturas es difícil saber qué ha sido más grotesco: si la simplificación castrista del pasado político republicano, o la ingenuidad de los opositores del castrismo, que a menudo terminan compartiendo, y hasta esgrimiendo, la misma simplificación de la historia. Nada ni nadie es perfecto, pero a juzgar por el juicio histórico de algunos de nuestros compatriotas, en ambas orillas del estrecho de la Florida, la República sí tuvo que serlo, así fuera *a la cañona*.

La mitificación de nuestro pasado republicano es en realidad la contrapartida de otra mitificación: la que hemos hecho con el concepto de revolución. A base de una lectura teleológica de nuestro pasado revolucionario, el castrismo ha intentado justificarse como la culminación de una serie de revoluciones supuestamente fracasadas, y así las revoluciones de 1868, 1895 y 1933 son apenas el preámbulo imperfecto, el anuncio profético, de la única Revolución decisiva, definitiva, y desde luego perfecta, de 1959, que no sólo realiza las anteriores sino anula su necesidad. Es esa lectura teleológica, que lee toda la trayectoria del pasado en función del evento único y trascendental en el futuro, la que provee el marco, por ejemplo, para la muy peculiar lectura castrista de José Martí.[1] Tanto en un caso como en otro, república y revolución se mitifican y desrealizan. La una porque fue imperfecta; la otra porque reduce todo el pasado a una justificación del presente. Hace cuarenta y tres años vivimos esta realidad mítica. Ninguno de nuestros numerosos y muy elocuentes dirigentes políticos en el exilio ha querido, o ha sabido, articular este problema básico de nuestra realidad histórica.

Son múltiples las causas que se suelen esgrimir para condenar a la República. A saber: las circunstancias de la conclusión de la guerra del 95; la imposición de la Enmienda Platt a la primera Constitución; las intervenciones militares norteamericanas; la mala administración política y económica, sin olvidar la rampante corrupción; la violencia de Estado contra la población civil; la dictadura batistiana. Ninguna de estas condenas se suelen evaluar, en nuestras frecuentes y obsesivas lecturas de la historia, con criterio justo, objetivo o siquiera relativo. Corro el riesgo de parecer que justifico los errores que cometieron los hombres y mujeres de la República. Debo decir, en descargo, que a propósito de estos temas nunca nos preguntamos: ¿qué circunstancias internas, y al margen de la evidente soberbia norteamericana, pueden haber llevado a esa frustración por parte de los militares cubanos del 95; por qué se pidieron las diversas intervenciones militares y quiénes lo hicieron; qué percepciones del liderazgo político cubano a principios de siglo pueden haber llevado a Estados Unidos a imponer la Enmienda Platt;

---

[1] Propongo la crítica de esta lectura en mi libro *Pensar a José Martí*, Boulder, Co., 1996.

quiénes entre los propios cubanos fueron responsables de la corrupción, mala administración política, o violencia de Estado? No trato, repito, de justificar ninguno de estos errores o injusticias. Sí pido, en cambio, que los comprendamos sin recurrir ni al mito del vecino abusador ni a la imagen fatalista, y por tanto irreal, de nuestro supuesto engendro monstruoso, y que los veamos como lo que fueron, o son: parte de nuestro ser histórico por el cual debemos asumir entera responsabilidad.

En relación con lo anterior se suelen invocar con frecuencia, para condenar a la República, las numerosas y justas críticas que en su momento hicieron valiosos intelectuales como Ortiz, Mañach, Loveira, Márquez Sterling, Salas Alomá, amén de poetas como Byrne o Acosta. Sin embargo, la misma manía mitificadora suele hacernos olvidar que todos esos planteamientos fueron precisamente eso: críticas, y no condenas. Por encima de todo su escepticismo y frustración, ninguno de ellos —a excepción de comunistas como Julio Antonio Mella, y en esos casos por claras razones sectarias— jamás pidió la abolición de la República. Antes bien, y lejos de una condena, sus críticas reformistas constituyen la evidencia más fehaciente de la salud de la República. Porque una república sin críticos no es una república.

No, nuestra República no fue, no es, perfecta. ¿Acaso alguna lo ha sido, o lo es? Si lo es, entonces me temo que no será una República sino otra cosa: una entelequia, una abstracción. En este sentido, el castrismo tiene razón, aunque sólo a medias: todas las repúblicas han sido, y son, mediatizadas. Todas son seudo-repúblicas. Son mediatizadas por la imperfección humana: por los errores, defectos, taras y metidas de pata que todos compartimos, sin excepción. Y todas son seudo-repúblicas porque son apenas proyectos que pueden, o no, cumplirse. El concepto de República ha sido, en Occidente, para decirlo en el lenguaje de los escultores (homenaje a mi venerado Sergio López Mesa, escultor republicano) un molde en el que se realizan vaciados de yeso que pueden o no producir esculturas realizadas. Es un contrato imperfecto entre seres humanos imperfectos, y a veces, como en efecto ha sido el caso de nuestro país, en franca desventaja económica. Pero el contrato ha valido la pena porque, como observa el historiador español Álvarez Junco, "La República era la forma política adecuada a un plan general de racionalización de las relaciones humanas cuyas principales promesas eran la igualdad entre los ciudadanos y la supresión de la crueldad y el temor, de la ignorancia y la superstición, del dolor y la miseria".[2]

[2] "Los amantes de la libertad: la cultura republicana española a principios del siglo XX", en N. Townson (ed.), *El republicanismo en España (1830-1977)*, Madrid, 1994.

Por último, los defectos que se suelen invocar para condenar a la República tampoco suelen ir de la mano con sus grandes virtudes, o realizaciones. Aún antes de la segunda Constitución, en 1940, la Cuba post-Machado verá una impresionante serie de victorias sociales: se abroga la Enmienda Platt; se regula el derecho de huelga, se establece el jornal mínimo, y se proclama una ley de descanso dominical; se reconoce el derecho de coalición de los trabajadores agrícolas; las mujeres obtienen el voto; se crea el Instituto Nacional de Previsión y Reformas Sociales, el Seguro de Maternidad Obrera y el Código de Defensa Social; se crea la Ley de Coordinación Azucarera y se firma, con Estados Unidos, la Ley Jones-Costigan (1934), creando así un sistema de cuotas para la importación del azúcar. No hablemos ya de su maravillosa cultura, sus escépticos escritores, sus rabiosos pintores, sus hambrientos músicos. Nadie, hasta la fecha, ha podido dar con la clave de la paradoja histórica de la Cuba de medio siglo: cómo, a pesar de su inestabilidad política y su rampante corrupción, la República pudo hacer tanto en materia social y cultural.

Llamé a esta intervención "Primera República" porque también creo eso: como el Ave Fénix, la República muere y renace. Díganlo si no países como España o Francia, dos de nuestros modelos políticos más cercanos. De que la República pervive hay señales de sobra. Luego de cuarenta y pico de años de llamada revolución y de la supuesta creación de un hombre nuevo, la única imagen con que el actual régimen puede venderse internacionalmente es, en efecto, la de la República: de la explotación de las mercancías más tradicionales, como el tabaco y el turismo, hasta los viejitos de *Buena Vista Social Club*. La República fue y será, pero para que verdaderamente sea antes tendremos que cambiar la perversa imagen interna de nuestra historia. Ni fue la República todo lo perfecto que algunos sectores del exilio nos pinta, ni tampoco el horror que el régimen, y algunos otros del mismo exilio, han querido vendernos. Al verla de esta manera, en toda su magnífica imperfección, constataremos las paradojas y contradicciones de una época muy compleja −como en efecto son todas las épocas de la historia humana.

No pudo el poeta Eliseo Diego, en los versos que cité como epígrafe de este trabajo, ni siquiera pronunciar la palabra República. Tal vez porque él mismo, como tantos otros de su generación, la habían matado con una sobredosis de idealización. La feliz excepción que sí he encontrado, al menos entre los poetas contemporáneos de Eliseo Diego, viene del siempre excepcional Virgilio Piñera. Al final de su gran poema de 1943, "La Isla en peso", escrito cuando estaba a punto de emprender un largo exilio en Buenos

Aires, porque en Cuba había sido marginado por las tres condiciones que según él mismo lo condenaban −pobre, homosexual y poeta− Virgilio llega a expresar una imagen más compleja, menos mítica, y por todo ello mucho más real, de la República que a un tiempo padeció y amó. Allí nos dijo:

> No queremos potencias celestiales sino presencias terrestres,
> Que la tierra nos ampare, que nos ampare el deseo,
> Felizmente no llevamos el cielo en la masa de la sangre,
> Sólo sentimos su realidad física
> Por la comunicación de la lluvia al golpear nuestras cabezas.
>
> Bajo la lluvia, bajo el olor, bajo todo, lo que es una realidad,
> Un pueblo se hace y se deshace dejando los testimonios:
> Un velorio, un guateque, una mano, un crimen,
> Revueltos, confundidos, fundidos en la resaca perpetua,
> Haciendo leves saludos, enseñando los dientes, golpeando sus riñones,
> Un pueblo desciende resuelto en enormes postas de abono,
> Sintiendo cómo el agua lo rodea por todas partes,
> Más abajo, más abajo y el mar picando en sus espaldas;
> Un pueblo permanece junto a su bestia en la hora de partir,
> Aullando en el mar, devorando frutas, sacrificando animales,
> Siempre más abajo, hasta saber el peso de su isla;
> El peso de una isla en el amor de un pueblo.

(2002)

Hernández Catá: canon y diáspora *

Las meditaciones sobre el canon de las literaturas nacionales no abundan, por desgracia, en nuestro horizonte crítico actual. La ausencia de ese tipo de discusión se debe, en parte, a la naturaleza misma del tema. El canon occidental se discute hoy con el propósito de desestabilizar el orden de aquellas culturas hegemónicas cuyos intereses se nutren de la exclusión de culturas marginales o dependientes. Parece claro, sin embargo, que esa discusión debería alcanzar el ámbito de literaturas nacionales específicas, como las que constituyen el conjunto de la literatura latinoamericana. No sólo porque esas literaturas, o al menos un determinado y desde luego reducido número de textos, siguen nutriendo el canon de Occidente –como demuestra el caso de Colón o García Márquez–. También se debe a una pregunta de sentido común: ¿por qué no aplicar los conceptos que desestabilizan el orden hegemónico igualmente a las llamadas culturas marginales?

Esa pregunta indiscreta sigue siendo tabú en los llamados "estudios culturales" que hoy hacen su agosto en las universidades norteamericanas –como si toda literatura nacional estuviese recubierta, cual virgen incólume, de un velo protector inmune al zarpazo del historiador literario–. Y sin embargo, el sentido común se impone. Si el objetivo de ese tipo de cuestionamiento ha sido demostrar cómo todo orden cultural es en realidad una construcción histórica que está sujeta a mecanismos de poder de ciertas clases, géneros sexuales, razas o ideologías –casi siempre hombres burgueses blancos y liberales–, entonces, ¿por qué no aplicar esas mismas enseñanzas a las literaturas nacionales dentro de culturas marginales o dependientes, cuyos modelos de construcción han sido, la mayor parte de las veces, los que provee la cultura occidental?

La construcción del canon de la literatura cubana ha sido, en este sentido, especialmente ejemplar. Hace unos años, en esta misma universidad (Florida International) un distinguido profesor propuso que el único canon de esa

---

* A propósito de Uva de Aragón, *Alfonso Hernández-Catá: un escritor cubano, salmantino y universal* (1996).

literatura que le interesaba reconocer era el que tuviese éxito comercial o crítico. "Sólo me interesan las obras que suenen", dijo muy orondo en esa ocasión. Lejos de ofrecer una alternativa nueva o radical, su proposición en verdad deja incólume el orden hegemónico existente y termina reforzando todos aquellos mecanismos que hasta el momento han servido para construir el orden cultural, tradicional y supuestamente represivo. Sólo que, dada la naturaleza del mercado literario internacional, esa proposición termina alienando aún más el origen nacional de ese orden cultural. Es verdad de Perogrullo que resulta imposible construir un canon cubano a partir de la cantidad de libros que se vendan o comenten en La Habana y Miami, muy a pesar de los deseos de la Editorial Letras Cubanas o de Ediciones Universal, *La Gaceta de Cuba, El Nuevo Herald* y *Diario Las Américas*. No es, por tanto, la mejor base para ordenar o leer toda una literatura.

El criterio que en cambio sí parece haber prevalecido en la construcción del canon cubano ha sido la percepción común de cómo el texto contribuye a forjar la identidad nacional. Todos sabemos lo discutible que resulta ese concepto de identidad, y no seré yo el que abunde en ello esta noche. Baste decir que, entre nosotros, ese concepto ha sido el que se ha manipulado más para determinar cuáles textos y autores pertenecen o no al orden cultural que pudiéramos llamar nuestro: vale decir, cuáles deben ser incluidos y cuáles excluidos. El caso paradigmático de semejante ejercicio parece ser el *juicio* (uso esta palabra adrede) que le hace Cintio Vitier a Gertrudis Gómez de Avellaneda en su libro (ciertamente canónico) *Lo cubano en la poesía* (1957, 1971). Si recordamos, la razón por la cual Vitier excluye a la Avellaneda del panteón poético cubano es que, según él, el paisaje y el tono que aparecen en su poesía son españoles, no cubanos. Es honrado aclarar que el criterio de Vitier no peca necesariamente de sexista –basta aducir sus comentarios sobre Luisa Pérez de Zambrana o Juana Borrero en el mismo libro–. Su prejuicio se basa en algo peor: el nacionalismo. Que el paisaje o tono de la Avellaneda resultan menos cubanos que, por ejemplo, los que aparecen en la obra de Juana Borrero, está sujeto, desde luego, a un profundo debate. En cambio, mucho más crucial que determinar si un paisaje es cubano o no, es excluir del canon a una obra y autor determinados como sencillo resultado de esa percepción subjetiva: maniobra de poder que el historiador literario ejerce impunemente y que termina empobreciendo el orden cultural.

Dije que el gesto de Vitier es paradigmático. Lo que lo fundamenta es una idea del orden cultural definido a partir de su supuesta diferencia con la cultura española. Esto de por sí no es nuevo. En realidad, se trata del paradigma de la independencia hispanoamericana. Sólo que en el caso de Cuba no puede aplicarse de la misma manera en que se aplicaría a México o a la Argentina, por ejemplo, donde el rechazo de España formó parte de un proceso político que arraigó por lo menos tres cuartos de siglo antes que en Cuba, y que se consolidó por razones económicas y, sobre todo, demográficas. Es cierto que la "siempre fiel isla de Cuba" fue la última de las colonias españolas; pero resulta igualmente cierto que, dadas las singulares circunstancias del Tratado de París, que garantizó prácticamente todos los derechos de los españoles en Cuba, nuestra llamada independencia fue más bien equívoca, o al menos fue diferente de la que se alega haber obtenido en el resto del continente americano. El resultado de esa diferencia histórica es claro: hay más continuidad entre Cuba y España que entre España y la mayoría de sus antiguas colonias. Es significativo señalar, como lo hace Manuel Moreno Fraginals en su libro *España/Cuba, Cuba/España,* que a diferencia de otros países hispanoamericanos, no existe en Cuba un término despectivo que se aplique a los españoles. (Nuestro "gallego" es en el fondo un término de cariño.) Sobre esto no me queda más remedio que repetir algo que ya dije en mi ensayo "El tronco y la rama" (recogido en este mismo libro): "Ya sea para lamentarnos o para enorgullecernos, aceptamos nuestra herencia española como un hecho en el que la ilusión nacionalista no interfiere". A pesar de las diferencias políticas que separaron a las dos naciones, la verdad es que los cubanos somos mucho más españoles de lo que pudiéramos o de lo que quisiéramos ser. Por eso me atrevo a afirmar que si ser cubano es una de las muchas maneras de ser español, entonces bien podría ser que ser español sea una de las maneras excéntricas, y por tanto una de las maneras más interesantes, de ser cubano.

Lo que resulta evidente en el orden histórico se aplica igualmente al orden cultural. No existe una ruptura total entre la cultura cubana y la española. Dicho de otro modo: nuestra diferencia es mucho más tenue cuando se le compara con la de otros países hispanoamericanos. Lo cual, al tocar propiamente la construcción del canon nacional, presenta una significativa paradoja. Ese canon se construye, o debería construirse, con las obras de autores o bien nacidos en España y criados en Cuba o nacidos en Cuba y criados en España. Una vez más, el caso de la Avellaneda resulta paradigmático, y no debemos descontar que la exclusión nacionalista de Vitier se deba a la conexión de la ilustre camagüeyana con la Metrópoli. Pero su caso no es el único. Una ojeada superficial al *Diccionario de la literatura cubana* nos permitiría comprobar que incluyen, para limitarnos al caso de los nacidos en la

Metrópoli, a Eugenio Florit, Lino Novás Calvo, Herminio Almendros, Silvestre de Balboa, José María Chacón y Calvo (que no nació en España, por cierto, pero perteneció espiritualmente a ella), José Antonio Echeverría, Francisco Iturrondo, Manuel Isidro Méndez, José Miró Argenter, Andrés Orihuela, Ramón de la Sagra, Eugenio Sánchez de Fuentes, Rafael Suárez Solís. José Martí, hijo de españoles, vivió sus años de formación en España. Y si extendiéramos nuestra lista para incluir a aquellos escritores cubanos que accidentalmente nacieron en otras partes del mundo tendríamos que incluir a Lydia Cabrera, Gonzalo de Quesada y Miranda, Alejo Carpentier, y hasta al propio Cintio Vitier, nacido en Key West, estado de la Florida, en 1921. La condesa de Merlin, esa pintoresca dama francesa que resuena tanto en nuestras historias literarias, es oriunda nada menos que de La Habana.

Todo lo cual nos lleva a decir que lo que llamamos "literatura cubana" se compone no sólo de textos escritos en la isla por autores nacidos ahí. Se compone también de textos escritos fuera de la isla por escritores nacidos en otras partes pero que pertenecen a ella por decisión *imaginaria*. La literatura cubana, como toda literatura, es principalmente y sobre todo un acto de imaginación.

El caso literario de Alfonso Hernández Catá, el que nos ocupa esta noche, no es, por tanto, único. Y el libro de su nieta, Uva de Aragón, que acaba de publicar la Universidad de Salamanca, pone de relieve su importancia para una reevaluación del canon de la literatura cubana. En cinco capítulos, Uva de Aragón analiza la obra total de Hernández Catá, destacando los rasgos que lo unen al Modernismo, su sensibilidad social, sus ideas pacifistas, y la modernidad de sus últimos cuentos. El marco de estas meditaciones es biográfico y autobiográfico: parte del libro es la historia de la propia Uva de Aragón, que además de crítica e historiadora literaria, es escritora. Es conmovedor, en este sentido, leer su prólogo, donde cuenta su relación con Hernández Catá –relación imaginaria, desde luego, ya que la nieta nunca llegó a conocerlo–. "Soñaba desde entonces ser yo quien algún día hablara en su tumba", nos dice ahí. Todo auténtico escritor sabe que su tumba es la página en blanco que visita todos los días. Es desde ahí que nos habló no sólo Hernández Catá, sino ahora nos habla su nieta en la devota reconstrucción de su trayectoria artística.

El mayor mérito de este libro, sin embargo, no es necesariamente el personal. Su piedra angular es el capítulo III, que ocupa su centro físico, sobre la sensibilidad social del escritor. Oponiéndose a la opinión generalizada de algunos críticos, entre ellos el agudo Ambrosio Fornet, de que Hernández

Catá escribía para satisfacer a lectores burgueses, Uva de Aragón rompe los esquemas de ese prejuicio. Si Hernández Catá disfrutó de relativo éxito comercial, en cambio criticó abiertamente el racismo y la homofobia; sus personajes, casi todos marginados y neuróticos, evidencian la alienación que es congénita de la modernidad; denunció el imperialismo, dictaduras como la de Gerardo Machado y la indolencia política; abogó por la paz en la entreguerra, como lo hicieran en su tiempo Wells, Rolland, Remarque y Hemingway. Adelantándose a la ráfaga de meditaciones sobre José Martí de la década de los treinta, fue el primero en observar, en su *Mitología de Martí*, que "muchos males cubanos vienen de la debilitación de su doctrina. Lo leen unos cuantos y los más lo han olvidado aun antes de aprenderlo". No es exagerado decir que Hernández Catá fue un crítico, porque fue crítico fue un escritor auténtico, y porque fue un escritor auténtico fue marginado como escritor en su propio país.

Al reevaluar la obra de Hernández Catá Uva de Aragón nos hace pensar, por tanto, en cómo el canon de la literatura cubana debería ser repensado según criterios que no sean exclusivamente nacionalistas, o al menos que no se demoren exclusivamente en los datos superficiales de la vida de los autores. Lo cierto es que nuestra literatura, nuestra cultura, es mucho más rica de lo que nos imaginamos; a veces, más rica de lo que nos merecemos. A esa riqueza han contribuido no sólo obras como la de Hernández Catá, que pronto decidió ser cubano, sino como la de Uva de Aragón, que ha sabido reconstruir su genio y su originalidad. Yo me uno al coro de los amigos que la felicitan no sólo por este libro, sino por habernos dado una imagen más completa de un artista cubano de lengua española.

(1996)

Fernando Ortiz, o la crítica de la caña

La crítica de Ortiz al azúcar forma parte de un amplio debate nacional sobre la industria azucarera, los históricos abusos que cometen los sucesivos gobiernos a su favor, sus consecuencias sociales, y la necesidad de control gubernamental sobre la misma. El debate se resume, a grandes trazos, en la formación de dos bandos: la élite política a favor del azúcar, y la élite intelectual en contra. Cuestión básica en este debate será la excesiva dependencia nacional en el monocultivo. El tema se remonta, desde luego, a los orígenes mismos de la producción de azúcar en la isla, pero penetra en la conciencia nacional sólo con la discusión de historiadores y ensayistas en el siglo XX. Si los años de la primera guerra habían sido prósperos para Cuba, los posteriores fueron funestos. El caos económico afectó hasta a los bancos: muchos de ellos se habían creado durante la época de expansión para suplir las necesidades de la propia industria azucarera. El caos determinó, a su vez, una serie de medidas legales: la Ley Tarafa (1926) intentó estabilizar los precios internacionales instituyendo reducciones en la producción y la exportación, al igual que el Arancel de Aduana de 1927, que daba ventajas a la industria agricul-tora e intentaba reducir las ventaja del azúcar sobre otros productos. La intentona de regular la industria fracasó, sin embargo, y en 1929 el presidente Machado volvió a protegerla. Sólo en 1934, con la aprobación del Jones-Costigan Act del gobierno norteamericano, que estableció un sistema de cuotas de importación que favorecía a Cuba, así como un nuevo tratado de reciprocidad entre EUA y Cuba, se logró alguna estabilidad. Entre tanto, imperó el caos y ocasionó el debate.[1]

En lo que serán las primeras salvas de esta contienda, el historiador Ramiro Guerra y Sánchez (1880-1970) publica, a lo largo de los años veinte, una serie de artículos periodísticos sobre la crisis de la industria que pronto reúne en

---

[1] Para los detalles de esta historia, véase Jorge F. Pérez-López, *The Economics of Cuban Sugar*, University of Pittsburgh Press, 1991, pp. 3-19, y Alan Dye, *Cuban Sugar in the Age of Mass Production*, Stanford University Press, 1998, especialmente pp. 2-66; Portell-Vilá, 68-89, 187195, 333-340, y Pérez, 20-27, 63-64, 187-89 265-69. Las referencias al libro de Ortiz van por mi edición: *Contrapunteo cubano del tabaco y el azúcar*, Madrid, Cátedra, 2002.

su libro *Azúcar y población en las Antillas* (1927).[2] Guerra criticaba el latifundio –la excesiva concentración de tierra– al que atribuía el estancamiento económico del país debido a lo que llamaba "la rápida desaparición de la clase cubana de propietarios rurales independientes". El latifundio explicaba también, según este autor, "la sustitución de la población blanca por la negra en las Antillas", variante moderna del "problema negro" que ensayistas criollos como José Antonio Saco ya habían prácticamente agotado durante el siglo XIX. Como "el africano y su descendiente en las Antillas estaban socialmente más indefensos que el blanco, podían resistir menos la presión de las fuerzas económicas opresoras del latifundio".[3] Según esta tesis, además, el argumento racial era secundario: "no estamos en presencia de una cuestión de razas, sino de un régimen de explotación de la tierra que divide a la población en dos grupos: un corto número de dependientes del capitalismo, que dirigen y administran la siembra de la caña y la fabricación y embarque del azúcar, y una masa de trabajadores asalariados, de la raza que la necesidad obliga más perentoriamente a conformarse con un jornal mínimo y a tolerar un nivel de vida más bajo..."[4] El latifundio había ocurrido por un proceso de "concentración industrial": la producción de azúcar aumenta conforme se va reduciendo el número de ingenios, cada uno de los cuales, a su vez, aumenta en tamaño. Pocos ingenios grandes remplazan a muchos ingenios pequeños. La concentración produce, a su vez, la enajenación de la tierra: desaparece el propietario pequeño e independiente, se forman las corporaciones o *trusts*, y se fomenta el ausentismo –la tenencia de la tierra por dueños que no viven en el país.

La posición de Guerra era más bien reformista y coincidía, mal que bien, con la del gobierno de Machado, durante el cual fungió (al menos durante un año) como secretario de la Presidencia. Con la caída de Machado, el exilio de Guerra a Estados Unidos y su posterior regreso a Cuba, sus ideas sobre el tema cambiaron a medida que fueron cambiando las circunstancias políticas, al extremo de que en la década posterior llegó a actuar como vocero de la

---

[2] Citamos de la 3a. ed., La Habana, Cultural, 1944, que contiene el prólogo a la 2a. (1934), la Introducción a la 1a. (1927), y los Apéndices de 1924 y 1942, este último de José Antonio Guerra, el propio hijo del autor y economista. A la primera edición del libro de Guerra le siguió una secuela de comentarios y apostillas de otras plumas: Raúl Maestri, *El latifundio en la economía cubana,* La Habana, Hermes, Ediciones Revista Avance, 1928; Emilio del Real y Tejera, *La industria azucarera de Cuba: superproducción, consumo y estabilización del precio,* La Habana, A. Dorrbecker, 1928. Estos libros, más los de Luis Araquistáin, *La agonía antillana,* Madrid, España, 1928, constituyen el contexto de la crítica de Ortiz.
[3] *Ibid.*, p. 6.
[4] *Ibid.*

industria.[5] El cambio se resiente a partir de la tercera edición de *Azúcar y población en las Antillas* (1944), en cuyo prólogo Guerra ya advertía que "todo [...] ha pasado a ser, en gran parte, una situación histórica" debido a reformas que atribuía a la oportuna y efectiva intervención estatal: "Estos cambios se han efectuado porque el Estado [...] se decidió a asumir la función de regular la organización y las actividades de la industria".[6] Pero casi diez años antes, en el texto de la *Geografía universal* (1936), Ortiz ya le había respondido, en un pasaje que retomará el *Contrapunteo:* "No fue, pues, el latifundio el que causó la gran población negra de Cuba sino la carencia de brazos indígenas, de indios y de blancos, y la dificultad de traerlos de otra parte del Globo que no fuese África, en igualdad de condiciones de baratura, permanencia y sumisión. El latifundio no ha sido en Cuba sino una consecuencia del azúcar y de otros factores concomitantes, lo mismo que la población negra. Uno y otro han sido efectos casi paralelos de unas mismas causas fundamentales, y no es ésta una consecuencia de aquel".[7] Según Ortiz, la tesis original de Guerra obviaba la causa del problema (la explotación capitalista) a cambio de un epifenómeno (el latifundio). La concentración industrial se derivaba, según él, de una paralela "concentración capitalista", que a su vez exigía la mayor concentración de tierras, brazos, máquinas y dinero. "Cuando sobraban tierras y las máquinas eran debiluchas, ya había en el negocio azucarero grandes concentraciones de esclavos traídos de África; no había entonces latifundio que influyera en ello."[8] Ortiz difería de Guerra, por tanto, en dos cuestiones: la crítica del capitalismo y las causas históricas de la esclavitud africana. Al diferir, acusaba la complicidad con intereses que no sólo eran explotadores sino implícitamente racistas, sobre todo porque no reconocían, o minimizaban, la relación causal entre azúcar y esclavitud.

Coincidían Ortiz y Guerra en identificar las lacras del latifundio; diferían en los remedios: Guerra pedía la reforma de la industria, Ortiz el control estatal. Sus ideas reflejaban sus respectivas posiciones políticas: Guerra favorecía una política liberal, lo que hoy llamaríamos de "centro-derecha", de *laissez-faire;* Ortiz, otra posición de "centro-izquierda": más proclive a una

[5] Véase *La industria azucarera de Cuba,* La Habana, Cultural, 1940, y "Sugar: Index of Cuban American Cooperation", *Foreign Affairs,* vol. 20, núm. 4, julio, 1942, pp. 744-56. Según Portell-Vilá ["La industria azucarera y su futuro", *Revista Bimestre Cubana,* vol. L, julio-diciembre, 1942, pp. 161-79], en 1940, Guerra, a quien llama "un tratadista cauto", era "asesor del Instituto del Azúcar", p. 168.

[6] P. I y II.

[7] *Geografía universal,* 1936, p. 181 y en Ortiz, *Contrapunteo,* pp. 176-177. Véase Maestri, El *latifundismo,* para un punto de vista parecido.

[8] *Geografía universal,* 1936, p. 191.

intervención del Estado en la vida económica del país. Con el tiempo, sin embargo, se reduce la polarización entre los dos, como comprueban los puntos de vista de Guerra en el prólogo a su libro de 1944. Pero casi diez años antes, al comentar en el texto de la *Geografía universal* las restricciones a la zafra azucarera que instituye la revolución nacionalista que depone a Machado, ya Ortiz elogiaba que

> esta nueva restricción [viniese] acompañada de otras medidas oficiales favorecedoras de los pequeños ingenios, de los colonos y de los obreros, por ser cubanos. Tales fueron las que regularon la distribución de las cuotas de zafra por ingenios, sólo imponibles a los ingenios grandes; la que obligó a moler con equidad la caña de colonos y no sólo "la de administración"; la que dispuso la remigración expulsiva de los braceros haitianos y jamaicanos; la que fijó la duración de los jornales de trabajo, etc. Puede asegurarse que la industria sacarífera cubana está entrando en una nueva faz de su historia.[9]

Que se trataba de una crítica política, y no únicamente de una tímida observación reformista sobre la economía, queda claro a la luz de estos comentarios. Y es por eso que podría decirse que, al igual que en 1968 Octavio Paz en México articuló una "crítica de la pirámide" para denunciar el poder del partido único y los sucesivos sacrificios que le imponía al país, en 1936 Fernando Ortiz en Cuba articula una "crítica de la caña". Una crítica no ya del azúcar, lo cual significaría criticar un aspecto aislado de la economía del país, sino de lo que la caña significaba: el poder centralista y desbordante de esta industria y los efectos negativos que imponía a todo lo ancho de la sociedad cubana. Para lo cual resulta indispensable entenderlo, a su vez, en todo el doble sentido del cubanismo que lo nombra. Si "caña" en Cuba significa fuerza o poder, entonces criticar la caña significa criticar al poder.[10]

---

[9] *Ibid.*, p. 153. Huelga señalar que la preocupación de Ortiz por los abusos de la industria azucarera se remonta a sus inicios como legislador, según consta en el proyecto de ley "Regulación de las ventas de azúcares al extranjero", *Revista Bimestre Cubana,* vol. XII, núm. 6, noviembre-diciembre, 1917, pp. 361-71. Es igualmente significativa su reseña del poema *La zafra* (1926) de Agustín Acosta, *Revista Bimestre Cubana,* vol. XXII, núm. 1, enero-febrero, 1927, pp. 5-22.

[10] Ni Pichardo ni Ortiz consignan este cubanismo. Véase, en cambio: "Caña (tener) fr. Cub. Tener fuerza", en Argelio Santiesteban, *El habla popular cubana de hoy,* La Habana, Editorial de Ciencias Sociales, 1982, p. 81; "Fuerza, 'Mira la caña que tengo', José Sánchez Boudy, *Diccionario mayor de cubanismos,* Miami, Ediciones Universal, 1999, p. 142. Para una sugerente meditación sobre las relaciones entre el discurso del azúcar, el poder y la formación de la literatura cubana, véase Antonio Benítez Rojo, "Power/Sugar/Literature: Towards a Reinterpretation of Cubanness", *Cuban Studies,* 16, 1986, pp. 9-31.

Para cuando se publica el *Contrapunteo* en 1940, el debate ha cobrado ya una intensa vigencia a causa de la coincidencia en el tiempo con la constitución de ese mismo año. No es un azar, por ejemplo, que ese mismo año Guerra publique *La industria azucarera de Cuba*, libro en el que, entre otras cosas, sostiene que si bien la industria "dista de haber llegado a un nivel de perfección [...] no es tampoco un mero instrumento de odiosa y despiadada explotación".[11] Mucho estaba en juego. Y es lo que explica, en parte, el apasionado prólogo nacionalista al *Contrapunteo* del historiador Herminio Portell Vilá. No sólo se solidariza Portell con el planteamiento histórico de Ortiz, sino que pasa a denunciar (transparente alusión a Guerra) a "los economistas al servicio de los intereses azucareros", quienes "han formado el concepto de que hay una identidad entre esos intereses y los de la nación, de que azúcar y Cuba son sinónimos". En efecto, "Sin azúcar no hay país", la premisa que desde el siglo XIX resumía la relación entre Cuba y el azúcar, guiaba por entonces la conciencia económica nacional. Pero según Portell, dicha identidad era "completamente artificial, obra de los horrores y el egoísmo de los hombres. La industria azucarera nunca se ha bastado a sí misma, siempre ha vivido del favor y de los sacrificios de los demás, como un enorme parásito". El mismo prólogo sostiene que al azúcar se debe no sólo "el régimen de la esclavitud" sino "la creciente proletarización del pueblo en esa función", ahora esclavo de los intereses económicos norteamericanos.[12] Como se ve, los argumentos de Portell coincidían, en gran parte, con los de Ortiz, al menos como este los había expresado en la *Geografía universal* (1936). En efecto, el *Contrapunteo* sostiene la crítica del azúcar, pero no entra en la polémica política contemporánea. (En su "Introducción", Malinowski dirá que "el Dr. Ortiz se abstiene de toda afirmación inoportuna".)[13] Como opta por la más amplia perspectiva histórica, el prólogo de Portell explicita la posición política que yace implícita en el texto de Ortiz. Lo cual no elimina la importancia de los antecedentes. De hecho, los dos capítulos de la *Geografía universal* (1936) constituyen la premisa, suerte de ideología, del argumento del *Contrapunteo*, y funcionan como otros dos "capítulos adicionales".

Que el frente antiazucarero, cortesía de Ortiz y Portell, sonó la alarma entre los defensores de la industria puede medirse en parte por la crítica que,

---

[11] *La industria*, p. VI. La tesis también la plantea José Antonio Guerra, en *Azúcar y población*, pp. 291-298, en apéndice fechado 28 de septiembre de 1942.
[12] *Contrapunteo*, p. 130.
[13] *Contrapunteo*, p. 131.

tres años después, apareció en el panfleto *The Truth About Sugar in Cuba* [La verdad sobre el azúcar en Cuba], redactado de Antonio Barro Segura, pero pagado por la Asociación Nacional de Productores de Azúcar de Cuba.[14] El panfleto, que circuló mayormente en su traducción inglesa, en realidad respondía a un artículo incendiario de Portell, "La industria azucarera y su futuro", publicado en 1942 en *Revista Bimestre Cubana* (entonces dirigida por Ortiz) donde el historiador nacionalista volvía a la carga en la denuncia de los intereses de la industria, y en particular "una campaña de ataque a la política azucarera norteamericana" que entonces se dirigía desde Cuba.[15] Eran los años de la segunda Guerra Mundial, y el gobierno norteamericano, luego de comprar la totalidad de la zafra cubana de 1942, renegociaba futuras compras a otros países latinoamericanos (como República Dominicana y Perú) y lanzaba su propia campaña de restricción de consumo doméstico. A la luz de estos hechos, Portell Vilá concluía, con típica pasión, que había que aplicarle a la industria azucarera ("ese Frankenstein de la economía cubana") "una prudente y bien calculada eutanasia [...] hay que destruirla para que Cuba viva, para que pueda vindicar 'su derecho a existir'". Sobra decir que Barro Segura defendió la industria contra estas críticas e impugnó los puntos de vista de Portell, no sin antes remontarlos, en la primera página, al "interesante y erudito libro de don Fernando Ortiz, *Contrapunteo cubano del tabaco y el azúcar*". La impugnación era, por tanto, doble.[16]

Esa reticencia de Barro Segura ante el texto de Ortiz –la única referencia es ésta– constituye un índice más del silencio que rodeó la publicación del *Contrapunteo*. Si hubo disensiones, sobre todo en lo tocante a la industria azucarera, éstos fueron silentes –no convenía llevarle la contraria, sobre todo en materia tan espinosa como el azúcar, a un sabio tan prestigiado como Ortiz–.[17] Pero también indica otra cosa: la propia naturaleza del texto del *Contrapunteo*.

[14] El título completo es *The Truth about Sugar in Cuba. Corrections to and Explanation of the Pamphlet Entitled 'The Sugar Industry and its Future' by Mr. Herminio Portell-Vilá*, La Habana, Ucar, García, 1943. Según nota al frente, el panfleto "ha sido traducido al inglés a instancia *(sic)* del Sr. José M. Casanova, presidente de la Asociación Nacional de Productores de Azúcar, no como propaganda, lo cual no es, sino como contribución a la comprensión de la industria azucarera cubana por los Estados Unidos y el mundo", traduzco de p. 4. El texto de Portell-Vilá es el mismo de la n. 49. No se conoce traducción al inglés del texto de Portell, o del original español de Barro y Segura.

[15] Portell-Vilá, "La industria azucarera", p. 174.

[16] Barro y Segura, p. 7.

[17] Véase sobre todo una de las pocas reseñas que apareció en un diario habanero de importancia, que amén de sinuosa apareció bajo el seudónimo de *Diplomaticus* y enviada "desde Washington": "Sobre un interesante contrapunteo" y "Contrapunteando", *Diario de la Marina*, 15 y 18 de enero, 1941, pp. 22 y 28, respectivamente. La tesis de Ortiz aparece entre líneas en

Se trata, ante todo, de un ensayo histórico. Su fundamento es el dato comprobado a lo largo del tiempo, a veces hasta siglos; no la opinión o interpretación polémica basada en el debate contemporáneo, que por definición es de corto alcance. La *Geografía universal* y el anticipo de 1936 habían desarrollado una crítica frontal a base de "contraste"; el nuevo libro adopta la forma del tratado a base de contrapunteo, tanto en contenido como en estructura. Si su vigencia contemporánea –o su contrapartida: la fugacidad política– quedaba a cargo del prólogo de Portell, sus implicaciones teóricas, como también veremos, quedaban a cargo de la "Introducción" de Malinowski. Así, el texto se podía concentrar en el "contrapunteo" del ensayo delantero y la "evidencia" de los "capítulos complementarios". Tampoco se trata, estrictamente, de un tratado económico, y mucho menos marxista. El nacionalismo de Ortiz le impide concebir la economía capitalista como inevitablemente global; antes bien, percibe ese carácter global como una imposición artificial y alienante causada por debilidades de la estructura económica interna –para no hablar de lacras históricas– y, por tanto, enteramente evitable. Del marxismo, cuando no del pensamiento económico a secas, Ortiz sí deriva una amplia premisa general: las relaciones sociales están determinadas por relaciones de producción. Sin embargo, tampoco concibe la economía a partir de leyes científicas, como lo hace el materialismo histórico, ni como resultado de conflictos metaeconómicos, como en la lucha de clases. Su perspectiva podría ser tachada de ingenua, pero sólo si perdemos de vista que su alegato principal es histórico; o mejor dicho, como recientemente ha puntualizado Rafael Rojas, *cívico*. Quiso mejorar la cosa pública, no disectar estructuras económicas.[18]

otro libro de Ramiro Guerra, *Filosofía de la producción cubana,* La Habana, Cultural, 1944, donde plantea, a modo de refutación, la "ley fundamental de la producción cubana": "El único medio que está al alcance de Cuba es el de exportar productos necesarios en el extranjero, venderlos en la mayor cantidad posible en moneda extranjera de valor reconocido en el mercado universal, dólar o libra esterlina, y obtener de esta manera divisas con que efectuar compras y hacer pagos", pp. 25-26. Para su discusión de exportaciones de azúcar y tabaco durante el periodo 1934-1941, véase pp. 157-171. Sin embargo, para 1944 la posición de Guerra ya se acercaba bastante a la de Ortiz. Véase *ibid.*, p. 177. Agradezco a la doctora Ana Cairo Ballester su alerta sobre la importancia de este otro libro de Guerra.

[18] "Ortiz no podía, ni lo intentaría siquiera, caer del lado del marxismo que conocía desde sus años mozos", en Julio Le Riverend, "Fernando Ortiz y su obra cubana", en su *Órbita de Fernando Ortiz,* La Habana, Unión, 1973, p. 38: "Su conocimiento del marxismo, como alumno de Alfonso Asturaro y lector temprano de textos fundamentales [...] no servirían para situarlo sin más en la corriente materialista histórica", en "Ortiz y sus contrapunteos", en Fernando Ortiz, *Contrapunteo cubano del tabaco y el azúcar,* Caracas, Biblioteca Ayacucho, 1978, p. XXII. El comentario de Rojas proviene de su texto inédito, "El homo *cubensis:* de la etnología a la antropología de la cubanidad", leído en el simposio "Cuban Counterpoints", Graduate Center, CUNY, Nueva York, 20 de marzo, 2000.

El debate nacional sobre el azúcar que sirve de trasfondo polémico al *Contrapunteo* contrasta, asimismo, con la relativa ecuanimidad de las ideas sobre el tabaco. Los intereses, claro está, no eran los mismos. Ni las inversiones ni las ganancias de la industria del tabaco fueron nunca tan altas como las del azúcar–ésa es, justamente, la tesis del *Contrapunteo*–. Por tanto, nunca hubo en realidad debate nacional sobre el tabaco, aun cuando, como recientemente ha demostrado Jean Stubbs, la realidad económica de la industria tabaquera estaba mucho más cerca de la azucarera de lo que sugería Ortiz, o al menos de lo que su *Contrapunteo* daba a entender. Es cierto que el propio Ortiz sostiene, en un momento clave del ensayo delantero, que "El régimen económico del tabaco se va acercando al tradicional del azucarero, uno y otro por igual estrangulados desde lejos y desde cerca por tentáculos impíos".[19] Pero por lo general su argumento muestra una parcialidad hacia el tabaco que los datos históricos tienden a contradecir.

Así, por ejemplo, se ha comprobado, en detrimento de un aspecto de su tesis, que durante el siglo XIX la mayoría de las tierras dedicadas al tabaco, sobre todo en la provincia de Pinar del Río (Vueltabajo), también operaban con mano de obra esclava; que el enorme incremento de producción durante el mismo periodo creó latifundios, muchos de ellos de propiedad extranjera; que la demanda de tierras propicias hizo que igualmente se consolidaran, sobre todo en el siglo XX, el capital agricultor con el industrial, lo cual eliminaba al pequeño propietario; y que la situación económica del obrero tabacalero en realidad no fue mucho mejor que la del azucarero, exceptuando, tal vez, los efectos nocivos del "tiempo muerto" que afectaban principal, aunque no únicamente, a estos últimos. Ortiz, al parecer, no conocía estos datos. El propio Ortiz reconocía los límites de su método cuando advertía, en el primer capítulo adicional, que "Los fenómenos económico-sociales son harto complejos en su evolución histórica y los múltiples factores que los determinan los hacen variar sus trayectorias, ora acercándolos entre sí por sus semejanzas como si fuesen de un mismo orden, ora separándolos por sus diferencias hasta hacerlos parecer como antitéticos". El ensayo todo está lleno de semejantes obervaciones. A ello habría que añadir que para cuando Ortiz escribe el libro ambas industrias han entrado ya en una fase de alto capitalismo cuya alienación extrema contradicciones, y no únicamente en uno solo de sus sectores. Así al menos lo expresa el autor cuando lamenta:

---

[19] *Contrapunteo*, p. 219. Véase Jean Stubbs, *Tobacco on the Periphery. A Case in Cuban Labour History, 1860-1958*, Cambridge University Press, 1985 (tr. esp.: *Tabaco en la periferia*, La Habana, Editorial de Ciencias Sociales, 1989).

"Pero ya hoy día (1940), por desventura, todo lo va igualando ese capitalismo, que no es cubano, ni por Cuba ni por amor".

No será su único comentario al respecto. En su totalidad revelan, de hecho, que la opinión que tenía Ortiz sobre las relativas diferencias entre los dos productos era mucho más compleja de lo que el argumento total del ensayo da a entender. Sirvan de ejemplo estos pocos comentarios:

> El capitalismo también va acercando los fenómenos industriales del tabaco a los del azúcar, aproximándolos a ambos en una creciente extranjerización, abrumadora para Cuba. Si el azúcar fue siempre económicamente predominio extranjero y redujo la participación cubana a lo indispensable, a su producción como materia prima, así se está ahora procurando que ocurra con el tabaco [...] En estas décadas últimas, cuando el creciente influjo y concentración del capitalismo financiero van sintetizando e igualando los problemas del trabajo en todas las producciones, las demandas obreras en el azúcar y el tabaco han sido más semejantes que en pasadas épocas, cuando ambas estructuras industriales eran más diferentes entre sí.[20]

Aun si Ortiz hubiese conocido todos estos anteriores datos sobre el tabaco cabe preguntarse si el contrapunteo de Ortiz produce, más que descubre, el contraste entre los dos productos. Lo cual plantea, a su vez, una observación y una pregunta, cada una de distinta índole. Primero, que el tono que permea al ensayo delantero —es decir, las conclusiones— es, en última instancia, nostálgico. Si en efecto Ortiz escribe en un momento en que las diferencias entre las industrias están ya en vías de extinción, eso significa que el contrapunteo mismo está desapareciendo, y por tanto también lo está la propia identidad nacional que lo expresa. No se suele decir que el *Contrapunteo* es un texto de crisis. Y, sin embargo, lo que revela su nostalgia es el lamento sobre una identidad nacional a punto de desaparecer. En este sentido, Ortiz fue un visionario, sensible como era a las profundas realidades de Cuba. La pregunta, a su vez, se refiere a lo que pudiéramos llamar la epistemología del contrapunteo: si Ortiz necesitaba resaltar las diferencias entre las dos mercancías a base de un contrapunteo, entonces ¿qué significa ese procedimiento?

No era la primera vez que el método contrapunteico —en el amplio sentido de un discurso de oposición o contraste— se aplicaba al pensamiento económico de la isla. Ya en las primicias del siglo XIX, el intendente Alejandro Ramírez (¿-1821), enviado a Cuba por la Corona española para informar sobre el futuro desarrollo de la isla, había ideado lo que mucho más tarde Friedlaender

---

[20] Véase *Contrapunteo,* pp. 232-238.

llamaría la tesis de "Cuba pequeña": fomento de la pequeña propiedad, colonización e inmigración blanca (y por tanto libre), repartición de las grandes haciendas en favor de vegueros y fruteros menores. La tesis de Ramírez, que en su momento fue compartida por figuras políticas de la época (como el propio Cienfuegos, a la sazón capitán general de la isla) se concebía como un plan de diversificación económica con un propósito importante: abolir la trata de esclavos. La idea de Ramírez se oponía, por tanto, al plan de desarrollo de la isla bajo el fomento de la industria azucarera (lo que Friedlaender llama "Cuba grande") que desde fines del XVIII había propuesto Francisco de Arango y Parreño (1765-1837), y que veía en la esclavitud la única fuente costeable de mano de obra. Lo importante de este antecedente es que, sea en el siglo XIX o en el XX, la tesis de una "Cuba pequeña" y sus presupuestos sólo se entienden por oposición, o contraste, a la de una "Cuba grande".[21]

En este sentido, el *Contrapunteo* de Ortiz –junto con el ilustre antecedente de Ramírez– no es sino el arquetipo pionero de una serie de estudios económicos que se han hecho a lo largo del siglo XX con un rasgo metodológico en común: el enfoque en dos productos, casi siempre dentro de un solo país en vías de desarrollo, para analizar la historia nacional a partir de las fortunas y desgracias de esas mercancías. La oposición binaria entre los dos productos demuestra, así, la "villanía" de uno en contraste con la relativa "bondad" del otro. Sin embargo, se ha comprobado que la misma metodología produce, según la circunstancia a que se aplique, distintos resultados. Así, si para Ortiz en Cuba el tabaco ha sido bueno y el azúcar mala, en cambio para Nieto Arteta en Colombia el tabaco ha sido malo, pero el café bueno; mientras que para Celso Furtado, en el Brasil, el café es bueno y el azúcar mala. Para el economista Albert Hirschman, quien ha estudiado un amplio espectro de estos diversos "contrapunteos", se trata del "fenómeno de convergencia" –convergen ventajas o desventajas hacia una u otra evaluación– y asimismo la extiende a otros tipos de actividad económica.[22] Lo

---

[21] Para los datos sobre el intendente Ramírez, véase Leví Marrero, *Cuba: economía y sociedad: azúcar, ilustración y conciencia (1763-1868)*, Madrid, Playor, 1979, I, 153. H. E.; Friedlaender, *Historia económica de Cuba*, La Habana, Jesús Montero, 1944, pp. 160-161. Una biografa sintética de Ramírez aparece en *Cuba en la mano*, La Habana, Ucar, García, 1940, pp. 990-991.

[22] Véase Albert O. Hirschman, "A Generalized Linkage Approach to Development with Special Reference to Staples", en *Economic Development and Cultural Change*, vol. 25, Suppl, 1977, pp. 67-98 y sobre todo, 94-96. Hirschman a su vez cita a Luis Eduardo Nieto Arteta, *El café en la sociedad colombiana*, Bogotá, Breviarios de orientación colombiana, 1958; William P. McGreevey, *An Economic History of Colombia*, Cambridge University Press, 1971, pp. 217-241; y Celso Furtado, *The Economic Growth of Brazil*, R.W. de Aguiar y E.C. Drysdale (trads.), Berkeley, University of California Press, 1968.

interesante acerca del análisis de Hirschman –quien reconoce, por cierto, la importancia pionera del libro de Ortiz– es que todo ello le lleva a plantearse un dilema epistemológico: ¿es la convergencia (vale decir, todo contrapunteo), creación del observador ("una percepción selectiva de la realidad, creada a su vez por las preguntas que queremos contestar"), o realmente "existe en la naturaleza"? ¿Existe en el observador o en el objeto? Hirschman acredita lo segundo porque, como dice, "no hay nada intrínsicamente inconcebible acerca de un producto dado que actúe como conspiración multidimensional a favor o en contra de su desarrollo dentro de cierto ambiente histórico o sociopolítico".[23]

Sea como fuere, el argumento por oposición o contraste, sobre todo el carácter esquemático del ensayo delantero, es uno de los aspectos del libro que más admiración ha de haber despertado en Malinowski, aunque él mismo nunca llegara a articularlo. Es la razón, entre otras, por la que en su "Introducción" emitiera el juicio, sin duda interesado, de que "Ortiz pertenece a esa escuela o tendencia de la ciencia social moderna que ahora se apellida con el nombre de 'funcionalismo'".[24] En efecto, el método contrapunteico a base de oposiciones binarias enseña y deleita, pero ante todo hace otra cosa importante: organiza; muestra las categorías bajo las que tabaco y azúcar se diferencian. Mejor dicho: cómo se relacionan en sus diferencias. Al relacionarlas, hace algo más: desentraña, interpreta. En una palabra: estructura. El libro estructura un mecanismo fundamental de acción entre las dos mercancías. A su vez, sin los datos históricos el lector no llega a conocer la *transculturación*, la peculiar evolución del país, sobre todo en lo que toca a la industria del tabaco, que el autor favorece como estandarte de la nacionalidad; sin el ensayo delantero el lector carece del *contrapunteo*, el peculiar mecanismo de la economía nacional que produjo esa historia y que a su vez la explica.

Contrapunteo y transculturación poseen en común, a su vez, un rasgo importante: la estructura antinómica, o de oposición. Cada concepto confronta dos fenómenos, sólo que de manera distinta. En el contrapunteo, tabaco y azúcar discuten, exhiben sus diferencias, pero no presentan conflictos entre sí. Como dice Cabrera Infante, representan una "armonía a dúo".[25]

Tampoco se unen al final, salvo tal vez en ese hipotético "discreteo" de las "bodas" entre los dos productos a las que se alude al final del ensayo delante-

---

[23] Traduzco de Hirschman, p. 96.
[24] "Introducción", *Contrapunteo,* p. 130.
[25] En su *Puro humo*, tr. del autor y de Íñigo García Ureta, Madrid, Alfaguara, 2000, p. 79.

ro. En una palabra, el contrapunteo no es dialéctico: no exhibe ni contradicción mutua (tesis *versus* antítesis) ni trascendencia en una síntesis. En cambio, la transculturación sí lo es: la antinomia se basa en la diferencia cultural y se resuelve en una síntesis que a su vez difiere de sus fuentes: "en todo abrazo de culturas sucede lo que en la cópula genética de los individuos: la criatura siempre tiene algo de ambos progenitores, pero también siempre es distinta de cada uno de los dos".[26] En este sentido, el libro propone una hipótesis. Si, en efecto, el ensayo delantero es la derivación lógica de la información que contienen los capítulos adicionales, entonces el contrapunteo es una metáfora o eco de la transculturación: la "discusión" de la economía nacional recuerda, lejanamente, una "dialéctica" histórica. Sin embargo, y siguiendo la lógica típica del ensayo, esa relación metafórica se muestra y exhibe, pero ni se inflexiona ni se explicita. Queda al lector percibirla y, desde luego, descifrarla.

Como Freud, Marx o Nietzsche, por lo tanto –los tres se mencionan en el ensayo delantero– Ortiz moviliza una estructura dinámica que obliga al lector a comprometerse con la expansión de la conciencia, la suya individual y la colectiva nacional. Si Marx quiso "liberar la *praxis* entendiendo la necesidad que a su vez es inseparable de un análisis consciente que contra-ataca las mistificaciones de la falsa conciencia"; Freud "sustituir la conciencia, inmediata pero disimulante, con otra conciencia, mediatizada pero instruida por el principio de realidad", y Nietzsche "incrementar el poder del ser humano a través del potencial amenazante de misteriosas potencias como el de Dionisio o el eterno retorno", Ortiz quiso que su lector cotejase la aparente armonía económica de Cuba con la casi imperceptible disonancia de su historia.[27] En cualquiera de los cuatro casos, se trata de una expansión de la conciencia a través de los velos de la ilusión, el *contrapunteo,* y a partir de los datos materiales de una historia vivida, la *transculturación*. Sólo que el argumento de Ortiz se mantiene al margen de cualquier conclusión demasiado calcada sobre la hermenéutica de una ciencia social en particular. De ahí, por ejemplo, que cuando explique, al principio del ensayo delantero, la existencia del "contraste multiforme y persistente" de los productos, evite utilizar el concepto de conflicto, tan cargado de connotaciones psicoanalíticas o marxistas, y prefiera referirse a ellos como una "coordinación de vicisitudes históricas". (Al final del ensayo la reticencia será aún más explícita:

---

[26] *Contrapunteo*.
[27] Traduzco de Paul Ricoeur, *Freud and Philosophy*, New Haven, Yale University Press, 1970, p. 33.

"si el azúcar y el tabaco tuvieron contrastes, jamás tuvieron conflictos entre sí.")[28] Más aún podría decirse del marxismo, que el ensayo somete repetidamente a irreverentes juegos de palabras; o del moralismo de Nietzsche, que igualmente satiriza. *Advertencia* –de *ad-vertere,* "ir hacia" o "hacer notar"– es la primera palabra del subtítulo del libro.

(2002)

[28] *Contrapunteo,* p. 250.

Lezama y Vitier:
crítica de la razón reminiscente

> Cuando, pues, me acuerdo de la memoria, la misma memoria es la que se me presenta ya sí por sí misma; mas cuando me recuerdo el olvido, preséntanseme la memoria y el olvido: la memoria con que me acuerdo y el olvido de que me acuerdo.   San Agustín, *Confesiones,* x

Es posible leer toda la revista *Orígenes* como un solo texto. Es decir, posible leer los textos de esa constelación de poetas que durante doce años se agruparon bajo el signo de la revista que les dio nombre como un espacio continuo que en sus diversas entregas se conjuga, se repliega, se intercomunica. No hablo sólo del quehacer poético común a que, con razón, el propio Lezama Lima se ha referido como un "estado de concurrencia". Me refiero también y sobre todo a su reverso: a la formulación intelectual que trazan los ensayos de esos poetas que aparecieron en *Orígenes* y en otras publicaciones y cuyo necesario resultado fue el trazar una dirección crítica. Dirección crítica que surge de la meditación sobre la poesía como fuente y método de conocimiento y en cuyo centro una serie de textos importantes, aunque poco estudiados, coloca la función mediadora de la memoria, de la reminiscencia reconstruyente y creadora en el seno del tiempo. Crítica, en fin, que adquiere aún más sentido dentro del contexto estético que *Orígenes,* o que al menos Lezama Lima y Cintio Vitier –sus más lúcidos ensayistas– se plantearon repetidamente.

Aquí me limito, sin embargo, a ciertos textos de estos dos autores, deteniéndome en aquellos que practican lecturas metacríticas, autoexplicaciones, de su propia actividad. Estos textos aparecen a lo largo de dos décadas en *Orígenes* y en libros de Lezama y de Vitier. Limitado a un corte transversal, por consiguiente, no pretendo sacar en claro una imagen exhaustiva de la estética de *Orígenes* o siquiera de su implícita doctrina crítica, especialmente en el caso de Lezama, asunto mucho más vasto y complicado. La tarea preliminar a esos otros temas será la de extraer y dejar en claro ciertos rasgos intrínsecos de esa común orientación.

Un primer acercamiento a este ensayismo tomará conciencia de la naturaleza poético-crítica del mismo y del contexto intelectual en que se desarrolla. La primera es, necesariamente, una visión interior que toma como objetos tanto el texto y su implícita estética como una teoría de la expresión poética. En este sentido, Lezama y Vitier enlazan con la tradición del "poeta practicante" o el poeta-crítico —no siempre una unión feliz, como nos ha aclarado Wellek— pero que, no obstante, ha tenido resultados provechosos en su ámbito hispanoamericano y, sobre todo, cubano: pienso tanto en Borges y Paz como en Delmonte, Martí, Fernández Retamar, Sarduy.[1] Luego, a diferencia de la crítica pura, dicha práctica provee una lectura desde la propia escritura en que "crítica" suele ser, entre otras cosas, la metáfora que describe el acto de composición o que designa la ordenación del discurso poético: cualidad organizadora. De ahí que conozcamos de sobra la por supuesto exagerada sentencia de Eliot al describir su propia versión del término: "Hasta mantengo que la crítica que emplea un entrenado y diestro escritor en su trabajo es la forma más vital, el tipo más alto de crítica".[2] Por, lo general, la definición metafórica del término no ocupa un lugar central en los textos que aquí nos ocupan y cuando intenta hacerlo aparece desplazada por la concepción de la memoria como fuente de creación. En definitiva, a pesar del impulso creador subyacente a la densa escritura barroca de estos ensayos, en ellos no se advierte el más mínimo impresionismo.

Por otra parte, el contexto crítico en que se desarrolla el ensayismo de *Orígenes* es el de la Cuba literaria de los años cuarenta y cincuenta. Su trabajo lo practica el grupo a contrapelo de la coetánea crítica académica. Disuelta la dependencia respecto de España en los años de la posguerra civil, la posvanguardia cubana llega a desarrollar una crítica de raíz poética de considerable sensibilidad. La incomprensión de la misma por parte de otros contemporáneos, sin embargo, la llegó a resumir Jorge Mañach en célebre polémica con Lezama sobre la nueva poesía que apareció en las páginas de la revista *Bohemia*, al confesar: "La admiro a trechos pero no la entiendo".[3] Que fuera Mañach —líder de la vanguardia, antiguo redactor de *Revista de Avance*— precisamente

---

[1] Véase René Wellek, "The Poet as Critic, the Critic as Poet, the Poet-Critic", en *Discriminations: Further Concepts of Criticism,* New Haven, Yale University Press, 1970, pp. 253-275.
[2] En "The Function of Criticism", *Selected Essays,* Londres, Faber & Faber, 1932, p. 30.
[3] Jorge Mañach, "El arcano de cierta poesía nueva. Carta abierta al poeta José Lezama Lima", *Bohemia,* núm. 39, 25 de septiembre de 1949, p. 90.

el que reaccionara públicamente contra *Orígenes* indicó en 1949 la distancia que ya separaba al vanguardismo de sus descendientes, distancia que Lezama, en respuesta consiguiente a Mañach, no tardó en recalcar. En efecto, su comentario sobre el órgano del vanguardismo en Cuba fue que, "Sus cualidades eran [...] de polémica crítica, mas no de creación y comunicación de un júbilo en sus cuadros de escritores".[4] Y más adelante en su respuesta, él mismo ofreció la clave diferenciadora de esa escisión generacional: "Perdóneme usted esta total discrepancia, pero a su sinceridad he querido oponer la mía, cosa de que al final los dos quedemos en paz [...] al menos con nuestra conciencia crítica".[5]

Si en aquel momento Lezama sugirió un cambio crítico de "polémica" a "conciencia", ello fue resultado del descontento no sólo con las preferencias poéticas practicadas por el vanguardismo cubano, sino con la relativa ausencia de una crítica literaria creadora en las páginas de *Avance*. Conciencia crítica la de Lezama que por entonces fue perfilándose en algunos de sus primeros ensayos de *Analecta del reloj* (1953) como "El acto poético y Valéry" de 1938 –en que reacciona contra el proyecto de exactitud espiritual a que anhelaba el poeta francés en su curso de Poética– o, en otra modalidad, "Julián del Casal", un ensayo de 1941.[6]

En el prefacio a este último, por ejemplo, vemos a Lezama plantearse la historia de la poesía cubana como crisis de su lectura: enemistada al mismo tiempo por el conocimiento fragmentario, y por una superficialidad historicista, mera buscadora de fuentes. Crisis de lectura ocasionada por la falta de teoría poética paralela a la creación, pero cuya ausencia Lezama celebra, precisamente, como signo y reclamo de creación: "Qué importa que ninguno de nuestros poetas haya teorizado en su poesía aquellos *polysemos* de que nos habla Dante en su carta al Can Grande de la Scala, o sobre las ausencias mallarmeanas" (p. 62). Así pues, la lectura de esa historia poética se ha

---

[4] José Lezama Lima, "Respuesta y nuevas interrogaciones. Carta a Jorge Mañach", *Bohemia*, núm. 40, 2 octubre de 1949, p. 77. En todo el texto lo subrayado es mío.
[5] *Ibid*. Mañach continuó la polémica en un artículo posterior: "Reacciones a un diálogo literario. (Algo más sobre poesía vieja y nueva)", *Bohemia*, núm. 42, 10 octubre de 1949, pp. 63, 107. A pesar de que sólo median once años entre las fechas de nacimiento de Mañach y Lezama, ello es ya una diferencia decisiva. Mañach (1899) pertenece a la primera promoción de la generación vanguardista o de 1924, Lezama (1910) a la segunda promoción de 1939 o de posvanguardia. Utilizo la periodización de José Juan Arron: *Esquema generacional de las letras hispanoamericanas,* Bogotá, Instituto Caro y Cuervo, 1963, véanse pp. 194-213 para un resumen de la labor de toda esta generación.
[6] "El acto poético y Valéry" y "Julián del Casal" en *Analecta del reloj,* La Habana, Orígenes, 1953, pp. 53-55 y 62-97, respectivamente. En lo que sigue, indico el número de la página en las mismas citas.

de realizar, según Lezama, con base en un examen interior al objeto, "De la misma manera que un poeta o pintor detenido en la estética de la flor tendría que abandonarse, reconstruirse para alcanzar la estética de la flor"(p. 62). Y cuando Lezama advierte la función del crítico como paralela a la del creador, ello se opone necesariamente a una crítica histórica que en el ámbito hispanoamericano él considera aún más insuficiente. Por eso agrega: "pero en América, la crítica frente a valores indeterminados o espesos, o meras secuencias tiene que ser más sutil, no puede abstenerse o asimilarse a un cuerpo contingente, tiene que reincorporar un accidente, presentándolo en su aislamiento y salvación" (p. 63).

Sin duda se atisba ya un tipo de crítica objetiva que destaque el valor simbólico del texto en su aislamiento. Pero si bien Lezama quiere rescatar un enfoque intrínseco, tampoco pretende reducir la lectura a estos términos. Introduce, entonces, la necesidad de una lectura de la tradición en el texto por medio de la función mediadora de la memoria:

> Hay un momento en la crítica y en la poesía, que arranca de Poe, divulga Baudelaire, aprovecha Valéry, en que todo quiere quedar como método dentro de una noche en la que se han borrado los astros naturales, de acompañante luz. Poe en sus cuentos, en sus estudios sobre la luz, en sus críticas, hablaba de un *método de razonamiento sugestivo*. Esa frase es tan real como ésta que yo propondría, para declarar la crítica que más le conviene a un poeta: una potencia de razonamiento reminiscente (p. 66).

Lezama se refiere en este contexto a la práctica del poeta-crítico, no a su cualidad. Tiene sentido así el que se sitúe dentro de la línea de la crítica simbolista, lo cual le permite ilustrar textualmente la recomendada reminiscencia de una tradición en la lectura. Nada más claro, por otra parte, que las relaciones de este método con la teoría platónica del conocimiento, la cual Lezama también incluye ampliamente en su ensayo junto con el implícito trasfondo mitológico: Mnemósine, diosa de la memoria, es también la madre de las musas. Aquí importa detenerse en un par de pasajes en que Lezama denuncia el provecho de un método de enlaces y precisa el procedimiento esencialmente dialógico de este tipo de lectura. En el primer pasaje dice:

> Ese razonamiento reminiscente favorece una mutua adquisición, apega lo casual a lo originario, vuelve el guante para mostrar no sólo las artificiosas costuras y el rocío de la transpiración. Este razonamiento reminiscente, ahuyenta la reminiscencia del capricho o de la nube, comunicándole a la razón una proyección giratoria de la que sale espejada y gananciosa (p. 66).

La dificultad del pasaje radica en el vocabulario metafórico que utiliza. No obstante el sentido me parece claro: el descubrimiento de la función intrínseca, deliberada, nada inocente, de la alusión literaria en el texto poético, una reminiscencia razonada que ahuyente el capricho de la lectura. El segundo pasaje, que a pesar de su extensión y por su importancia quiero citar en su totalidad, precisa aún más la sutileza recomendada en una verificación funcional de enlaces intertextuales,[7] especialmente en una cultura como la americana en la que a menudo se exagera la dependencia total:

> ese razonamiento reminiscente, puede evitarnos que la crítica se acoja a un desteñido complejo inferior, que se derivaría de meras derivaciones, influencias o prioridades, convirtiendo miserablemente a los epígonos americanos en meros testimonios de ajenos nacimientos. Ese procedimiento puede habitar un detalle, convirtiéndolo por la fuerza de su mismo aislamiento en una esencia vigorosa y extraña; no detenerse en los groseros razonamientos engendrados por un texto ligado a un texto anterior, sino aproximándose al instrumento verbal en su forma más contrapuntística, encontrar la huella de la diferenciación, dándole más importancia que a la influencia enviada por el texto anterior al punto de apoyo, rápido y momentáneo, en el que se descargaba plenamente. Así por ese *olvido* de estampas esenciales, hemos caído en lo cuantitativo de las influencias, superficial delicia de nuestros críticos, que prescinden del misterio de eco (p. 67).

No se trata entonces de encontrar la fácil influencia o de postular la evidente identidad, sino de precisar en la lectura cómo se codifica textualmente tal influencia, lo cual, en sí, no es ningún descubrimiento espectacular para nosotros pero, en su momento, es una declaración lo suficientemente revolucionaria para que sea ignorada por completo. Por lo demás, la lectura contrapuntística del lenguaje que avisa Lezama rebasa en este momento el estudio de fuentes para indagar en los estratos dialógicos de la palabra poética —"misterio del eco"— que supone precisar la función del enlace intertextual. Cabe agregar que, en este sentido, existe una curiosa afinidad entre el método esbozado aquí por Lezama y la clasificación dialógica puesta en práctica doce años antes que él por el formalista Mijail Bajtin.[8] De esta manera, en la segunda parte de su ensayo Lezama puede leer sólo la huella superficial de Baudelaire en Casal, destacando el aporte efectuado por éste en la metamor-

---

[7] El concepto de *intertextualidad,* diálogo textual, lo plantea Severo Sarduy, "El barroco y el neobarroco", *América Latina en su literatura,* México, Siglo XXI, 1972, pp. 177-178.

[8] Véase *Problems of Dostoievsky's Poetics,* Ann Arbor, Ardis, 1973, cuya primera edición rusa es de 1929. La afinidad es coincidencia, no derivación y ello mismo prueba, precisamente, la tesis defendida aquí por Lezama.

fosis de la imagen tropical en su poesía: mar y sexo ahora transformados por metáforas de ardor insular. Sin embargo, hacia el final de su lectura de Casal y del siglo XIX poético, se comprueba definitivamente su puesta en práctica de una crítica creadora que surge en reacción a una lectura superficial y pomposa: "un nuevo siglo XIX nuestro, creado por nosotros y por los demás, pero que de ninguna manera podemos dejar abandonado a nuestros ponzoñosos profesores ni a los pasivos archiveros" (p. 80).[9]

2

Como queda dicho, el problema que plantea Lezama es esencialmente una crisis de lectura, resuelta en él por un ejercicio de reminiscencia creadora. Si ahora atendemos a uno de los primeros textos críticos de Cintio Vitier, publicado en *Orígenes* en 1947, sorprendemos este mismo concepto ahora aplicado a la escritura y a una teoría de la expresión y del conocimiento poético. Es decir, la memoria ahora considerada desde el otro dorso del proceso literario. Significativamente, el texto se titula "Nemósine (datos para una poética)" ensayo de tres secciones, la segunda de las cuales apareció dos años antes (1945) en *Revista Cubana* bajo el título de "El saber poético".[10] Esa primera entrega indica que el concepto de la poesía como conocimiento determina la configuración total del ensayo. Sólo en la última sección es cuando Vitier alude a ciertos conceptos relacionados con una posible lectura, pero la reflexión que plantea en las primeras secciones sobre esa función de la escritura poética y de la memoria creadora permiten considerar todo el ensayo como un ejercicio de inquisición estética.

En primer lugar, su tesis ve en la memoria una función estructurante de la existencia que otorga sentido a los hechos en su sucesión, concediéndoles

[9] Las primera y segunda partes del ensayo de Lezama forman un todo orgánico. El resto del ensayo contiene otras cuatro secciones y una nota final, todas ellas agrupadas bajo el subtítulo de "Esteticismo y dandysmo". Éstas han sido publicadas por separado, por cierto, en *La Gaceta de Cuba,* año III, núm. 38, 15 de junio de 1964, pp. 12-13. Aunque también tratan de la relación Casal-Baudelaire, estas secciones enfocan el problema de una manera distinta a las dos primeras. Según la bibliografía sobre Casal compilada por Mario Cabrera Saquí, el ensayo de Lezama apareció por primera vez en el diario habanero *El Mundo,* 15 de junio de 1941 (no indica página). No he podido consultar este texto para verificar la escisión en dos partes, Véase dicha bibliografía en Julián del Casal, *Poesías completas*. Recopilación ensayo preliminar, bibliografía y notas de Mario Cabrera Saquí, La Habana, Publicaciones del Ministerio de Educación, Dirección de Cultura, 1945, p. 45.

[10] Cintio Vitier, "Nemósine (datos para una poética)", *Orígenes,* vol. 5, invierno, 1948, pp. 29-41 y "El saber poético", *Revista Cubana,* vol. XX, julio-diciembre, 1945, pp. 64-69. En lo que sigue, incluyo el número de página en las mismas citas.

valor estético al agregar otros elementos ajenos e involuntarios, A la luz de lecturas de san Agustín y Proust, Vitier llega a considerar la memoria como una de dos condiciones del merecimiento poético: la otra condición será para él una conciencia del tiempo. Así para Vitier, "El tiempo implacable, la fría sucesión en la memoria, se vuelve sustancia amorosa, memoria enamorada" (p. 31) y ésta, a su vez, se convierte en el "primer estado, el primer indivisible de la posibilidad poética" (p. 31). Pero si bien esa memoria es una función estructurante vital, ésta no deja de contagiar también la forma esencial del propio poema ni de integrar en su centro la inevitable historia. Luego, la forma poética –"relámpago de memoria inmemorial", según frase de Vitier– se convierte en "una huella que exige necesariamente otras" (p. 33), y se acopla al fluir histórico, "como la libertad intuitiva conduce a un especial anhelo discursivo". Por esta razón veo en los planteamientos de Vitier algo más que una simple reformulación del viejo tema de la inspiración poética para considerar problemas formales de la tradición. Asimismo, la tensión de lo que él llama aquí, "saber poético", conocimiento del mundo por vías órficas, se desprende, igualmente, tanto del signo individual que aporta la memoria creadora como de un deseo de voluptuosidad mística hacia una realidad trascendente.[11] Con todo, para Vitier la memoria radica en el centro mismo de la vocación poética, pues ello provee la sustancia de un profetismo definidor: "Allí suele descifrarse la experiencia y nacer el don de profecía, que consulta ciegamente las entrañas del cambio y se alimenta de un tiempo venidero, es decir, de otra figura de la fugacidad" (p. 37).

Más adelante en su ensayo, Vitier presenta una interpretación del "acto" o "estado poético" en el que inserta las teorías de Valéry dentro de una propia perspectiva católica de salvación a través de la poesía; pero inmediatamente después regresa a una discusión de la reminiscencia al introducir una distinción entre la actividad científica y poética –divergencia que, años más tarde y por su parte, Octavio Paz se encargaría de disolver–.[12] En esta poética de Vitier, la memoria creadora llega a sustituir la función de la crítica si entendemos el término en su sentido metafórico de *cualidad* y no de práctica. Para Vitier, la actividad científica, incluida la filosófica, implica una etapa crítica, de censura, *a priori;* mientras que la actividad poética, por el contrario, sólo

---

[11] Si bien el concepto de poesía como conocimiento es un interés común de la estética de posvanguardia, Vitier, poeta católico, también evoca contactos con el coetáneo movimiento neotomista y, en especial, con el pensamiento de Jacques Maritain, cuyas obras se difundían desde los años veinte. Maritain resumió su estética en *Creative Intuition in Art and Poetry,* Nueva York, Pantheon Books, 1953.
[12] Octavio Paz, "Conocimiento, drogas, inspiración", en *Corriente alterna,* México, Siglo XXI, 1967, pp. 79-84.

abarca el acto poético mismo, esencialmente pasivo. Pero si existe algo en esta poética que efectúa el rescate y conocimiento de las esencias ello es la memoria, verdadero agente mediador entre la experiencia vital y la escritura. De ahí que para Vitier la poesía, "sólo es concebible cuando lo vivido, al contagiarse del medio transparente de la intimidad, y por un salto de energía rigurosamente místico, da de sí lo que su tensión vital inmediata sofoca: las esencias" (p. 40). Acto creador el de la memoria en que se trasciende el pasado como experiencia conclusa y se reafirma la posibilidad de salvación: retorno a la unidad e identidad perdidas que, al cabo, en infinita regresión, lo salvaguarda la propia memoria del olvido, paradoja que tanto fascinó a san Agustín, y con la que Vitier concluye su ensayo al llamarla el más radical signo de comunión y rescate de lo poético.

De nuevo, la filiación neoplatónica de esta poética parece evidente, al hallarse otra formulación de la doctrina de la inmortalidad del alma a través de la función reminiscente en la poesía. Más interesante me parece, sin embargo, la distinción trazada por Vitier entre ciencia y poesía por el lugar que ocupa la memoria en relación homóloga con la crítica. Implícito en su argumento —ya que se trata de una poética— es el posible perjuicio de la cualidad crítica en un contexto poético de creación. Sin embargo, Vitier no llega a desarrollar esta amenaza teórica sino dos años más tarde en su ensayo "La crítica y la creación en nuestro tiempo", que está recogido en su libro *Crítica sucesiva*.[13] Aquí Vitier, por cierto, nos ofrece valiosas opiniones sobre sus preferencias críticas, ahora considerando el término tanto como práctica como cualidad del poeta. Por ejemplo, caracteriza la crítica poética como "la capacidad, en extremo rara, de obtener de esas mismas obras imágenes vivientes, originales y objetivas en su validez" (p. 14). Sobre la actitud crítica en general nos aclara que, para él, ésta "nace quizás de una sospecha trascendente: la sospecha de que la realidad, al trasponer sus enigmas en los símbolos indelebles del arte, no logra otra cosa que plantearlos en una forma más aguda y necesaria" (p. 15). Crítica poética, pues, que no pretende ser exhaustiva en su restitución del objeto sino ser ella misma continuación de él, en contraste con otro género de crítica "de intención descriptiva (histórica, filosófica, siempre ancilar) en cuyo ámbito se alcanzan desde luego imprescindibles claridades" (p. 14). Pero es hacia el final del ensayo cuando el movimiento dialéctico de Vitier desemboca en el pesimismo que yacía implícito en ese dualismo

---

[13] Cintio Vitier, *Crítica sucesiva,* La Habana, Ediciones Unión, Instituto Cubano del Libro, 1971, pp. 13-21. Desconozco la bibliografía de la primera publicación del ensayo, pero Vitier indica aquí que 1949 es su fecha original. En lo que sigue, incluyo el número de la página en las mismas citas.

de crítica-creación. En la consideración de la práctica del poeta crítico, Vitier encuentra, no el anhelo de restitución del ideal renacentista del *uomo universale*, sino por el contrario, otro indicio de la obsesión de nuestra época por la divisibilidad: división del átomo, reificación del trabajo. "Genios o ingenio divididos o divisores, tienen que ser por lo mismo, eminentemente críticos, no ya sólo en sus necesarias relaciones con el mundo que los rodea y sostiene sino desde la raíz de su creación" (p. 19). Así, al celebrar, como vimos, la *práctica* del poeta crítico, Vitier no deja de lamentarse de la *cualidad* del mismo o, diríamos más bien, no deja de lamentarse de la cualidad que en nuestra época se convierte irremediablemente en práctica. Una nostalgia de la inocencia creadora anterior a la escisión provocada por el Romanticismo, por lo tanto, es el necesario resultado de esa meditación de Vitier, cuya sombría conclusión lo hace exclamar: "¿Cómo consolarnos hoy de que el artista se haya vuelto él un terrible problema, testimoniando así por otra parte, conmovedoramente, la absoluta fidelidad con que se entrega al destino de su tiempo?" (p. 21), pregunta retórica que encierra no tanto una observación objetiva como una declaración metacrítica de su escritura.

3

Con este segundo ensayo de Vitier, podemos comprobar una línea discontinua que lleva a sus lógicas consecuencias teóricas lo que para él constituye el peligro de la práctica crítica, omitiendo ahora toda posible defensa reminiscente en la cualidad del poeta. Si ahora nos acercamos al último texto que nos queda por examinar, *La expresión americana* de Lezama Lima, comprobaremos una continuación de los conceptos esbozados en su ensayo sobre Julián del Casal, en movimiento paralelo a la empresa de Vitier. "Mitos y cansancio clásico", el primer ensayo de este texto, plantea la relación polémica del pensamiento de Lezama con el de Vitier, sobre todo en torno a la concepción del lugar de la crítica en la creación contemporánea. Como huella preliminar de este diálogo Lezama-Vitier será conveniente recordar que *La expresión americana* fue originariamente una serie de cuatro conferencias pronunciadas en el Centro de Altos Estudios de La Habana en 1957, precisamente el mismo año en que Vitier dicta las conferencias del curso que aparecerían más tarde bajo el título de *Lo cubano en la poesía*.[14] La coincidencia de

---

[14] José Lezama Lima, *La expresión americana*, La Habana, Instituto Nacional de Cultura, Ministerio de Educación, 1957. Cito por la edición española, Madrid, Alianza Editorial, 1969. En lo que sigue, incluyo número de la página en las mismas citas. Las fechas exactas de las

fechas sugiere una sincronizada inquisición en la cultura americana por parte de estos poetas, continuando así una larga tradición hispanoamericana.[15]

En "Mitos y cansancio clásico", Lezama insiste en la "dificultad del sentido y de la visión histórica" (p. 10) cuya solución, nuevamente planteada, equivale a la lectura intertextual que él mismo había vislumbrado teóricamente dieciséis años antes. El nuevo planteamiento de Lezama, pues, será en términos de la participación de la imagen en la historia, enlace que otorga un sentido relacional, aunque no necesariamente cronológico, a las entidades imaginarias. Es decir, con términos avisados en el ensayo sobre Casal, términos como "contrapunto" y "enlaces", aquí Lezama realiza un corte sincrónico a través de la historia del arte —cuadros de los hermanos Limbourg, de Breughel, de Van der Weyden y Jan Van Eyk— posibilitado por la coincidencia metafórica en esos lienzos, textos ahora sometidos a una lectura creadora y que, por lo tanto, establecen un mutuo diálogo: "Lo que ha impulsado esas entidades, ya naturales o imaginarias, es la intervención del sujeto metafórico, que por su fuerza revulsiva puso todo el lienzo en marcha, pues, en realidad, el sujeto metafórico actúa para producir la metamorfosis hacia la nueva visión" (p. 15).

Lectura creadora que para Lezama se extiende a los confines de la propia escritura —como se comprueba al leer *Paradiso*— para reconocer la eficacia de un espacio contrapunteado por la imagen en la historia: "Lo que hace que una expresión sea máscula y eficaz es que adquiera relieve en ese espacio, animado por una visión donde transcurren las diversas entidades" (p. 17).

Una vez planteada esa teoría de la lectura y escritura, Lezama entra de lleno en una discusión del problema de la crítica en una época de creación alejandrina. Menciona, inicialmente, la derrota de la crítica tradicional ante la obra de Joyce. Así pues, tomando a Curtius y a Eliot como modos opuestos de lecturas de la tradición, Lezama nos revela que:

> Nuestro método quisiera más acercarse a esta técnica de la ficción, preconizada por Curtius, que al método mítico crítico de Eliot. Todo tendrá que ser reconstruido, invencionado de nuevo, y los viejos mitos, al reaparecer de nuevo, nos ofrecerán sus conjuros y sus enigmas con un rostro desconocido. La ficción de los mitos son nuevos mitos, con nuevos cansancios y terrores (p. 20).

conferencias fueron los días 18, 22, 23 y 26 de enero de 1957. Vitier dicta su curso, "en el Lyceum de La Habana del 9 al 13 de diciembre de 1957", según nos dice él en *Lo cubano en la poesía*, La Habana, Departamento de Relaciones Culturales, Universidad Central de Las Villas, 1958, p. 9.

[15] Véase Emir Rodríguez Monegal, *Narradores de esta América*, Montevideo, Alfa, 1969, pp. 14-16, para una discusión de los resultados de esta tradición en el siglo xx.

Hay que aclarar que en la primera frase de Lezama se alude a una cita de Curtius que él reproduce dos páginas antes en su ensayo: "Con el tiempo, nos dice Ernst Robert Curtius, resultará manifiestamente imposible emplear cualquier técnica que no sea la de la "ficción" (pp. 17-18). Y seguido inmediatamente Lezama ofrece su versión del sentido de Curtius:

> Es decir [...] que los estilos y las escuelas, la figura central imaginaria y las voces corales, los que iniciaron formas de expresión o los que amortiguaron decadencias, tienen que realizar de acuerdo con las nuevas posibilidades de una apreciación más profunda y sutil, *su periplo y el relieve de sus adquisiciones* [...] Una técnica de la ficción tendrá que ser imprescindible cuando la técnica histórica no pueda establecer el dominio de sus precisiones. Una obligación casi de volver a vivir lo que ya no se puede precisar (p. 18).

Conviene detenerse en esta autodefinición de Lezama, puesto que si la cita de Curtius y, sobre todo, el término "técnica de ficción" influyen tanto en su adherencia crítica, me parece esencial aclarar el contexto en que Curtius utiliza el término. Por supuesto, Lezama no nos ayuda ya que él no indica ninguna procedencia bibliográfica. Pero una revisión de *Literatura europea y Edad Media latina* comprueba que dicha cita aparece en el primer capítulo "Literatura europea" y, además, que la cita es y no es de Curtius, puesto que ésta es, en el texto de Curtius, una cita de Arnold Toynbee. Un cotejo del texto de Lezama con la traducción de Antonio Alatorre revela que el texto es el mismo.[16]

En el primer capítulo de *Literatura europea y Edad Media latina,* Curtius utiliza extensamente ciertas ideas de Toynbee para ilustrar su concepto histórico de Europa como entidad coherente de percepción. Es precisamente allí donde cita el concepto de "técnica de ficción", que aparece desarrollado en la obra del historiador inglés como caso extremo y ejemplar del historicismo. Aquí se considera la forma poética como modelo ideal para el futuro historiador. Curtius plantea el concepto de Toynbee de esta manera:

> Es curioso que también en Toynbee aparezca la forma poética *(aunque en sentido muy diverso)* como concepto limítrofe del historicismo. El razonamiento de Toynbee es como sigue: al estado actual de nuestro conocimiento, que apenas abarca seis milenios de evolución histórica, conviene un método comparado de investigación que llegue, a través de la inducción, al establecimiento de leyes. Pero si este

---

[16] Ernest Robert Curtius, *Literatura europea y Edad Media latina,* traducción de Margit Frenk Alatorre y Antonio Alatorre, México, Fondo de Cultura Económica, 1955, vol. I, p. 24.

mismo trayecto histórico lo imaginamos decuplicado o centuplicado, el empleo de la técnica científica se hace imposible, deberá ceder ante una representación poética: "Con el tiempo resultará manifiestamente imposible emplear cualquier técnica que no sea la de la "ficción".[17]

La cita de Toynbee (cuya procedencia Curtius tampoco indica en su texto) proviene de uno de los apéndices a su monumental *A Study of History* sobre "Métodos de estimación, tópicos de estudio y cantidad de 'datos'" en la cual llega a considerar indispensable la forma poética de representación histórica para toda aquella circunstancia en que los datos a recoger sean de infinita cantidad.[18] En su ensayo, explica Toynbee que la razón por la cual se hace indispensable esta técnica es que la ficción ofrece un sistema de notación, un lenguaje, que permite fijar la intuición de lo infinito en términos finitos: la virtud, según nos aclara él, de la literatura.

Pero existe una evidente diferencia entre las versiones de Curtius y Toynbee en torno al término "técnica de ficción", como vimos que aquel advirtió. Curtius lo utiliza como hipérbole retórica, en la cual ve la forma poética como condensación de la historia o de la tradición en capas sedimentarias.[19] Sin embargo, el concepto de Toynbee es, diría yo, más borgiano: historiar en un punto infinito de la historia significa vivir y escribir en ficción. Ahora bien, al cotejar las versiones de Lezama que vimos anteriormente con estas dos divergencias del término, comprobamos que no existe una clara adherencia a favor de una interpretación y rechazo de la otra. Por eso, cuando nos dice Lezama, por ejemplo, que "los estilos y las escuelas [...] tienen que realizar de acuerdo con las nuevas posibilidades de una apreciación mas profunda, su periplo", la intuición es claramente la de Curtius; sin embargo, cuando en el mismo párrafo Lezama agrega: "Una técnica de la ficción tendrá que ser imprescindible cuando la técnica histórica no pueda establecer el

---

[17] *Ibid.,* pp. 23-24.

[18] "There is one assertion, however, which we can make here and now with confidence. If the quantity of 'data' available for the study of civilization grows beyond the present modest figure and accumulates *ad infinitum,* it will not only become impossible, without question, to employ in this study the comparative law-making technique; it will eventually become patently impossible to employ any technique except that of fiction." En Arnold J. Toynbee, "Methods of Apprehension, Subjects of Study and Quantities of 'Data', *A Study of History,* Londres, Oxford University Press, 1934, vol. 1, p. 459.

[19] En el mismo párrafo en que Curtius cita a Toynbee, incluye esta observación sobre Ernst Troeltsch: "Al final de su *Historismus,* Troeltsch insiste en la necesidad de concentrar, simplificar y ahondar los contenidos espirituales y culturales que nos vienen de la historia de Occidente y que han de salir del historicismo nuevamente fundidos y unificados: 'Lo más efectivo sería un gran símbolo artístico, como lo fueran antaño *La divina commedia* y más tarde el *Fausto*'", *Literatura europea,* p. 23.

dominio de las precisiones. Una obligación casi de volver a vivir lo que ya no se puede precisar", está glosando ese enloquecedor concepto de Toynbee. Por lo tanto, parece ineludible aceptar tanto a Curtius como a Toynbee en la versión de Lezama —conjugar la forma poética sedimentada y la historiografía ficticia—. Porque en el texto de Lezama (algo más que un texto de crítica) Curtius y Toynbee no son ya fuentes intelectuales que pueden proveer una derivación única, sino ellos mismos textos que se integran a una escritura desplegadora de la tradición. De ahí la densidad barroca de la cita que vimos anteriormente: es decir, la cita de Toynbee dentro de la de Curtius dentro del texto de Lezama. Así para Lezama, la crítica tendrá que convertirse, inevitablemente, en literatura o en metaliteratura —como para Toynbee la historia tendrá que convertirse en "ficción" o, al menos, lo que ya fue para él, en una metahistoria—. Algo como esa "Biblioteca ilimitada y periódica" de Borges en que los libros renacen sin fatiga.[20]

Es en esta encrucijada absoluta donde, por primera vez en su obra, Lezama introduce el concepto de las "eras imaginarias": "Así como se han establecido por Toynbee veinte y un tipos de culturas, establecer las diversas eras donde la imago se impuso como historia" (p. 20). Ello creado con el propósito de facilitar, siguiendo a Jung, "el contrapunto animista", la invocación intertextual a través de culturas, proceso que el propio Lezama también ha llamado "la causalidad retrospectiva". Asimismo, sorprendemos aquí que para Lezama el recurso básico para facilitar estos enlaces es, precisamente, la memoria creadora. En el método de Lezama tal invocación dialógica se llevará a cabo por medio de ejercicios mnemónicos en que hechos históricos y citas textuales poco recordables sean apuntalados por otros más accesibles. Luego, la razón reminiscente es para él un instrumento germinativo por medio del cual la asociación intertextual se establece en la historia, y la historia, como obra abierta, inevitablemente termina convirtiéndose en poesía: "Con esa sorpresa de los enlaces, con la magia del análogo metafórico, con la forma germinativa del análogo mnemónico, con la memoria sorpresa lanzada valientemente a la búsqueda de su par complementario [...] para hacer de las secuencias dos factores de creación [...] que les otorga ese contrapunto donde las entidades adquieren su vida" (p. 25).

[20] En efecto, Borges y Lezama comparten una actitud polémica ante la historia común a los años posteriores a la primera Guerra que surge del desprestigio de la sabiduría histórica. Si bien Spengler intenta en 1918 un rescate de la historia, con todas sus contradicciones, a Toynbee (como a Joyce y a Picasso), algo después, le corresponde deshacerla y rehacerla poéticamente. Véase Wilson H. Coates y Hayden V. White, *The Ordeal of Liberal Humanism*, vol. II, Nueva York, McGraw-Hill, 1970, pp. 459-462.

Por consiguiente, cuando nos percatamos de que los proyectos de Toynbee y Curtius no son sino vastos ejercicios mnemónicos de cultura y que, significativamente, este último incluye en su *Literatura europea* una convicción de que, "En la situación actual del espíritu no hay necesidad más urgente que el restablecimiento de la memoria", entonces comprendemos la plena fascinación de Lezama por estos textos y la integración de los mismos dentro de su propia escritura.[21]

Más tarde en su ensayo, Lezama pasa a reiterar una vez más su rechazo del concepto de derivación unívoca y a afirmar la lectura dialógica de la tradición, continuando así conceptos vistos antes en su ensayo sobre Julián del Casal. Ese rechazo queda ahora encarnado para Lezama en el pesimismo del método "mítico crítico" de Eliot. Nuevo planteamiento de una lectura creadora y nueva defensa, por consiguiente, de la expresión americana, Lezama resume: "Nuestro punto de vista parte de la imposibilidad de dos estilos semejantes, de la negación del desdén a los epígonos, de la no identidad de dos formas aparentemente concluyentes, de lo creativo de un nuevo concepto de la causalidad histórica, que destruye el seudoconcepto temporal de que todo se dirige a lo contemporáneo, a un tiempo fragmentario" (p. 26).

Encuentro, pues, en esta última frase de Lezama una saludable respuesta al desconsuelo de Vitier ante la escisión de la sensibilidad del poeta-crítico moderno. La respuesta, según Lezama, radica no tanto en un perjuicio de la función crítica como en la realización de una lectura polémica de las correspondencias analógicas en la historia regida por la función creadora de la memoria. La respuesta se encuentra, entonces, en ese espacio del lector en que se integran la práctica y la cualidad crítica del poeta.

4

No he querido tratar sobre otros textos que nos llevarían demasiado lejos: ni *Lo cubano en la poesía,* de Vitier, ya mencionado, ni el último ensayo de *La expresión americana,* "Sumas críticas del americano", ambos ensayos que ofrecen nuevos matices sobre una posible concepción de la crítica.[22] Tampoco

---

[21] En *Literatura europea,* p. 568. Unas páginas antes, Curtius apunta también: "En la memoria descansa la conciencia que el hombre tiene de su identidad, más allá de todo cambio. La tradición literaria es el medio por el cual el espíritu europeo se percata de sí mismo por encima de los siglos. La memoria (Mnemósine) es, según el mito griego, la madre de las musas", p. 565.

[22] Se han hecho otros estudios parciales de *La expresión americana;* uno por Manuel Díaz Martínez, "Lezama crítico de nuestra poesía", *Bohemia,* año 58, núm. 2, 14 de enero de 1966, pp. 26-27; otro también por Oscar Collazos, "La expresión americana", en *Recopilación de*

he considerado las declaraciones de Vitier hechas en 1969 a la serie "Criticar a la crítica" de *La Gaceta de Cuba,* otro ensayo esclarecedor.[23] He preferido detenerme en textos cuya relación es fácilmente descifrable y cuya común característica es de fundación. Habrá, pues, que abrirle las puertas al ensayismo de Lezama y Vitier con el mismo método creador de razón reminiscente que sus textos recomiendan. Un ensayismo crítico que roza a la altura de la obra de Borges o de Paz y que sólo recientemente ha empezado a ser reconocido como tal. Ante ese ensayismo, la presente lectura se realizó en términos de paráfrasis y no de traducción, para así poder engendrar un sentido al derivarlo de una forma que ha sido, es, el texto único de *Orígenes.*

(1974)

---

textos sobre José Lezama Lima, selección y notas de Pedro Simón, La Habana, Casa de las Américas, 1970, pp. 130-138. Otro texto de interés es la reseña a la edición española de Salvador Bueno, publicada en *La Gaceta de Cuba,* núm. 83, junio de 1970, p. 27.

[23] Véase Cintio Vitier, "Críticar a la crítica", *La Gaceta de Cuba,* núm. 75, julio-agosto, 1969, pp. 25, 27. El mismo texto está recogido en *Crítica sucesiva,* pp. 425-430. Sus declaraciones a *La Gaceta de Cuba* fueron de las primeras en una interesantísima encuesta realizada por este órgano y que también incluyó las de Juan Martínez, José Antonio Portuondo, Reynaldo González, Graziella Pogolotti, Rine Leal, Nils Castro, Guillermo Rodríguez Rivera y Luis Pavón.

República de revistas

ROBERTO ESQUENAZI MAYO ha reunido y escrito una excelente recopilación bibliográfica de las revistas cubanas de la República. Uso los dos verbos adrede: su libro no es únicamente una bibliografía, herramienta útil de por sí, sino un ensayo literario y una memoria. La doble naturaleza del texto refleja, a su vez, la doble naturaleza de su autor: Esquenazi-Mayo es, a un tiempo, un escritor cubano y un profesor y periodista estadunidense. En varios pasajes de su texto Esquenazi le recuerda a su lector que la suya no es una historia de las revistas cubanas. Pero esos recuerdos delatan la naturaleza profunda de su memoria. Esquenazi inyecta anécdotas a sus descripciones del estado de la colección en la Biblioteca del Congreso, del contenido mismo de las revistas, del contexto histórico en el que florecieron, y hasta de algunos de sus creadores. Nada de esto nos sorprende. Esquenazi fue él mismo protagonista y testigo de la cultura republicana, amigo de muchos de los realizadores de las revistas, y colaborador en algunas de ellas. Cual un Bernal Díaz del Castillo bibliotecario, Esquenazi se proyecta a sí mismo en la conquista que él mismo describe, ya que cada una de sus fichas contiene una instantánea de la época: "heroica", "titánica", "prodigiosa".

Tal vez su mayor logro sea el retrato que ofrece de la producción cultural durante la República. Lejos de ser la soñolienta y estéril colonia que a menudo se le atribuye desde nuestro presente ingrato, resulta ser una época culturalmente vivaz y fructífera. Aún no se ha escrito una historia objetiva de la cultura republicana, pero cuando la hagamos se comprobará todos sus prodigios. Verbigracia: la fundación de no menos de 558 revistas, la gran mayoría de las cuales eran empresas privadas. Sostenidas a lo largo de 56 años, harto bien se comparan ellas con el repertorio de revistas oficiales de los últimos 40. (Algo semejante podría decirse al comparar las revistas antes y después de la independencia de España.) Moraleja: condenamos la República por su corrupción política y su inestable economía, pero se nos olvida elogiar la producción cultural de la misma época, gran parte de la cual se dedicó a criticar esas mismas política y economía. Así como la relación entre cultura y sociedad, a un tiempo, complementa y contradice, así también las revistas de la República complementan y contradicen el periodo histórico en el que florecieron.

Esa riqueza de revistas refleja otra cosa: los múltiples intentos que realizaron los escritores, artistas e intelectuales de la República por proteger su nueva independencia y comprender su identidad. Y así la misma inestabilidad política y económica que a menudo se invoca para condenar a la República fue la misma que propició, paradójicamente, su riqueza y consistencia cultural. No se trata, desde luego, de justificar lo que el propio Esquenazi describe como la "incansable faena" que requirió la producción de semejante proyecto nacional, como tampoco la pérdida de tantas publicaciones, o las frustraciones de muchos de sus creadores. Propongo su defensa con otro propósito: promover una mayor simpatía no sólo hacia la época, sino hacia los seres humanos cuya dedicación la hicieron posible. También como acicate a una indispensable revisión de la inexcusable simplicidad con la que hemos leído la República a partir del infausto 1959.

No menos significativo ha sido el gran logro de Esquenazi al realizar su recopilación. Luchando con tarjeteros incompletos, la ausencia de muchos datos sobre los primeros años republicanos, o la falta de información en las propias bibliotecas cubanas, para no hablar de la fragilidad física de los ejemplares disponibles en la Biblioteca del Congreso, tan necesitados de urgente preservación, Esquenazi ha podido proveernos el más completo retrato de que disponemos de las revistas cubanas durante la República. Su obra demuestra, en este sentido, lo que él mismo le atribuye a Joaquín Llaverías en su legendario *Boletín del Archivo Nacional:* una amorosa devoción a las necesidades de Cuba y de los que estudian su cultura.

(1993)

Lezama Lima

PARRIDISO

> En cuanto al uso, cuando éste se opone a la razón y la conveniencia de los que leen y escriben, le llamamos *abuso*. Decláranse algunos contra las reformas, tan obviamente sugeridas por la naturaleza y fin de esta arte, alegando que *parecen feas,* que *ofenden a la vista,* que *chocan*. ¡Cómo si una misma letra pudiera parecer hermosa en ciertas combinaciones y disforme en otras! Todas estas expresiones, si algún sentido tienen, sólo significan que la práctica que se trata de reprobar con ellas es *nueva*.
> ANDRÉS BELLO, *Indicaciones sobre la ortografía en América*

> *Dans le hasard absolu, l'affirmation se livre aussi à l'indétermination génétique, à l'aventure séminale de la trace*.
> JACQUES DERRIDA, *L'Ecriture et la différence*

1

LA MODERNIDAD CELEBRA EL PRESENTE y rechaza el pasado. Crítica de la autoridad, su invención es la crítica misma. Lo moderno y lo nuevo, la renovación y el cambio, toman el lugar de la tradición inflexible. A partir del *cogito* cartesiano la búsqueda de la originalidad desemboca en un cuestionamiento del mundo y de la historia. El tiempo pasado se convierte en orden antiguo. Lo moderno es la conciencia del cambio y la ruptura con toda anterioridad. Pero ni siquiera la misma modernidad logra escapar a las consecuencias de esa ruptura. Víctima de sus procesos, se condena a verse como antigua en el espejo del tiempo. Por eso, a cada paso la modernidad juega con su propia destrucción en una carrera vertiginosa contra el peligro de su anacronismo.

Como ha dicho Octavio Paz: "El signo de la modernidad es un estigma: la presencia herida por el tiempo, tatuada por la muerte". [1]

El arte moderno encarna todos estos postulados. La razón crítica se traduce, en el arte, a un rechazo del mimetismo. Si se duda de la invalidez ontológica del mundo, ¿cómo entonces representarlo sin ambages? La realidad referencial pierde su autoridad tiránica sobre el arte y éste encuentra su significación no ya en el mundo sino en sí mismo, es decir en sus propias formas. Todo este proceso estético, que durante el siglo XIX se conoce con el nombre de "arte por el arte", desemboca en la vanguardia de los años 20. La pintura se vuelve no representativa: el arte abstracto. La literatura, por su parte, experimenta con los recursos más inusitados del lenguaje. El repliegue hacia las formas tiene una consecuencia crucial: la inflación del significante pone entre paréntesis el significado, el nivel semántico de la obra. La no representación equivale a la no significación o al menos a la problemática del sentido. Realidad y sentido, referente y significado, antes autoridades textuales, han perdido su mando. En literatura el resultado es conocido: la lectura se hace más "difícil". Las obras modernas (Mallarmé, Joyce) son notorias por su "oscuridad"; la lectura se convierte en un agotador ejercicio de iluminación. La crítica, por consiguiente, se percata de esta dificultad. Los formalistas rusos (Shklovsky, por ejemplo) comienzan a ver en los textos literarios una "extrañificación" de la realidad; surge una nueva apreciación del barroco al mismo tiempo que Ortega y Gasset postula la "deshumanización del arte"; Amado Alonso cree ver en la poesía de Neruda tristes ejercicios de hermetismo; Hugo Friederich estudia a Mallarmé como un nuevo poeta alegórico; Lukács, lector alarmado de todo este periodo, denuncia la ideología del arte moderno como una contradicción porque éste sólo remplaza lo típico concreto con lo abstracto particular. Todos los esfuerzos de la crítica literaria de este siglo, desde el positivismo hasta los más recientes estructuralismos, han sido marcados por la necesidad angustiosa de contener y recuperar el sentido elusivo del texto moderno.[2]

---

[1] "Presencia y presente: Baudelaire, crítico de arte", en *El signo y el garabato,* México, Joaquín Mortiz, 1973, p. 37. Paz ha continuado esta indagación sobre la modernidad en *Los hijos del limo: del Romanticismo a la Vanguardia,* Barcelona, Seix Barral, 1974.

[2] Véase Georg Lukács, "The Ideology of Modernism", en *Issues in Contemporary Literary Criticism,* Gregory T. Polletta (ed.), Boston, Little, Brown, 1973, pp. 715-731. Sobre el concepto de *extrañificación* véase Victor Ehrlich, *Russian Formalism: History-Doctrine,* La Haya, Mouton, 1964; Ortega y Gasset resumió sus ideas sobre el arte de vanguardia en *La deshumanización del arte* [1ª ed., 1925] ahora recogido en *Obras completas,* Madrid, Revista de Occidente, 1947, III, pp. 353-430; Amado Alonso estudió la poesía de Neruda en su *Poesía y estilo de Pablo Neruda. Interpretación de una poesía hermética* [1ª ed., 1940; 2ª ed. revisada, 1952], ahora asequible en

No es necesario subrayar que toda la obra de José Lezama Lima se inscribe dentro de esta problemática moderna. A lo largo de cincuenta años de labor intelectual él y sus textos fueron acusados de oscuridad y de hermetismo. Es más, se diría que su obra constituye un deliberado monumento a la dificultad de la lectura. La escritura de Lezama encarna la pérdida de la función representativa; constituye un reto a los diccionarios y surge precisamente allí donde se forma el archivo, la biblioteca total. Su pecado es el exceso, sólo que un exceso predeterminado que no puede ser el resultado de inconciencia o de defectos formales. En Lezama la oscuridad no es accidental. A una pregunta ingenua sobre este mismo tópico, Lezama respondió una vez con toda naturalidad: "La tendencia a la oscuridad, a resolver enigmas [...] es tan propia del género humano como la imagen reflejada en la clara lámina marina".[3] Uno de sus primeros ensayos, "Sierpe de don Luis Góngora", es una larga apología de la oscuridad en la poesía. La primera conferencia de *La expresión americana* comienza con una sentencia análoga: "Sólo lo difícil es estimulante". "Complejo y complicado" es el título de uno de los ensayos especulativos de *Tratados en La Habana*. Estos y muchos otros momentos claves en su obra dan a entender que el propio Lezama asume la lectura difícil no ya como rasgo formal sino como un tópico más de discusión pertinente a su poética.

Paradiso es otro de esos momentos claves. Que la novela puede leerse como una explicación del sistema poético del autor es ya un lugar común de la crítica que ha sido hasta corroborado por declaraciones del propio Lezama: "*Paradiso* permitirá una penetración más justa en mis obras anteriores".[4] Pero que esa vía de acceso presente, a su vez, múltiples dificultades indica hasta qué punto la problemática moderna del sentido y de la representación textual forman parte de ese sistema poético. Si, en efecto, *Paradiso* explica el sistema poético de Lezama, esa explicación debe incluir, en algún nivel, una justificación razonada, una poética, de su discurso barroco, aun si esa justificación fuera difícil de descubrir. Vista de esta manera, *Paradiso* sería una declaración difícil de una actitud poética hacia el lenguaje y la significación. Y las claves de esa aclaración (vale decir: de la dificultad de aclarar) aparecerían en la novela no en forma directa sino como una alegoría, precisamente como ese discurso que siempre ha negado la representación directa. *Paradiso*,

---

Buenos Aires, Sudamericana, 1968; Hugo Friedrich utilizó a Mallarmé como caso ejemplar de la lírica moderna en *Die Struktur der Modernen Lyrik,* Hamburgo, Rohwolt, 1956.
[3] *Órbita de Lezama Lima,* Armando Álvarez Bravo (ed.), La Habana, UNEAC, 1966, pp. 30-31.
[4] *Interrogando a Lezama Lima,* Barcelona, Anagrama, 1969, p. 11.

la alegoría dantesca de lo no representable, de lo que cae más allá del signo y de la representación, es también el título de esta novela.[5]

2

Esa teoría de la representación aparece cifrada en las escenas que describen las relaciones de José Cemí con su familia. Más de la mitad de la novela se dedica a mostrar los capítulos de esa experiencia. Cada uno de los miembros de la familia que entra en contacto con el niño, desde Alberto Olaya hasta el tío Demetrio, desde la madre Rialta hasta la Abuela Mela, aporta algo nuevo a su aprendizaje y formación. Pero sin duda el que deja la mayor marca sobre el niño es su padre el Coronel José Eugenio Cemí. No faltan, por cierto, descripciones que muestran al padre como un ser de dotes extraordinarias cuya presencia es una fuente de seguridad y bienestar. Una de las primeras hace notar, por ejemplo, que él "parecía que empujaba a su esposa y a sus tres hijos por los vericuetos de su sangre revuelta, donde todo se alcanzaba por alegría, claridad y fuerza secreta".[6] En el segundo capítulo su figura adquiere una dimensión mitológica cuando en ojos de la vieja Ma-mita aparece como "el dios de las cosechas opimas, que armado de una gran cornucopia inunda las nieblas y las divinidades hostiles" (p. 36). El padre es, claramente, el centro de la familia. Y es tal su presencia desplazadora a lo largo de los primeros seis capítulos que falta poco para que el lector mismo crea que es él, y no su hijo, el personaje principal de la novela.

Pero el desplazamiento del hijo por el padre es algo más que una mera impresión del lector. Lo que se podría llamar el sustrato edípico de la novela aflora tan frecuente y explícitamente que deja de ser sólo sustrato para convertirse en parte íntegra de la caracterización. Edipo es repetidamente aludido, invocado y consignado en referencia al niño Cemí. En la primera escena de la novela (a la que regresaré luego), después del ataque de asma y urtica-

---

[5] Para un estudio sintético sobre el problema de la representación en el poema de Dante véase la introducción de John Freccero a *The Paradiso,* John Ciardi (tr.), Nueva York, New American Library, 1970, pp. IX-XXI. La lectura alegórica de la novela de Lezama fue primero sugerida por Emir Rodríguez Monegal en "*Paradiso* en su contexto", *Mundo Nuevo,* 24, 1968, pp. 40-44, luego recogido en su *Narradores de esta América,* 2ª ed., Buenos Aires, Alfa Argentina, 1974, II, pp. 130-141. Posteriormente, Julio Ortega ha intentado otra lectura alegórica en "*Paradiso*", uno de los capítulos de su *La contemplación y la fiesta,* Caracas, Monte Ávila, 1969, pp. 77-116.

[6] La paginación de las citas corresponde a *Paradiso,* edición revisada por el autor y al cuidado de Julio Cortázar y Carlos Monsiváis, México, Biblioteca Era, 1970, p. 19. Más abajo planteamos los problemas de esta edición.

ria, el narrador se refiere a las ronchas que torturan a Cemí con una significativa alusión clásica: "Las ronchas habían abandonado aquel cuerpo como Erinias, como *hermanas negras mal peinadas,* que han ido a ocultarse en sus lejanas grutas" (p. 14). Las Erinias, como se sabe, son las Furias o Eumenides, cuya función, entre otras, era la de castigar a los parricidas. Orestes, por ejemplo, es destruido por las Erinias, como lo es también el propio Edipo cuando desaparece en las grutas sagradas de Colonos. Por sí sola la alusión podría parecer fortuita, si no fuera porque reaparece en el capítulo VI en circunstancias análogas. Cuando el niño Cemí oye de paso a su Abuela Augusta relatar su experiencia de la exhumación de los restos de su padre, el relato le impresiona tanto que esa misma noche él sueña con ser un "general de tropas invisibles" (p. 151) y con portar al hombro el rifle de su padre. La narración del sueño aparece precedida por una introducción explícita: "Esa noche volvieron las pesadillas a cabalgar de nuevo las Erinias" (p. 152.) El sentido de esta segunda alusión se refuerza aún más tres páginas después donde el narrador glosa la actitud burlona del Coronel cuando le informan sobre las pesadillas frecuentes de que padece su hijo: "para no hacer acopio de laberintos, como después, desdichadamente, harían los padres con los hijos, convirtiendo una etapa en un sistema y llevando aquellos presuntos Edipos de bolsillo a enfrentarse con la cara pecosa del psiquiatra y comenzando allí realmente la danza decapitada de horribles complejos" (p. 155). Todo el capítulo VI de la novela está repleto de escenas que subrayan esta relación incierta entre padre e hijo. Las diferencias los separan, muy a pesar de los deseos a lo contrario del Coronel. En un mismo párrafo, por ejemplo, se yuxtapone al padre que "expansionaba su pecho de treinta años, parecía que se fumaba la brisa, dilataba las narices, tragaba una épica cantidad de oxígeno", con "su hijo de cinco años, flacucho, con el costillar visible, jadeando cuando la brisa arreciaba, hasta hacerlo temblar con disimulo, pues miraba a su padre con astucia, para fingirle la normalidad de su respiración" (p. 137). Esa misma escena muestra el disgusto del padre con la salud precaria del hijo cuando fracasan sus esfuerzos por enseñarle a nadar. Y cuando después intenta curarle el asma con un baño helado, esa desesperada tentativa también termina en un desastre. Todas esas diferencias entre padre e hijo se resumen en el contraste inscrito en sus nombres: José Eugenio y José. El del hijo aparece marcado por la ausencia del segundo nombre: Eugenio, *eugenes,* el bien nacido. El hijo no es, no puede ser, el "bien nacido" que sería el padre.

No hay que agregar que es tentadora la interpretación psicoanalítica de estas escenas, pero se trata de llegar a cierto nivel de lectura que a la vez la incluya y la sobrepase. Sí es necesario tener en cuenta los indicios de esa relación incierta. Pues si al principio esas diferencias entre padre e hijo marcaban una distancia infranqueable, la muerte del Coronel acabará causando la incertidumbre total. A la presencia titánica del Coronel sigue una ausencia aterradora, un vacío cósmico, con su muerte. Cuando José Cemí llega a la enfermería donde reposa el cadáver de su padre lo primero que él nota es "el silencio que rodeaba la habitación". El espectáculo grotesco del cadáver vestido con uniforme de gala le sobrecoge tanto que comienza a desmayarse cuando la mirada fija de Oppiano Licario, quien entra en ese momento, "parecía recogerlo, impedir que perdiese el sentido" (p. 169). Esa frase hecha *–perder el sentido–* que clausura el capítulo VI y toda la primera parte de la novela es menos inocente de lo que parece en este contexto. No significa precisamente que Licario impida que Cemí se desmaye, sino también que de esa manera comienza su misión de recuperar o de "recoger" el *sentido* mismo, es decir, la razón, el *logos,* que se acaba de dispersar con la muerte del padre.

Porque ¿no es acaso el padre la figura del sentido mismo, el centro, la autoridad, el orden del discurso, la razón de ser? El Coronel es la *columna* que sostiene la familia y que al desaparecer desmorona todo el edificio y deja un vacío, la ausencia de sentido, la ausencia como tal. El Padre no es sino la presencia-en-sí, aquello que garantiza la existencia del sentido y de la representación. ¿No es su muerte un descentramiento que conmueve todo un sistema de referencia? En el capítulo IX, Rialta le describe a José Cemí su interpretación de esa pérdida con un juego de palabras análogo al que encontramos en la escena anterior: "La muerte de tu padre pudo atolondrarme y destruirme, en el *sentido* de que me quedé sin respuesta, para el resto de mi vivir..." (p. 127, el subrayado es mío).

La muerte del padre atolondra el sentido, deja sin respuesta y causa la dispersión. Son los efectos de la pérdida del origen, de la fuente ordenadora de sentido y, por extensión, de aquel foco que podría restringir el juego de la significación. Sin ese foco el sentido se descontrola y el juego se vuelve enloquecedor. Por eso la segunda parte de la frase de Rialta a su hijo explica las consecuencias de esa pérdida en términos hermenéuticos: "pero yo sabía que no me enfermaría, porque siempre conocí que un hecho de esa totalidad engendraría un *oscuro* que tendría que ser aclarado en la transfiguración que exhala la costumbre de intentar lo más *difícil"* (p. 246, el subrayado es mío). No debe ser descontado que estas palabras están dirigidas al hijo aprendiz de poeta, pues encierran toda la alegoría de la significación que plantea la lectura de la novela. "Siempre he soñado —continúa Rialta en su diálogo con Cemí— que ésa sería la causa profunda de tu testimonio, de tu dificultad intentada como transfiguración de tu respuesta" (p. 246).

A la ausencia de respuesta de la madre, a la dispersión y oscuridad que surge tras la desaparición del centro de la familia, debe seguir la dificultad intentada por el hijo como transfiguración. Es decir, como la transformación, en todo su sentido teológico, del hijo en el padre, como encarnación del mismo sentido, del mismo foco de organización que la muerte ha descentrado. El descentramiento engendra "un oscuro", la dificultad semántica que debe ser aclarada o descifrada por medio de una recuperación del centro perdido, una restitución exacta del padre desaparecido. Pero habría que cuestionar inmediatamente si esa transfiguración con la que sueña la madre puede en verdad llegar a realizarse; si el hijo puede en efecto llegar a coincidir con el padre; si el testimonio puede convertirse en lo testimoniado; si la recuperación del centro perdido puede en verdad restituir el mismo centro, o si, por lo contrario, esa tentativa estaría de antemano condenada a producir siempre otro centro marcado por esa pérdida original: un centro repetido o descentrado, una suerte de no centro en el que nunca sería posible la presencia-en-sí.[7]

Fatalmente, tanto José Cemí como todo el proceso de la novela aparecen marcados por esa postergación de la presencia. Porque todas esas diferencias que vimos separan al hijo del padre, junto con la progresiva pérdida del sentido que culmina con la muerte de este último, ya habían sido de alguna manera anunciadas en la misma primera escena con que abre la novela. Al ataque de asma y urticaria del niño que ocurre en ausencia de sus padres, la criada Baldovina primero acude desesperadamente con fricciones de alcohol. Pero cuando fracasan sus esfuerzos por borrar las ronchas del cuerpo e impedir la asfixia, recurre a otro remedio que descubre accidentalmente. Al acercar al cuerpo del niño un candelabro encendido, unas gotas de cera derretida caen sobre las ronchas y las cubren momentáneamente: "El niño se dobló sobre la cama, una gruesa gota de esperma se solidificaba sobre su pecho, como si colocase un hielo hirviendo sobre aquella ruindad de ronchas, ya amoratadas" (p. 10). Pero la erupción resulta ser impermeable a ese tratamiento accidentado a pesar de que Baldovina lo continúa: "Cayeron más gotas de esperma sobre el pequeño cuerpo. Encristaladas, como debajo

---

[7] Para esta posición teórica véase Jacques Derrida, "La Structure, le signe et le jeu dans le discours des sciences humaines", en *L'Ecriture et la différence*, París, Seuil, 1967, pp. 409-428. Una interesante aplicación de ésta y otras posiciones de Derrida la realiza Severo Sarduy, *Barroco*, Buenos Aires, Sudamericana, 1974.

de un alabastro, las espirales de ronchas parecían detenerse, se agrandaban y ya se quedaban allí como detrás de una urna que mostrase la irritación de los tejidos. Al menor movimiento del garzón, aquella caparazón de esperma se desmoronaba y aparecían entonces nuevas, matinales, agrandadas en su rojo de infierno, las ronchas..." (p. 11).

Esas gotas de cera derretida, esas "espermas" que caen sobre el cuerpo del niño con el fin de borrar la proliferación de ronchas, equivalen a gotas de sabiduría, de sentido pleno, de patria potestad, de Presencia, que ahora se malgastan, se dispersan, se diseminan en un desperdicio insano –"espermas" que no pueden llevar acabo ninguna in-*semi*-nación. El juego implícito de la sinonimia entre *esperma* (gota de cera derretida) y *esperma* (líquido seminal) es lo que permite esta asociación metafórica. Esas espermas provienen de una vela encendida, de una especie de falo presencial que ilumina la primera escena en ausencia del padre y que permite ver bien al que no es "bien nacido" para limpiarlo de sus marcas. Y sin embargo, no sólo acaban desmoronándose las espermas en su fatídica limpieza, sino que causan un efecto contrario al que se les destina cuando agrandan en su "rojo de infierno, las ronchas". En esa diseminación que inaugura a *Paradiso* es justamente un *infierno* de ronchas lo que es llamado a cancelar toda posibilidad de sentido pleno, toda posible unión con el padre, que el título de la novela podría prometer. Acaso este cortocircuito fálico, esta castración velada, prefigure el otro que ocurre al final del capítulo IX después del célebre diálogo sobre homosexualismo entre Cemí, Foción y Fronesis y que serviría de emblema para toda la novela. La visión carnavalesca de "un enorme falo, rodeado de una doble hilera de linajudas damas romanas" (p. 288) también termina eliminando, castrando ese mismo falo central cuando el exceso de los otros adornos de la carroza usurpan el trono y éste acaba perdiéndose entre la muchedumbre de significantes accesorios.

Estas escenas anuncian nada menos que una teoría del texto, las razones por las cuales la lectura de *Paradiso* posterga siempre cualquier sentido totalizador que intente explicarla. Ofrecen una poética de la oscuridad semántica como la dificultad de la transfiguración del hijo en el padre, de la copia imperfecta en el original, de la repetición en la presencia-en-sí, y de la imposibilidad de que los dos puedan coincidir en algún espacio o momento. Vale decir, ofrecen una teoría de la escritura. No en balde el capítulo II comienza con una escena que apunta explícitamente hacia esta teoría. Al salir una mañana de la escuela del campamento donde vive su familia, José Cemí traza con una tiza una serie de signos a todo lo largo de un paredón de fusilamiento. Cuando llega a un extremo del paredón allí le espera una multitud que, a manera de coro griego, le acusa de haber cometido varios crímenes. Le gritan: "Éste es... el que pinta al paredón. Éste es... el que le tira piedras a la tortuga que está en lo alto del paredón y que nos sirve para marcar las horas, pues sólo camina buscando la sombra. Éste nos ha dejado sin hora y ha escrito cosas en el muro que trastorna a los viejos en sus relaciones con los jóvenes" (p. 26). La escena de la escritura ha de ser precisamente esa destrucción del tiempo, un "dejar sin hora" que se inscribe y repite en un paredón que aparece aquí como una página de la muerte; ese trastorno de jerarquías por el que el hijo logra separarse de la autoridad. La escritura será, en fin, un hijo pródigo que no regresa jamás.[8]

Pero si, en efecto, la alegoría de *Paradiso* llega a incluir una teoría del texto, una meditación sobre la escritura, eso significaría también que la textura misma de la novela, es decir, su propia escritura, los signos materiales que la componen, están implicados en ese juego. Esta teoría del texto hace a la textualidad de *Paradiso* otro cómplice más en el parricidio y su complicidad entonces obligaría a considerar el texto mismo de la novela, incluyendo especialmente el de la primera edición cubana y de todo lo que implica su lectura.

3

No es la primera vez, por cierto, que se invocan las peculiaridades de la primera edición en referencia a la novela. Hasta hoy la discusión se ha planteado a un alto nivel gracias a dos célebres escritores hispanoamericanos contemporáneos. Julio Cortázar, en un fervoroso artículo sobre Lezama de 1966, luego recogido en *La vuelta al día en ochenta mundos,* ya había aludido a esa edición de *Paradiso* con una mezcla de admiración y misericordia.[9] Algo distinta había sido la reacción de Severo Sarduy en un artículo posterior publicado por primera vez en 1968 que después formó parte de *Escrito sobre un cuerpo.*[10] Es curioso que en ambos casos la atracción de la primera edición consistiera principalmente en sus anomalías ortográficas y tipográficas. Cortázar, por ejemplo, se había referido concretamente a "las incorrecciones formales que abundan" en la prosa de Lezama, y a lo "mal cuidadas tipográ-

---

[8] Véase Jacques Derrida, "La pharmacie de Platon", en *La Dissémination*, París, Seuil, 1968, para una lectura de esta imagen en el texto filosófico.

[9] Julio Cortázar, "Para llegar a Lezama Lima", *Unión*, La Habana, 5, 1966, pp. 36-61. La paginación de nuestras citas corresponde a la reimpresión en *La vuelta al día en ochenta mundos,* 6ª ed., México, Siglo XXI, 1972, pp. 41-81.

[10] Severo Sarduy, "Dispersión/ falsas notas. Homenaje a Lezama", *Mundo Nuevo,* 24, 1968, pp. 7-17; y en *Escrito sobre un cuerpo,* Buenos Aires, Sudamericana, 1969, pp. 61-89.

ficamente" (p. 50) que suelen estar las ediciones de sus libros. Advertía Cortázar entonces que esas extravagancias ortográficas podrían distraer otros niveles de lectura:

> El hecho incontrovertible de que Lezama parezca decidido a no escribir jamás correctamente un nombre propio inglés, francés o ruso, y de que sus citas en idiomas extranjeros estén consteladas de fantasías ortográficas, induciría a un intelectual rioplatense típico a ver en él un no menos típico autodidacto de país subdesarrollado, lo que es muy exacto, y a encontrar en eso una justificación para no penetrar en su verdadera dimensión, lo que es muy lamentable (p. 50).

Severo Sarduy, por su parte, parece haber respondido oblicuamente a las advertencias de Cortázar cuando defendió esa práctica del error que se transparenta en la primera edición:

> Hablar de los errores de Lezama –aunque sea para decir que no tienen importancia es *ya* no haberlo leído–. Si su Historia, su Arqueología, su Estética son delirantes, si su latín es irrisorio, si su francés parece la pesadilla de un tipógrafo marsellés y para su alemán se agotan los diccionarios, es porque en la página lezamesca lo que cuenta no es la veracidad –en el sentido de identidad con algo no verbal– de la palabra, sino su *presencia dialógica,* su espejeo. Cuenta la textura *francés, latín, cultura,* el valor cromático, el estrato que significan en el corte vertical de la escritura, en su despliegue de sapiencia paralela.[11]

Si se mencionan estas lecturas ahora no es tanto para subrayar una confrontación polémica entre Cortázar y Sarduy que yace implícita hace años, como para destacar un síntoma que padece toda lectura de *Paradiso*. No es necesario aclarar que tanto Cortázar como Sarduy escriben sobre Lezama desde una perspectiva positiva en trabajos que, de hecho, constituyen respectivos homenajes. Pero a pesar de esta perspectiva aflora en ambos un gesto común que los define: una resistencia a las anomalías de escritura como meros errores, como algo accesorio o risible que no entabla ninguna función con otros aspectos de la novela. Es cierto que la lectura de Sarduy defiende esta interpretación, pero a pesar de las claras alusiones y por la naturaleza de su trabajo (él mismo un ensayo de "Dispersión" y "falsas notas") no la llega a elaborar.[12]

---

[11] *Escrito sobre un cuerpo,* p. 63.
[12] Sarduy sí incluye como epígrafe a su trabajo una importante cita del propio Lezama que sugiere esta defensa: "Los que detienen, entresacándolas de sus necesidades y exigencias poéticas, los errores de los animales que gustaba aludir, el cordobés, creyendo que las tomaba de Plinio el Viejo, como hablar de las escamas de las focas, olvidan que esas escamas existían

Cortázar sí llega al extremo de atribuir los errores del texto a los efectos del subdesarrollo económico y los ve más bien como accidentes o descuidos; en fin, como otras pobres memorias del subdesarrollo. No es casual, por eso, que las buenas intenciones de Cortázar hayan llegado a suscitar otra edición de *Paradiso* que hasta cierto punto ha desplazado a la primera. Me refiero a la publicada en 1968 por Biblioteca Era de México, cuyo epígrafe editorial reza: "Revisada por el autor y al cuidado de Julio Cortázar y Carlos Monsiváis". Como fue la primera edición de la novela que logró burlar el bloqueo contra Cuba, ésta ha disfrutado de una gran difusión, y es, por cierto, la que ha servido de base para la traducción al inglés recién realizada por Gregory Rabassa.[13] Las correcciones de la nueva edición han sido considerables: se ha insertado otra puntuación, se ha corregido la ortografía y se han restituido al original, con pocas excepciones, las citas extranjeras. Es decir, se ha re-escrito el texto según las advertencias de Julio Cortázar.

Sería interesante saber hasta qué punto la revisión de Lezama coincidió con los cuidados de Cortázar y Monsiváis. Porque lo que justamente se trata de preguntar ahora es ¿qué significa "revisar" un texto?, ¿qué quiere decir estar "al cuidado" de una edición? La crítica apenas ha comenzado a hacerse este tipo de preguntas.[14] Y en el caso de *Paradiso* no son éstas menos necesarias por ser indiscretas. Esa re-escritura de la edición cubana representa nada menos que los esfuerzos de una lectura que busca la totalización, la edición definitiva que entregue el texto más asequible de la novela. La totalización borra errores, erratas y descuidos y los sustituye con un texto concebido como correcto, limpio y fiel. Pero hasta qué punto es válida esta revisión totalizadora, aun si la perpetúa el propio Lezama en una lectura retrospectiva, es lo que habría que cuestionar. ¿Se puede revisar un texto como el de *Paradiso*? ¿Se pueden "cuidar" sus ediciones?

Una manera de ilustrar los límites y peligros de estas empresas sería comparar un pasaje de la novela tal como aparece en la primera edición cubana

para los reflejos y deslizamientos metálicos sumergidos que él necesitaba". La cita proviene del ensayo "Sierpe de don Luis de Góngora" incluido en *Analecta del reloj*, La Habana, Orígenes, 1953, p. 187.

[13] *Paradiso*, Gregory Rabassa (tr.), Nueva York, Farrar, Straus & Giroux, 1974. Los editores incluyen la siguiente nota: "This translation is based on the Biblioteca Era edition which incorporated the author's revisions, and the editorial suggestions of Julio Cortázar and Carlos Monsiváis".

[14] Como las plantea, por ejemplo, Edward W. Said, *Beginnings: Intention and Method,* Nueva York, Basic Books, 1976, pp. 189-276. Una meditación sobre este gesto en el contexto de las letras hispanoamericanas la realiza Roberto González Echevarría, "José Arrom, autor de la *Relación sobre las antigüedades de los indios* (picaresca e historia)" recogido en sus *Relecturas: estudios de literatura cubana,* Caracas, Monte Ávila, 1976, pp. 17-31.

con la versión del mismo pasaje en la edición mexicana. Los resultados de esa comparación nos dicen mucho sobre el texto de *Paradiso*. Acaso el pasaje ideal para ese efecto sea el que aparece a mediados del capítulo XI durante una de las caminatas nocturnas de José Cemí por las calles habaneras. Al llegar a una esquina, Cemí divisa a lo lejos a Foción echando una perorata, o como se diría en Cuba una "descarga", en compañía de *El Pelirrojo*, su amante de turno. En su borrachera, Foción delira sobre los orígenes etimológicos del homosexualismo en Egipto y Grecia cuando de pronto cambia el tema de la conversación:

> Foción hizo una pausa. —Se trata tan solo de lo que los retóricos medievales llamaban un metaplasma exagerado, dijo cambiando bruscamente el desarrollo temático, por esa burlesca referencia—. *El Pelirrojo* aprovechó la ocasión para levantarse y dirigirse al mengitorio.
>
> Nos burlamos de la ortografía de la naturaleza, y caemos en la anástrofa y en lugar de rumor enemigo decimos enemigo rumor. Todos estos retóricos se rebelan contra la ortografía de la cipriota diosa, como si fueran unos celtas brumosos. La anástrofa recuerda la anía del rey egipcio Anubis, como la golorrea no tiene que ver nada con la gonorrea.
>
> Cemí observó que *El Pelirrojo*, al salir del mengitorio, muy cautelosamente, sin mirar a Foción, se retiró por el sitio opuesto donde estaba sentado el peligroso endemoniado. Cemí no hizo ningún comentario, pero viendo Foción que pasaba el tiempo y no regresaba *El Pelirrojo*, le hizo una seña a Cemí para que se acercara y en el tono más bajo de su voz le fué diciendo: Tiene un Edipo tan tronado, que su madre me llama incesantemente para calmarse y huirle... *(sic)*.[15]

En la edición revisada el mismo texto aparece de la siguiente manera:

> Foción hizo una pausa. —Se trata tan sólo de lo que los retóricos medievales llamaban un metaplasma exagerado —dijo cambiando bruscamente el desarrollo temático por esa burlesca referencia. El pelirrojo aprovechó la ocasión para levantarse y dirigirse al mingitorio.
>
> —Nos burlamos de la ortografía de la naturaleza, y caemos en la anástrofa y en lugar de rumor enemigo, decimos enemigo rumor. Todos estos retóricos se rebelan contra la ortografía de la cipriota diosa, como si fueran unos celtas brumosos. La anástrofa recuerda la anía del rey egipcio Anubis, como la golorrea no tiene que ver nada con la gonorrea.
>
> Cemí observó que el pelirrojo, al salir del mingitorio, muy cautelosamente, sin mirar a Foción, se retiró por el sitio opuesto donde estaba sentado el peligroso

---

[15] *Paradiso*, La Habana, Ediciones Unión, 1966, p. 471.

endemoniado. Cemí no hizo ningún comentario, pero viendo Foción que pasaba el tiempo y no regresaba el pelirrojo, le hizo una seña a Cemí para que se acercara y en el tono más bajo de su voz le fue diciendo:

—Tiene un Edipo tan tronado, que su madre me llama incesantemente para calmarse y huirle... (p. 375).

¿Cuáles son las correcciones que introduce la nueva edición y qué nos revelan las diferencias entre las dos versiones? El primer párrafo de la versión mexicana agrega un acento, sustituye comas por los dos guiones para definir el paréntesis del narrador y suprime uno para indicar que es él el que habla. También se corrige aquí y en el tercer párrafo la ortografía de *mingitorio*. El segundo párrafo agrega otro guión para indicar que Foción continúa hablando. Por último, el tercer párrafo elimina la mayúscula y el subrayado de *El pelirrojo* y suprime un acento. Se comprueba, entonces, que las correcciones tienen el propósito de aclarar el sentido del pasaje. Y sin embargo, apenas leemos el texto para comprobar también que algunas de las supuestas correcciones de la versión revisada limitan las posibilidades de interpretación en la versión original. Por ejemplo, en el primer párrafo los nuevos guiones eliminan la posibilidad de que la frase "esa burlesca referencia" sirva de cláusula adverbial que modifica el participio "exagerado", lo cual es posible en la primera versión por el uso ambiguo de las comas. Es decir, que se elimina la posibilidad de que la oración también diga: "un metaplasma exagerado [...] por esa burlesca referencia". Por lo mismo, el guión suprimido elimina la posibilidad de que sea Foción o Cemí el que comunique al otro las acciones del *Pelirrojo*. De la misma manera que cuando se añade un guión en el segundo párrafo el nuevo signo impide leer éste como una observación del narrador, lo cual es enteramente posible en la versión original. Pero aun si aceptáramos todas estas revisiones, ¿no se violaría entonces lo que justamente critica la tesis de este pasaje? ¿No serían de hecho revisiones de un texto que se opone al principio mismo de revisión?

En el pasaje se mencionan dos figuras retóricas: el metaplasmo[16] y la anástrofa. El metaplasmo no es otra cosa que el barbarismo (la mala ortografía) que se permite por licencia poética; la anástrofa es la inversión "del orden normal de dos palabras inmediatamente sucesivas".[17] Es decir, la anástrofa es

---

[16] El *Diccionario de la lengua española* (19ª ed.) indica que la ortografía "correcta" es *metaplasmo*. La edición revisada no se percata de este otro "error".

[17] Heinrich Lausberg, *Manual de retórica literaria,* José Pérez Riesco (tr.), Madrid, Gredos, 1966, II, 161. Quintiliano limita la anástrofa: "Verum id cum in duobis verbis fit, *anastrophe* dicitur, reversio quaedam", en *The Institutio Oratoria of Quintilian,* H. E. Butler (tr.), Cambridge, Mass., Harvard University Press, 1920, p. 336. En cuanto al metaplasmo, Lausberg lo define

un hipérbaton limitado a dos palabras. Tanto el metaplasmo como la anástrofa son tropos que justifican la retórica del "error" (ya sea de ortografía o de sintaxis) en todo texto literario. Y por eso en el segundo párrafo se inserta un comentario (de Foción, de Cemí o del narrador) que apoya el uso de la anástrofa, de la inversión, como en el caso de los giros "enemigo rumor" y "cipriota diosa". Pero que esa inversión retórica sea repetidamente consignada a lo largo del párrafo como un tipo de ortografía ("la ortografía de la naturaleza", "la ortografía de la cipriota diosa") constituye ya de por sí otro "error" (pues la categoría "correcta" sería sintaxis). Y ese "error" no hace sino subrayar que la mala ortografía es el verdadero tema de discusión. La última oración del segundo párrafo termina este argumento planteando una homología entre el metaplasmo y la anástrofa por la cual los términos se relacionan paradójicamente: *golorrea* es y no es *gonorrea* (porque el primer término está mal escrito, es un metaplasmo) al igual que *anástrofa* es y no es ni *anía* ni *Anubis* (aunque el primero suene como los otros dos, aunque los "recuerde").

Que "enemigo rumor", uno de los ejemplos citados de anástrofa, sea también el título de uno de los libros de poesía de Lezama no debe sorprender ya porque todo el pasaje no es sino un autocomentario de su escritura. El pasaje, en efecto, está más allá de toda revisión posible porque su retórica (habría que hablar de su "er[r]ótica") rechaza por adelantado tanto la posibilidad de la errata –justificada por el metaplasmo– como la posibilidad de la inversión errónea –porque ésta siempre se puede ver como un tipo de anástrofa–. Todo error se podrá justificar por medio de estos tropos, lo cual hace todo intento de revisión ulterior un ejercicio inútil. El pasaje pide, entonces, que "solo" y "fué", "mengitorio" y *"El pelirrojo"* se puedan escribir así como están –con y sin acentos, con una *e* inventada, con mayúscula y subrayado, respectivamente– porque son metaplasmos, barbarismos justificados del texto, *abusos* de la ortografía. El pasaje marca un punto ciego de la novela, algo como el ombligo del texto, el momento en el que todas las faltas y erratas, las citas erróneas y las inversiones gramaticales vienen a justificarse, finalmente, por una retórica propia, una licencia poética que abre el juego de la indeterminación, que es también la licencia de la muerte. Es decir, la muerte del sentido, de la razón que necesita revisar y determinar. Porque lo mal

---

como "la desviación de la correcta composición fonética de la palabra tolerada por razón del *ornatus"*, II, 24. En otro manual se leen estas definiciones: *"Metaplasm* [...] Greek, "to mold into a new form". Moving from their natural place the letters of syllables of a word"; y también: *"Anastrophe* [...] Greek, "turning back". Kind of hyperbaton: unusual arrangement of words or clauses within a sentence", en Richard A. Lanham, *A Handlist of Rhetorical Terms* Berkeley, University of California Press, 1968, pp. 66 y 134.

escrito ya no podrá ser determinado como "malo". Ni siquiera el propio Lezama tendrá suficiente *autor*-idad sobre el texto que ya no se deja "revisar", que resiste la determinación –ese texto que como un niño "malo" Cortázar quiso "cuidar"–. Cuidar, *cogitare,* pensar. Lo que no se permite es "pensar" el texto, de la misma manera que la desaparición del padre hizo "perder el sentido".

Porque es justamente la ausencia del padre lo que permite no sólo el juego como tal sino el juego de escribir mal. No es casual, por ejemplo, que sea durante un juego de yaquis en el capítulo VII (pp. 173-175) que Rialta, en unión de sus tres hijos logre reconstruir una visión del Coronel, confirmando así su ausencia (su sustitución) por la imagen. Como tampoco es casual que inmediatamente después del pasaje que acabamos de estudiar Foción continúe discutiendo con Cemí los problemas edípicos del *Pelirrojo*. Una vez más, lo que se entabla es una equivalencia entre el juego de la indeterminación textual, de lo mal escrito, con la dificultad de la transfiguración del hijo en el padre. Cada errata será un momento del parricidio. Porque escribir mal constituye la repetición que tampoco logra coincidir con un original "correcto" o "bien nacido". En *Paradiso* cada errata representará un momento de diseminación, es decir, un movimiento de diferenciación que interrumpe la identidad simple de cualquier término consigo mismo, el gesto por el que se fractura la unidad o presencia-en-sí del texto y que impide que su sentido pueda ser teleológicamente determinado o reducido a un simple querer decir. Y si, como las erratas, las citas extranjeras también están, según Cortázar, "consteladas de fantasías ortográficas", ellas mismas se convierten en momentos de diseminación, de indeterminación textual, en lugares en que se repite mal la tradición cultural como padre. La tradición como padre muere en la "mala" escritura; el padre muere cuando se cita mal.

Todo este juego, toda esta palabrería, ¿no estaban ya anticipados desde la primera escena de la novela? ¿No son todas estas erratas, todas las inversiones de sintaxis, todas las malas citas ellas mismas ronchas ("como Erinias, *como hermanas negras mal peinadas"),* que afloran y cunden en el texto, que lectores cuidadosos tratan de borrar o de tapar, pero que fatalmente terminan causando un infierno de irritación, de lectura diseminada? Hacia el final de esa misma primera escena, Baldovina se había referido a esas ronchas malignas como un "mal de lamparones que se extiende como tachaduras, como los tachones rojos del flamboyant" (p. 13). Esas citas erróneas (mal escritas y mal atribuidas), esas erratas son también tachaduras, palabras, citas tachadas, vaciadas de sentido, burladas, *choteadas* por el espejismo de la escritura.[18] ¿No es todo *Paradiso* desde el mismo título, una cita tachada?, ¿un *Paradiso* sin Dante?, ¿una *Commedia* cubana? La lógica de este escándalo se resume con una sintaxis borgiana: Lezama no pudo escribir *Paradiso* sin erratas. El sistema de su texto lo exige. Habría que travestir la frase de Lautréamont: las erratas son necesarias.

4

Los extremos de esta lógica escandalosa, de esta "mala" citación, se extienden desde el título mismo hasta dos escenas cruciales que aparecen en el último capítulo. La primera de éstas es la muerte de Oppiano Licario. No es necesario subrayar, por cierto, que Licario llega a representar en la novela el poder mismo de la cita, una encarnación alucinante de la biblioteca. Su nombre mismo es un *collage* de citas que el narrador explica laboriosamente en el capítulo XII. En el último capítulo se ilustran con lujo de detalles sus manías para la alusión y el juego intertextual, sucesivamente, durante una comida con su familia y en la narración de un olímpico examen de historia en el que derrota una a una las preguntas inverosímiles de sus interrogantes con sus no menos inverosímiles respuestas. "Las situaciones históricas eran para Licario —explica el narrador en el último capítulo— una concurrencia fijada en la temporalidad, pero que seguían en sus nuevas posibles combinatorias, su ofrecimiento de perenne surgimiento en el tiempo" (p. 460).[19] Esta explicación en efecto justifica no sólo las citas sino también la recreación apócrifa de las mismas, precisamente la misma práctica que vemos a todo lo largo de la novela. No en balde en esa escena de muerte vemos a Licario no sólo morir citando, sino citando mal:

> Pudo sentarse con brevedad, y decir tres veces la frase de Descartes, que recordaba con misteriosa violencia desde la niñez, después de lo cual se le vio sonreír

[18] No sería fortuito acercar al texto de Lezama la *Indagación del choteo* de Jorge Mañach, una conferencia de 1928 que critica esta versión cubana de la burla y la parodia. La comparación sería especialmente interesante a la luz de la polémica que una vez sostuvieron los dos autores. Para un breve repaso de la misma véase mi "Lezama, Vitier y la crítica de la razón reminiscente", recogido en este mismo libro. Fragmentos de la conferencia de Mañach se publicaron por primera vez en *Revista de Avance*, 3, 15 de octubre, 1928, p. 276, y posteriormente por La Habana, La Verónica, 1944. Al compararse los dos textos se vería que *Paradiso* representa, en parte al menos, la vindicación textual de la "irrespetuosidad", "perversión", "risa sin rumbo", "desorden", "negación de jerarquías", "desprestigios", "diversiones", "desparpajos" y "parejerías" que Mañach critica en su opúsculo.
[19] Esta sentencia del narrador resume el concepto lezamesco de "las eras imaginarias". Véase *Las eras imaginarias*, Madrid, Fundamentos, 1971.

como quien empata un final de torre y caballo: *Davum, Davum esse, non Oedipum...* Quiso de nuevo repetir la frase de Descartes, pero sólo le alcanzaba el aliento para el final, repitiendo entrecortado pero juntando las sílabas cuando lograba anudar el aliento: *Non Oedipum, Non Oedipum* (p. 480).

La cita, que no está corregida (por suerte) en la versión "revisada" de la novela, se atribuye erróneamente a Descartes, aunque este error sólo sea parcial. En realidad proviene del primer acto de *Andria,* una de las obras más famosas de Terencio en la que el esclavo Davos persuade a su amo a que se reconcilie con sus padres después de una disputa familiar.[20] La frase de Terencio es un lugar común de la fidelidad en contra de la traición; del amor filial en contra del parricidio. Pero si se fatigan las obras completas de Descartes también se encontrará esta frase citada, aunque no exactamente por el propio filósofo. Aparece en la primera de las *Objections et réponses aux Meditations de Prémière Philosophie* (1641), escrito por diversos autores e incluidos como apéndice a las *Meditations,* donde se trata de refutar las ideas de Descartes.[21] El autor de la primera objeción fue un desconocido sacerdote llamado Catero quien intentó refutar el argumento cartesiano de que las ideas necesitasen causas, y aún menos la idea misma de Dios. La cita de Terencio aparece cuando él resume: "Es, por tanto, una verdad eterna que no requiere ninguna causa. Un bote es un bote y no otra cosa; *Davus est Davus et non Oedipus*".[22] Es evidente que Catero cita la frase fuera de contexto y por lo tanto cambia su sentido. (También la cita mal.) En su texto, ésta deja de ser un lugar común de la fidelidad y sirve como prueba de la inutilidad del causalismo.

En su lecho de muerte Licario no hace más que continuar el gesto burlesco de Catero, sólo que llevándolo a sus consecuencias alucinantes. Atribuirle a Descartes una frase citada por uno de sus refutadores es ya un escándalo de

---

[20] Terence, *The Lady of Andros, The Self Tormentor, The Eunuch,* John Sargeaunt (tr.), Cambridge, Mass., Harvard University Press, 1959, p. 22. Menos afortunada ha sido la traducción al inglés que "restituye" todo el pasaje: "He was able to sit up briefly and repeat three times the phrase of Terence, which came back to him from childhood with mysterious suddenness, after which he was seen to smile the smile of a man who wins a draw on a rook-and-knight pronging: *Davus sum, non Oedipus* [...] He tried to repeat the phrase from Terence again, but the only had breath enough for the end, repeating it, faltering, but gathering together the syllables when he managed to collect his breath again: *Non Oedipus, Non Oedipus...*". *Paradiso,* Gregory Rabassa (tr.), p. 457.

[21] Las *Objetions et Réponses* forman el apéndice a *Les Méditations,* e incorporan seis refutaciones por Catero, sacerdote de Alkmaar; el padre Mersenne; Thomas Hobbes; el padre Arnauld y Pierre Gassendi. La sexta y última refutación la aportan autores no especificados. A cada refutación le sigue una respuesta del propio Descartes. Véase René Descartes, *Oeuvres et lettres,* André Bridoux (ed.), París, Pléiade, 1958, pp. 253-547.

[22] *Ibid.,* p. 337.

por sí. Pero que sea Descartes precisamente la víctima de esa "mala" cita es aún más grave. En boca de Descartes la cita de Terencio explicita lo que sólo yacía latente en el texto del racionalismo filosófico. Una vez citado por Licario, ese lugar común de la fidelidad se convierte en una desesperada apología del *cogito* cartesiano como defensa de Dios y servicio al padre, en vez del cuestionamiento de la autoridad y arma del parricidio que a la larga sí resultó ser. La imagen de Descartes que otorga esta frase es la de un parricida *malgré lui*. Con la cita de Terencio, Licario vislumbra el nacimiento de la modernidad como un momento histórico atormentado por remordimientos parricidas, lo cual equivale a sacudir toda la seguridad subjetiva que aparenta el *cogito ergo sum*. La burla intertextual de Licario es, pues, como un último chiste, un golpe de gracia atestado a la historia, una conquista absoluta de la cultura por medio de la "mala" cita. Pero el chiste es también un abismo. Que la cita de Terencio aparezca mal citada en boca de Licario, que él la repita vertiginosamente como si sólo tuviese acceso al momento secundario de la repetición y, por último, que también acabe desmembrándola, diseminándola con su último aliento, de manera que apenas surja una negación de Edipo, demuestra como un combate a muerte entre su propio remordimiento de parricida y los recursos heroicos de esa misma repetición. Más que eso, al incluir a Edipo en una cita, en una "mala cita", Licario logra, en sus últimos momentos, el alucinante artificio de una cita que se asesina a sí misma, una especie de autoparricidio en el que se elimina al rey del juego (de ajedrez): "como quien empata un final de torre y caballo". Licario, el Ícaro, hijo de Dédalo, cuyas alas de cera también se derriten, cuyas espermas también se diseminan cuando asume el reto imposible de ser uno con el sol, su verdadero padre, muere citando mal, muere incitando un eclipse.

El último gesto de Licario es crucial para comprender la otra escena, la última de la novela. José Cemí aparece en una cafetería adonde ha ido después del velorio de Oppiano Licario y de leer el poema-testamento que éste le ha legado. Cuando un conserje golpea con una cucharilla su vaso de café con leche ese tintineo le hace recordar las palabras que Licario le había dirigido durante un rito que aparece narrado al final del capítulo XIII: "Era la misma voz, pero modulada en otro registro. Volvía a oír de nuevo: ritmo hesicástico, podemos empezar" (p. 490). Como ha notado Rodríguez Monegal, más que un mero recuerdo sentimental las últimas palabras de Cemí son una cita de la frase de Licario.[23] Pero apenas cotejamos los dos momentos de esta

---

[23] Emir Rodríguez Monegal, "*Paradiso:* una silogística del sobresalto", *Revista Iberoamericana*, núm. 92-93, 1975, p. 527.

frase –primero en boca de Licario en el capítulo XIII y en la cita posterior– nos damos cuenta de que Cemí cita mal a Licario. Licario había dicho antes: "Estilo hesicástico [...] entonces podemos ya empezar" (p. 44). Al citar la frase, Cemí suprime dos palabras ("Entonces" y "ya") y sustituye "estilo" por "ritmo": "ritmo hesicástico, podemos empezar".

La importancia de esta "mala" cita radica no tanto en su función de contenido como de forma. Porque por ello se demuestra precisamente que lo que Cemí aprende de su maestro Licario es el arte de citar mal, de repetir el original con cambios, de cuestionar la autoridad y la anterioridad sin remordimientos: de ser Edipo sin complejo, haciéndole ver la repetición no como un defecto, no como un error o una anomalía, sino como el fundamento mismo del mundo. En vez de presentar, Cemí re-presenta. Y esa repetición como estructura del mundo y de la conciencia incluye especialmente al ser como hijo, es decir, al hijo como repetición descentrada del padre, como descentramiento del origen. Ser hijo, ser copia diferente al original, no ser "bien nacido", tener ronchas, citar mal, escribir mal, parece haber dicho Licario, no es un crimen. El parricidio no sólo es inevitable, sino que lo perpetuamos a cada instante. Somos siempre ya parricidas. Por eso el poema que le deja Licario a Cemí termina con un verso tan revelador: "Vi morir a tu padre; ahora, Cemí tropieza" (p. 489). El verso final no es un condolido testimonio de la desaparición del padre sino todo lo contrario: una última confirmación definitiva de su muerte por el único que la atestiguó. Cemí "tropieza" como tropieza el patituerto Edipo, sólo que no para cegarse sino para verse mejor.[24] Esa última cita que anuncia un inevitable comienzo no significa tanto la recuperación de Licario, o siquiera la del padre, como la del propio Cemí. De hecho, las últimas palabras, la última cita, parece ser una sutil re-escritura de las últimas palabras de Cristo. Cristo en la cruz había citado un salmo de David para preguntar: "Padre, ¿por qué me has abandonado?", Cemí en la cafetería cita a Oppiano Licario para afirmar: "Padre, por fin me has abandonado". Porque la acción de empezar siempre implica una ruptura con algo anterior. Se *empieza* algo cuando no se quiere *continuar*. Todo comienzo es un acto de voluntad que incluye la libertad de contradecirse y los riesgos de la ruptura. Se empieza cuando se quiere hacer algo

---

[24] De alguna manera el texto mismo prepara la confrontación con ese extraño imperativo del último verso. En el último capítulo de la novela Logakón le confiesa a Licario: "Al lanzar en mi vida a su sobrina, me ha tirado una pimienta tan enceguecedora, que en estos días cada vez que tropezaba con un mueble, o se me perdía mi rostro en el espejo al afeitarme, me comparaba a Edipo tropezando con cactos sicilianos y plátanos atenienses", p. 475.

diferente de lo anterior. Empezar es hacer *diferencia*.[25] Pero con esa mala cita que cierra la novela Cemí acepta que la diferencia está condenada a ser también un tipo de repetición. Citar significa repetir, pero citar mal significa repetir con diferencias. ("Era la *misma* voz, pero modulada en *otro* registro".) Más que todo eso, el hecho de que el verbo "empezar" sea parte de la cita de Cemí, no hace sino ilustrar que el comienzo mismo está diseminado desde siempre por la repetición. Citar el verbo *empezar* constituye una alucinación filosófica tan enloquecedora como lo es, por ejemplo, pronunciar la palabra silencio. El texto reproduce esta paradoja a otro nivel más al hacer de este mismo verbo la última palabra de la novela. El comienzo, ese "empezar", dice Cemí con su cita, aunque necesario, nunca puede ser "original" porque es desde siempre una cita, una repetición. En el principio era no el verbo sino la cita. Tanto "empezar", la última palabra de la novela, como *Paradiso*, el título con el que comienza la lectura, son citas; pero son también dos palabras inaugurales que, al ser citadas, provocan un desdoblamiento: la inevitable coexistencia, en un mismo espacio y momento, del origen y la repetición, del comienzo y el paraíso siempre ya corruptos en la cita. El mismo gesto, por cierto, había aparecido en el uso de la palabra *Orígenes,* el nombre de la más famosa de las revistas que dirigió Lezama, que además de significar una nostalgia de raíces nacionales cubanas, fue también un homenaje a Orígenes (184-254), uno de los padres de la iglesia católica.

5

¿Podrá reaparecer lo semejante primigenio?
¿La indistinción caminadora de las entrañas terrenales?
Sólo nos acompaña la imperfecta copia,
la que destruye el aliento del metal ante lo semejante.
J. L. L., *Recuerdo de lo semejante*

Los "errores" de Lezama, de ortografía, de sintaxis o de atribución, no son descuidos cervantinos sino índices textuales de la alegoría misma. Al saberse hijo, al aceptarse a sí mismo como copia imperfecta y repetida del padre, Cemí adquiere un autoconocimiento basado en la pura exterioridad de la imagen como tal sin que un fondo o sentido determinado pretenda dominar-

---

[25] Para este análisis del concepto de "comienzo" véanse los sugestivos comentarios de Said, *op. cit.,* pp. 4-5 y 34.

la. Así como la errata constituye una transgresión extrema contra la razón, como un grado cero de la significación, la autoridad de Cemí se funda en su diferencia en relación con el padre desaparecido –una diferencia que, como hemos visto, aparece minada por la repetición–. Esa tensión dialéctica entre lo mismo y lo otro, hace pensar en Cemí como una figura alegórica del signo moderno. ¿No es ése acaso el dilema mismo de la modernidad: tanto el conflicto como la mutua necesidad de la historia y la creación, el simultáneo rechazo y atracción del pasado y la anterioridad?[26] No en balde el apellido del protagonista, si bien es el nombre dado a los ídolos taínos, también ha hecho pensar a algunos críticos en *sema,* signo o *soma,* cuerpo.[27] Cemí no es sino el signo descentrado que caracteriza a la modernidad y que tuvo en el barroco su primera manifestación textual. El argumento de *Paradiso* ofrece la alegoría de ese descentramiento por el cual los textos se generan a partir de un centro virtual que aparece tachado. La lectura de los mismos no podrá ser la que se podría practicar en otros que no asumen el descentramiento porque no se apoyan ya en una representación directa de la realidad. Si bien el hijo no puede transfigurarse en el padre, el texto tampoco podrá ser fiel imitación. La errata, la roncha textual, será el signo *in extremis* de ese vaciamiento, de esa diseminación. El texto moderno será un poco como esa catedral de Puebla de la que Lezama habla en *La expresión americana* cuya "edificación responde a la búsqueda loyoliana del centro de irradiación... una búsqueda, cierto que un poco tardía, del poder central, del punto de apoyo..."[28]

La autoridad de un texto comienza cuando descubrimos que ha sobrevivido a su autor. Una autoridad textual o imaginaria viene así a remplazar otra empírica o "viva", la escritura secundaria desplaza a su productor original. La primera edición de *Paradiso* no hace sino exagerar ese mismo proceso de desplazamiento al producir una escritura defectuosa (como el protagonista de la novela) que apunta hacia su propia secundariedad (como el ser hijo), Acaso la clave de todo este proceso la encontremos en "Torpezas contra la

---

[26] Véase el ensayo de Paul de Man, "Literary History and Literary Modernity", en *Blindness and Insight: Essays on the Rhetoric of Contemporary Criticism,* NuevaYork, Oxford University Press, 1971.

[27] Esta coincidencia parece confirmar el proceso de origen diseminado, de diferenciación, que hemos sugerido. Para la primera interpretación del nombre véase José Juan Arrom, "Lo tradicional cubano en el mundo novelístico de José Lezama Lima", *Revista Iberoamericana,* núm. 92-93, 1975, p. 470, y, por supuesto, el propio Lezama Lima: "Cemí asciende por la piedra de sacrificio a cumplimentar su patronímico de ídolo e imagen", en *Las eras imaginarias,* p. 183. Para la segunda interpretación véase Jean Franco, "Lezama Lima en el paraíso de la poesía", *Vórtice,* núm. 1, 1974, p. 32, y Roberto González Echevarría, "Apetitos de Góngora y Lezama", en el ya citado número de *Revista Iberoamericana,* p. 490.

[28] *La expresión americana,* Madrid, Alianza Editorial, 1969, p. 74 [1ª ed., 1957].

letra", una meditación sobre el sentido de la escritura y el más lúcido ensayo de *Tratados en La Habana,* en el que Lezama había sugerido una actitud revolucionaria hacia la cultura y la historia. "Vivimos ya en un momento –dice el ensayo– en que la cultura es también una segunda naturaleza, tan *naturans* como la primera; el conocimiento tan operante como un dato primario. El extremo refinamiento del verbo poético se vuelve tan primigenio como los conjuros tribales."[29] Esta íntima compenetración del hombre con la cultura, como si ella misma fuese una naturaleza al cuadrado, algo que en otros textos Lezama ha llamado la "sobrenaturaleza", resume el último gesto de José Cemí. La autocompenetración que acepta la exterioridad del signo y del ser como tal marca la entrada de Cemí en la "sobrenaturaleza" y fija su exaltada fe en la escritura. Como en Pascal, como en *Trilce,* textos con los que *Paradiso* tiene no pocas afinidades, la orfandad resulta ser menos una nostalgia del sentido que la afirmación, la "aventura sigilosa", de la nueva representación.

Pero, ¿qué era el padre?, ¿cuál era el juego? ¿No fue un italiano el que escribió un título parecido?

(1978)

EPÍLOGO O POSDATA

A man of genius makes no mistakes –his errors are volitional and are the portals of discovery. *Ulysses*

HACE QUINCE AÑOS leí un pequeño trabajo, "Parridiso", en la conferencia anual de Kentucky. La ocasión entonces fue la segunda parte de un "Homenaje a José Lezama Lima" que el profesor y mi amigo Justo Ulloa organizó ese año en que se conmemoraba el primer aniversario de la muerte del poeta. En este homenaje participaron, además del profesor Ulloa, su esposa, la Dra. Leonor Álvarez de Ulloa, y otros especialistas que hoy, por desgracia, no están con nosotros: Emir Rodríguez Monegal, Irlemar Chiampi y Eloísa Lezama Lima. Hoy recuerdo nuestra reunión con nostalgia. Es por eso, y porque la obra de Lezama Lima se merece cuanto homenaje le podamos dar, que le propuse a mi amigo Justo Ulloa que celebrásemos el quince

---

[29] *Tratados en La Habana,* Santiago de Chile, Orbe, 1970, p. 42 [1ª ed., 1957].

aniversario de aquella reunión que, por otra parte, es un aniversario más de nuestra amistad, con otra generación más joven de ilustres lezamianos.

Hace quince años, lo recuerdo vivamente, leí aquel trabajo mío con una mezcla de premura y desafío. Por una parte, era mi primer año como profesor asistente, no conocía a nadie en la profesión, y ésta era una de las primeras reuniones a la que asistía. Premura porque mientras esperaba afuera del salón a que llegase la hora de nuestra sesión −sintiéndome solo, inseguro y muy nervioso− me invadió la carcajada de una pareja que comentaba una cosa extraña que habían leído en el programa: "¿*Parridiso* −pero qué es eso?" Desafío también porque era el primer trabajo que escribía después de terminar mi tesis doctoral en Yale, y me atrevía a leerlo nada menos que ante mi maestro, el legendario Emir Rodríguez Monegal. Recuerdo haber escrito el trabajo de un tirón −no contra lo que Rodríguez Monegal había dicho sobre Lezama, que, por cierto, entonces compartía y todavía comparto−. Pero sí lo hice con desenfado intelectual, menos de mi maestro −a quien me unían lazos afectivos muy fuertes− que de mi experiencia entera como estudiante graduado, que había sido decepcionante.

Era un desafío, además, porque para entonces mi lectura fervorosa de la novela de Lezama se cruzó con otra, entusiasta, de Jacques Derrida, especialmente el Derrida de "La farmacia de Platón", en esa (hoy ya vieja) edición de la Editorial Fundamentos. Yo venía de Yale, donde poco después Derrida vendría a dictar conferencias, pero en el departamento de Español y Portugués, que fue donde yo trabajé, no se conocían entonces ni a Derrida ni la desconstrucción como pensamiento crítico. Mi tardío descubrimiento (que no dejaba de tener algo de revancha) coincidió, por tanto, con mi relectura independiente de Lezama. Uno de los dos epígrafes de "Parridiso" daba constancia de mi acercamiento al pensamiento derridiano. Subrayo ahora la importancia de este cruce intelectual porque más adelante, como veremos, resultará crucial para entender un detalle de la recepción de mi ensayo.

Mi trabajo quiso tomarse en serio el concepto de error en la obra de Lezama. Mi fuente de inspiración era no sólo Derrida −cuya *différance* (con a) fue el modelo de mi propio juego titular− sino una observación conocida de mi amigo, el brillante novelista Severo Sarduy en su hoy clásico ensayo "Dispersión/ falsas notas": "Hablar de los errores de Lezama −decía Sarduy−, aunque sea para decir que no tienen importancia, es ya no haberlo leído". *(Escrito sobre un cuerpo,* Buenos Aires, Sudamericana, 1969, p. 63). La observación de Sarduy contenía una alusión velada a otra célebre de Julio Cortázar, quien en su ensayo anterior sobre Lezama se había lamentado, entre otras cosas, de que las citas de Lezama "en idiomas extranjeros estuviesen consteladas de fantasías ortográficas" ("Para llegar a Lezama Lima", *La vuelta al día en ochenta mundos*, México, Siglo XXI, 1972, p. 50). A la luz de mi lectura de "La farmacia de Platón", por tanto, mi desarrollo de la observación de Sarduy quiso comentar, en primer lugar, la alegoría de la escritura que presenta *Paradiso;* segundo, la conexión entre esa alegoría y la *práctica* lezamesca de esa escritura, sobre todo en lo que toca al problema editorial de las ediciones de *Paradiso;* y tercero, el vínculo de esos dos niveles con el tema más vasto de la modernidad. De los tres propósitos, el menos logrado fue el último: no comenté –mejor dicho, ignoraba entonces– los fuertes vínculos de la obra de Lezama con las de Joyce y Pound, entre otros maestros de la vanguardia. En cambio, el aspecto más logrado del trabajo, el que con el tiempo más discusión suscitaría, fue mi meditación sobre la función del error en la obra y pensamiento de Lezama Lima.

Para mi sorpresa, el trabajo tuvo una excelente acogida. Recuerdo que cuando terminé y me senté, Rodríguez Monegal me ofreció su enorme mano desde su asiento de primera fila. No fue menor la acogida de mis otros compañeros de sesión, con la notable excepción de Eloísa Lezama quien me confesó su molestia ante mi aproximación crítica, sobre todo la conexión que establece mi lectura entre la angustia edípica de José Cemí y el fenómeno de las erratas del texto de Lezama.[30] En cambio, "Parridiso" pronto fue publicado en dos lugares: la revista académica *MLN* de la Johns Hopkins University y el libro recopilatorio del homenaje de Justo Ulloa. Poco después, Irlemar Chiampi me dio la sorpresa de que su tesis de "Libre docencia" en la Universidad de São Paulo lo acogía como una de las piezas angulares de su lectura. Otros amigos me felicitaron: Roberto González Echevarría, en lo que a la distancia de los años no puedo ver menos que un arrebato, me dijo que era "lo mejor que se había escrito sobre Lezama", mientras que otro, Julio Ortega, tras una lectura entusiasta, me llamó públicamente (no sé si con picardía) "un crítico audaz". Varias personas, en dos viajes diferentes a Cuba que hice en 1979 y 1980, me comentaron sus noticias del ensayo y me pidieron copia. Una de ellas fue el poeta y crítico Cintio Vitier, quien posteriormente también lo elogió. Por último, dos editores en Europa me solicitaron permiso para incluirlo en antologías sobre Lezama y literatura hispanoamericana. Más recientemente, el profesor Brett Levinson me comunicó

---

[30] Esa molestia valió para que su edición crítica de *Paradiso*, Madrid, Cátedra, 1980, excluyese toda mención de mi ensayo, si bien alude a uno de sus puntos más salientes en la nota (pp. 95-96) que aclara los criterios de la edición.

que su tesis de doctorado profesaba una adherencia a algunas de mis ideas y prolongaba otras. En cambio, el ensayo nunca ha sido publicado en Cuba.

La recepción de "Parridiso" no fue universalmente positiva. Además del sinsabor personal de Eloísa Lezama, que siempre he lamentado, ha suscitado fuertes críticas más recientemente, y nada menos que en el seno de la ahora edición canónica de la novela que coordinó el propio Cintio Vitier para la Colección Archivos de la UNESCO y publicada en 1988.[31] Como tuve la suerte de encontrarme en París cuando la edición se puso en venta al público, en enero de 1989, creo que fui uno de los primeros en adquirir y leerla. Desde entonces he meditado mi respuesta. Hoy, quince años después de haber leído mi ensayo en público, y cuatro después de enterarme del escándalo que ha suscitado en algunos círculos de Cuba, he decidido romper mi silencio. No creo que podré, en el poco tiempo asignado, ni abarcar todos los temas que debería, ni hacerlo con la soltura y detenimiento que se requiere. Sí intentaré, en cambio, una primer entrega de un tema al que, con más tiempo, tal vez dedicaré un pequeño libro.

En más de diez ocasiones a todo lo largo de la edición de Vitier, en sus varias introducciones y notas (¡una de ellas con más de tres páginas de extensión!), sin contar desde luego las numerosas alusiones veladas, se menciona o cita "Parridiso". Tamaña extensión permite comprobar que la edición le dedica más espacio a las ideas de Santí que a las de Dante y Platón *juntos.* Baste comprobar la primera nota a la "Nota filológica preliminar" en la que Vitier se explaya pretendiendo resumir mi argumento: "Aunque quizá le hubiese divertido no creo que Lezama aceptara tesis tan peregrina como la de que las ronchas alérgicas en el capítulo I fueran metáfora de su 'mala escritura', y mucho menos que estaba destinado a escribir mal, citar mal y no importarle las erratas por haber sido un hijo 'mal nacido' en comparación con la salud y plenitud de su padre, por haberlo perdido tan tempranamente y por estar obligado en cierto modo a re-matarlo mediante el rechazo de toda autoridad, orden y corrección en su obra" (p. XXXVI).

A lo primero que debemos atender en este pretendido resumen es la ligereza con que Vitier retoma mi ensayo. Alega que mis comentarios tratan sobre el autor Lezama Lima; pero cualquiera que haya tenido la paciencia de leerlo sabe que "Parridiso" sólo habla sobre José Cemí, el protagonista;

---

[31] José Lezama Lima, *Paradiso*, Cintio Vitier (ed.), Madrid, Colección Archivos/ ALLCA, 1988. Desde luego, esta edición crítica no circula en Cuba; véase, en cambio, otra no crítica que alude a ésta: *Paradiso*, La Habana, Letras Cubanas, 1991, que contiene prólogo de Vitier, así como la segunda edición de la misma edición crítica (1996).

nunca digo que las ronchas que se describen en el primer capítulo sean una metáfora de la "mala escritura", sino que son el efecto o síntoma de una diseminación o castración simbólica; nunca alego que a Lezama no le importaran las erratas de su edición, sino todo lo contrario: que las erratas son "necesarias" *a pesar de* los esfuerzos de corrección del propio autor; nunca digo que el protagonista es "mal nacido", sino que su nombre está marcado por la *ausencia* del segundo nombre ("Eugenio") del padre, que en griego quiere decir "bien nacido"; por último, nunca digo que estaba "obligado" a cometer el parricidio, como delira Vitier, sino que la "muerte del padre" (en el sentido psicoanalítico que tiene ese concepto) ocurre cada vez que el lector experimenta un error o desvío. Desde luego que en ningún momento Vitier se toma el trabajo de indagar cuáles podrían ser las fuentes intelectuales de semejante argumento, las que, por cierto, "Parridiso" consigna ampliamente en las notas al calce. ¿No hubiera valido la pena preguntarse si mi meditación sobre la errata como síntoma de cierta filiación hacia la escritura podría derivarse de los textos de Derrida que cito, entre muchos otros, y leérselos para ver de qué se trata? Asimismo, ¿no hubiese sido más honesto plantearse que tal vez exista una diferencia entre el parricidio literal que Vitier denuncia con tanta violencia y "la muerte del padre" que, como se sabe, es siempre un mecanismo simbólico?

No menos ligero o irresponsable, en este sentido, resulta el crítico cubano José Prats Sariol, uno de los colaboradores de Vitier en la misma edición, quien al comentar mi ensayo reduce toda mi lectura al "trajinado tópico del complejo de Edipo" (p. 568), cuando precisamente una de las conclusiones a la que llego es que Cemí descubre, hacia el final de la novela, cómo ser "Edipo sin complejo". Si fuera posible tomarse en serio semejantes tergiversaciones habría que concluir que, al parecer, Cintio Vitier y José Prats Sariol son los únicos hombres en la historia de la humanidad que han sido inmunes al complejo de Edipo. Si es así, sólo puedo reaccionar con una palabra: ¡felicidades! Pero entonces deberá quedar claro que la polémica de estos dos señores no es ni con "Parridiso" ni con Santí sino con Sigmund Freud, el psicoanálisis y, tal vez, el siglo XX.

La estrategia de Vitier (y, con él, la de Prats) resulta, por tanto, simple y vulgar: atribuirme una defensa de una llamada "mala escritura" para así justificar su autoridad editorial sobre el texto de *Paradiso*. Que esa autoridad editorial necesita justificación parece evidente, pues como el *Ulysses* de Joyce o los *Cantos* de Pound, *Paradiso* es un texto que lleva las capacidades de la escritura hasta sus límites más radicales, cuestiona la capacidad de la filología para crear una lectura totalizante, y reta a sus más diligentes editores. Por eso, dentro de la economía de esta edición, que aspira a una fijación textual prácticamente teológica, "Parridiso" y Santí tienen que figurar como chivos expiatorios de una ceremonia en la que no sólo se sacrifica una lectura heterodoxa, sino se intenta con ella una nueva y perfeccionada domesticación del texto. Dicho de otro modo: es precisamente porque "Parridiso" había anticipado, casi una década antes, la imposibilidad de domesticar el texto de *Paradiso,* señalando cómo éste se estructura a partir de la noción misma del error, que sus editores necesitan desacreditarlo como gesto de fundación de su autoridad crítica.

No tengo tiempo, en este apretado programa, para repasar con ustedes hoy las muchas maneras en que el texto de *Paradiso* sigue escapando a sus más recientes "cuidadores". Quede esa empresa para mi posterior meditación. En cambio, una primera aproximación sí podría ser, por ahora, el notable ensayo, publicado en la revista *Cuban Studies* de la Universidad de Pittsburgh, que el profesor Brett Levinson le ha dedicado al tema y que espero se traduzca muy pronto a nuestro idioma. El trabajo de Levinson es, a mi juicio, inmejorable como primera lectura de la edición de Vitier, salvo quizá en un punto, de índole institucional, que ahora me atrevo a recoger.

En una de sus extensas notas a su trabajo Levinson aborda el tema del contexto político en que se desarrolla la polémica que acabo de resumir. Nombra sobre todo cómo marxistas y católicos se siguen disputando a Lezama, pero apenas menciona, y de paso minimiza, lo que él mismo describe como *"Anti-Revolutionists"* y que yo llamaría "intelectuales cubanos del exilio". Hoy no me cabe duda de que buena parte de la motivación de Vitier y Cía. para desacreditar a "Parridiso" consiste en el mero hecho de que su autor es un exiliado cubano que, para colmo, hace años tuvo la osadía de denunciar la marginación a la que fue sometido Lezama Lima por el régimen.[32] Es la misma lógica que le hace decir a Prats que la bibliografía de Justo Ulloa sobre Lezama resulta "parcial" (p. 572), sin mencionar que es la única que existe porque el régimen nunca ha permitido que se confeccione una en Cuba; o que hace que Vitier le ponga reparos al excelente ensayo de Roberto González Echevarría sobre "lo cubano en *Paradiso*" alegando que en la novela este tema "abarca otras muchas dimensiones" (p. 474). Poco importa, en este sentido, que a la edición de Vitier se haya invitado a colaborar a Severo Sarduy. En la edición, la excelente colaboración de Sarduy, como la de María

---

[32] Véase mi ensayo "La invención de Lezama Lima", recogido en este libro.

Zambrano, figura más como ensayo que como contribución científica o filológica, las que el coordinador Vitier tuvo la precaución de reservar para aquellos que, como él, son adictos al régimen actual. Todo lo cual comprueba que si bien es cierto que el texto de *Paradiso* resiste toda lectura ideológica, sus más recientes editores se han afanado por enmarcarlo dentro de estrictas coordenadas oficiales dictadas por el gobierno de La Habana.

Por eso quisiera terminar con una cita de Lezama que pudiera servir de comentario oblicuo a esta situación. Viene de su correspondencia con José Rodríguez Feo. Éste está en Princeton en 1948, estudiando con Américo Castro, y Lezama reacciona a una de sus cartas en la que hay una alabanza de la vida académica y la empresa de la filología: "Pero si hemos tenido una gran cantidad de críticos —le responde—, que aviven las épocas muertas, es necesario que existan algunos para los estados nacientes, para que fijen, como en la química, lo que va a quedar y preocupar en épocas posteriores... Conservar lo muerto, embalsamándolo y perfumándolo, es el primer obstáculo para la resurrección".

(1992)

LA INVENCIÓN DE LEZAMA LIMA

DECIR QUE GRAN PARTE de la literatura latinoamericana de los últimos 20 años no hubiera sido posible sin el impacto de la Revolución cubana significa abordar un lugar común que no hace falta repetir, salvo quizá para recordar el gesto crítico que ello implica. No sólo que los eventos de un país pueden llegar a determinar los de un continente entero, sino que las épocas de crisis hacen más evidentes los vínculos entre la historia y la historia literaria. También que con el triunfo de esa revolución comienza *otra* literatura, tanto cubana como latinoamericana, lo cual no siempre significa que con ella aparecen nuevos autores o se crea un nuevo modo de escribir. Significa también y sobre todo que se crea una nueva lectura, una nueva *invención* del pasado.

Ni Guillermo Cabrera Infante, ni Reinaldo Arenas, ni Miguel Barnet son concebibles sin el contexto de la revolución, es cierto. Pero resulta aún más cierto que ese mismo contexto produjo una nueva *invención,* una nueva lectura, de las obras de Martí, Nicolás Guillén y Carpentier, entre otros, sin la cual ni Cabrera Infante, ni Arenas, ni Barnet hubiesen podido escribir las suyas.

La revolución inventa también a José Lezama Lima, en la medida en que es durante ella que su obra adquiere una proyección que no había tenido antes.

Me refiero no sólo a la *difusión* de esa obra –cosa que dada la escritura de Lezama es siempre relativa– sino a la creación de Lezama como institución. Esa institucionalización no hubiera sido posible, desde luego, sin el apoyo de Lezama al nuevo gobierno revolucionario. A diferencia de otros miembros del grupo *Orígenes*, quienes optaron o bien por el exilio o por la marginalidad dentro del nuevo gobierno, el propio Lezama colaboró desde muy pronto en las nuevas publicaciones y asumió cargos importantes –primero en el Consejo Nacional de Cultura y más tarde en la Unión de Escritores–. Ese apoyo se hizo expreso en muchos de sus textos de la época. Es célebre, por ejemplo, el final de "A partir de la poesía", un ensayo de enero de 1960, donde la revolución aparece como una era imaginaria en que "todos los conjuros negativos han sido decapitados". En *Imagen y posibilidad* (1983), la recopilación de sus notas y ensayos rezagados, y a cuyo comentario me gustaría dedicar parte de este trabajo, aparecen otros textos dedicados al 26 de julio y al Che Guevara, entre otros, en los que se transparenta la misma adhesión. A la vista de tantos hechos y documentos, por tanto, lo que sorprende no es que en Lezama no se encuentre una disidencia pública contra el régimen, como una lectura de su epistolario daría a entender, sino que haya caído en desgracia precisamente *a pesar* de tantos hechos y documentos. No hubo nunca un "caso Lezama" por cierto, aunque fue el "caso Padilla" sin duda, lo que propició la caída de Lezama, su ostracismo junto con el de muchos otros, durante sus últimos cinco años de vida, y quizá hasta las circunstancias de su muerte. Por eso, la publicación póstuma de un libro como *Imagen y posibilidad* es digna de un análisis detallado. ¿Qué dice y no dice ese libro sobre los últimos años de Lezama? ¿Cómo perpetúa su invención?

Resultaría ocioso detenerse en la pertinencia general del volumen. Muchos se han quejado de que no debería haberse publicado sin la autorización de Lezama, quien había dejado esos materiales fuera de la edición de sus *Obras completas*. Ese argumento no tiene validez, a mi juicio. La crítica literaria tiene el deber de recopilar la obra entera de un autor aun cuando esa recopilación no coincida con sus deseos explícitos. Que Lezama no hubiera estado de acuerdo con la publicación de *Imagen y posibilidad* –al igual que seguramente no lo hubiera estado con la de sus cartas– ya no importa. Esos textos son valiosos y hasta necesarios en la medida en que nos ayudan a conocer mejor a la persona y la obra. Tampoco me interesa negar la significación política de los textos de Lezama. El aspecto ético (yo diría hasta patriótico) de *Imagen y posibilidad* nos revela, en efecto, un "nuevo" Lezama –nuevo en la medida en que el libro ofrece documentos, hasta ahora dispersos, que demuestran su preocupación ética y social–. Esa documentación desmantela la imagen del poeta exquisito, aislado e indiferente que los enemigos de Lezama le habían cultivado, y aun antes de 1959 por cierto. Mi propósito en este trabajo es distinto: señalar las omisiones que practica el volumen y hurgar en las razones de esa distorsión.

Es innegable que cualquier estudioso de la obra de Lezama encontrará el volumen de mucha utilidad. Recoge textos dispersos de su obra temprana, otros inéditos y otros más que ni siquiera consignaba la excelente bibliografía de Justo C. Ulloa, que es la más completa que tenemos hasta la fecha. Hacia el final de su introducción Ciro Bianchi Ross, el compilador de *Imagen y posibilidad*, advierte que el libro no es exhaustivo y que no se atreve "a garantizar que todo lo que hubiésemos deseado que aquí estuviese se encuentre en este libro". Un rápido cotejo del índice de *Imagen y posibilidad* con la bibliografía de Ulloa comprueba, en efecto, algunas de las omisiones. Prefiero dividirlas en dos grupos: las omisiones accidentales (los descuidos) y las omisiones deliberadas (las censuras).

Entre las omisiones accidentales se encuentran, además de dos textos de 1937 que Lezama publicó en la revista *Verbum,* otros siete ensayos publicados entre 1959 y 1974 sobre diversos temas literarios, desde Antonio Machado hasta un prólogo a un libro de Julio Ortega.[33] Todas esas omisiones son atribuibles, a mi juicio, o bien a la incompetencia o a los límites bibliográficos del compilador. La mayoría de estos ensayos se publicaron en el extranjero, a los cuales no se tiene libre acceso en los círculos culturales de la Cuba actual. Confieso, sin embargo, que me sorprenden las omisiones de *Verbum,* ya que el volumen sí recoge las otras dos colaboraciones en prosa de Lezama. Mi sorpresa se vuelve franca sospecha en el caso del segundo grupo, efectos de la censura. Dos de esos textos son los que incluyo como apéndice a este trabajo. En su "Introducción" Bianchi Ross nos dice que para hacer posible el libro revisó las colecciones de muchas de las revistas en que colaboró Lezama, desde *Grafos* y *Espuela de Plata* hasta *La Gaceta de Cuba* y la *Revista de Casa de las Américas*. En el caso de *Orígenes,* la última y más célebre de las revistas que dirigió Lezama, el volumen recoge, según Bianchi Ross, "desde

---

[33] Véase: "Grave de Antonio Machado", *Nueva Revista Cubana,* vol. 1, núm. 2, 1959, pp. 6-8; "Retrato de Don Francisco de Quevedo", *Margen,* Buenos Aires, núms. 3-4, otoño, 1967, p. 203; "La palma de la mano", *Revolución y cultura,* año 1, núm. 10, 15 de mayo, 1968, pp. 22-23; "Imagen de América Latina", en *América Latina en su literatura,* César Fernández Moreno (ed.), México, Siglo XXI, 1972, pp. 462-466; "Para Saura", *La cultura en México,* núm. 1033, 11 de abril, 1973, p. 11; "José Ángel Valente: un poeta que camina su propia circunstancia", *Revista de Occidente,* núm. 9, julio 1976, pp, 60-61; y el "Prólogo" a Julio Ortega, *La imaginación crítica. Ensayos sobre la modernidad en el Perú,* Lima, PEISA, 1974, pp. 7-10.

las palabras que la dejaron inaugurada en 1944 hasta el artículo que la cerró en 1956". Otro cotejo con la bibliografía de Ulloa revela, sin embargo, que falta no sólo el editorial "Cuatro años" (publicado en el número 16 de 1948), sino también otro conocido texto de Lezama titulado "Lozano y Mariano" (año 6, núm. 3, 1949, pp. 43-46). Este último fue el ensayo que Lezama escribió como texto de catálogo para una exposición conjunta del escultor Alfredo Lozano y el pintor Mariano Rodríguez, ambos miembros del grupo Orígenes. La yuxtaposición de estos dos nombres, uno escultor actualmente radicado en el exilio y otro actual director de la Casa de las Américas, sin duda ha de haber preocupado lo suficientemente al censor de este volumen para que se suprimiese. Después de todo, otra versión del mismo tipo de censura se practica en otro momento del volumen, cuando el nombre de Lydia Cabrera se identifica con una perentoria nota al calce: "Abandonó el país luego del triunfo de la Revolución".

De todas las omisiones que practica *Imagen y posibilidad,* las más sorprendentes son las de dos respuestas a encuestas sobre el tema general de literatura y sociedad; una publicada en *Revista mexicana de literatura* en 1956, la otra en *Revista de Casa de las Américas* en 1969. Es más, por tratarse del tema que tratan, su omisión de un libro que pretende irradiar, en las palabras del compilador, "luz sobre aspectos del pensamiento y la conducta de Lezama", resulta no ya sorprendente sino escandalosa. Su omisión no puede atribuirse a una simple decisión editorial por excluir respuestas a encuestas: *Imagen y posibilidad* recoge nada menos que cuatro. Puede que el primero de estos textos haya sido suprimido por accidente; no así el segundo: se publica en el órgano cultural del régimen el mismo año en que aparece en sus páginas "Ernesto Guevara: comandante nuestro", uno de los textos con que abre *Imagen y posibilidad.* Su omisión, por tanto, no es un descuido sino un síntoma de la censura. Pero ¿por qué, si se trata de un texto que habla sobre el tema de Literatura y Revolución?

El primero de estos textos formó parte de una encuesta que realizó la célebre revista mexicana, entonces dirigida por Carlos Fuentes y Emmanuel Carballo sobre el tema general de "Literatura y Sociedad". Las respuestas, que se publicaron en dos números consecutivos, reunieron desde historiadores de la talla de Cosío Villegas y Américo Castro, hasta escritores de distinta índole, como Albert Camus y María Zambrano. La respuesta de Lezama se publicó entre las primeras y tiene una circunstancia específica. Eran los años en que se debatía, a raíz del ascenso de Kruschef, la vigencia del realismo socialista como doctrina estética. En México, donde la herencia revolucionaria mantenía candente el tema, se le debatía en muchos foros. Todavía en 1965 Octavio Paz recordaba en el prólogo a la primera edición de *Puertas al campo* que ese había sido "un periodo indeciso de las artes y las letras mexicanas: nacionalismo, arte social, esfuerzos solitarios de unos cuantos poetas y pintores". La fecha en que Lezama escribe su respuesta (agosto de 1958) es también significativa: era el año en que *Orígenes* llegaba a su fin a causa de desavenencias personales entre sus directores, Lezama y Rodríguez Feo. Pero el cisma de *Orígenes* también tuvo repercusiones de tipo ideológico: *Ciclón,* la revista que fundara Rodríguez Feo con el dinero retirado de *Orígenes,* asumirá una postura mucho más agresiva en torno al papel social del escritor, o al menos asumirá esa pose para diferenciarse de su precursora y del grupo de escritores que la sustentó.

Resultaría difícil exagerar la influencia de todas estas circunstancias en la respuesta de Lezama. Lo que se verá en ella (y se repetirá después, por cierto), es un rechazo a cualquier relación mecánica entre literatura y sociedad. De ahí que Lezama proteste en contra de lo que él llama, en su típico estilo, "el abandono de la nitidez y el cuidado que debe tener la premisa mayor", y que insista, a cambio, en otra cosa: "lo que perdura de esa obra es su ocupación en símbolos de la cotidianidad del poeta". Es el velo o filtro de la imaginación simbólica, por tanto, lo que para Lezama necesariamente se interpone entre literatura y sociedad. A diferencia del concepto de nación (que es ético o espiritual) o el de Estado (que es político, o meramente eficaz), el de sociedad para Lezama requiere un contenido de imaginación cotidiana tal y como se encuentra en lo que él llama "ceremoniales" –actividades históricas cercanas a la poesía– que practican individuos o grupos. Sin esos "ceremoniales" que son los que sustentan una imaginación y un lenguaje, no se concibe, para Lezama, el hecho mismo de una sociedad. Por eso, a una sociología de la literatura (aludiendo en su mención de Balzac, quizá, a las peroratas de Lukács sobre el tema), Lezama opone otro método: una "antropología poética" que reconozca la presencia de la sociedad en la literatura a través de tres tipos de práctica imaginaria: "por evaporación o imagen, por saturación o metamorfosis, o por reducción o metáfora".

El segundo de los textos formó parte, como he dicho, de una encuesta que realizó la *Revista de Casa de las Américas* en homenaje a los diez años del actual régimen. En esta encuesta participaron alrededor de cuarenta escritores cubanos de distintas generaciones. La encuesta se articuló en cuatro preguntas que exploraban aspectos de la relación entre el escritor y el régimen, lo que una nota que encabeza el cuestionario llama "los vínculos entre nuestro proceso revolucionario y su expresión cultural, principalmente literaria". La encuesta, además, se realiza en un momento clave: el régimen cumplía su primera década y se realizaba en esos momentos una activa campaña de política cultural destinada a captar la simpatía de intelectuales en América Latina y en Europa. Por otra parte, la encuesta se realizaba a unos meses apenas de la concesión del premio Julián del Casal de Poesía al célebre y polémico *Fuera del juego* de Heberto Padilla, en cuyo jurado de la UNEAC había figurado, prominentemente, el propio Lezama. El hecho de que la Unión de Escritores –organización en la que Lezama figuraba entonces como uno de seis vicepresidentes– hubiese publicado *Fuera del juego,* pese a la inclusión del prólogo discordante del Comité Ejecutivo de la misma organización y a los ataques, para entonces constantes, de "Leopoldo Ávila" en las páginas de *Verde Olivo,* debe haber sido percibido por Lezama como una victoria personal que reflejaba una situación relativamente segura dentro del ámbito cultural cubano.

Esa victoria también reflejaba, a su vez, otra victoria anterior: la publicación, por encima de una temerosa censura, de *Paradiso,* y *Órbita de Lezama Lima,* ambas de 1966, que sirvieron para captar la atención de la crítica internacional sobre su larga y extensa obra. Tanto una relativa seguridad como un evidente tono crítico es lo que se desprende, por consiguiente, de las respuestas de Lezama a esta encuesta. En todas ellas encontramos, una vez más, un rechazo de cualquier relación mecánica entre cultura y sociedad a cambio de una defensa de la significación poética, imaginaria y, agregaría yo, *religiosa;* del concepto de revolución. Al igual que en el ensayo inicial de *Imagen y posibilidad,* donde el 26 de julio aparece como un símbolo de posibilidad histórica –y no, como se ha pretendido, como una apología de la realidad actual– la revolución que invoca y define Lezama es un "instante de inmensas posibilidades", "poderosas ensoñaciones que guían al hombre hacia la tierra prometida". Esas definiciones no son cautos esquivos: constituyen el índice de una convicción poética y una opinión política. Mejor dicho: configuran una política fundada en una poética. Como muchos otros intelectuales en ese momento clave, Lezama se negaba a rechazar lo que de prometedor tenía esa realidad histórica. Al contrario, sólo la promesa, a manera de sustancia religiosa, los salvaba. Pero tampoco subordina sus respuestas Lezama a una basta defensa del régimen a través de la exaltación de logros, por ejemplo, como sí harían, en cambio, la mayoría de sus colegas en la misma encuesta. Es más, las respuestas de Lezama por momentos rayan, a mi juicio, en el franco desafío. Por ejemplo, a la primera pregunta, "¿Cuál diría Ud. es la mejor forma en que la revolución se ha expresado en la cultura cubana?", comienza contestando: "Una revolución no expresa una forma..." Y al preguntarle qué relaciones vería él entre su propia obra y la revolución, responde: "Como en la primera pregunta reaccionaba contra la concepción de las formas ahora reacciono contra lo que se ve..."

Un análisis más pormenorizado de la respuesta suprimida de Lezama sin duda revelaría muchas otras discrepancias. Pero ahora prefiero pasar a otra cuestión, a mi juicio más urgente. ¿A qué se deben las distorsiones que sufre *Imagen y posibilidad?* La razón está en las circunstancias que provocaron la publicación del volumen. Como investigador literario no puedo dejar de creer que en la confección del libro hubo un mínimo de interés por poner al alcance textos dispersos de Lezama. A su vez, sin embargo, las evidentes distorsiones del volumen me hacen pensar que su publicación significa también un esfuerzo por contrarrestar el efecto que ha tenido otro volumen póstumo, las *Cartas* (1979), en edición de Eloísa Lezama Lima, hermana del autor. Como se sabe, esas cartas contienen múltiples confidencias de Lezama que son dañinas a la imagen exterior de la política cultural cubana. Principal entre ellas están las quejas de Lezama contra las negaciones del gobierno a permitirle viajar al extranjero. La publicación de *Imagen y posibilidad* no ha sido la única reacción del régimen a las cartas, por cierto. A partir de 1980 se vienen produciendo toda una serie de textos cuya relación defensiva respecto al epistolario resulta evidente. Por ejemplo: en junio de 1980, justo al año de publicarse el volumen de las cartas, Manuel Pereira, el conocido escritor cubano, leyó un trabajo titulado "José Lezama Lima: las cartas sobre la mesa" en el "Seminario de cultura, literatura y crítica literaria en Cuba contemporánea" que se celebró en La Habana bajo el auspicio del Ministerio de Cultura y el Círculo de Cultura Cubana. En ese trabajo, cuya única tesis es que Lezama no fue un disidente, Pereira alude repetidamente al entonces inédito *Imagen y posibilidad* y a su inminente publicación al efecto de contrarrestar las quejas de Lezama y, de paso, desvirtuar la edición de las *Cartas*. Otro ejemplo más reciente es el artículo de Lisandro Otero, funcionario del Ministerio de Cultura, que publicó y distribuyó entre otros el *Boletín del Círculo de Cultura Cubana* en su número de agosto de 1983. En ese texto, titulado "Para una definición mejor de Lezama Lima", Otero ofrece una versión idílica, y en tono igualmente defensivo, de las relaciones entre Lezama y el actual gobierno. A ese efecto Otero cita varios pasajes de las cartas a la hermana, pero sólo aquellos que hablan favorablemente de las actividades culturales que le facilitó el régimen. Y al comentar lo que Otero llama "las falacias más insistentemente repetidas que se refieren a sus viajes", no hace la más mínima alusión a las múltiples quejas del propio Lezama sobre el tema.

Acaso la reacción que ha tenido la mayor difusión sea la de Armando Hart Dávalos, ministro de Cultura de Cuba. En una entrevista publicada en *El País* (en su edición del 14 de marzo de 1983) con motivo de una gira oficial por Europa, se abordó el tema de los disidentes cubanos. El propio Hart mencionó a Lezama en una lista –que incluía a Carpentier, Marinello y Fernando Ortiz– como ejemplo de alguien "de alta escala intelectual" que no abandonó el país, a diferencia de otros "traidores" que "se decían de izquierda" y sí se exiliaron. En seguida hubo el siguiente intercambio:

> Pregunta: Pero a Lezama ustedes lo tuvieron marginado y aislado...
> Respuesta: Nosotros no hemos tenido marginado a Lezama Lima. En Cuba, en la casa donde vivió, hay una institución que lleva su nombre. Sus obras fueron publicadas en Cuba. Algunas personas que han regado por Europa que nosotros teníamos marginado a Lezama Lima, al principio de la Revolución editaban una revista literaria que tuvo aspectos positivos y que tuvo aspectos extremistas. Yo le puedo enseñar artículos injuriosos contra Lezama de algunas de estas personas.

El intercambio ha de haber sido considerado de suficiente importancia como para que se recogiese (en versión muy "ampliada" por cierto) en un reciente libro de entrevistas con Hart titulado *Cambiar las reglas del juego* (Letras Cubanas, La Habana, 1983). Ni en una ni en otra versión alude Hart a las cartas de Lezama. Sí insiste, en cambio, en el punto que se esgrime repetidamente a fin de desvirtuar toda discusión del "caso Lezama": la contradicción de que sean precisamente los que detractaron a Lezama y *Orígenes* a principios del régimen los que ahora acusen a éste de perseguirlo. A diferencia de Pereira y Otero, Hart no menciona nombres. Pero sus alusiones son transparentes. En el eco más explícito de Otero: "El dirigente del grupúsculo era Guillermo Cabrera Infante, y fue uno de sus más fieles discípulos, Heberto Padilla, quien escribió: 'Qué queda, pues, de *Orígenes*' (en "La poesía en su lugar", *Lunes de Revolución*, núm. 38, 7 de diciembre, 1959)".

La observación de Otero es casi correcta: Padilla atacó a Lezama en el artículo que él cita. Digo "casi" porque su observación es también equívoca, o al menos incompleta. Cuando se lee el artículo de Padilla completo se comprueba fácilmente que en él Padilla atacó no sólo a Lezama, sino a todo el grupo *Orígenes* y hasta a Virgilio Piñera (quien para entonces hacía más de veinte años había roto con *Orígenes),* y con cuya mención abre precisamente el artículo. Fue el propio Virgilio Piñera, por cierto, y no Lezama o alguien más del grupo *Orígenes,* el que respondió a Padilla en el siguiente número de *Lunes de Revolución.* Guillermo Cabrera Infante, quien como se sabe era el director de *Lunes de Revolución* (y también, de paso, uno de los delegados de Armando Hart cuando fungía como ministro de Educación en la primera etapa del régimen), ha admitido en un texto escrito a raíz de la muerte de Lezama que el artículo de Padilla fue, en efecto, "una diatriba contra el grupo *Orígenes* y concretamente contra Lezama" y "también un acto de gran injusticia, echando sobre Lezama todo el peso (que para entonces era considerable) del periódico *Revolución,* órgano del Movimiento 26 de julio, el diario oficial, como quien dice" ("Encuentros y recuerdos con José Lezama Lima", *Vuelta,* núm. 3, febrero de 1977, p. 47). Menciono todos estos detalles no para exculpar ni a *Lunes de Revolución* ni a Cabrera Infante (él mismo no lo hace). Tampoco a Padilla, cuyo célebre *mea culpa* doce años más tarde marcaría otro hito aún más grave en sus relaciones con Lezama. Mi propósito es más sencillo, casi diría bibliográfico: reconstruir un contexto al que Hart y Otero apenas aluden y derivar un par de observaciones.

Lo primero que observo ya lo he dicho: la "diatriba" de Padilla no fue un ataque personal contra Lezama, como lo califican Hart, Otero y hasta el propio Cabrera Infante, sino un ataque generacional contra *Orígenes.* Es lo que explica la inclusión de Virgilio Piñera, aun cuando asociarlo con *Orígenes,* resultara, para esas fechas, un disparate. El texto de Padilla no se entiende, por tanto, a no ser como una suerte de ritual parricida en el que la llegada de la Revolución —comienzo de *otro* tiempo— marca la ruptura con la anterior generación y su poética. Esa lucha intergeneracional no es, por otra parte, excepcional en la historia literaria, ni siquiera en el propio Lezama. Después de todo, en *Imagen y posibilidad* se recoge su célebre "Carta abierta a Jorge Mañach" en la que Lezama reprocha a la generación literaria anterior de "cambiar la fede por la sede". Hart y Otero asimismo olvidan que en el momento en que se publica la "diatriba" contra Lezama y *Orígenes,* Cabrera Infante y Padilla, como muchos otros, eran los escritores de la revolución publicando en el órgano oficial del régimen. Ese órgano reflejaba, a su vez, una incipiente política cultural que irradiaba, así fuera de manera poco sistemática, del Ministerio de Educación, entonces a cargo del propio Armando Hart. Lo que desvirtúa, definitivamente, la presunta contradicción que señalan los actuales funcionarios del Ministerio de Cultura es el hecho de que la diatriba de Padilla, por muy injusta y disparatada que hoy nos parezca, no cortó las relaciones entre Lezama y *Lunes de Revolución*. Fueron diez los textos que Lezama terminó publicando en esa revista, y no menos de ocho de ellos con posterioridad a la diatriba de Padilla.

Mi segunda observación: la respuesta del ministro Hart no contesta la pregunta sobre si Lezama fue marginado y aislado durante sus últimos años. Reconoce la importancia de Lezama *post mortem* y alude a la publicación de sus obras antes de 1971, pero no contesta la pregunta. La versión "ampliada" de la misma respuesta tampoco lo hace: llama a Lezama "un cubano genuino" pero en seguida agrega que "su tragedia consistía precisamente en amar lo cubano en el arte y no vislumbrar una solución histórica para el desarrollo del arte cubano". Esa opinión del ministro Hart no puede sino parecer extraña. No sólo porque los documentos que recoge *Imagen y posibilidad* la contradicen —los ensayos versan, precisamente, sobre la creación de la imagen en la historia— sino también a la luz de las declaraciones que ha hecho Cintio Vitier, íntimo amigo de Lezama, que aparecen en un diálogo con el profesor Emilio Bejel en la revista *Areíto* (Nueva York, vol. 7, núm. 7, 1981, pp. 30-34). En esa valiosa entrevista Vitier nos dice que después del *mea culpa* de Padilla en abril de 1971, siguió un periodo en el que "empiezan a tomar medidas contra él [Lezama], medidas que consistían, por ejemplo, en no pedirle colaboraciones, etc." Seguidamente, Bejel le pregunta a Vitier: "¿Ese enfriamiento duró hasta el final, hasta su muerte?" A lo cual Vitier contesta, en un tono que oscila entre el desengaño y la justificación, lo siguiente:

> Si los funcionarios intermedios hubieran sido mejores y más inteligentes, hubieran visto lo que se vio de pronto, en un momento dado... un momento en que la dirección más alta del país se da cuenta de que todo ha sido un disparate, de que ese hombre no se va, que ese hombre no es un contrarrevolucionario, que es una figura que está adquiriendo realce fuera y todo está bien encaminado para que volviera a publicar y para que volviera a ocupar el primer lugar que le correspondía, cuando sobreviene esa muerte de Lezama, que nos coge a todos de sorpresa. Pero puedes estar seguro que había un firme propósito de rectificar todo esto.

El cotejo de todos estos textos nos permite derivar una última conclusión. Sí hubo (y hay) según Vitier, un "problema Lezama" que data de sus últimos años en que no se le pedían colaboraciones; sí hubo un enfriamiento que duró hasta su muerte y puede que haya resultado fatal; y sí hubo el aislamiento y la marginación a los que alude Lezama en sus cartas pero que el ministro Hart se niega a admitir. ¿Habrá mayor marginación para un escritor internacionalmente reconocido y enfermo en su sexenio que impedirle publicar en su propio país, donde todos los recursos están controlados por el gobierno?

No dudo que la publicación de *Imagen y posibilidad* se deba en parte al esfuerzo del régimen por realizar esta llamada "rectificación" del caso Lezama. Pero aun suponiendo que lo fuera –lo cual equivaldría a aceptar la injusticia que lo propició– el resultado no deja de ser grotesco. Para que verdaderamente se rectifique ese caso o problema habría que empezar por admitir un error que los funcionarios persisten en negar. La tragedia de Lezama no consistió, como quiere hacernos creer el ministro Hart, en "no vislumbrar una solución histórica para el arte cubano" sino en haber sostenido un concepto religioso de la revolución dentro de un sistema político que no lo compartía, o que lo había dejado de compartir. Su "delito" fue persistir en lo que era: un poeta. No bastó, al parecer, que Lezama no abandonase su país; que apoyase el símbolo, ya que no el cumplimiento, de la revolución; o que padeciese el disparate fatal del ostracismo. Lezama no fue un disidente, es cierto: jamás se manifestó en contra del régimen, aunque en privado sí expresara quejas contra las calamidades que iba padeciendo. Pero tampoco vendió su alma, esa indispensable metáfora de la conciencia intelectual, a cambio de la protección oficial. Extraña suerte la suya: mezcla de religiosidad, estoicismo y ceguera. No fue un disidente del régimen, sino algo mucho peor: fue su víctima.

Apéndice

I. ENCUESTA DE LA "REVISTA MEXICANA DE LITERATURA"

INICIAMOS EN ESTA OCASIÓN una encuesta permanente en torno a un tema que, aunque por lo general ha sido tratado desde ángulos en exceso partidaristas y de manera superficial, revela un profundo conflicto de nuestra época. El quehacer literario, tradicionalmente, ha sido un quehacer social sin necesidad de justificarse o de establecer su carácter mediante proclamas explícitas: la sociedad sería, no una entelequia aparte, superior o inferior a las preocupaciones y a las actividades de quienes la componen, sino, precisamente, una suma viva de esas actividades y preocupaciones. Hoy, al operarse una escisión cada vez más notoria entre el valor sociedad como valor en sí y los valores arte y literatura, también como valores en sí, urge volver a encontrar ese punto de conciliación en que las tareas literarias y artísticas se integran naturalmente en la vida social, y ésta en aquéllas. Nos parece que tal conciliación sólo es posible si la literatura y el arte se mantienen fieles a sus propósitos y a su naturaleza peculiares; de lo contrario, la literatura y el arte no sólo se sacrifican a sí mismos, sino que sacrifican sus efectivas posibilidades sociales.

Hemos tratado de reunir aquí voces de origen y tendencia diversas, que nos presenten un amplio cuadro de pensamiento en torno al problema. La honradez intelectual y la fidelidad al oficio constituyen los únicos límites que nos hemos señalado. Nos interesa, especialmente, conocer la respuesta de los escritores mexicanos en quienes concurren esas cualidades. Y, también, conocer las ideas de los escritores soviéticos y chinos en estos momentos de revisión de las teorías estéticas del comunismo.

Respuesta de José Lezama Lima

Hasta que el lenguaje no adquiere su unidad formal, en el sentido de visibilidad, la sociedad no puede presumir de su existir dentro de lo histórico, hecho transmisible por la existencia de un ceremonial, por su dominio sobre la semejanza espacial, que da un estilo en el vivir, y por las sutiles maneras en que ese milagro, de forma y ceremonial, de lenguaje y sociedad, se decide a organizar su resistencia frente al aluvión temporal. Pocas sociedades pueden presumir de haber alcanzado una forma, una visibilidad en el lenguaje. La forma alcanzada por la expresión francesa o por la china, asegura en sus grandes momentos –*le grand âge* o la era de las recopilaciones confucianas– la máscara de un ceremonial, que puede ser mundano, o terrífico, erudito o vindicativo, arielesco o mesiánico, que define orgánicamente a la sociedad, la sitúa en el reino de la cultura y traza los contornos o empalizadas donde esa sociedad exhala una violenta necesidad de lenguaje, de signos, donde la *raíz* ofrezca la dicha equivalente de su *fundamento*.

La sociedad es un concepto radicalmente liberado de las implicaciones éticas o espirituales de nación, o de las perentorias exigencias de la estatificación. Ni todo conglomerado la exhala, ni las sucesiones temporales la van ofreciendo en cadeneta y como una inerte fatalidad. La sociedad francesa de la época de Francisco o de Luis XIV, la sociedad taoísta encantada por la magia del espejo de la unidad, la sociedad de Weimar o de Jena en el siglo XVIII, o en nuestro días, en los ya mortecinos ecos de "la gran Europa", la sociedad vienesa de Kassner, los círculos de la Praga de Rilke, las reuniones esotéricas en casa de Stephan George, las exploraciones en el Eros creador de Lou Salomé, el centelleo de la órfica curiosidad en las variantes del epistolario de la Princesa de Thurn und Taxis, qué revelan, si no la existencia de una sociedad, con todas las eficacias y las gracias de un lenguaje, que condensó primero por las asociaciones misteriosas de lo ancestral; y que evaporó después, al diluirse en los bosques de escasas condensaciones verbales, donde a despecho de la tosquedad de la recepción hay que dejar buena carga del orden de la caridad verbal, de las palabras como obras.

Una inoportuna brusquedad en el arte de la argumentación ha llevado a nuestra época al abandono de la nitidez y el cuidado que debe tener la premisa mayor. Así, por ejemplo, porque el Dante, en su obra más esencial y en su conducta de todos los días, tomó parte por la política de los gibelinos, derivan, con malicioso candor, que toda obra de arte tiene que ser política, tomar parte en la política, que es siempre el modo más grueso de la polémica contemporánea, olvidando que la fidelidad a un príncipe en contra de la autoridad romana, cualquiera que sea el criterio que se asuma en estas cuestiones, está obsoleto y carece de virtud operante. Cuando en realidad lo que perdura de esa obra, es su ocupación en símbolos de la cotidianidad del poeta. De las arrogancias de Sordello, lo que perdura es la captación de su mirada por el Dante, a *guisa di leon quando si posa.* El Dante ni siquiera conoció a Sordello, pero oía los relatos de su querida Cunizza, que a través de los años mantendría el recuerdo de la mirada de su amante. Eso ya era bastante para que el Dante, con ese único elemento, levantara el esplendor de su verso. Otro ejemplo muy acudido por el confusianismo *up to date,* es el de Balzac y su devoción por la crónica periodística de negocios y escándalos; de ahí derivan que la cotidianidad, el contorno de su realidad, la fidelidad de su circunstancia, es la sustancia que tiene que, no tan sólo nutrir, lo cual siempre es transfigurativo y profundo, sino expresar el artista. Era evidente que, al aludir Balzac a la imposibilidad de realización de algunas de sus obras, "a la demasiada grande abundancia del principio creador", buscase un contrapeso en la gravitación, medida y ritmo, de lo que lo apretaba y ceñía. Una tesis no tiene nada que ver con ese rumor confluyente, con esa fascinación del reverso, con esa mano desconocida puesta momentáneamente en nuestro hombro, que son los que despiertan en el hombre la apetencia devoradora de alcanzar una forma, es decir, una confluencia aclaradora de la materia, y que tampoco abandona en su decantación final una tesis, sino como consecuencia de nuestro forcejeo con el misterio y su proclamación, que no será tampoco inerte y presuntuoso para las generaciones, sino provocación incorporativa, la sustancia del pensamiento expresado que circula por las empalizadas resistentes que ha logrado establecer el terror de lo temporal indetenible.

Para nosotros las tangencias entre literatura y sociedad son tan sólo permisibles por evaporación o imagen, por saturación o metamorfosis o por reducción o metáfora. Quizá sea necesario repetir que para nosotros la sociedad que nos interesa en relación con la literatura, es ese entendimiento, que se ofrece en unidad espacial, aportado por la asimilación de una dosis de lenguaje alto, capaz de transmitirse por un ceremonial creador. Para Goethe, por ejemplo, era tan creador y misterioso colocar el sombrero en la perchera como rendir un cumplido. En esa dimensión de la "sociedad" es donde pueden existir la imagen, que creó el mundo griego para todos nosotros, las relaciones entre lo infuso y el hombre, la operación terriblemente creadora que establece una relación entre la gracia otorgada por los dioses y la caridad devuelta por el hombre. El recuerdo entrelazado de Sócrates, Charmides y su tío, tratando de modelar y definir la sabiduría. La Orplid de los antiguos, el *distance landscape* de los románticos ingleses, que han logrado establecer lo que pudiéramos llamar la resistencia de la ausencia. De ahí derivó José Martí su enorme potencia para llegar por la imagen de la creación de la realidad, al extremo de que en cuanto toca esa realidad, como los antiguos reyes etruscos, desaparece en el momentáneo turbión de los guerreros.

La saturación o metamorfosis, otro de los puntos de contacto de literatura y sociedad, lo relacionaríamos con aquella ocupación de los estoicos, o séase el total despliegue de una sustancia en un cuerpo. Coincidencia de paisaje de cultura y paisaje de naturaleza, por el simple dominio de la mirada sobre la naturaleza. La pintura de paisaje en la dinastía Sung y la novelística europea del siglo XIX, son maneras de esa saturación de lo contrapuntístico en la mirada. Aquella metamorfosis de los griegos se apuntala con la transfiguración de los católicos, instante excepcional que nace configurado, como se ve en un Rimbaud, aunque éste nada tuviera de católico, a pesar de la violencia de Claudel para confirmarlo. Pero quizá donde el artista muestra toda la soberanía de su orgullo es en las formas del conocimiento metafórico, donde una total reducción de inmensas súmulas confluye a una sentencia o a una palabra. Imagen, lenta saturación estoica, conocimiento metafórico o instante transfigurativo son las formas aportadas por los artistas de muchos milenios, para esclarecer, descubrir o penetrar en la ciudad. El adolescente errante en la novelística de Dostoievski; la estéril que llega a ser la creadora transfigurada, y el anciano "que se rascaba con una teja", pero que afirmaba "yo sé que mi redentor existe", provocarán siempre el perplejo de la sociedad, pero he ahí el acudimiento de la literatura para empujarles la puerta y amigarlos con esa sociedad hasta donde sea posible.

[De *Revista Mexicana de Literatura,* núm. 7, 1958, pp. 58-62.]

II. ENCUESTA DE LA REVISTA "CASA DE LAS AMÉRICAS"

1. ¿Cuál diría usted que es la mejor forma en que la Revolución se ha expresado en la cultura cubana?
2. ¿Ve usted relaciones entre su producción literaria y la Revolución?
3. ¿Qué considera usted vigente de la literatura cubana anterior a la Revolución?
4. ¿Qué cambio fundamental se ha operado en usted ante la Revolución entre 1959 y hoy?

Respuesta de José Lezama Lima

1. Una revolución no expresa una forma, en el sentido de configurar o de etapa última de la materia, actúa sobre la ascensional de la espiral telúrica. No una forma sino la acrecida de un devenir, imposibilidades que se rinden ante posibilidades, hechos que terminan en imágenes que aclaran una perspectiva. El camino de lo increado creador, según la vieja sabiduría taoísta, es ante el hecho de la Revolución un instante de inmensas posibilidades, y todo instante se presa en un éxtasis, el éxtasis de las grandes transformaciones. El instante de ese hecho resuma seculares acumulaciones, cinco mil años que abren sus ojos y le comunican a lo histórico un *andantino,* una secreta marcha del hombre hacia su alegría. Por eso, no hablo de forma sino de éxtasis, de poderosas ensoñaciones que guían al hombre hacia la tierra prometida. No creo que ya una forma en Martí, sino la promesa del éxtasis en la alegría, la búsqueda obsesionada de la tierra prometida. "Salto", dice cuando llega a tierra nuestra, "dicha grande".

2. En mi opinión, el mundo relacionable más profundo es el de la metáfora. Para mí, la revolución es una metáfora del hombre con su devenir. Una fulguración que aclara la proximidad y la lejanía. Lograr un ritmo *increscendo* entre un hecho titánico como es la revolución y una creación por el lenguaje y su acarreo, es el análogo de la metáfora actuando en la sobrenaturaleza. En toda obra de esencialidad hay una ruptura de las series y un comienzo, como en la profundidad abisal de un hecho revolucionario. Se liberan zonas muy profundas del hombre en ese hecho primigenio que es la revolución, en una obra hay también el absoluto de esa libertad. Todo escritor cree que ese protón, ese ergón tiene que estar vivaz y creador en su trabajo de lo que he llamado la hipertelia de la inmortalidad.

Como en la primera pregunta reaccionaba contra la concepción de *las formas,* ahora reacciono contra lo que se ve. Es algo más profundo que lo que se ve, lo que encuentro en esa relación. Está no tan sólo en lo que se ve, sino en la fundamentación, en la raíz que se extiende más allá de su finalidad visible.

3. Una palabra que se va haciendo a lo largo del siglo XIX y que culmina en Martí. Es el principio y el verbo. La eticidad de Luz y Caballero que lo lleva a hacer suya la divisa de un cruzado: osar morir, dar la vida. Ya en otro momento me he referido a lo que forma nuestra verdadera tradición. En el *Diario de navegación,* Colón se refiere al pelo de las indias como seda de caballo (fineza, delicadeza unida a la resistencia de nuestra familia). Entrevista con un político español, al final Martí exclama: O ellos o nosotros (sentido innato para escoger entre el bien y el mal, entre la revolución y lo muerto). Comprensión extrasensorial, frase de un soldado de nuestras guerras de independencia, después de oír a Martí: No lo comprendíamos pero sabíamos que teníamos que morir por él (comprender en la sobrenaturaleza, saber por qué se tiene que morir, qué necesita en una dimensión profunda de nosotros).

Ése es el pasado y ése es el presente tan unidos como la ondulación de los trigales que reproduce el ritmo estelar.

4. En vísperas de la Revolución yo escribía incesantemente sobre las infinitas posibilidades de la imagen en la historia. Entre las sorpresas que ofrece la poesía está la aterradora verificación del antiguo es cierto porque es imposible. Comprobaba por el mundo hipertélico –lo que va más allá de su finalidad– de la poesía, que la médula rige al cuerpo, como la intensidad se impone en lo histórico a lo extenso. En una palabra, cómo los países pequeños pueden tener historia, cómo la actuación de la imagen no depende de ninguna extensión. Inauditas sorpresas, rupturas de la causalidad, extraños recomienzos, ofrecía la imagen actuando en lo histórico. Y de pronto, se verifica el hecho de la Revolución. Nuestra historia se vuelve un sí, una inmensa afirmación, el *potens* nuestro comienza a actuar en la infinitud.

5. La Revolución es en mí algo muy superior a un cambio, fue una integración, una profundización. Nos enseñó a todos la trascendencia de la persona, la dimensión universal que es innata al hombre. Nos dijo a todos que el sufrimiento tiene que ser compartido y la alegría tiene que ser participada. Eso es para mí su lección fundamental.

[De *Casa de las Américas,* núms. 51-52, 1968-1969, pp. 131-133.]

(1985)

"OPPIANO LICARIO": POÉTICA DEL FRAGMENTO

María Luisa Bautista, in memoriam

> Si no aceptamos el continuo, el azar obtiene un triunfo vergonzante sobre los nexos causales, desfigurando, indescifrablemente, la cara de los dioses.
>
> "Preludio a las eras imaginarias"

AUN ANTES DE LA PUBLICACIÓN de *Oppiano Licario* (1977), la novela póstuma de José Lezama Lima, la crítica viene especulando sobre la relación entre este texto y la obra anterior del autor y, sobre todo, su vínculo con *Paradiso* (1966), su primera novela.[34] La repentina muerte de Lezama (en agosto de 1976) ha ido avivando aún más estas preguntas ya que sugiere que el manuscrito de *Oppiano* quedó en estado trunco. Si añadimos a todo esto las consabidas dificultades de lectura con que siempre nos reta una obra como la de Lezama y las dificultades de comunicación con La Habana, donde falleció el autor y, más recientemente, su viuda, María Luisa Bautista, se nos presenta acaso el misterio bibliográfico más intrincado de la reciente novela latinoamericana. Picado por este misterio, en junio de 1979 realicé un viaje de investigación a La Habana durante el cual tuve el privilegio de estudiar el esbozo o esquema

---

[34] Hay dos ediciones de *Oppiano Licario,* una con prólogo de Manuel Moreno Fraginals, La Habana, Arte y Literatura, 1977; otra mexicana, México, Era, 1977. La primera de éstas es más esmerada y contiene menos erratas. Cito por ella.

en que se basó Lezama para la redacción de su novela. Con este "Esbozo para el *Inferno*" (pues así lo llamó su autor), la crítica ya cuenta con las pruebas necesarias para concluir que la muerte interrumpió su redacción y que *Oppiano Licario* es un fragmento.

En este breve ensayo, que es preliminar a un estudio más extenso sobre la obra de Lezama Lima, me propongo dos fines. Primero, hacer una descripción general de este esbozo seguido de un cotejo del mismo con la novela tal y como fue publicada. Segundo, desarrollar una discusión de la novela a partir de su quizá tautológica definición como fragmento. Creo que el texto de *Oppiano Licario* propone una *poética del fragmento*. Esa poética (esa lectura) va más allá del hecho de que poseamos un texto trunco, de que Lezama no haya llegado a terminarlo, si bien ese tremendo hecho ha llegado no sólo a formar parte del texto sino a definirlo.

2

Empecemos por lo más evidente: *Oppiano Licario* es la continuación de *Paradiso* y no una novela aparte y diferente; mejor dicho: es la *misma* novela con *otro* título. Quiero decir que hemos de leer ese texto póstumo como el *último* fragmento (aunque no el fragmento final) de un texto más vasto. Ya en su correspondencia y en varias entrevistas contemporáneas Lezama había indicado esa continuación. Acaso la primera mención explícita sea la que aparece en carta de junio de 1966 a su hermana Eloísa en la que expresa preocupación por las malinterpretaciones a que estaba siendo sometida *Paradiso* en ese momento. "Si tengo tiempo —escribe— le añadiré un primer piso, para que todo quede resuelto y aclarado."[35] Ya se sabe que es esa intención esclarecedora lo que mueve todo el proyecto novelístico de Lezama, sobre todo en relación con su obra poética, como si la novela ofreciera una alegoría de su concepción de la representación literaria.[36] Pero no deja de ser revelador que el origen del texto póstumo sea esta aclaración de una aclaración, por así decirlo: la construcción de un "primer piso" para facilitar el acceso a la "catedral". Un año antes de esta carta, en junio de 1965, y en otra carta a sus hermanas, el proyecto había aparecido como una lejana posibilidad ("tendrán que pasar algunos años", dice); pero no hace más que publicarse *Paradiso* para que esa segunda parte adquiera un sentido urgente. La misma

---

[35] José Lezama Lima, *Cartas (1939-1976)*, Eloísa Lezama Lima (ed.), Madrid, Orígenes, 1979, p. 196.
[36] Para un planteamiento de este tema véase mi "Parridiso", incluido en este libro.

urgencia, por cierto, aparecerá en otra carta al escultor Alfredo Lozano en la que se describe el futuro texto como "un añadido para que el laberinto ascienda hacia su visibilidad".[37]

Pero si bien es evidente que Lezama proyectaba una continuación esencialmente homogénea con el texto anterior, también lo era que no podía ser una repetición. Si *Paradiso* había terminado, por ejemplo, con la muerte redentora de Oppiano Licario, la nueva novela tendrá, escribe, "su sombrío final". Tal descripción aparece en la misma carta de 1965 y responde a una indagación epistolar de su hermana Eloísa en la que parece anticipar la muerte de José Cemí.[38] Acaso sea ésta la razón (más allá del paralelo nominal con la *Divina comedia*) por la cual uno de los primeros títulos de la futura obra haya sido el de *Inferno*. En una entrevista con Ciro Bianchi Ross, Lezama le anticipa que en *Oppiano Licario* él quería "acercarse a la autodestrucción sacralizada de Foción [...] al caos que rodea a la innata eticidad de Fronesis, que ve las furias desatadas en su contorno [...] y al otro de la tríada, José Cemí, el obsesionado por la imagen".[39] Ya sabemos que el texto de *Oppiano Licario* desmiente en parte ese pronóstico tan sombrío, como también que el título dejó de ser *Inferno* para convertirse (después de barajar varias otras opciones como *La vuelta de Oppiano Licario*, *La muerte de Oppiano Licario*, *El reino de la imagen*, *Fronesis*, etc.) en el actual. Sabemos también, por lo demás, que Lezama llegó a publicar un anticipo de la novela con ese título en la revista *Índice* de Madrid en 1968.[40] De manera que el vínculo de *Oppiano Licario* con *Paradiso*, en su intención inicial al menos, queda claro: la continuación de la novela que llevará a los personajes a un final radicalmente sombrío y negativo. "En el *Paradiso* —le confía a Bianchi Ross— van naciendo las imágenes pero... en el *Inferno* estamos como quien se mira en un espejo, la muerte es la única respuesta."[41]

El esbozo de la novela que pude estudiar y transcribir durante mi visita a La Habana confirma en parte esta intención inicial. El esbozo ocupa unas siete páginas manuscritas que aparecen encabezadas por el título "Esbozo para el *Inferno*". Por ese título podemos deducir que se trata de un esbozo redactado antes de ser escrita la novela (es decir, no sobre la marcha de composición) o quizás inmediatamente después de la publicación de *Paradiso*,

---

[37] *Cartas*, pp. 172, 117.
[38] El texto reza: "No, Eloísa, no termina con el final terrible que *[sic]* aludes, termina con la muerte de Oppiano Licario...", p. 172.
[39] *Recopilación de textos sobre José Lezama Lima*, Pedro Simón (ed.), La Habana, Casa de las Américas, 1970.
[40] Véase *Índice*, núm. 232, junio de 1968, pp. 26-28.
[41] *Recopilación de textos*, p. 28.

o sea entre los años 1966 y 1968. Además de ofrecer sintéticas descripciones de cada capítulo, el esbozo incluye notas al dorso de algunas páginas en las que se consignan nombres, alusiones literarias, situaciones narrativas y la manera de algunos personajes. Hemos de tener en cuenta, naturalmente, que estamos ante un esbozo y por tanto que ello no supone una prefiguración exacta de la futura redacción. Pero dados el estado trunco del manuscrito y las circunstancias tan inciertas de su publicación, tal documento sí nos ayuda a conjeturar hasta qué punto pudo haber llegado la redacción de Lezama antes de que le sorprendiera la muerte. Máxime cuando tantos detalles que se consignan en el esbozo aparecen elaborados en la novela.

Acaso la diferencia más reveladora entre esbozo y novela sea la extensión del texto: mientras que la novela sólo tiene diez capítulos, el esbozo consigna trece (en realidad consigna catorce, pero sólo debido a que Lezama omite por equivocación el capítulo II). Las descripciones de cada uno de los capítulos por lo general sintetizan bastante fielmente la narración redactada, aunque no coinciden exactamente y la novela desarrolla (como es de esperar) muchos detalles que no aparecen en el esbozo. Por ejemplo, el esbozo omite toda mención de José Ramiro y Clara y sus hijos, la familia campesina, vecinos y empleados de los Fronesis en su finca de Villa Clara con que abre la novela; tampoco se menciona el asesinato de José Ramiro, hijo, ni a Palmiro o Delfina, su futura esposa, todos los cuales aparecen en el mismo primer capítulo. En su lugar, el esbozo consigna lo siguiente: "Niñez de Fronesis, Fronesis en París. Conversación sobre el aduanero Rousseau. Aparecen Champollión (pintor), Margaret McLearn, Sidi Galeb [sic], Mahommed. Evocación de OL a través de las reglas de San Benito". Como sabemos, el primer capítulo no incluye escenas de la niñez de Fronesis ni tampoco esa evocación a través de las reglas de San Benito, la cual sí aparecerá en el capítulo IV. Lo que sí describe —y ésta será la característica principal del esbozo— es el orden de los eventos de la trama y la aparición de los distintos personajes.

Resultaría demasiado laborioso realizar una descripción minuciosa de cada una de las diferencias entre las síntesis que aparecen en el esbozo y la redacción final. Quede esa tarea para un futuro trabajo. Sí quisiera apuntar lo que me parece más interesante: es decir, lo que, según el esbozo, se le quedó a Lezama, literalmente, en el tintero. Probablemente el detalle más intrigante que encuentra el lector de *Oppiano Licario* hacia el final del texto sea esa herida que recibe Fronesis en el capítulo IX y cuya noticia (por medio de un telegrama enviado por Lucía, la amante de Fronesis) le causa un infarto cardiaco a su padre. Por lo que aparece redactado en el siguiente capítulo, el número X, que trata de otros temas, podemos conjeturar que Lezama había querido dejar el desarrollo de esa historia en suspenso hasta llegar al capítulo siguiente, el número XI, que nunca llegó a redactar. Cuando cotejamos el esbozo descubrimos el porqué de ese suspenso. El esbozo explica, sin más detalles, que Fronesis será asesinado. El asesinato de Fronesis habría coincidido con el regreso a Cuba de Lucía; ésta, al participarle al Dr. Fronesis de su futuro nieto, es rechazada por el mismo. Esa violenta muerte de Fronesis habría sido paralela al otro acontecimiento que está consignado en el esbozo: Cidi Galeb viajará a La Habana "para escapar de la venganza de Mahommed", y es en La Habana donde Galeb ha de conocer al Pelirrojo, ese ladronzuelo de cepillos chinos, con quien se alía "para chantajear a Foción". No obstante, es Foción quien, según el esbozo, matará a Cidi Galeb para después suicidarse lanzándose "desde lo alto del hotel".

Así pues, las muertes paralelas de Fronesis y Foción, resultan ser más que simple simetría: sugieren que la autodestrucción de Foción es el resultado de la muerte de Fronesis, cuya muerte él parece vengar. (De ahí que Galeb tenga que escapar "la venganza de Mahommed", quien en la novela desarrolla una estrecha amistad con Fronesis.) Pero a esas muertes paralelas le suceden también nacimientos paralelos, y son estos nacimientos los que, según el esbozo, proveen la clave de la novela. Si recordamos, en la narración tanto Lucía como Ynaca Eco están embarazadas de los hijos de Fronesis y Cemí, respectivamente. En el esbozo, Lucía dará a luz un varón, mientras que Ynaca tendrá una hembra, hija de Cemí. Si contamos también a Focioncillo, el hijo de Foción, quien aparece mencionado en *Paradiso* y aparece por primera vez en el último capítulo de *Oppiano Licario*, comprobamos que cada uno de los personajes de la tríada de amigos (Fronesis, Cemí y Foción) tiene un vástago. En una entrevista con Reynaldo González, realizada en 1971, Lezama describe el desarrollo de esta segunda generación de personajes: "Hacia el final [de *Oppiano Licario*] hay un entrecruzamiento de los hijos de estos tres personajes, en que Cemí no quiere adoptar de ninguna manera la solución goetheana, es decir, el matrimonio del conocimiento –doctor Fausto– con la belleza –Elena de Troya– y que produce un monstruosillo, Euforión, que se precipita en el abismo, saltando y no logra sobrevivir. Procuro entonces otro emparejamiento entre la hija de Cemí, la hija de la imagen, que prefiere casarse con el hijo del loco, de Foción; es decir, la unión de la imagen con la locura".[42]

---

[42] "Lezama Lima entre la magia y la infinitud". Agradezco a Reynaldo González el haberme facilitado una copia de su valiosa entrevista.

Lo que Lezama nunca llegó a explicarle a González, y que constituye uno de los mayores misterios de la narración, es cómo José Cemí habría llegado a la decisión de impedir esa fatídica unión. Según el esbozo, Abatón Awalobit, el esposo de Ynaca Eco, ha conservado una copia de la *Súmula, nunca infusa de excepciones morfológicas*, ese supuestamente fabuloso libro de Oppiano Licario, el cual se dedicó a componer durante toda su vida. Como se sabe, en la novela Ynaca Eco le entrega el original de ese libro a José Cemí como legado de su hermano, original cuya escritura las aguas de un ciclón habanero acaban borrando accidentalmente. Pero lo que además agrega el esbozo, y hasta la fecha ha sido un misterio, es el contenido de la *Súmula*. ¿Cuál es su tema, de qué se trata? "En el escrito —dice el esbozo refiriéndose a la *Súmula*—, se consigna todo lo que ha sucedido en el *Inferno*, terminando con las bodas de la hija de Ynaca Eco y Cemí, con el hijo de Fronesis y Lucía". Es decir: el libro que escribe Oppiano Licario, la *Súmula nunca infusa de excepciones morfológicas*, resulta ser el mismo libro que hemos estado leyendo. Como ocurre con *Las mil y una noches*, o con un célebre manuscrito sánscrito confeccionado por un tal Melquíades, o como los personajes de la segunda parte (de la *continuación*) del *Quijote*, se suponía que los personajes de Lezama también descubrieran su borgiana "magia parcial", su identidad con la "sobrenaturaleza" de la ficción. (De ahí, quizá, que Lezama haya optado finalmente por el título de *Oppiano Licario*, señalando la coincidencia del título del libro con el nombre del personaje que cifra toda la narración.) No obstante, queda una importante salvedad, ya que, según el esbozo, la *Súmula* de Oppiano no podrá coincidir "de ninguna manera" con la novela que leemos; como Cemí es el que llega a leer la copia de la *Súmula* conservada por Abatón Awalobit, logra anticipar y así frustrar el fatídico enlace de su hija con el hijo de Fronesis: "Cemí impide —concluye el esbozo— que su hija vaya a Europa para que no se encuentre con el hijo de Fronesis. Para evitar el mito de Euforión... Se casan la hija de Cemí y de Ynaca con el hijo de Foción... la unión de la imagen con la locura".

Lo que a Lezama se le queda en el tintero son, pues, apenas tres capítulos. Y sí, además del esbozo, hemos de creer sus declaraciones a González, la novela hubiera terminado con esas bodas alegóricas. En esa misma entrevista inédita, Lezama declara que en 1971 calculaba un manuscrito de "unas cuatrocientas páginas que, añadidas a la primera parte, darán unas setecientas, ochocientas".[43] No sabemos, por cierto, si esas páginas se refieren a folios,

---

[43] "Lezama Lima, entre la magia ...", p. 20.

cuartillas o páginas impresas. Por otra parte Eloísa Lezama, hermana del poeta, fue testigo de la repetida aseveración de que faltaban apenas veinte o treinta páginas para terminar la novela, lo cual explicaría ese cambio que notamos en la propia correspondencia entre "el otro novelón" que prometía en carta de agosto de 1969 y lo que dice, siete años después, en otra de mayo de 1976: "No será tan extensa como *Paradiso*".[44] Para adherirse al esbozo original se hubiera tenido que trazar no sólo el nacimiento, sino también el desarrollo de la hija de Cemí e Ynaca, aún no nacida al final del texto que poseemos, como también el nacimiento del hijo de Fronesis y Lucía y el desarrollo de Focioncillo, ese *mannekken pis* criollo, quien al final del texto que poseemos es un niño. Pero, ¿podría haberse hecho todo esto en veinte o treinta páginas, o acaso ideó Lezama otro final menos complejo?

Más interesante que todas estas especulaciones (que podríamos multiplicar hasta el delirio) resultaría una lectura de la fragmentación de *Oppiano Licario* desde *dentro* del texto. La novela, como veremos, no es sólo un fragmento sino también la explicación, y hasta cierto punto, la anticipación, de su propia interrupción.

3

Oppiano Licario comienza con un episodio de la vida campesina cubana. El hijo mayor de José Ramiro es asesinado por dos esbirros; sus cenizas perdidas luego se recobran. Palmiro, el hijo menor, descubre que su deseo por Delfina está mediatizado por el deseo de Delfina por Fronesis. El episodio alterna dos veces en el primer capítulo con escenas de la vida de Fronesis en París y parece terminar a mediados del mismo con la amarga frustración de Palmiro. Sin embargo, en el capítulo IX, 200 páginas más tarde, descubrimos que la historia de esa familia no ha terminado: los personajes del episodio reaparecen en La Habana en compañía del Dr. Fronesis. (Palmiro ha ido a regañadientes, pero ahí está.) Podemos conjeturar que de haberse podido continuar la novela, los personajes hubieran vuelto a reaparecer. (El esbozo, como ya he dicho, no nos ayuda a resolver este misterio puesto que el episodio no se menciona en ningún momento.) Así pues, las dos escenas de este episodio enmarcan, por así decirlo, el texto de *Oppiano Licario*. Y lo que en un momento parece convertirse en una historia trunca resulta ser la primera entrega de una posible serie narrativa. Lo trunco, el fragmento, resulta ser una interrupción.

[44] *Cartas*, pp. 26, 217, 285.

Es esta estructura episódica, que vemos dramatizada en los Fragmentos sobre José Ramiro y su familia, lo que caracteriza la narración de *Oppiano Licario*. No en balde Severo Sarduy, en su interesante reseña, describiría el libro como "una suite de digresiones", y que Eloísa Lezama, casi como intuyendo el valor narrativo de esa estructura, lo llamará "más novela que *Paradiso*".[45] Si es esta estructura episódica lo que caracteriza toda la narrativa de Lezama no hemos de decidirlo, por ahora al menos. Más interesante me parece trazar las distintas variaciones, las distintas metáforas, bajo las cuales aparece esa estructura a lo largo del texto. Lo crucial acerca de *Oppiano Licario* no es sólo que esté enmarcado por dos episodios cuya sucesión, así sea a la distancia, transforman lo trunco en una interrupción; se podría decir que todo el texto está armado sobre una extensa serie de interrupciones narrativas cuya secuencia tiene el efecto de negar la fragmentación que suponen todas esas interrupciones. Tanto es así que, como veremos, los personajes hasta llegan a discutir el fenómeno mismo de la interrupción como una de las claves de lo que ellos mismos llaman "la cantidad novelable".

Un primer nivel de análisis señalaría que la articulación narrativa de la interrupción aparece dramatizada en la serie de sucesos y desastres que encontramos a lo largo de la novela. Me refiero, en concreto, a la recurrencia de accidentes que sufren los personajes como instancias de la interrupción. Al asesinato de José Ramiro, la herida gratuita de Palmiro y el encuentro azaroso de sus cenizas, tendríamos que añadir toda otra serie de accidentes: la afortunada ausencia de Fronesis en el momento en que Palmiro decide acudir a su habitación y asesinarlo; la muerte de los padres de Mahommed bajo una bomba terrorista en El Cairo; el encuentro fortuito de Cemí e Ynaca Eco Licario en el Castillo de la Fuerza; la destrucción del (supuestamente único) ejemplar de la *Súmula* por la conjunción de un ciclón, un ras de mar y un perro vecino; la caída de una viga en el preciso momento en que Fronesis entra en casa de la maga; el accidente de Foción en la bahía de La Habana; la noticia de la herida de Fronesis que le causa un infarto cardiaco a su padre y que a su vez determina un encuentro fortuito con Foción en camino al médico y quien resulta ser el padre de Foción; el incendio en casa de McCornak en que perece toda su familia. Un catálogo exhaustivo señalaría otros más, por supuesto, además de los otros que aparecen consignados en el esbozo y que Lezama nunca llegó a redactar. Todos estos accidentes (algunos de los cuales se podrían calificar de verdaderas catástrofes) parecerían con-

---

[45] Severo Sarduy, "*Oppiano Licario* de José Lezama Lima", *Vuelta*, núm. 18, mayo de 1978, pp. 32-35; *Cartas*, p. 26.

formar, a primera vista, la tradicional secuencia ordenada de acciones cuya síntesis constituye la trama de la novela. Lo que me interesa destacar, sin embargo, es cómo esa *trama*, lejos de depender de una cadena de causa y efecto (como en una novela de misterio, por ejemplo, o en una comedia del siglo de oro español), depende del accidente, del azar, como principio de organización. La estructura episódica, esa "suite de digresiones", sólo se hace posible a partir de una recurrencia de lo inesperado. Acaso el momento en que el texto mismo toma conciencia de esa recurrencia del azar sea el comentario del narrador en el preciso momento en que descubre Fronesis que su sueño con Foción había coincidido con la entrega del pasaje que le hace Foción a Lucía: "¿Pero qué nos absorbe, qué nos impulsa a engendrar y a darnos de cabeza con esos hechos?" (p. 190).

Un segundo nivel de análisis señalaría no ya la articulación narrativa de la interrupción, sino lo que podríamos llamar su temática, la cual aflora aun en los momentos menos esperados de la narración. "*Me sacó de la mesa, me vino a interrumpir el baño*", observa Fronesis en medio de una conversación con Champollión y Margaret, "son formas de execración, de maldición casi, que el cubano no tolera como descortesía" (p. 93). Asimismo, la larga discusión sobre el Aduanero Rousseau en el primer capítulo se viene a justificar por el contraste entre Picasso, "pintor a la manera egipcia", y Rousseau, "pintor a la manera moderna", con que culmina el pasaje. Mientras que "la técnica llamada completiva de los egipcios dependía de distintos fragmentos que forman unidad conceptual o de imagen, antes que unidad plástica", la manera moderna de Rousseau posee "un místico y alegre sentido de la totalidad... no a través de síntesis de fragmentos aportados de las culturas" (p. 45).

Creo que hasta se podría ir más lejos. Se podría afirmar que Lezama *jerarquiza* a sus personajes según su mayor o menor conciencia de la interrupción como fenómeno no ya narrativo sino moral. Caso ejemplar es el diálogo entre Mahommed y Fronesis en el segundo capítulo. Durante una pausa de Mahommed, Fronesis le alienta con la siguiente observación: "Creo que su relato debe ir todo en una pieza, si lo interrumpo hoy, otro día aparecerá desarticulado y trunco; permita pues que esta noche alcance su final". Acogiendo la invitación a proseguir, es entonces que Mahommed narra el fatídico accidente en que mueren sus padres; y es a esa narración que le sigue un discurso, de visos martianos, sobre el sentido de la revolución como aquel dominio donde "toda interrupción, todo fracaso, toda vacilación, quedará suprimida". Al oír ese discurso, Fronesis, nos dice el narrador, "no se decidió a interrumpirle; sí decide seguir escuchando ese discurso que termina proponiendo la resurrección como imagen de la auténtica revolución: Golcia y Parusía, ciencias de la invocación de los muertos y de la resurrección, he ahí donde deben dirigirse las llamas de la revolución" (pp. 84-85). Acto seguido, tres toques de timbre interrumpen el discurso: una "loca", agente de Cidi Galeb, viene a espiar a la pareja de amigos. Al agente le sigue el propio Galeb, quien a su vez interrumpe por segunda vez, golpeando con furiosos puntapiés e irrumpiendo en el apartamento con patéticos insultos.

La violencia de Galeb en este momento de la narración identifica a este personaje como agente de la interrupción, del mal, en el mundo natural e histórico. (No en balde el esbozo señala que será él el asesino de Fronesis.) Como personaje, Galeb emblematiza la amenaza de la interrupción que, acecha no sólo las acciones de los personajes, sino, como hemos visto, la propia trama de la novela. Es más, no sería exagerado observar que en *Oppiano Licario* Lezama nos presenta un mundo que linda con su propia ruptura. Es a esa ruptura, precisamente, a que aluden las múltiples referencias a fragmentos o la fragmentación, referencias que actúan como metáforas del fenómeno mismo de la interrupción. Las referencias pueden ser explícitas, como vimos en el pasaje sobre Picasso y Rousseau, o también pueden ser emblemáticas, como ocurre con las recurrentes imágenes de fragmentación: cenizas, ruinas, momias, reflejos, refracciones, extremidades truncas, textos borrados. No es casual, por tanto, que tres veces en la misma página se asocie a Galeb, mezquino interruptor, con la imagen del fragmento: "Galeb se fue haciendo notar, preguntaba direcciones, inquiría por *fragmentos* pintarrajeados"; "Pero él parecía erotizarse con cada uno de esos *fragmentos* de fracaso. Su pequeño demonio, tití de diablo, se hinchaba en los *fragmentos*" (p. 191). Mutuas metáforas: la interrupción, el fragmento.

4

Todas esas referencias al fragmento y la interrupción encuentran su centro irradiante en el diálogo que entablan José Cemí e Ynaca Eco Licario hacia el final del capítulo v. Como se sabe, éste es el diálogo que comienza con el encuentro entre estos dos personajes en el Castillo de la Fuerza (el nombre no es una invención de Lezama) y que culmina con la entrega del ejemplar de la *Súmula nunca infusa de excepciones morfológicas*. Entre estos dos momentos, Cemí e Ynaca Eco se desplazan hacia la casa de la hermana de Licario, casa que, por cierto, el narrador describe como "las ruinas del cafetal de

Angerona, reconstruidas" (p. 151). Es en esa mansión en ruinas restauradas que Ynaca Eco y Cemí discuten lo que constituye, a mi juicio, la poética de la novela, y quizá, la poética de José Lezama Lima.

Tanto Ynaca Eco como Cemí son visionarios: ella, vidente infusa, intuitiva, necesita provocar la visión por medio de la turbación ocular y la lectura de textos místicos; él, poeta, que obtiene la visión no provocándola en el cuerpo sino situando la imagen en el tiempo e impulsándola con la caridad, el amor. En el diálogo, Ynaca confiesa su límite: cuando provoca la visión, sólo obtiene una *media visión*, lo visual vaciado de su complemento intelectual: "En esa distancia entre el silencio y la centellita, comienzo a ver un hombre que camina, que se me pierde o retoma. Pero nunca puedo saber si dentro del silencio el que marcha me habla, o se *interrumpe* mi silencio y cesa el desfile" (énfasis mío, p. 161). El dilema de Ynaca, personaje que representa lo infuso, la pura intuición, consiste en que no puede distinguir entre la palabra como diálogo ("El que marcha me habla") y la palabra como silencio ("se interrumpe mi silencio y cesa el desfile"). Ynaca no puede distinguir entre la continuidad y la interrupción, entre el bien y la ausencia. Más que un mero dilema con vistas a resolverse fácilmente, las limitaciones de Ynaca son tales que sus desproporcionados deseos visionarios amenazan con convertirla en agente del mal, en una bruja: "Cuando ese estado intercambiable entre mi sueño y el móvil luminoso se verificaba en el crepúsculo, la visión se hacía diabólica, surgían íncubos, suplicaba" (p. 163).

A las turbaciones de Ynaca, Cemí opone lo que él llama "lo increado creador Dios", y su agente principal, "lo continuo temporal", el tiempo, el futuro. Cemí ofrece su solución como consejo, casi como receta médica, ya que la dolencia de Ynaca, por así decirlo, consiste precisamente de una deficiencia de continuo, algo como una falta de ánimo espiritual debido a su excesiva idolatría corporal. (Ynaca está casada con un impotente a quien Lezama llama, no sin cierta ironía, "El Inaccesible".) Así como Fronesis alienta a Mahommed a proseguir con su discurso revolucionario, Cemí alienta a Ynaca a perseguir la verdadera imagen. Al mundo de la *cosa* de Ynaca ("La infinita posibilidad cohesiva de la metáfora que usted ve como la *res*, como cosa..."), Cemí opone el reino de la imagen ("Nuestro cuerpo es como una metáfora con una posible polarización en la infinitud que penetra en lo estelar como imago", pp. 159-160). Pero lo verdaderamente crucial de este diagnóstico no es tanto que Cemí recete el continuo temporal, el futuro, como remedio espiritual para Ynaca, como que ese remedio equivale también, en la concepción de Cemí, a crear una novela: "Seguir ese continuo temporal engendrado por la marcha es convertir lo increado en el *después*, la extensión progresiva fijando una cantidad novelable" (p. 160). Es preciso subrayar que Cemí no utiliza el concepto de novela (o de cantidad novelable) como sinónimo de género literario, por ejemplo; no le interesa hacer un planteamiento de tipo histórico. Lo que él llama cantidad novelable constituye, como él mismo señala, "la extensión progresiva", aquello que permite *tender un puente* entre fenómenos aislados de la realidad por medio de una trama, de una secuencia de acciones o de imágenes que muestren las ligaduras del mundo, sus secretos nexos causales: aquello que conecta los fragmentos, aquello que conquista la diferencia, aquello que vence la interrupción. Aceptar el continuo temporal, completar la visión, crear una novela, son todas acciones equivalentes.

Cuando Ynaca Eco reacciona al consejo de Cemí diciendo: "Ya estamos en la novela, *pour la mère de Dieu*", la descripción del narrador (quien en seguida añade: "*interrumpió* Ynaca", p. 160) no deja de ser irónica, aun si el mismo párrafo termina aclarando: "No se interrumpían, ambos se proseguían". Ynaca no habrá comprendido, por el momento al menos, el valor o las implicaciones del consejo de Cemí; no obstante, el diálogo entre ellos continúa, sobre todo cuando Cemí, aprovechando una pausa en la retahíla de quejas de la infusa, le dice: "Me voy a aprovechar de su última afirmación para interrumpirla... En esa dimensión", sigue observando Cemí, "la imago viene para completar la media visión, pues si no existiese lo posible de la visibilidad de lo increado, no podría existir "la cantidad novelable" y este diálogo entre usted y yo sería imposible" (p. 161). Igualmente imposible, ya podemos añadir nosotros, resultaría no leer estos comentarios de Cemí como una glosa al texto que estamos leyendo. Este intercambio de interrupciones dialógicas no sólo dramatiza la tesis de Cemí (podemos continuar a pesar de las interrupciones) sino que describe, desde el centro irradiante del texto, la larga secuencia de accidentes, la "suite de digresiones", que hasta ahora ha ido experimentando el lector. Más que una receta, más que una glosa, los consejos de Cemí definen una poética, una *lectura*, por la cual la negación de la interrupción constituye el texto de la novela, lo que los personajes llaman "la cantidad novelable", la condición de su posibilidad. "Cemí observó –nos dice el narrador más adelante–, que ya ambos se continuaban sin posibilidad de interrumpirse", con lo cual Ynaca Eco parece concordar cuando observa, glosando otro conocido título de Lezama Lima, "Se nos ha dado, *continuó* Ynaca, un imán de la evocación, todos los fragmentos hacia un posible cuerpo nuevo..." (p. 164).

No estamos ya, por cierto, ante ningún hegelianismo simplista, mutua cancelación de diferencias por medio de una trascendencia dialéctica. No existe en este diálogo manera alguna de eludir las interrupciones; lo ingenuo sería pensar que existe alguna manera de eludirlas. Ni Cemí, ni siquiera la infusa Ynaca, pretenden ni por un momento burlarlas. El imán sólo atrae fragmentos; hacia el final del diálogo, Cemí termina admitiendo: "Sólo puedo mostrar fragmentos, resúmenes"; Ynaca anticipa la entrega del cofre que contiene la *Súmula* con la premura de "una responsabilidad trágica" (p. 165).

¿Qué nombra este movimiento tan radicalmente contradictorio? ¿Cómo denominar esta secuencia de interrupciones que obtiene su triunfo al admitir su límite y que culmina con la entrega de la *Súmula nunca infusa de excepciones morfológicas*? Sólo la fe, en todo su sentido teológico, paulino, como "sustancia de lo esperado". De esta manera, la pérdida de la *Súmula*, que ocurre en el capítulo que sigue al diálogo entre Ynaca y Cemí, a manos de un perro diabólico (y que según el esbozo nos debe recordar "el perro diablo del *Fausto*") constituye la gran tragedia, el accidente central, la pérdida de la fe, que nos dramatiza también el texto de ese fragmento que se llama *Oppiano Licario*. Porque aunque no sepamos aun que la *Súmula* es también la novela, aunque no sepamos que es de hecho la novela, al situarse su pérdida inmediatamente después de este diálogo crucial se sugiere no ya la ruina de un libro único, de un texto sagrado, sino el quebranto de la propia "cantidad novelable", esa extensión progresiva que, más que un género literario, significa la posibilidad del futuro, la posibilidad de la visión, de la lectura, la posibilidad de la posibilidad. No en balde es un ras de mar lo que acaba borrando la escritura del libro como si fuera un diluvio lo que arrasara con el único texto sagrado que lo pudiera explicar.

Pero entonces ¿qué hacemos con el esbozo? Ese texto nos informa que el último capítulo de *Oppiano Licario* nos hubiera revelado la existencia de otro ejemplar de la *Súmula* y que en ese escrito "se consigna todo lo que ha sucedido en el *Inferno*; terminando con las bodas de la hija de Inaca *[sic]* Eco Licario y Cemí con el hijo de Fronesis y Lucía". El esbozo nos explica, además, que de no haber interrumpido la muerte la redacción de esta novela, no sólo hubiéramos podido recobrar el libro, sino la propia "cantidad novelable", nuestra propia fe perdida, al revelársenos que nunca habíamos perdido el libro porque sencillamente lo teníamos en nuestras manos; que la interrupción que creíamos definitiva había sido provisional; que ese "manuscrito de doscientas páginas con un poema de ocho o nueve en el medio" (p. 169) era el mismo que estábamos leyendo; que la *Súmula nunca infusa de excepciones morfológicas* no era sino la larga serie de accidentes que habíamos presenciado, la secuencia de interrupciones y de fragmentos, la "suite de digresiones". En Lezama todo se encuentra. Nunca se pierde nada.

5

Pocos lugares comunes de la crítica han logrado alcanzar más validez como el que afirma que Lezama Lima fue un poeta que al final de su vida alcanzó a escribir una novela. Basándome en esta lectura me atrevería a proponer una alternativa algo diferente: Lezama fue siempre un poeta que escribió una poesía novelable, henchida de "cantidad novelable"; su obra toda es una búsqueda de la novela, si bien entiendo el término "novela" como sinónimo de continuo temporal, de sed de relación, de otredad, de *tejido*, que la informa desde ese célebre primer verso: "Dánae *teje* el tiempo dorado por el Nilo". Semejante afirmación no debe ya, a estas alturas de los estudios lezamianos, sorprendernos, ya que mirarse, como Narciso, es crear una novela; mirar *es* la novela. Afirmar que la muerte de Lezama es análoga al accidente que destruye la *Súmula*, y por tanto que la ficción termina tragándose la vida, equivaldría a plantear sólo una parte, la menos interesante a mi juicio, del problema con la interpretación de este fragmento. ¿Qué hacemos, repito, con el esbozo? El texto que prueba que *Oppiano Licario* es un fragmento, que certifica la interrupción, es también el que nos dice que encontraremos el libro, que en realidad nunca lo perdimos, que la interrupción ha sido ilusoria, como la aparente desaparición de José Ramiro y su familia; que asistiremos a unas bodas, que hay esperanzas para Palmiro. Y aun si no tuviéramos el esbozo, ¿qué hacemos con el consejo de Cemí; qué hacemos con su propia fe que niega la interrupción al aceptar el continuo; qué hacemos con toda esa "cantidad novelable", con ese texto (con ese hombre) que se llama *Oppiano Licario*?

"Por eso la muerte –continuó Cemí– no puede existir inasimilada por el hombre, que la incorpora de nuevo como visible increado, como resurrección" (p. 163). El texto de *Oppiano Licario* no sólo discute el fenómeno de la fragmentación, de la muerte, sino que anticipa su propia interrupción, su propia fragmentación, y la refuta de antemano, corrigiendo así toda lectura trunca que interrumpa o fragmente la totalidad que el texto reclama. Así como la *Súmula* se pierde y se vuelve a recobrar, así como las cenizas de José Ramiro se extravían hasta que se vuelven a encontrar, así como la casa de

Ynaca Eco consiste en ruinas reconstruidas, o que Mahommed, desde su exilio parisino, sueña con la auténtica revolución, el texto trunco de *Oppiano Licario* exige que lo completemos con nuestra fe de lectores, y que en el blanco que hubiera ocupado el poema prometido, o en la visión infusa de la "nieve lejana" que envuelve a Ynaca Eco en el último párrafo del fragmento, redactemos todas las bodas y nacimientos que implican las cópulas de José Cemí.

Leer el mundo a pesar de las interrupciones: "Me duermo, en el *tokonoma* / evaporo el otro que sigue caminando".[46]

(1982)

"BRILLANDO OSCURA": JOSÉ LEZAMA LIMA

Doy a conocer el siguiente poema inédito de José Lezama Lima gracias a la generosidad de un amigo, René de la Hoz, quien lo obtuvo en un reciente viaje a La Habana. Nadie mejor que él para narrar su testimonio, que reproduzco a continuación. Aunque huelga agregar que el verano pasado, cuando René me habló sobre su adquisición de una serie de manuscritos del gran poeta habanero en ese gran bazar que hoy es La Habana, él mismo no sabía de qué se trataba. A reserva de un estudio más pormenorizado que daré a conocer próximamente, diré sólo que se trata de borradores de poemas que primero se publicaron, como él mismo dice, en la revista *Grafos* de La Habana en 1936, y que luego el poeta recogió, en su gran mayoría, en su primer libro *Enemigo rumor* (1941). Digo borradores porque aunque los poemas están manuscritos, así lo demuestra el cotejo con el texto definitivo de *Enemigo rumor*. Un examen del índice del libro, en la edición más reciente de la *Poesía completa* (La Habana, Letras Cubanas, 1985), demuestra que Lezama Lima excluyó el poema de su canon.

Según René, en carta reciente, el encuentro con estos poemas ocurrió de la siguiente manera:

> En algún momento de la conversación que serpenteaba entre volutas de humo, Roberto se levantó de la mesa. La puerta de la calle había quedado abierta y con la brisa se colaba el golpeteo del taller de enfrente y cada tanto un bocinazo. Cuando volvió a la sala, traía un sobre grande. "Esto es para que no nos olvides."

---

[46] *Fragmentos a su imán*, prólogo de Cintio Vitier, La Habana, Arte y Literatura, 1977, p. 125.

Yo llevaba varios días en La Habana. Había recorrido sus barrios con avidez y con una sensación de asombro que me sobrevenía sin que yo supiera bien por qué. A veces sentía que me internaba en una ciudad imaginada: todo parecía regirse por sus propias y desconocidas reglas. Buscaba libros, mi deber era saber interpretar las preferencias de mi biblioteca. La gente que iba conociendo entendía intuitivamente ese sometimiento a una autoridad despótica y, tal vez por descortesía o por la costumbre de lo fantasioso, algunos me hablaban de ciertos títulos inencontrables que de un día para otro iban a llegar. Trazaban con el brazo un movimiento lánguido que parecía indicar el mar.

A Roberto lo conocí en la Plaza de Armas. Me lo presentó una muchacha silenciosa, amiga de uno de los libreros legitimados por el beneplácito oficial. Trabamos una amistad instantánea y la nutrimos de ron y café por partes iguales. Hablamos de Estados Unidos, donde Roberto vivió algunos años, no en Miami sino en un pueblo del noroeste. Sus recuerdos eran de lloviznas pacientes, de bosques profundos donde no penetra el sol, de gente ingenua de modales excesivos. Quebrantado por silencios y la enormidad del paisaje, regresó por México a su isla. Ahora ya no tenía patria y solía refugiarse en la nostalgia.

Fiel al pedido de Roberto, no abrí el sobre en ese momento. Después, quedó olvidado en el fondo de la vajilla y cubierto de libros tocados por la humedad y el tiempo. Recién al cabo de una semana de estar de nuevo instalado en mi casa, me acordé. Era un puñado de poemas mecanografiados en papel muy viejo. Todos eran de Lezama. Algunos llevaban el año (1936) manuscrito al pie. Uno indicaba: "Publicado en *Grafos*" y consignaba la dirección del poeta: Trocadero 22, bajos. Entre ellos estaba el que a continuación se publica por primera vez.

El manuscrito consultado no llevaba título, por lo que he decidido utilizar parte del primer verso a ese efecto. En esto sigo la usanza del propio Lezama Lima, como demuestran otros poemas suyos del mismo libro, los célebres "Una oscura pradera me convida", "No hay que pasar", "Se te escapa entre alondras", o tantos otros. Como esos poemas en el libro que los reúne, "Brillando oscura" es un fulgurante ejercicio barroco que elude la fácil comprensión. Diez cuartetas de alejandrinos rimados (ABBA) cuya estructura se asemeja a una caja de espejos en la que los objetos se reflejan los unos a los otros sin que nunca se llegue a saber a ciencia cierta dónde se origina la imagen. A su vez, como es evidente, estos objetos aparecen conjurados por epítetos que se derivan de la gran poesía española: modelo y emulación.

A estas alturas sólo podemos especular, desde luego, por qué Lezama excluyó "Brillando oscura" de *Enemigo rumor*. Basta observar que se trata, entre otras cosas, de un experimento con la rima de un verso de arte mayor, el alejandrino, poco usual en la prosodia española. Como tal, la inclusión del poema en *Enemigo rumor* hubiese roto cierta armonía en el contexto de ese libro, la mayoría de cuyos 40 poemas no son rimados. Sólo en la sección II del libro se reúnen 18 textos con rimas de todo tipo, pero todos son sonetos: los célebres "Sonetos infieles". Quede para nuestro futuro estudio un comentario sobre la relación de esta nueva aportación al canon lezamesco con los poemas de *Enemigo rumor* y su contexto inmediato.

Brillando oscura la más secreta piel conforme
a las prolijas plumas desaradas en ruido
lento o en playa informe, mustio su oído
doblado al viento que le crea deforme.

Perfilada de acentos que le burlan movedizos
el inútil acierto en sobria gruta confundido grita,
jocosa llamarada —nácar, piel, cabellos— extralimita
el borde lloviznado en que nadan soñolientos rizos.

¿Te basta el aire que va picando el aire?
El aire por parado, ya por frío, destrenza tus miradas
por el aire en cintas muertas, pasan encaramadas
porfías soplando la punta de los dedos al desgaire.

El tumulto dorado —recelosa su voz— recorre por la nieve
el dulce morir despierto que emblanquece al sujeto cognoscente.
Su agria confesión redorada dobla o estalla el más breve
marfil; ondulante de párpados rociados al dulzor de la frente.

Ceñido arco, cejijunto olvido, recelosa fuente halago.
Luz sin diamante detiene al ciervo en la pupila,
que vuela como papel de nieve entre el peine y el lago.
Entre verdes estambres su dardo al oído destila.

Cazadora ceñida que despierta sin voz, más dormidos metales,
más doblados los ecos. Se arrastra leve escarcha olvidada
en la líquida noche en que acampan sus dormidos cristales,
luz sin diamante al cielo del destierro y la ofrenda deseada.

El piano vuelve a sonar para los fantasmas sentados
al borde del espacio dejado por una ola entre doble sonrisa.
La hoja electrizada o lo que muere como flamencos pinchados
sobre un pie de amatista en la fiesta se desdobla o se irisa.

No hay más que párpados suaves o entre nubes su agonía desnuda.
Desnudo el mármol su memoria confiesa o deslíe la flor
de los timbres, mármol heridor, flor de la garganta en su sed ya
despunta o se rinde en acabado estilo de volante dolor.

Oh si ya entre relámpagos y lebreles tu lengua se acrecienta
y tu espada nueva con nervios de sal se humedece o se arroba.
Es posible que la lluvia me añore o entre nieves el dolor no se sienta
si el alcohol centellea y el canario sobre el mármol se dora.

El aire en el oído se muere sin recordar.
El afán de enrojecer las conchas que tienen las hilanderas.
Al atravesar el río, el jazmín o el diamante, tenemos que llorar
para que los gusanos nieven o mueran en dos largas esperas.

El fantasma de Virgilio

¿Dicen No? ¿A qué? ¿A todo? Deben de ser insoportables, tanto como los que dicen sí a todo. *El no*

PARECE INEVITABLE que una reunión como ésta, dedicada fuera de su país a Virgilio Piñera a casi catorce años justos de su muerte, pretenda corregir una circunstancia injusta y demasiado prolongada. Nadie mejor que este grupo de especialistas para comprender y explicar el carácter marginal de la obra de Piñera. Nadie mejor, también, para distinguir ese carácter marginal de la marginación, el ostracismo, la muerte civil, a los que fue sometido este escritor a partir de 1970. Como José Lezama Lima, esa otra víctima del gulag castrista, Virgilio Piñera sucumbió hacia el final de la década de los setenta, en medio del infame "quinquenio gris", a los rigores de la caza de brujas que en Cuba desencadenó el llamado "caso Padilla" y que algunos especialistas denominan, con precioso eufemismo, "la institucionalización de la Revolución cubana". Y si bien muchos a los que les tocó vivir esa década lograron sobrevivir los espantos de esa época, ni Lezama Lima ni Piñera llegaron a vivir para contarlo. Ni creo equivocarme en afirmar que esta reunión intentará darle voz al menos a uno de ellos.

Un perverso sofisma atribuiría la insensata marginación y virtual asesinato de estas dos figuras a una de tres razones: la persecución de homosexuales que desatara el régimen durante ese mismo periodo, los excesos de una llamada debilidad moral de Heberto Padilla en su llamada "autocrítica", o bien las excentricidades de sus respectivas personalidades sedentarias. La última de éstas asume la forma más enrevesada. Así como un asmático Lezama Lima habría nada menos que escogido rechazar la oportunidad de viajar fuera de Cuba para aceptar tributos a su obra, así también un masoquista Virgilio Piñera habría disfrutado la humillación oficial. Ninguna de las tres explicaría, en cambio, lo que parece más importante: la furia que desató el régimen contra las respectivas obras y común figura ejemplar de escritor que

Lezama Lima y Piñera representaban. Fue precisamente a esa persecución que respondió un poema de Piñera dedicado a Lezama Lima, verdadero compañero de celda, durante lo que debe haber sido el momento más difícil de su común ostracismo. En él dijo:

> Hemos vivido en una isla
> quizá no como quisimos,
> pero como pudimos.
> Aun así derribamos algunos templos,
> y levantamos otros
> que tal vez perduren
> o sean a tiempo derribados.
> Hemos escrito infatigablemente,
> sonado lo suficiente
> para penetrar la realidad.
> Alzamos diques
> contra la idolatría y lo crepuscular.
> Hemos rendido culto al sol
> y, algo aún más esplendoroso,
> luchamos para ser esplendentes.
> Ahora, callados por un rato,
> oímos ciudades deshechas en polvo,
> arder en pavesas insignes manuscritos,
> y el lento, cotidiano gotear del odio.
> Mas es sólo una pausa en nuestro devenir.
> Pronto nos pondremos a conversar.
> No encima de las ruinas, sino del recuerdo.
> Porque fíjate: son ingrávidos
> y nosotros ahora, empezamos.[1]

No hay tiempo para repetir los archiconocidos hechos sobre Lezama Lima. Pero en el caso hoy más pertinente de Piñera basta leer entre líneas la bio-bibliografía que, a manera de esquela, la revista *Bibliografía cubana* publicó, a la distancia de tres años de su muerte, para percatarse de su humillante rastro institucional. Según esa lista póstuma, en 1971, a la edad de 59 años, y en lo que a todas luces fue la culminación de su carrera, o al menos el comienzo de su reconocimiento internacional, "se estrena en Londres *Electra Garrigó*", "la Editorial Sudamericana edita su libro de cuentos *El que vino a salvarme*", "apa-

---

[1] "Bueno, digamos", en *Una broma colosal*, La Habana, Ediciones Unión, 1988, p. 40.

rece en francés los *Cuentos fríos"* y *"*Televisión Española televisa en un serial de siete días la obra *Aire frío"*. Pero no hacemos más que seguir leyendo a renglón seguido que encontramos la última entrada correspondiente a 1979, como una ráfaga de "aire frío": "fallece el 18 de octubre... al morir era traductor de una editorial del Ministerio de Cultura". Tránsito del éxito internacional a la desaparición doméstica por obra y gracia de un listado anónimo...

A esos ocho años de marginación forzada que padeció Piñera le siguieron, a su vez, otros siete de silencio oficial. Fue sólo en el verano de 1986, por primera vez desde su muerte civil, cuando un grupo de fieles si bien temerosos amigos y admiradores se atrevieron a rendirle tributo en el recinto de la Unión de Escritores de La Habana. Hubo que esperar otros cuatro años, para que se publicaran en la revista *Unión* los textos leídos en ese pequeño homenaje.[2] El número de *Unión* abre admitiendo que Piñera "tal vez sea entre nosotros el autor más ignorado, célebre y olvidado". Pero en otros lugares llega al extremo de justificar su marginación oficial. No es un azar que las referencias más explícitas sobre el tema sean a *Una broma colosal*, el libro de poemas póstumos de Piñera. Es precisamente en ellos donde se transparenta el testimonio de su extrema desolación durante sus últimos años. Si Virgilio López Lemus alude al "fin de la década de 1960 y de los primeros años de la de 1970, en los que —según él—, el poeta no experimentó contradicciones con el sistema social revolucionario pero sí con funcionarios de la cultura", Antón Arrufat, su gran amigo y discípulo, llega a decir, a su vez, que "el propio autor tuvo en este largo silencio parte de responsabilidad. Virgilio Piñera no estaba, en apariencia, muy preocupado por editar sus poemas". Otras alusiones en el mismo número son menos infames pero no menos oblicuas: "siempre estuvo al margen o lo ponían al margen", escribe Pérez León; "su obra también, aunque silenciada, mal estudiada por los curules sancionadores", añade Reynaldo González; "a pesar de toda la tierra que le han echado encima", se lamenta Luis Agüero. "Tuve la suerte de conocerlo cuando el silencio era un muro a su alrededor [...] aquellos años oscuros en que se le acusó de tantas cosas y en que los envidiosos tuvieron algún tiempo para frotarse las manos con alegría", fue el más honesto, y más valiente, testimonio de Abilio Estévez.

Lo que fue debate latente en el número de *Unión* se hizo manifiesto, durante esos mismos meses de 1990, en un curioso intercambio de notas entre

---

[2] Me refiero a *Revista Unión,* año III, núm. 10, abril-mayo-junio, 1990.

Alberto Garrandés y Roberto Urías en *La Gaceta de Cuba* y la *Revista de Casa de las Américas*.[3] Ante la irremediable melancolía de los poemas de *Una broma colosal* Garrandés sólo atinó a decir: "lo que parece imperdonable [...] es que Piñera nos salga con que se mantuvo durante diez años escribiendo dentro de una línea harto identificada con la melancolía, la frustración y la idea de una nada primordial, penetrable por las mismas razones que la convierten en algo nocivo, paralizador y deshumanizado". A ese dogmatismo oficial respondió Urías, en lo que parece ser la denuncia más explícita de la persecución de Piñera publicada en Cuba hasta la fecha: "lo que a todas luces sí que es imperdonable es que Garrandés haya escrito este párrafo [...] Nuestra sociedad se equivocó [...] en la vida cultural cuando se permitió que aquellos 'asalariados dóciles' que *creamos* decretaran, entre otras 'leyes', la de que el artista debía estar mecánicamente subordinado a los propósitos y metas históricas y políticas; la de que todo creador debía ser optimista, un gran movilizador de masas y un divulgador de las misiones asignadas".

No obstante la apertura que demuestran estos comentarios, ni el número de *Unión*, ni la excelente recopilación de inéditos que recogió poco después la revista *Albur,* ni siquiera la valiente nota de Urías, nombran con pelos y señales, como deberían, la política oficial que hizo posible esa persecución o los responsables. El propio Urías llega a decir, en esa misma nota, que no quiere "enumerar —porque se conocen bien— hechos concretos, o citar en abundancia nombres y apellidos de aquellos (de estos) protagonistas de nuestra cultura nacional". Según Urías, "no hay que revolcarse en el lodo". Y sin embargo, ¿cómo será posible la restitución histórica de Virgilio Piñera, cómo hacerle justicia a su persona y a su obra, cómo darle justo entierro y paz a su fantasma, si nunca se llegan a conocer los nombres y apellidos de los responsables de su muerte civil, si no nos "revolcamos en el lodo" para sacar en limpio los hechos sobre este escritor?

Los que conocieron a Piñera durante su última infortunada época, como Reinaldo Arenas, dejaron testimonio de que hasta la muerte por infarto cardiaco que se le atribuye podría ser achacada a la manía persecutoria del régimen, que con frecuencia sometía la casa y persona de Piñera a minuciosos registros e interrogatorios. Otros, como Guillermo Cabrera Infante, han remontado la ojeriza con que el régimen lo vio hasta mediados de los años sesenta, cuando comienza propiamente la furia homófoba en Cuba. Pero si bien la homofobia

---

[3] Véase Alberto Garrandés, "Entre el caos y la noche", *La gaceta de Cuba,* 1, enero de 1990, p. 809, y Roberto Urías, "Un bromista colosal muere de luz y de orden", *Casa de las Américas,* núm. 180, mayo-junio de 1990, pp. 120-125.

del régimen fue un factor muy importante para sellar su destino, y no hay que perderlo de vista, no creo, en cambio, que todo se pueda reducir a él. Hacerlo equivaldría a ignorar nada menos que su obra, y sobre todo ignorar aquellos textos suyos que explicitan su honestidad intelectual y el desafío moral de su arte. A comentar esos dos aspectos de su persona y obra dedicaré el resto de esta contribución. No haré, por cierto, un recuento de la vida y obra de Piñera, por lo demás innecesario, sino unos pocos comentarios sobre su labor crítica y, sobre todo, su pensamiento moral.

Una vida de rupturas

Me temo que no entenderemos la obra de Virgilio Piñera si primero no entendemos a fondo su carácter crítico y polémico. Se trata, ante todo, de una obra crítica, antiburguesa y contraoficial cuyo efecto final es la constitución de un contradiscurso. Son evidentes los elementos de ese contradiscurso: la farsa, el humor y la deformación grotesca. Piñera erige un espejo cóncavo ante el mundo y lo que se refleja ahí es su burla.

Con un gesto que en realidad constituye un síntoma de los proverbiales prejuicios y censuras que afectaron la recepción de su obra, la crítica académica con demasiada frecuencia se contenta con la lectura del canon de Piñera –su mal llamado "teatro completo", sus cuentos (aún hoy sólo parcialmente publicados), sus tres novelas y sus poemas, escasamente conocidos– y en cambio no toma en cuenta el contexto polémico en que toda esa obra se desarrolló. No niego, desde luego, ni la validez ni la necesidad de realizar la lectura y relectura de esos textos fundamentales. Sí critico su insuficiencia. Ya en "Piñera teatral", el prólogo a su llamado *Teatro completo* (1960) y uno de sus pocos textos autoanalíticos, Piñera confesaba que la falta de público había afectado la producción de su obra de manera tal que él sólo se podía considerar un "casi-autor". Así, también, a consecuencia de nuestra propia lectura parcial, podríamos decir nosotros que somos los "casi-lectores" de Virgilio Piñera. Ya sea a consecuencia de pereza bibliográfica, la fragmentación de la obra, o las razones políticas que acabo de reseñar, aún no se ha abordado la verdadera lectura de la obra de Virgilio Piñera.

Ese carácter polémico se debe, ante todo, a las circunstancias biográficas que determinaron la marginalidad de Virgilio Piñera. Y esas circunstancias se pueden entender, a su vez, como una serie de sucesivas rupturas. La primera fue su origen. Provinciano pobre (nacido en Cárdenas pero criado en

Camagüey), Piñera realiza sus primeros trabajos literarios en La Habana entre escritores habaneros, circunstancia que en un país de centralismo cultural como lo es Cuba, determinó una marginalidad que fue si no real al menos sí psicológica y moral. La segunda fue su naturaleza, lo que en sus *Memorias* Piñera llegara a llamar "las tres Gorgonas": "Aprendí que era pobre, que era homosexual y que me gustaba el Arte". En una sociedad tradicional como la cubana, en la que un nombre es un destino, un provinciano pobre y desconocido sencillamente no existía; y en esa misma cultura machista, donde la autorrepresión hacía que hasta homosexuales (como el propio Lezama) asumieran una postura homófoba, otro homosexual como Piñera, que para más señas era una "loca" afeminada, podía ser rechazado hasta por sus congéneres.

La tercera ruptura fue circunstancial pero no menos decisiva: la fallida inserción de Piñera en los grupos poéticos de los años treinta de La Habana, especialmente el grupo que con el tiempo se conocerá con el nombre de *Orígenes*. Apenas tenemos que recordar que en 1942, por desavenencias con el grupo que hasta entonces se había reunido alrededor de otras dos revistas –*Verbum* y *Espuela de Plata*– Piñera rompe con Lezama y funda otra, efímera, llamada *Poeta*. Esas desavenencias eran no sólo estéticas sino temperamentales; mejor dicho: de moral intelectual. "Siempre temí –dice Piñera en la carta de rompimiento que le escribió a Lezama por aquel entonces– que llegase el tiempo de las grandes decisiones porque habiéndote movido tú en un círculo de familia conservadora, te habías nutrido de bastantes indecisiones".[4] Su propia decisión de alejarse del grupo se debió, según dice en la misma carta, a que *Espuela de Plata* era una revista católica, "que había tomado el acuerdo de elegir al buen presbítero [se refiere al padre Ángel Gaztelu] porque todos ustedes son católicos, no sólo ya en el sentido universal del término, sino como cuestión dogmática, de grupo religioso que se inspira en las enseñanzas de la Santa Madre Iglesia. Así expresado, creo más en una cuestión de catoliquería que de catolicismo, y esto porque catoliquería significa lo mismo que alcahuetería".

El reverso público del aspecto privado de esta carta apareció, a su vez, en los dos sucesivos "editoriales" de *Poeta,* la revistilla que Piñera fundara a raíz de su llamada ruptura con Lezama, donde Piñera le acusa de estancamiento estético: "Después de *Enemigo rumor* –dirá entonces– era absolutamente preciso no proseguir en la técnica usual". Si nos dejáramos llevar por el comen-

---

[4] Cito del texto de la carta que Piñera cita en su ensayo "Cada cosa en su lugar", *Lunes de Revolución*, 14 de diciembre de 1990, p. 11. Un facsímil de la carta original fue publicado en *Albur*.

tario que a este editorial ha hecho José Prats Sariol, ese *genio* de la crítica cubana, podríamos acaso reducir la llamada ruptura de Piñera con Lezama a una suerte de querella entre "clásicos" y "románticos".[5] Más cierto, sin embargo, es que no sólo existía un aspecto de moral intelectual que era mucho más importante –Piñera sencillamente se negaba a practicar una vida intelectual "de capilla", en el sentido múltiple del término– sino que la llamada ruptura entre él y Lezama se fundamenta en otra cosa: la oposición entre clasicismo y *modernidad*, vale decir, entre cultura tradicional y cultura moderna: *cultura crítica*.

Con buen espíritu moderno, Piñera, en una suerte de primera autodefinición, milita a favor del cambio y la renovación. Se declara en contra de cualquier obstáculo, sobre todo cualquier obstáculo religioso o moral, que impida esos principios. Parte de ese cambio se trataba, evidentemente, de una renovación retórica: un cambio de lenguaje para la literatura. Nada más alejado, por eso, del célebre "Dánae teje el tiempo dorado por el Nilo" de Lezama que el igualmente célebre "Tú tenías grandes pies y un tacón jorobado" de Piñera. A la *"Muerte* de Narciso", Piñera opone la *"Vida* de Flora"; a la densidad metafórica y alusiva, un lenguaje coloquial; al tono solemnemente visionario, el humor de la domesticidad cotidiana; a la exaltación de los orígenes, la *crítica* de esos orígenes; a la poesía, finalmente, opone lo que años más tarde otros llamarán la *anti*-poesía. Por eso, la despedida a esa etapa de su vida, la última salva contra la capilla que dejaba atrás, tuvo que ser *La isla en peso* (1943), ese magnífico poema extenso donde Piñera puso en práctica la alternativa crítica al lenguaje poético que había planteado en su ruptura. "Pueblo mío tan joven, no sabes ordenar", fue su poética sentencia y condena.

Un exilio creador

La llamada ruptura con Lezama, que equivalió más bien a la ruptura con su contexto cultural más inmediato, llevó por tanto a una cuarta ruptura: el viaje a la Argentina. Al desplazamiento moral e intelectual corresponde un desplazamiento físico. Ese viaje estuvo atravesado, por cierto, y a lo largo de doce años, por fugaces regresos a Cuba. Pero desde el punto de vista moral se trata nada menos que de un exilio voluntario. Del exilio de Piñera en Buenos Aires sabemos poco, pero ese poco sí indica que, como todo exilio,

---

[5] Véase de éste, su ensayo "La revista Orígenes", en *Coloquio Internacional sobre la obra de José Lezama Lima,* Madrid, Fundamentos, 1984, vol. 1, p. 42.

tuvo resultados contradictorios. Por una parte, es en Buenos Aires donde Piñera logra una soledad que le permite escribir las dos obras donde encuentra su voz: *Electra Garrigó* y *La carne de René*. La creación de esos dos textos significó no sólo la conquista de dos géneros literarios que Piñera no había abordado hasta entonces –el teatro y la novela– sino también la de su visión del mundo y un tono peculiar: el absurdo y el humor, los que más tarde se plasmarán en sus magníficos "cuentos fríos". No suele mencionarse, en los pocos recuentos de la formación intelectual de Piñera de estos años, una segura fuente: la obra de Albert Camus, y sobre todo de *El mito de Sísifo,* ese ensayo que para él ha de haber sido una suerte de biblia. Y sin embargo es ahí donde se encuentran algunas de las claves más útiles para descifrar su obra. Por último, es en Buenos Aires donde Piñera también conoce, como se sabe, a Witold Gombrowicz –como él, también exiliado– con quien llega a colaborar en la traducción de *Ferdydurke* y a juguetear con la idea de una o dos revistas: las llamadas y efímeras *Aurora* y *Victrola*.

Sin embargo, en el enrarecido ambiente cultural del Buenos Aires de los años cuarenta, justo en medio del peronismo, Piñera no pudo haberse sentido totalmente a gusto. Creo que se exagera, en este sentido, la supuesta colaboración de Piñera en el grupo de *Sur*, sobre todo su supuesto trato con Borges. Es cierto que Borges y Bioy Casares lo incluyeron en su antología de *Cuentos breves y extraordinarios*. Pero también se podría decir que, por lo contrario, las relaciones de Piñera con el grupo de *Sur* fueron distantes cuando no polémicas –a excepción de aquellos casos en que existía una relación personal, como por ejemplo la hubo con José Bianco, Bioy Casares o Silvina Ocampo–. No creo equivocarme al afirmar que –salvando las distancias, desde luego– *Sur* representó para Piñera un avatar rioplatense (y desde luego secular) de *Espuela de Plata* y *Orígenes,* al menos desde el punto de vista de su actitud hacia la cultura y el lenguaje. Son bien conocidas, en este sentido, las opiniones críticas de Piñera (publicadas en *Orígenes,* por cierto) sobre lo que él mismo llamara (como moderada crítica) "el tantalismo" de la literatura argentina contemporánea. Criticaba así, con este término, la obra de escritores como Macedonio, Borges y Girondo –una literatura que para el crítico Piñera se queda en lo que él mismo llamó "la ornamentación" y (sobre todo en el caso de Borges) "la experiencia libresca".

No fueron las notas de Piñera sobre literatura argentina contemporánea las únicas que publicó *Orígenes* durante su exilio, por cierto. Cuatro más (incluyendo su brillante ensayo sobre Kafka) aparecieron en las páginas de la revista con cuyo grupo Piñera se decía haber roto años antes. La persistencia de esa relación intelectual por encima de la ruptura con Lezama Lima demuestra el respeto que al menos éste y Rodríguez Feo, los dos directores de *Orígenes,* han de haber sentido por Piñera. No así en el caso de Cintio Vitier, quien en 1944 reseñó, en el propio *Orígenes, Poesía y prosa,* el primer libro de Piñera.[6]

Lo importante acerca de esa reseña de Vitier no fue sólo el reconocimiento de lo que, a falta de mejor término, podríamos llamar "la otredad" de Piñera respecto a la poética de *Orígenes.* Significó también, y sobre todo, la primera caracterización negativa de su obra. Vitier destaca cómo "se trata de una voz que ha de salir, para que alguien la escuche por lo menos como señal confusa, de lo vano y cóncavo de una máscara, de un resonador, no de un pecho desahogado y libre". No hay en esa obra, según Vitier, ni desesperación ni caos, sino "la profunda frecuencia de lo cursi". Su esencia, dice, es "ser todo superficie", mundo pervertido por una actitud que constituye "la negación de todo sentimiento y diálogo cordial: la ironía". Vitier se escandaliza, por tanto, de la creación del mundo crítico y ateo de Piñera. Y aunque lo describe como un fiel reflejo del vacío de la vida republicana que *Orígenes* se dice haber rechazado, su propia descripción de esa actitud desemboca en una condena velada cuando la caracteriza como "el demonio de la más absoluta y estéril antipoesía".

El prejuicio religioso de Vitier, del que Piñera siempre estuvo consciente y al cual respondería en su debido momento, tuvo al menos la virtud de hacer explícitas las razones por las que la obra de Piñera no podía ser aceptada, ni siquiera, o acaso mucho menos, por la élite intelectual de su país. Tendrían que pasar varios años para que la complicidad de ese prejuicio religioso con otras circunstancias, tanto personales como políticas, sellaran el destino de Virgilio Piñera en Cuba. Su condena, en todo caso, ya está dictada: Piñera no afirma sino niega; se burla donde debería defender; su voz y revela una máscara vacía, no un ser de carne y hueso.

Una primera y velada respuesta de Piñera a Vitier vendrá poco después en su ensayo de 1947 "En el país del Arte", también publicado en *Orígenes.* En él afirmará que "lo contrario del arte es ser lo menos adorable: allí donde se le erige un altar, donde se le rinde culto, se presenta como todo menos arte". Es clara la alusión velada a la poética de *Orígenes.* Pero su respuesta no será tan explícita como cuando, pocos años después, en lo que no puede menos que verse como una quinta ruptura, Piñera comience a colaborar con

---

[6] La reseña apareció en *Orígenes,* año 2, núm. 5, primavera de 1945, pp. 47-50.

Rodríguez Feo, primero desde Buenos Aires y luego en La Habana, en la producción de *Ciclón,* la revista que éste funda a raíz del cisma personal entre él y Lezama.

En su demorada respuesta a Vitier, que vino en 1955, en uno de los primeros números de *Ciclón,* Piñera nunca llegó a referirse a la antigua reseña pero sí aprovechó la publicación de una edición de Vitier de la obra poética de Emilio Ballagas ese mismo año para entonces, como decimos en Cuba, "dar el palo". Es ahí donde Piñera rechaza la interpretación mojigata de la poesía de Ballagas que realiza Vitier en su edición y a cambio señala la angustia existencial de Ballagas. Afirma, por lo contrario, y acaso por primera vez en la historia literaria de Cuba, las tensiones de la vida bisexual, lo que el propio Ballagas llamaba "mi angustia desdoblada" y que este poeta traducía, por medio de la expiación psicológica, en culpa religiosa. "Si los franceses —dice entonces Piñera— escriben sobre Gide tomando como punto de partida el homosexualismo de este escritor; si los ingleses hacen lo mismo con Wilde, yo no veo por qué los cubanos no podamos hablar de Ballagas en tanto que homosexual."[7]

El valiente ensayo de Piñera fue demoledor. Causó, en su momento, un escándalo entre los provincianos burgueses intelectuales de La Habana, y le valió a Piñera echarse encima a no pocos enemigos —sobre todo a Vitier, quien nunca le perdonó ni su inteligencia ni su valor—. Pero la importancia del ensayo no fue, en última instancia, tanto crítica como moral: insistir en la homosexualidad de un poeta de vida angustiada en el clóset fue una manera de combatir prejuicios, liberar el cuerpo y arrancar máscaras. En realidad, la respuesta a Vitier no fue el único o siquiera el primero que criticó al *statu quo* literario y cultural de Cuba. Ya en el segundo número de *Ciclón* (1955) Piñera había publicado su conferencia "Cuba y la literatura" donde llega nada menos que a negar la existencia de tal cosa como la literatura cubana: "Niego que haya tal literatura cubana ya que día a día sufro esta terrible muerte civil del escritor que no tiene una verdadera literatura que lo respalde. Niego que la haya porque todo se conjura para demostrarme que estoy muy lejos de ser un escritor. Niego que la haya porque ella es incapaz de demostrarme si soy un triste loco o un magnífico escritor".[8] Piñera asumía, de esta manera, la misión de *Ciclón:* combatir la inercia cultural, lo que en el primer editorial de la revista se había llamado "el ambiente enrarecido de nuestras letras". Pero a su vez ese ambiente formaba parte de un problema social más

---

[7] Cito de "Ballagas en persona", *Ciclón,* vol. 1, núm. 5 septiembre de 1955, pp. 41-50.
[8] Véase *Ciclón,* vol. 9, núm. 2, marzo 1955, pp. 51-55.

vasto y que ya para entonces tenía un nombre: la dictadura de Fulgencio Batista.

Un escriba

Fue en el último número de *Ciclón,* por cierto una vez de regreso a Cuba, que Piñera saludó el triunfo de la Revolución de 1959 con una larga crónica. Su título fue "La inundación" y su tema la reacción de los distintos estratos de la ciudad de La Habana al desfile por sus calles de los barbudos fidelistas. Hacia el final de su crónica Piñera describe el estrato de los escritores, y se sorprende de su inesperada "inundación" o multiplicación después de la caída de Batista: días antes del triunfo revolucionario apenas existían escritores. Piñera señala cómo estas nuevas plumas, sin ninguna obra en su haber, ahora insisten en que "ser escritor y nada más que escritor, es la negación de todo crédito, y que los empeñados en serlo tendrán la más amarga de las muertes: la muerte civil". Lo que en este primer momento de la Revolución de 1959 era apenas una posibilidad tan remota que fácilmente se prestaba a materia de burla o chiste, el propio Piñera la contesta oponiendo a ella que "el buen escritor es, por lo menos, tan eficaz para la Revolución como el soldado, el obrero y el campesino".[9] Nunca se imaginó Piñera hasta qué punto esas palabras suyas, marca de su lúcida ingenuidad, en pocos años resultarían proféticas.

No cabe duda de que Piñera, como la inmensa mayoría de los cubanos en este momento, le dieron la bienvenida a la Revolución cubana de 1959. La dictadura de Batista había sido tan destructiva, su corrupción y crueldad tan totales, que cualquier cambio político se percibía para bien. En el caso de Piñera, que nunca había dejado de ser un crítico despiadado de la burguesía liberal, la Revolución significaba nada menos que el rescate del proyecto nacional. Junto a él, la justa valoración del arte y la literatura cubanos. Avalado en un principio por el periódico *Revolución,* y luego por *Lunes,* el magazine de este periódico, y su director Guillermo Cabrera Infante, Piñera se lanza, con furia de inventor, nada menos que a la reforma de la literatura nacional. Entre 1959 y 1962 publica un sinnúmero de artículos, ensayos y reseñas, muchas veces bajo el seudónimo de *El Escriba.* En ellos condena el pasado inmediato y discute los pormenores de ese futuro proyecto. "La reforma agraria reparte las tierras", dice en uno de los primeros. "La presupuestaria deci-

---

[9] Cito de "La inundación", *Ciclón,* vol. 4, núm. 1, 1959, p. 14.

de más millones o menos millones, la pedagógica resuelve revolucionar la enseñanza de arriba abajo, pero la literaria, ¿por dónde cogerla?, ¿cómo darle un sentido si nada reparte a no ser la herencia de los viejos escritores, que todos respetan pero que ningún joven gustaría usufructuar?"[10]

Lejos de proponer una ciega adhesión al poder, como podría pensarse a partir de su apoyo al triunfo revolucionario, Piñera plantea una reforma literaria que sea sobre todo, y una vez más, de moral intelectual. Contra el creciente oportunismo de los escritores que había señalado en su última crónica de *Ciclón,* señala la necesidad de una "toma de conciencia": "que el escritor se respete a sí mismo, lo cual significa rechazo de muchos clichés, de muchos *parti-pris;* de que su obra sea pensada en profundidad y no resuelta a base de vaguedades..." "La literatura –dirá en otro artículo de Revolución– tiene sus contrarrevolucionarios que actúan a base de incienso y cestos de flores. Desconfíese del escritor pretendientemente revolucionario que se apoya en la iconoclastia más ortodoxa (valga la redundancia) para negar y destruir todo. El lector no prevenido quedará agradablemente sorprendido con sus golpes de efecto." A lo cual Piñera, siempre teatral, añadirá la siguiente frase, como dictada por un hipotético futuro funcionario: "Aquí no hay literatura, todos son unos idiotas, somos un pueblo analfabeto, la Revolución debe proscribir a los intelectuales que se las dan de sabihondos sin saber nada..."[11]

Una vez más, resulta insólito que Piñera haya escrito frases tan proféticas. Cita, sin saberlo, y a la distancia de diez años, las palabras de Fidel Castro ante el infame Primer Congreso Nacional de Educación y Cultura (1971) donde, en respuesta a la reacción internacional al llamado "caso Padilla", Castro, a un tiempo, liquidó el proyecto de apertura con que comenzó la Revolución cubana e inició la fase estalinista de su régimen. Son frases las de Piñera, ante todo, de defensa de la vocación del escritor y de su libertad ante cualquier tipo de poder, sea este burgués o revolucionario, burocrático o capitalista. Pero en otro de sus artículos en *Revolución* resumirá otra profecía de lo que vendrá poco después y dará una definición de su moral intelectual:

> A esta literatura respetuosa le faltan dos cosas sin las cuales no es posible que un escritor sea reputado por tal y que se sobreviva: la primera, el respeto de sí mismo y de su propia obra; la segunda, valentía y coraje para arriesgar todo, incluso la propia vida. Y por ello no quiero decir que el escritor ande buscando su duelo

[10] Cito de "La reforma literaria", *Revolución*, junio 12 de 1959, p. 2.
[11] Cito de "Literatura y Revolución", *Revolución*, junio 18 de 1959, p. 2.

bobo o salga a la calle a disparar tiros a la gente. El sacrificio de la vida radica en sufrir mil y una privaciones desde el hambre hasta el exilio voluntario –a fin de defender las ideas, de mantener una línea de conducta inquebrantable–. Por el contrario, el escritor respetuoso nunca arriesga nada, como que su primer consigna es nada menos que "el espléndido aislacionismo y el magnífico silencio".[12]

¿No era previsible que con palabras como éstas, y a partir de 1961, con el cierre forzoso de *Lunes de Revolución* y la dispersión del grupo de escritores que la hacía posible, Virgilio Piñera cayera en una progresiva pero inevitable desgracia con el régimen en ascenso? Ahí tenemos, para remachar esa previsión, la célebre anécdota, que cuentan, en respectivas pero análogas versiones, Carlos Franqui y Cabrera Infante. Esa cosita que era Virgilio Piñera fue el único entre tantos supuestos machos que se paró delante de Fidel Castro y su comitiva, en medio de las llamadas conversaciones con los intelectuales en la Biblioteca Nacional de 1961, y dijo: "Yo quiero decir que tengo mucho miedo. No sé por qué tengo este miedo pero eso es todo lo que tengo que decir".

Mucho miedo, en efecto, es lo que debe haber sentido Piñera, y mucha tinta la que sin duda empleó, a partir de entonces, para comprender, controlar y hasta cierto punto paliar el pánico que sintió ante el derrumbe del proyecto de reforma cultural que él, como tantos otros, habían anhelado y su remplazo por un aparato policial dedicado a censurar el talento de sus artistas. En el caso particular de Piñera no habían faltado sus críticas a los comunistas, tanto antes como después del triunfo de la Revolución. Tampoco entonces tuvo la menor idea que algún día se utilizarían en su contra. En *Ciclón*, en 1956, Piñera publicó la primera versión de "El muñeco", su terrible sátira de los comunistas, que después recoge en sus *Cuentos fríos* (1956) pero que la posterior edición cubana de los *Cuentos* (1964) excluye, significativamente. Poco antes, también en *Ciclón*, había publicado su farsa "Los siervos", otra sátira anticomunista (y antisoviética, para más señas), aún más salvaje que "El muñeco". Pero sin duda la pieza más significativa de entre todas fue su reseña de *El pensamiento cautivo,* la autobiografía del poeta polaco Czeslaw Milosz, donde Piñera llegó a observar, entre otras cosas, que el objeto de ese libro era "el terror rojo: terror que actúa en los cuerpos, en las almas, en las ideas, hasta en la tumba misma... El libro de Milosz analiza, con todo género de datos, con información exhaustiva, con experiencias vividas por el propio autor, esas otras muertes que un hombre puede sufrir: la

---

[12] "Veinte años atrás", *Revolución*, octubre 9 de 1959, p. 2.

mental; la de la personalidad que se cambia en impersonalidad, la de la sinceridad convertida en simulación y disimulo..."[13]

Un lúcido ingenuo

Con todos estos antecedentes, ¿cómo no leer la obra de Virgilio Piñera posterior a 1965, cuando definitivamente cae en desgracia en Cuba, como una vasta parábola de estas observaciones? Tabo y Tota, la pareja de los *Dos viejos pánicos* (1968), su última obra publicada en vida en Cuba, están condenados a repetir infinitamente una muerte en vida. Sebastián el protagonista de *Pequeñas maniobras,* prefiere el anonimato y la servidumbre a despuntar en un mundo de violencia y manipulaciones; en *El no* acaso su obra maestra, una pareja se resiste, ante la sociedad, a la presión de contraer matrimonio. Pero el texto que definitivamente marcó a Piñera en Cuba, lo que, para decirlo en buen cubano, lo "acabó de hundir", fue *Presiones y diamantes* (1967), ese *roman à clef* disfrazado de novela fantástica, que presenta la crónica de la degradación del diamante "Delphi" —evidente anagrama de *Fidel*—. "Más tarde, en los tiempos heroicos y tumultuosos que advinieron —dice con transparencia el principio de la novela— he quedado pasmado una y otra vez ante el monstruo que todos hubimos de engendrar (sigo manteniendo que todo eso ha sido una monstruosidad) y he llegado al convencimiento de que el hombre consigue hacer de sí mismo cuanto le viene en gana."[14]

Resultaría demasiado fácil para nosotros, sentados cómodamente en esta gran universidad y a la distancia de los años, juzgar la decisión personal que afectó más a Virgilio Piñera: la de quedarse a vivir en su propio país. Que fue una decisión no cabe duda: tanto Franqui como Cabrera Infante, para no hablar del testimonio de tantos otros que conocieron su circunstancia, han dado fe de que en 1964, luego de una gira por Europa, decidió regresar a Cuba, y que al tocar pie en la isla besó el asfalto de la pista de aterrizaje. Que fue una decisión que llegó a lamentar también no cabe duda, aunque la opción del exilio no haya sido una que Piñera, él mismo exiliado años atrás, pudiera haber acogido con agrado. Sus últimos años deben haber respondido a lo que él mismo predijo en las páginas de *Revolución* —que el escritor

---

[13] Cito de "El pensamiento cautivo", *Ciclón*, vol. 2, núm. 4, julio 1956, pp. 64-66. Véase también "El muñeco", *Ciclón*, vol. 2, núm. 2, 1956, pp. 9-30 y "Los siervos", *Ciclón*, vol. 1, núm. 6, noviembre de 1955, pp. 9-29.

[14] Cito de *Presiones y diamantes,* La Habana, Ediciones Unión, 1967, p. 22.

debía tener "la valentía para arriesgar todo, incluso la propia vida" en aras del respeto a sí mismo y a su obra. Pero también entonces debe haber recordado nuestro Virgilio aquellas palabras de Camus en *El mito de Sísifo* que en su obra, una y otra vez, el había hecho suyas: "El hombre absurdo –dice Camus– entrevé así un universo ardiente y helado, trasparente y limitado, donde nada es posible pero todo nos es dado, más allá de lo cual está el fracaso y la nada. De esta manera puede decidir aceptar vivir en tal universo y sacar de ahí sus propias fuerzas, su rechazo a la espera y el testimonio obstinado de una vida sin consuelo".[15]

Virgilio no fue únicamente un hombre absurdo. Fue algo mucho más luminoso: una conciencia.

(1993)

---

[15] Traduzco de Albert Camus, *Essais*, París, Gallimard, 1965, p. 142.

Tercera Parte
ISLA EN DOS

De Hanover a La Habana

Para María Elena Cruz Varela

EL PRESENTE TRABAJO *forma parte de la conferencia que leí en la reunión "Cuba en la encrucijada: El futuro de la democracia", patrocinada por el James Dickey Center for International Understanding de Dartmouth College los días 19 al 21 de febrero de 1995.*

Flashback. Fines de otoño de 1979. Hanover, New Hampshire. Tres amigos del Departamento de español de Dartmouth College organizan apresuradamente un encuentro sobre Cuba en una casa de retiro cercana que pertenece a la universidad y me invitan a participar. Los motivos del encuentro son la visita del novelista cubano Edmundo Desnoes, autor de la novela y guión de la película *Memorias del subdesarrollo,* y la visita a los Estados Unidos de Miguel Barnet, autor de *Biografía de un cimarrón* y otras novelas testimonio. Llego a Dartmouth y me encuentro con mis amigos. Cerrada para el público general, la reunión está reservada para el personal académico de Dartmouth y otros invitados como yo. Presentes en el retiro estaban también Carol Lee Bengelsdorf, profesora de ciencias políticas, entonces esposa de Desnoes, y Lourdes Casal, quien en aquellos años influía poderosamente entre los jóvenes cubanos exiliados. Con ella, y a nuestra manera, estábamos "construyendo puentes" hacia Cuba.

El contexto en el que se daba mi visita a Dartmouth era, en cambio, muy equívoco. Justo en el verano anterior yo había viajado a Cuba, durante dos semanas, con Lourdes y otros treinta académicos y artistas cubanos en el exilio. Era mi segunda visita. La primera había sido a fines de 1978, cuando formé parte del abigarrado contingente de cubanos, conocido en todos lados como "el diálogo", por viajar a La Habana para facilitar, entre otras cosas, la amnistía de prisioneros políticos y la reunificación familiar. Al igual que aquellos cientos de cubanos, yo también soñaba con construir un sólido puente que, con aquella primera visita, ya me había atrevido a cruzar no obstante las protestas de mis padres y muchos amigos. Aquellos tres días de 1978 en La Habana habían resultado muy breves; y mi entusiasmo demasiado contenido para no repetir la experiencia. Por tanto, al año siguiente regresé a La Habana, esta vez por dos semanas, en un viaje patrocinado por *Areíto,* revista y grupo en los que entonces todos creíamos (aunque yo mismo había declinado una invitación a formar parte de su consejo editorial).

En 1979 –tal es como lo veo hoy– llegué a Dartmouth como un invitado ideológicamente "de confianza". No se me exigió título con antelación, pero decidí hablar sobre Heberto Padilla, el poeta disidente detenido hacía casi diez años y cuyos últimos poemas (luego recogidos en *Legacies,* 1980) habían aparecido justamente la semana anterior en *The New York Review of Books*. Sentí entonces que esos poemas se merecían una reseña. Pero mi posición era decididamente equívoca: después de mi segundo viaje a Cuba mi opinión sobre la Revolución cubana había cambiado.

Mientras que mi primer viaje había sido patrocinado por el gobierno cubano –en todo: cuarto individual en el Hotel Riviera (construido por la Mafia en los años cincuenta, aún conservaba su lujo), chofer particular, una llamada "guía": que me llevaba donde yo quisiera, y hasta una noche en el cabaret Tropicana– mi segundo viaje resultó ser una triste (y hasta ese otoño en Dartmouth), secreta desilusión. En mis viajes de un extremo al otro de la isla, me encontré con mucha gente desesperada. Unos mendigaban dólares para poder comprar zapatos en una *diplotienda;* otros simplemente sentían curiosidad por saber cómo funcionaba una cámara Polaroid. Pero sin duda el más desesperado de todos había sido mi tío Agustín, quien después de quince años de prisión política en Isla de Pinos vivía (como aún vive) con su familia en la misma casa de mi familia en Santiago de Cuba.

Por razones de familia, mi tío había rechazado el año anterior mi oferta de ayuda para negociar su salida de Cuba junto a la de otros miles de prisioneros políticos. Ahora percibo que su desesperación no era material sino espiritual y emocional. A pesar de mi interés por su historia personal y mi deseo constante de saber cómo se sentía acerca de su vida en Cuba, nos mantuvimos alejados el uno del otro. Nunca me dijo nada, pero de todos modos la comunicación nos resultó difícil. Sospecho que él sospechaba de mí: yo había sido invitado dos veces por el gobierno y ahora estaba ahí inquiriendo sobre su vida y presunta felicidad. Quince años de su vida se los había pasado en prisión. Todo lo que su familia me podía ofrecer esa mañana de desayuno era un vaso de agua y un *tostón*. Para colmo, yo era barbudo. Pero fue tal la nobleza de mi familia y de mi tío Agustín en particular que, a diferencia de muchos que me encontré en la isla, nadie se quejó ni una sola vez de su situación.

Muchas otras cosas contribuyeron a hacer de esas dos semanas de 1979 el verano de mi descontento. Pero más que los bolsillos vacíos que mi tío Agustín y otros muchos cubanos que encontré me mostraron –bolsillos grotescamente parecidos a los que yo ya había visto en otras partes de América Latina, en México o en Puerto Rico– fue la mirada vacía de mi tío lo que me hizo cambiar por dentro. Por dentro, porque no me atrevía a hablar ni a criticar lo que había visto. No podía. En parte porque me sentía atrapado. Al regresar de mi primer viaje en 1978, varios participantes del diálogo empezamos a recibir amenazas de muerte por parte de grupos paramilitares de derecha, como Alpha 66, que buscaban vengarse porque nos habíamos atrevido a cruzar el puente hacia La Habana. En diciembre de 1979, por ejemplo, pocos días después de mi visita a Hanover, recibí una lista con nombres tachados de las personas que Alpha 66 había matado o mutilado con cartas-bomba, y con mi propio nombre listo para ser tachado, cual tarjeta navideña, ornada con el siguiente mensaje: TE TENEMOS EN CUENTA.

No me había atrevido a decir nada hasta aquella fatídica tarde de diciembre de 1979, cuando me presenté en Hanover esperando que mis amigos me escucharan a través de la oblicua alegoría de los poemas de prisión de Padilla. Mi ponencia, mi explicación y mi consciente asombro por esos textos fueron recibidos con indiferencia por algunos y con furia por otros. Tanto Edmundo como Carol –me parece recordar (o al menos me gustaría recordarlo así)– se apresuraron a mi defensa después que Lourdes y Barnet –más escandalizados por mi atrevimiento de haber traído los textos del apóstata que indignados por el tema en sí– cuestionaron toda mi presentación al calificarla como provocadora e irrelevante. Cuando terminó el debate, que me pareció eterno, sentí una abrumadora sensación de vacío. Había venido a Dartmouth buscando confirmar mis dudas con mis amigos y en cambio, me encontré con una silenciosa aunque igualmente dañina carta-bomba...

Más tarde ese mismo mes, durante mi primer sabático, me llevé ese vacío a Tampa en la Florida. Allí viviría los próximos meses terminando un libro. Cerca de la comunidad cubana pero a la vez lejos de Miami –lo suficiente para estar a salvo, me decía entonces–. Fue también allí donde volví a darme cuenta de que no hay escapatoria de uno mismo. Mayo de 1980, como agosto de 1994, resultó ser un mes fatídico para la diáspora cubana que trajo a las costas de Florida no sólo a enfermos mentales –a quienes vi pasar escoltados en buses luminosos por mi vecindario en Tampa–, sino familias enteras totalmente desprovistas y dramáticamente idénticas a las que yo había visto en mis recorridos por Cuba el año anterior, familias como la de mi tío Agustín. También conocí entonces a jóvenes escritores e intelectuales cubanos, como el homosexual Reinaldo Arenas, de quien pronto me hice amigo. En mis dos viajes a Cuba, Arenas, debido a sus llamados "crímenes infames", había sido alejado de académicos como yo que preguntaban por su suerte. Finalmente conocí y entrevisté a Arenas ese mismo mes de mayo de 1980 en un anónimo apartamento de la sección noroeste de Miami. Para mí, Mariel hizo trizas, destruyó, el diálogo. El diálogo había gestionado la liberación de los prisioneros políticos, pero no todos querían o podían partir; y Mariel terminó cuestionando la política de reunificación familiar por cuya obtención nosotros como grupo habíamos luchado con tanto idealismo.

Desde 1980 la sensación de doble (o triple) exilio se ha convertido en uno de los factores íntimos de mi escritura. Si ya era un exiliado político tanto de Cuba como de la comunidad exiliada –agente de la CIA en Cuba y del G-2 en Miami–, ahora me convertía en un exiliado espiritual por ser un escritor e intelectual que criticaba igualmente al régimen castrista y a la inactiva (tal vez reactiva) política estadunidense hacia Cuba.

Con el tiempo, los "saludos" anuales de Alpha 66 dejaron de venir. Pero en 1986, como reacción a un ensayo mío sobre "José Martí y la Revolución cubana" –conferencia plenaria en un congreso de UCLA sobre Cuba–, fui atacado dos veces en órganos intelectuales de La Habana. Ahí se me dijo de todo, desde "extraviado" y "apátrida", hasta "sirviente de los intereses capitalistas" y "racista" –última acusación ésta que hubiera sorprendido a mis antepasados de Santiago de Cuba–. Y para colmo ese mismo año, y usando ese mismo ensayo sobre Martí como excusa, el escritor Cintio Vitier, en una polémica pública con el profesor Arcadio Díaz Quiñones, decidió acusarme de haberme convertido, junto a nada menos que Octavio Paz y hasta el difunto Ángel Rama, en "ideólogo del exilio cubano". Nunca se me concedió mi petición de réplica.

Flashforward. Fue dentro de este contexto personal, de esta historia, que acepté la invitación de regresar a Hanover a discutir otra vez el tema de Cuba. Parece mentira que han pasado dieciséis años. Edmundo y Carol ya no están casados; Lourdes y Reinaldo ya no están entre nosotros; Antonio Benítez Rojo, quien fuera nada menos que mi anfitrión en Casa de las Américas cuando mi visita a La Habana de 1979, desertó desde entonces y fue uno de los invitados a este simposio. Lo mismo ocurre con Marifeli Pérez-

Stable, quien antaño formó parte de la alta cúpula de *Areíto* pero hoy sostiene posiciones políticas muy distintas; Eloy Gutiérrez Menoyo, quien en 1978 encabezó la lista de prisioneros políticos discutida por nosotros como parte del diálogo, y antes fuera fundador de Alpha 66, ayer dio una de las conferencias plenarias. Y sin embargo y a pesar de toda el agua que ha llovido, ¿por qué después de preguntar sobre la posible apertura de espacios políticos para la oposición en Cuba, y después de una respuesta agresiva de Gutiérrez Menoyo señalándome con el dedo de forma tal vez justificada personalmente pero decididamente antidemocrática, por no decir cortante, por qué, digo, ¿vuelvo a sentir la misma sensación de vacío que sentí aquella noche de 1979 entre mis amigos?

Después de la sesión me acerqué a Gutiérrez Menoyo y le di la mano. No le mostré amargura y le di un resumen de esta historia personal que acabo de contarles. Gutiérrez Menoyo es un hombre noble, un ex prisionero político, como mi tío Agustín. Se disculpó por haberme respondido tan agresivo, lo cual se debía, según él, a muchos años de hostigamiento por sus adversarios políticos en Miami. Pero no es él el que me preocupa. Sólo me preocupan los que le aplaudieron aquel día por haberme señalado con el dedo.

Siempre he sido, "políticamente incorrecto", como hoy se dice. El vacío que sentí dos veces en Hanover –con amigos en 1979 y frente a Gutiérrez Menoyo más tarde– se remonta a cómo me sentí entre mis diez y doce años, durante mis dos últimos años en Cuba, viviendo en una casa donde las opiniones en contra del régimen se discutían abiertamente pero en secreto entre vecinos, amigos y hasta parientes cercanos, como mi tío Agustín, entonces ardiente revolucionario. Fue entonces cuando me empezaron a gritar el calificativo de *gusano* –versión cubana del alemán *Ungeziefer*, con la que el doctor Goebbels se refería por igual a judíos e intelectuales–. Hoy, a medida que leo sobre otros esfuerzos de construir puentes hacia Cuba –como los recientes dos tomos de *Michigan Quarterly Review*–, me preocupo y entristezco por la posible recurrencia de aquella manipulación y política ingenua de las que yo mismo fui víctima.[1] No dudo de la buena voluntad que acompaña a esas empresas. Los cubanos necesitamos creer en la posibilidad de una redención nacional, en el logro de una reconciliación entre las dos mitades de la nación cubana, desgarrada durante cuarenta años de dictadura. Pero entonces ¿por qué no

---

[1] Los dos tomos citados de la revista *Michigan Quaterly Review* (33.3, verano 1994, y 33.4, otoño 1994) constituyen una edición especial titulada "Bridges to Cuba/Puentes a Cuba (Part one/Part two)" que tuvo como editores a Ruth Behar y Juan León.

reconocer igualmente la necesidad de construir un puente con apoyo en *los dos lados,* como haría cualquier ingeniero responsable, y abogar por una apertura del lado de la isla al igual que del estrecho de la Florida?

El espacio que haría posible tal reconciliación, la estructura que permitiría funcionar ese puente, tiene un nombre: *democracia.* Democracia fue la palabra implícita en los gritos de libertad que lanzaron los cubanos amotinados en el Malecón en agosto de 1994; y sin embargo democracia es la palabra que más brilla por su ausencia en los dos tomos de *Michigan Quarterly Review.* ¿Por qué? ¿Por qué esa renuncia a hablar sobre la necesidad de democracia entre cubanos, tanto en la isla como en el exilio? La democracia es la columna que apoyaría cualquier puente hacia Cuba; la imaginación democrática es precisamente la que propicia el coro de múltiples voces que aparece en esos dos tomos, particularmente en estos momentos en que uno esperaría escucharlo más.

Por ejemplo, a la cabeza de la introducción al primer tomo de *Puentes a Cuba,* los editores citan —casi como si fuera su lema— los últimos versos del poema "Un puente, un gran puente", del gran poeta cubano José Lezama Lima:

> Un puente, un gran puente, no se le ve,
> sus aguas hirvientes, congeladas,
> rebotan contra la última pared defensiva...

Pero la estrofa original tiene cuatro versos más, versos que resuenan fuerte y proféticamente (Lezama murió en 1976, víctima de un cruel exilio interno) y proclaman la necesidad de invocar una imaginación pluralista y democrática contra los explícitos tropos de un enemigo autoritario común. Esos versos finales rezan así:

> y raptan la testa y la única voz
> vuelve a pasar el puente, como el rey ciego
> que ignora que ha sido destronado
> y muere cosido suavemente a la fidelidad nocturna.

El "gran puente" imaginario de Lezama nos insta no sólo a derribar las "paredes defensivas" de la ausencia de diálogo, sino también a derrocar "la testa y única voz" del "rey ciego" que, como aquel otro rey que no sabía que iba desnudo, "muere cosido a la fidelidad", una "fidelidad" que, para colmo, carece de luz, es "nocturna". Mucho me temo que a menos que entendamos la doble función de este puente cualquier esfuerzo por cruzarlo seguirá condenado al fracaso, y el doble aislamiento de nuestro pueblo seguirá cobrando más víctimas.

[Traducción de Ana Brewington, en colaboración con Jesús J. Barquet]

(1995)

Cabrera Infante

MÚSICA ADENTRO

Ante todo, quiero agradecer al Instituto de Cooperación Iberoamericana y a los organizadores de esta Semana de Autor no sólo por haberme invitado a este evento sino por haber tenido la feliz idea de organizarlo. Aun si no hubiera sido invitado, o si no hubiera podido asistir, estaría hoy celebrando en la cocina de mi casa y me sentiría igualmente feliz. Debo decir que como profesor de literatura hispanoamericana, como intelectual preocupado por su tiempo, como decidido amante de España, y sobre todo como cubano exiliado, y por tanto heredero de una clara tradición moral que se remonta por lo menos a José Martí, veo esta noche como el comienzo de toda una semana de lo que no puede menos que llamarse una reivindicación. En efecto, las circunstancias han hecho que desde hace más de tres décadas, Guillermo Cabrera Infante represente el modelo de un escritor marginal que desde un exilio obligado, largo y doloroso ha defendido las libertades mínimas de su pueblo. Ha librado esa defensa, en primer lugar, contra el mismo régimen al que él ayudó a obtener el poder, asumiendo así una responsabilidad que muchos de sus compatriotas y colegas, algunos como él exiliados, hoy soslayan y hasta rechazan; también, a no dudarlo, contra sus propios críticos en el exilio, que no le perdonan haber combatido tanto al criminal régimen de Batista como a la dictadura que le sucedió después y ahora ya le sobrepasa en su longevidad. Escritor intelectual incómodo, de ríspida reputación por no conformarse con las modas y los clisés de la demagogia, acaso el peor enemigo de Cabrera Infante no haya sido el régimen que él ha combatido y hoy va en picada sino los abogados que trabajaban para ese régimen dentro de democracias europeas y latinoamericanas, sin excluir a la española, que el Comandante en Jefe se afana tanto en despreciar. Por tanto, como primer acto en esta intervención me permito, en mi modesta calidad de participante, observar que en esta semana de reconocimiento a la obra de Guillermo se presenta la oportunidad no sólo de estudiar su multifacético quehacer cultural sino la de realizar un ajuste de cuentas moral con un intelectual valiente que nunca ha dejado de denunciar cuando ha sido necesario a pesar de los riesgos materiales que esa acción suponía. Por todo ello, mis primeras palabras son pocas pero sentidas y llenas de afecto. Ellas son: muchas gracias, España.

Nuestro tema es "el *boom* en Cuba". A lo cual en seguida se impone una pregunta: ¿pero es que el *boom* pasó alguna vez por Cuba? Supongo, para contestar esa pregunta, y en ausencia de cualquier otra indicación de los organizadores, quienes me han pedido que hable sobre el tema, que se trata del llamado *boom* de la novela latinoamericana –ése que empezó durante la década de los sesenta, sufrió un declive en la siguiente, y hoy ya es material de historias literarias–. Ese *boom*, que fue sobre todo un auge publicitario y comercial, pero que sin duda tuvo efectos positivos en la producción de la literatura, que no sólo la novela, latinoamericana, no puede haber pasado por Cuba, cual leve ciclón. No puede haber pasado sencillamente porque para cuando ocurre en el resto del mundo entero, en la isla ya existía un clima ideológico y sobre todo económico de represión que era contrario a los fundamentos materiales que lo hicieron posible fuera de la isla, es decir, la libertad de imprenta y el mercado libre.

De manera que no podemos siquiera decir que el *boom*, como el son, se fue de Cuba. En realidad nunca llegó allí. Lo cual, sin embargo, no quiere decir que lo contrario no haya sido cierto –que Cuba sí estuvo en el *boom*– o que el *boom* haya sido el contexto en el que la obra de Guillermo Cabrera Infante, como las de algunos otros escritores, se dan a conocer a nivel internacional, a veces, también hay que decirlo, a su pesar. Mis breves comentarios en esta intervención desembocarán, como verán, en esta paradoja y sacarán de ahí algunas consecuencias que considero importantes.

Cómo Cuba estuvo en el *boom* se puede enumerar fácilmente. Para empezar, basta referirnos al crítico que escribió el libro al respecto: Emir Rodríguez Monegal. Según Emir (amigo de Guillermo, maestro mío, ya fallecido), Cuba estuvo en el *boom*, primero, por la coyuntura histórica de la Revolución cubana, que proyecta la isla hacia lo que Emir llamó "el centro del ruedo político internacional" *(El boom de la novela latinoamericana,* Caracas, Tiempo Nuevo, 1979), pero que hoy ya podemos especificar como otro centro: el que creó la contienda entre las dos superpotencias durante la culminación de la Guerra Fría. En esa contienda, el incipiente régimen, con la ayuda monetaria que pronto empezó a recibir de la antigua Unión Soviética, lanza una agresiva política cultural por medio de revistas, festivales y concursos continentales (sobre todo los de *Casa de las Américas)*. También inicia una política editorial de amplia difusión continental. Esa política cultural pronto se arruinó y fracasó, aun cuando también habría que decir que con los años ha sido remplazada por otras versiones, que si bien no suenan tanto como la original han sido igualmente eficaces en el afán persecutorio de los que las criticamos.

A esta circunstancia interior habría que contraponer otra, digamos, exterior. Cuba estuvo en el *boom*, sobre todo, como símbolo oportuno en las respectivas carreras de las novelistas que entonces hacían coro en él. Con contadas excepciones, esos novelistas, de Cortázar a Fuentes, pasando por García Márquez y Vargas Llosa, todos en ese tiempo exiliados de sus respectivos países, se adherían públicamente a la Revolución cubana, viajaban a La Habana cual nueva meca, e identificaban su obra como una suerte de versión literaria de la política liberacionista que el joven régimen proclamara. Es cierto que algunos de esos novelistas, como García Márquez, pronto decidieron mantenerse alejados del régimen durante sus primeros años, y sólo cuando la política continental del régimen entró en crisis, con el llamado "caso Padilla" de principios de la década de los setenta –y cuando la mayoría de sus colegas ya se habían dado de baja–, empezaron sus interesadas estancias en la isla. Para resumir, entonces, Cuba estuvo en el *boom* al menos como una forma de institucionalización demagógica cuyo resultado más evidente fue facilitar la recepción, aceptación y éxito de esos nuevos novelistas, sobre todo entre el público europeo y norteamericano, tan ávidos siempre de nuevos contestatarios al llamado poder hegemónico de Occidente. Quiero decir con esto una verdad que todo el mundo sabe pero pocos admiten: el *boom* estaba atravesado por una contradicción insalvable. Las opiniones políticas de sus integrantes contradecían las circunstancias materiales que aseguraban su éxito comercial y que los habían lanzado al mercado del libro.

Pero Cuba estuvo en el *boom*, también, a través de la obra de escritores cubanos que se dieron a conocer entonces. Un sofisma generalizado quiere que esta lista –que en realidad comienza con Guillermo, pero que incluye al menos otros dos nombres: Severo Sarduy y Reinaldo Arenas, los tres, dicho sea de paso, exiliados– comience con el nombre de Alejo Carpentier. Para cuando el *boom* comienza propiamente (me refiero al año 1962) Carpentier ya cuenta con casi sesenta años, ha escrito su última obra significativa *(El siglo de las luces),* y está de retirada a París como ministro de Cultura de la embajada cubana. Ese lugar cronológicamente válido de Carpentier hace que Emir, en el mismo libro, se refiera a él como un "precursor" del *boom*. Pero a mí al menos se me hace difícil ver a Carpentier siquiera como un componente equívoco de un llamado *boom* cubano: toda su obra es un salto retrógrado al americanismo literario de principios de siglo, y su manejo del lenguaje, sobre todo su defensa de la alta cultura, es decididamente distinto al del desenfado que muestran los nuevos novelistas. Más cercanos a ellos estaría ciertamente José Lezama Lima, aun cuando un texto como *Paradiso* no se entiende sin referencia explícita a su poesía y sobre todo a su pensamiento poético. Lezama Lima, a pesar de lo que ha querido decir la crítica más interesada al respecto, es un gran poeta, acaso el más grande de Cuba en este siglo, pero no un novelista en el sentido profesional del término, o siquiera un ensayista de corte moderno.

Es significativo que de los tres escritores más prominentes que quedarían en esa lista, Cabrera Infante ocupe un lugar, a un tiempo central y marginal dentro del canon del *boom*. Pero antes de abordar este tema debo decir que no soy de los que creen, como algunos colegas y compatriotas que conozco, que para hablar de un autor, sobre todo en una lista tan exigua como ésta, se tenga que denigrar a los otros que le hacen compañía. Cada uno de los que considero integrantes cubanos de ese *boom* –Guillermo, Severo Sarduy y Reinaldo Arenas– aportan algo diferente y hacen su propia contribución. No obstante, la salvedad de Guillermo ante los otros dos es muy sencillo: es más viejo que ellos y tiene la suerte de estar casado con Miriam Gómez.

Pero para regresar a nuestro tema: hágase una lista mínima del "canon boomero", por así llamarlo, y *Tres tristes tigres* tendría que figurar allí junto a otras novelas como *La ciudad y los perros, Rayuela, La muerte de Artemio Cruz* y *Cien años de soledad*. (Hablo, repito, de un saldo mínimo, no de una lista exhaustiva de posibles obras y autores.) A esto habría que añadirle los datos de la circunstancia histórica: de entre los autores que figuran en ese canon mínimo, fue Guillermo el único que fue funcionario del régimen; que los otros hacían parte de su credo político y hasta de su poética; el único que después se declaró crítico del mismo régimen; y por último, el único que con los años comprobó ser el verdadero exiliado, ya que los demás (hasta el propio Julio Cortázar) posteriormente pudieron regresar impunemente a sus respectivos países. Por tanto, la peculiaridad del caso de Cabrera Infante ante el *boom* es sobre todo otra, que me parece de significación doble. Cabrera Infante es el único cuya obra canónica, *Tres tristes tigres,* representa la esencia del *boom*. Al mismo tiempo, es el único que ha rechazado cualquier pertenencia a ese grupo, al extremo de haber proclamado que desea que "lo incluya fuera", o como ha dicho él mismo en uno de sus ensayos sobre el tema: *include me out.*

Por esta complicada formulación quiero nombrar una paradoja que es la siguiente. Empiezo con el primer componente. Si en efecto aceptamos que la novela del *boom*, al decir de Emir, se caracteriza por su manejo experimental de la herencia joyceana, por el cual "el lenguaje pasa a primer plano para definir el sistema de cada libro"; es decir, si la novela del *boom* no es sino la llamada novela del lenguaje, entonces resulta evidente que *TTT* representaría la destilación de esa poética de una manera mucho más representativa, que, digamos por caso, novelas como *La ciudad y los perros* o *Cien años de soledad,* que siguen mucho más de cerca la tradición realista. Esta redefinición de la novela como experimento lingüístico ha sido formulada, por cierto, no sólo por los críticos, como Emir o Julio Ortega (quien acuñara oportunamente la célebre frase de que en la nueva novela "el lenguaje es el verdadero héroe"). También la propugnaron los propios creadores, como Carlos Fuentes, en cuyo ensayo *La nueva novela latinoamericana* (1969) vio una coincidencia feliz entre el auge de la nueva novela y el estructuralismo como escuela crítica, para la cual, como se sabe, el horizonte último del conocimiento era el lingüístico. Es significativo, en este sentido, que *Tres tristes tigres,* que de todas las obras del *boom* es sin duda la que lleva el lenguaje a esta experiencia más radical, haya sido el resultado de una serie de rescrituras que toma lugar durante cinco años, entre 1961 y 1966, entre La Habana, Bruselas y Madrid, para depurar el contenido referencial del texto y así evitar algún conflicto con las estructuras de poder, hayan sido éstas de la izquierda ramplona de la isla o la derecha entonces agonizante de la Madre Patria.

El segundo componente de mi formulación es el siguiente y va a contrapelo de lo anterior. En efecto, *Tres tristes tigres* es el centro del *boom*, el centro de la nueva novela. Pero en virtud de ello mismo es la contradicción y hasta la negación del *boom*: la serpiente que no sólo se come la cola sino hace desaparecer el cuerpo de toda esa víbora. Como ha dicho el propio Guillermo: "el *boom* fue para mí una invención argentina, como el tango, sólo que más ruidosa, aunque menos rítmica... El Boom Club era una exclusiva sociedad de bombos mutuos en que cada uno de sus miembros se dedicaba a elogiar a veces desmesuradamente y con contraprudencia, al miembro que tenía al lado, preferiblemente a la siniestra pues los miembros del club profesaban un izquierdismo que era la enfermedad infantil del compañerismo" *("Include me Out". Requiem for the boom,* Rose Minc (ed.), New Jersey, 1975). Como Borges, el verdadero padre del *boom*, pero que fue excluido del mismo por edad, por formación y por sus opiniones, Cabrera Infante fue un exiliado del club de los exiliados, comprobando así que, trátese de literatura o de política, algunas minorías somos más menores que otras.

Nunca hubo un *boom* en Cuba, pero sí hubo mucha Cuba en el *boom*, en el sentido de que sin la decidida contribución de Cabrera Infante, o de su libro *Tres tristes tigres,* al igual que la contribución de un Severo Sarduy o un Reinaldo Arenas a ese mismo canon literario, no tendríamos una idea tan clara de lo que luego se llamó la novela del lenguaje, o bien la "nueva novela" latinoamericana. Al mismo tiempo, sin embargo, la centralidad que ocupa la obra de Guillermo en ese canon ocurre a contrapelo de lo que el *boom* significó histórica, política y sobre todo ideológicamente en su momento. Es precisamente en virtud de esa misma posición, cuya raíz es moral y no únicamente política o sectaria, que ocurre en toda la obra de Guillermo la esencialización del lenguaje como experimento, como puesta en escena, o sencillamente como juego.

¿Será por eso, me pregunto, que Guillermo siempre ha preferido referirse a *TTT* simplemente como "un libro" evitando así llamarlo una novela? La literatura de Cabrera Infante siempre nos lleva a reconocer, como en efecto la lectura de *TTT* lo hace de manera constante, que la frontera entre realidad y ficción es inexistente, y que lo que llamamos imaginación no existe en una dimensión aparte —que es lo que apunta siempre la novela tradicional— sino que constituye una parte integral de nuestras vidas, como lo es en efecto el sueño, la experiencia del deseo, o bien, para nuestro pesar, esos monstruos de la razón que hemos dado por llamar "revoluciones". *TTT* no puede ser una novela sencillamente porque, según este autor, todo lo que la literatura nos dice, *es verdad*. No es por azar, en este sentido, que la forma verbal que caracteriza las narraciones de Guillermo sea la primera persona, donde se conjugan de manera ambivalente la verdad subjetiva con el testimonio histórico. Y que las unidades mínimas, las figuras por así decirlo, de esa ambivalencia sean no precisamente unidades narrativas, sino formas breves de explosión metafórica: el chiste, la anécdota, o la secuencia paranomásica. No, *Tres tristes tigres* no es una novela, sino, a mi juicio, un vasto poema elegíaco escrito desde las ruinas de la historia, a partir de la experiencia de la traición (tanto política como personal), y con una sabiduría, dicha a medio camino entre la tragedia y la melancolía, de que después del vendaval de la Historia lo único que nos queda es la Poesía de las Palabras.

Como Cervantes, como Shakespeare, como Borges, como todo gran clásico, Guillermo Cabrera Infante reta al lector a regresar a su realidad, sea ésta un Buenos Aires matrero, la Inglaterra isabelina, un lugar de La Mancha, o una Habana perdida en sueños, y a recoger en ellas la poesía (la ficción) que ninguna página o maestro en letras podría de por sí otorgarle.

Tú en este público que has disfrutado de su humor en libertad; o tú que en algún barrio de la isla jineteas latas de leche condensada a cambio del derecho culposo de compartir los chistes y trabalenguas de Bustrófedon; o tú que esta noche celebras conmigo que Guillermo haya podido escribir sus invenciones (sus descripciones), a todos ustedes les pido lo mismo que decían en plena campaña sobre aquel político habanero de los años cuarenta: ¡Vota por él, tiene música adentro!

(1996)

CUERPOS DEL DELITO

> Sabemos, qué carcajada, que lo lúdico es lo agónico.
> J. Lezama Lima

> ¿Quién es ese ventrílocuo oculto que habla en este mismo momento por mi boca —o más bien por mis dedos?
> *Exorcismos de estilo*

Cómo un escritor llega a ser lo que es nunca podemos descifrarlo del todo. El misterio de la literatura no es distinto al de cualquier biografía. ¿Realmente podemos saber cómo llegamos a ser lo que somos? Por eso lo máximo que hacemos al definir a un escritor es trazar un itinerario, identificar experiencias decisivas y formular hipótesis con base en los textos que se conocen.

En el caso del escritor cubano Guillermo Cabrera Infante (1929-) contamos con cuatro décadas de polifacética obra y con un itinerario claro, si bien tortuoso, de experiencias que lo definen. Si nos dejáramos llevar por los datos superficiales de lo que solemos llamar la "carrera" del escritor, ese itinerario se podría resumir de la siguiente manera. Periodista y cronista para revistas habaneras de los años cuarenta y cincuenta; director de un influyente magazín cultural de los primeros años de la revolución de 1959; autor de una variada obra escrita: colecciones de relatos, críticas de cine, música popular y artículos políticos; de al menos dos extensos libros que se suelen clasificar como novelas; de historia apócrifas de la violencia en Cuba y otra del tabaco; destacado guionista de cine; intelectual exiliado en Europa a partir de 1965 y, poco después, crítico de la dictadura que impera en su país. Pero no obstante su precisión, la imagen canónica no abunda en lo que podríamos llamar los signos internos de la obra, que siempre son los más auténticos y definitivos porque la definen como expresión de una personalidad.

Esos signos determinan no ya la obra, que sólo adquiere cuerpo a lo largo del tiempo, sino la *escritura,* fenómeno intemporal. Por ese término, tan manido, me refiero principalmente a lo que Roland Barthes llamaba, con razón, "la moral de la forma": algo más que un repertorio temático y algo menos, o menos disperso, que un estilo. Una investigación sobre qué tipo de escritor es Cabrera Infante no se limitaría a preguntar, por tanto, cuál género literario favorece –cuento o novela, ensayo, crónica o viñeta– sino qué conceptos mobilizan su creación, qué define su relación con el lenguaje, o quizá con la actividad cultural en general. Son estos signos internos los que he dado por llamar "cuerpos del delito", frase que en relación con la obra de Cabrera Infante pido prestado al escritor Jacobo Machover que, a su vez, alude a un célebre relato del autor.[1] Los llamo *cuerpos* en el doble sentido del concepto: son a un tiempo materia viva y agentes de una transgresión imaginaria. Son ellos los que considero vitales en la definición de este autor como figura e institución. Para que esos cuerpos se muestren elocuentes es preciso rastrearlos aquí y allá en la dispersión de los datos que encierran la carrera del autor. De ahí que me concentre, en este texto, en una serie de experiencias formativas que son previas a lo que solemos considerar su obra canónica.

II

Si bien el oficio de periodista determina gran parte de la vocación de escritor de Cabrera Infante, esta vocación aparece atravesada por factores que le asignan un sentido particular. El primer factor, como siempre, es el familiar, y le llega a través del padre, Guillermo Cabrera López, quien se había desempeñado como periodista –por lo menos hasta 1936– para el *Triunfo* de Gibara, en la lejana provincia cubana de Oriente. Este factor familiar, y más específicamente paterno, planteará una tensión que no puede menos que llamarse edípica y que, como sabemos, siempre consiste en un doble aspecto: modelo ideal pero también obstáculo. El psicoanálisis –o por lo menos esa versión francesa del psicoanálisis que intenta rivalizar con la poe-

---

[1] Véase de este autor *El correo de las malas noticias,* Miami, Ediciones Universal, 1995. El relato aludido es, desde luego, "Delito por bailar el cha cha chá".

sía– le ha dado a esa tensión un nombre sugestivo, *le nom du Père:* el Nombre (pero también el No) del Padre. De ahí que, como observa Raymond D. Souza en su valioso libro sobre la obra de Cabrera Infante, si la madre Zoila Infante Castro alienta oportunamente las inquietudes literarias de su hijo mayor, el padre Cabrera López, preocupado por el futuro de su prole, pronto critica esa vocación e intenta canalizarla por vías más prácticas.[2] Esa canalización se refería, sobre todo, a los aspectos técnicos o prácticos del oficio. (El propio Cabrera López, además de periodista, fue tipógrafo, corrector de pruebas y llegó a ser jefe de redacción del periódico comunista *Hoy*). Todo lo cual explica que, con los años, su hijo Guillermo también se inicie en el mundo del periodismo habanero en oficios aledaños, como los de corrector de pruebas y traductor.

El trasfondo familiar, o filial, no tendría mayor trascendencia, sin embargo, de no ser por una serie de experiencias que en la vida del niño sacan a flote otros datos significativos. Acaso la más sentida sea la que atraviesa la familia cuando el niño cuenta apenas con siete años y que a mediados de los años ochenta el escritor adulto le contó en detalle a Danubio Torres Fierro. La experiencia fue la siguiente:

> Una mañana –era el treinta de abril de 1936– me desperté para ver a mi madre corriendo rumbo al fondo de la casa. Detrás de mi madre corría mi hermano casi desnudo –tenía tres años– y detrás de ellos corrían dos guardias rurales revólver en mano. Yo, cauto, me levanté y salí corriendo descalzo y en mis breves calzoncillos fuera de la casa y me refugié unas puertas más allá, en casa de una amiga de mi madre. Ella me vio asustado pero no lograba sacarme el por qué del susto. Pronto sintió ruido en la calle y salió a ver qué ocurría. Creo que yo salí también –o tal vez me lo contaron y confundo el relato con la memoria–. Lo cierto es que los dos guardias rurales... se llevaban presa a mi madre. No recuerdo dónde fue a parar mi hermano, que le salvó la vida a mi madre: uno de los guardias contaba que no le había tirado a ella porque se interponía mi hermano. Mi madre fue puesta presa. Más tarde, mi padre, que no estaba entonces en la casa, se presentó en la cárcel y se dio por preso.

En la misma entrevista Cabrera Infante contó que lo que motivaba el asalto de la policía era que había recibido informes que su padre, responsable provincial de propaganda del Partido Comunista, estaba por recibir unos panfletos para repartir en el pueblo al día siguiente, primero de mayo (de ahí

---

[2] Véase Raymond D. Souza, *Guillermo Cabrera Infante: Two Islands, Many Worlds,* Austin, Tx., University of Texas Press, 1996, sobre todo el capítulo 1.

la fecha precisa). En el justo momento en que la madre recibía el paquete de manos del cartero, ella se da cuenta de la presencia de los policías y puede hábilmente deshacerse de él. Su habilidad permite que, más tarde, a la hora del juicio, no hubiese pruebas contra los padres. Pero el incidente ya habrá hecho una fuerte impresión en el niño. El primero será que la prisión de los padres, que dura seis meses en Santiago de Cuba, en el extremo sur de la misma provincia, deja al niño y a su hermano en manos de abuelos y bisabuelos y por tanto separados de los padres. Hay que meditar lo que significa para un niño de siete años la separación forzosa de ambos padres, sobre todo cuando la precede una experiencia violenta como el asalto al hogar por dos policías que intentan nada menos que matar a la madre y llevarse preso al padre. Poco importa ya si el niño fue o no testigo ocular de ese intento de asesinato. (El escritor adulto admite que el recuerdo podría confundirse con el de la madre.) Lo cierto es que el primer efecto en el niño es que pierde el habla, la impresión lo deja mudo: "No lograba sacarme el por qué del susto".

Resultaría tentador extenderse en una especulación de las implicaciones psicoanalíticas de este ataque de afasia que el escritor adulto recuerda en el niño asustado. Pues tal parece que al quedarse mudo el niño intenta regresar a ese estado antes del habla y que por otra parte describe *literalmente* la palabra *infante*. Es decir, el estado traumático del niño coincide con el sentido del apellido de la madre: *infante*, del latín *infans*, quiere decir "el que no habla".[3] El regreso traumático a la ausencia de habla se convierte, por tanto, en un intento de fusión simbólica con la Madre. A su vez, esa fusión resulta doblemente simbólica: ocurre no sólo con la idea que se hace el niño de la Madre sino literalmente con el apellido que la nombra: *Infante*. Tampoco importa mucho ahora –aunque desde luego sí importará posteriormente– que el niño comprenda que el asalto de la policía se debía a la presencia en su casa de panfletos ilegales –*literatura* política cuya sola posesión pone en peligro a la familia y amenaza con disolverla–. De hecho, según la misma entrevista, en el mismo asalto la policía también realiza un escrutinio de la biblioteca de Cabrera López, experiencia que con los años Cabrera Infante llegó a describir, en su "Cronología a la manera de Laurence Sterne...", como "La autoridad confundiendo por primera vez en la vida de GCI la política y la poesía". Lo cierto es que, posteriormente –cuándo o cómo no lo sabemos

---

[3] Una brillante elaboración de esta idea, en su lectura de *La Habana para un infante difunto*, aparece en Leyla Perrone-Moisès, "L'infant dans la glace, ou Don Juan en Amérique Latine", en *Cahiers Confrontation,* París, núm. 6, otoño de 1981, pp. 47-56.

exactamente– la aglutinación de todas estas experiencias configura un sentido peculiar de la escritura y la literatura –a saber, como transgresión de un código, llámese éste un régimen político, la moral de un grupo, o el lenguaje de una sociedad–. Esa transgresión, no muy distinta a la del Nombre del Padre, en su preciso doble sentido de simultáneo modelo y obstáculo, se volverá una fuente tanto de fascinación (atracción y deseo) como de peligro (daño y perjuicio).

III

Que esa terrible experiencia de la niñez tuvo un enorme impacto en lo que podríamos llamar el inconsciente lingüístico de Cabrera Infante lo comprobará otro importante dato de la niñez que el propio escritor reveló en la misma entrevista:

> Durante el encarcelamiento de mis padres ocurrió un episodio que iba a tener repercusiones treinta y cinco años después. Padecí ataques de pesadillas, pero ocurrían mientras yo estaba despierto... Estas alucinaciones giraban sobre una palabra o sobre números. Había una canción, que mi madre cantaba a veces, con una plétora de esdrújulas, Decía: "Y bajo plácida ventana gótica/ cogió su cítara/ y así cantó". Pues bien, la "ventana gótica" se convirtió en mi ente diabólico, el Gótico, y yo gritaba: "El Gótico está debajo de la cama" o "El Gótico me quiere llevar" y estaba convencido de que este Gótico, que venía por las noches al cuarto, me quería secuestrar.

Además de relatar esta experiencia alucinatoria en su pasado, el Cabrera Infante adulto la proyectará, como vemos, hacia el futuro: al episodio de locura que llevaría al adulto a ser recluído, treinta y cinco años después, en Londres, en 1972. Pero para un lector enterado de la poderosa imaginación lingüística de Cabrera Infante parece natural asociar esta reacción al origen inconsciente de su maravillosa obsesión con el retruécano, los juegos verbales, sobre todo los basados en el vernáculo, que en este momento traumático de su niñez se elabora durante la forzosa separación de los padres. Así, a la afasia o ausencia de habla con que el niño reacciona a la amenaza de la orfandad, responde con una defensa contraria: la obsesiva conjura de la Madre a través de fragmentos de una canción estilizada con la que él la asocia. Esa alucinación demuestra una lucha inconsciente por la dominación del lenguaje, *Lengua Madre* que el niño a un tiempo conjura y teme, y que el lenguaje a la vez encarna y alucina.

Una vez que los padres salen absueltos y regresan a Gibara, el incidente del asalto al hogar tiene otro efecto pernicioso en la familia: la censura oficial del padre. "Mi padre no volvió a encontrar trabajo como periodista y se hizo tenedor de libros", a lo cual agrega: "A mí siempre 'tenedor de libros' me pareció un oficio cómico; no dejaba de asociar el tenedor con la mesa, y su presencia con un libro me desternillaban de la risa". A partir de los siete años el niño ya sabe, por tanto –y si no lo sabe, lo intuye– que la literatura puede atentar contra el poder. Pero también que tiene efectos peligrosos, al extremo de amenazar con la muerte, o al menos con la censura: esa versión de la muerte de los escritores.

Las circunstancias vuelven al niño testigo de la censura que encarna el padre, quien cómicamente pasa de ocuparse del libro escrito al libro de contaduría; del libro de letras al libro de números; de los signos que atentan contra el Poder a los exentos de semejante amenaza. Como la letra había sido la causante del asalto al hogar por parte de la policía, la actividad de escribir se vuelve ahora lo suficientemente peligrosa para terminar con una *vocación* en el Padre que se confundía con una *convicción*: la política. La convicción se vislumbra, en esta familia comunista, a medio camino entre el fanatismo ideológico y el moralismo religioso. Como reza una conocida descripción del escritor adulto: "Mi madre, años después, tenía dos cromos en la pared: uno de José Stalin y otro de Jesucristo". Los efectos de todas estas experiencias van a ser mucho más duraderos de lo que parece a primera vista. Pues así como el sabio cubano Fernando Ortiz había llamado su último libro *Una pelea cubana contra los demonios*, así también Cabrera Infante llegará a decir que "Mi vida es la historia de la pelea de un escritor contra los censores".

IV

Si los signos que hasta ahora hemos esbozado pertenecen a lo que pudiéramos llamar la prehistoria del escritor, que cubre los años 1936 a 1941, entre sus siete y doce años, la etapa que le sigue, entre 1942 y 1960, es la de formación. Esa formación ocurre en La Habana, con la emigración de la familia a la capital. Los datos de la vida y carrera del escritor en esos años son harto conocidos. Pero me interesan no tanto esos datos en sí cuanto lo que revelan sobre el tipo de escritura que resulta de ellos.

Para empezar, hay que señalar que el desplazamiento de Gibara a La Habana es del campo a la ciudad: de la relativa pobreza de provincia a su evidencia palpable en la capital; del espacio abierto de la campiña al exiguo de los solares habaneros; del *deje* o acento de la provincia oriental, al inconfundible *argot* de la capital cubana. Todos estos cambios, que en realidad no dan cuenta de los más profundos, que son los espirituales y emocionales, sin duda contribuyen al sentimiento de *diferencia* en este casi adolescente. Pues como dice Octavio Paz: "sentirse solo no es sentirse inferior sino sentirse diferente". En numerosas entrevistas, y a propósito de su magistral reconstrucción del habla habanera, Cabrera Infante ha explicado cómo a partir de su llegada a la capital emprendió un esfuerzo consciente de modificar su manera de hablar para que no lo identificaran como alguien del campo: un *guajiro*. Así como el gentilicio *habanero* denota un privativo sentimiento de superioridad social y política, el *guajiro* está marcado fatalmente con base en supuestas inferioridades de clase, educación y modales. El esfuerzo por hacerse otro, lo que en estos años de formación equivale sencillamente a hacerse, comienza en este caso forjando un habla que lime las diferencias con la comunidad que lo rodea. La circunstancia merece reflexión.

Para que ocurra este dominio del habla habanera o citadina tiene que haber, por una parte, una conciencia aguda del nuevo código lingüístico, operación análoga a lo que siempre hacemos al aprender un idioma extranjero, y que por cierto el joven Cabrera Infante emprenderá por estos mismos años con el inglés. El manejo de distintos códigos dentro de la misma lengua se basará en lo que Roman Jakobson por su parte llamará "traducción intralingüística", y que Gustavo Pérez Firmat, por la suya, ha estudiado con provecho como parte de lo que él llama "la condición cubana".[4] Por otra parte, y a mi juicio más importante, es el efecto estético que se deriva de estos cambios internos: para poder hablar, o escribir, se vuelve indispensable ser, crear, Otro u Otros. Lo que Rimbaud y Borges dicen sobre el carácter del visionario –"el yo es Otro"– el joven Cabrera Infante lo vive en su nueva sede habanera. Para ello las experiencias de su prehistoria infantil ya lo han iniciado. Los indispensables elementos de la máscara (o máscaras) del escritor, del artista, ya se han forjado.

Desde luego que cuando me refiero a la máscara o máscaras no invoco ninguna connotación moral, aun cuando el fenómeno sí tiene una profunda raíz psicológica. De Freud a Goffman, pasando por Ezra Pound, sabemos

---

[4] Véase de Pérez Firmat, *The Cuban Condition: Translation and Identity in Modern Cuban Literature,* Cambridge University Press, 1989; y de Jakobson, a quien éste cita: "On Linguistic Aspects of Translation", en *On Translation,* R.A. Brower (ed.), Harvard University Press, 1959, pp. 232-239.

que el yo constituye una identidad ideal a partir tanto de deseos como de defensas, y que su proyección psicológica puede asumir una o múltiples figuras. Estas figuras, a su vez, no son gratuitas: conforman la voz, o voces, del escritor.

Para entenderlo mejor es bueno referirnos a uno de los cuentos de *Así en la paz como en la guerra* (1960), el primer libro y primera colección de cuentos de Cabrera Infante. Se trata de "El día que terminó mi niñez", el último del libro. Es un cuento de aparente realismo social —el escenario de pobre pueblo campesino, descrito por una primera persona ya distanciada, la inseguridad de la familia debido a la ausencia del padre, y el contraste dramático con los parientes ricos del mismo pueblo, todo visto a través de los ojos del niño mayor en vísperas del Día de Reyes. Cuando al final las circunstancias de la pobreza de ese año fuerzan a la madre a revelarle al niño que los Reyes Magos no existen, el narrador reflexiona que "las lecciones de hipocresía las aprende uno rápido y hay que seguir viviendo. Todavía faltaban muchos años para hacerse hombre, así que debía seguir fingiendo que era niño". La última escena, que muestra al niño jugando con un amiguito que le pide un regalo a los Reyes, le hace decir, por fin: "para completar el gesto infantil, imité a un guerrero con su sable en la mano, el pelo revuelto y una mueca de furia en el rostro". El cuento, como vemos, se puede leer no sólo como un testimonio de la niñez pobre de Cabrera Infante; es también una radiografía de la vocación de escritor. Según el diccionario, *hipócrita* viene de actor teatral. Por tanto, lo que es "lección de hipocresía" para la vida social del niño ya se ha hecho lección de estética, lección de teatro, en la práctica literaria de este escritor.

V

Ya he dicho que al igual que Cabrera López, el hijo se inicia en el periodismo de la capital como corrector de pruebas, y luego como traductor del inglés al español. Lo que demuestra que todas estas experiencias ya han conformado cierto tipo de escritor es el éxito insólito que ocurre en 1947. Dice en la entrevista con Torres Fierro:

> Comencé a escribir por culpa, entre todos los autores del mundo, del lamentable más que lamentado Miguel Ángel Asturias. Al leer fragmentos de *El señor Presidente* (nunca pude leerme el libro entero) decidí que yo también podría ser escritor y produje una parodia (en serio: era realmente lamentable) con el atroz título de

"Aguas de recuerdo", que le enseñé a Carlos Franqui y éste me sugirió que se lo llevara a Antonio Ortega, exiliado republicano, que era jefe de redacción de *Bohemia*, la revista más popular de Cuba entonces. Para mi pesar (y de muchos más) y para mi sorpresa, el cuento fue aceptado y para mí entonces, muy bien pagado.

"Bien pagado" quería decir, por cierto, cincuenta dólares, que en la Cuba de esa época, y para un adolescente de familia proletaria, significaba una pequeña fortuna. De todos modos, la anécdota encierra otro dispositivo. Que la entrada de Cabrera Infante a la literatura ocurriese a través de una parodia precisamente –la imitación burlona de la palabra del Otro– ya significa algo sobre las predilecciones del escritor. Pero que además fuese una parodia precisamente de *El señor Presidente*, ese *locus classicus* de la novela del Dictador latinoamericano, revela una fascinación, soterrada pero evidente, con la burla transgresora del poder por medio del lenguaje. Por último, la caudalosa recompensa por esa primera parodia fortalecerá el narcisismo del joven escritor y es lo que le abre las puertas a un periodismo habanero de altura. Al año siguiente Antonio Ortega, el mismo que le había aceptado la parodia en *Bohemia,* contrata al joven como su secretario particular, segundo acto de protección que poco después se volverá a repetir cuando el mismo le haga secretario de Redacción de la revista *Carteles*, que Ortega pasará a dirigir. Sin duda, Ortega llega a jugar el papel de sustituto simbólico del padre en la vida del escritor: un padre seguro y estable, intocado por la censura. Para colmo, Ortega era español: uno de los dueños del idioma.

¿Será significativo, me pregunto, que el joven de esos años firme todos sus primeros textos "Guillermo C. Infante", elidiendo así el apellido del padre? Según cuenta el escritor adulto, la elisión se debía a que siempre le había molestado la extensión de su nombre. Pero es evidente, por lo que sabemos de la censura que padeció el padre a partir de 1936, y con la cual el joven escritor debe haberlo identificado, que esa elisión tiene un sentido más profundo. Elidir el primer apellido significa eludir no tanto la sombra del padre como la de la censura con la que se le asocia. También significa eliminar la *cabrera* (la ocupación de las cabras, como la del *guajiro* o campesino) en un juego de máscaras que el escritor adulto insertará indirectamente, en sus primeras obras, a través del *alter ego* de "Silvestre". A su vez, resaltar el segundo apellido, el de la madre, significa incorporarla con triunfo, si se me permite aludir al nombre del diario para el que Cabrera López escribía en Gibara.[5]

---

[5] Alfred J. MacAdam menciona este desplazamiento de los apellidos en un excelente artículo que también estudia "Aguas de recuerdo"; véase su "Seeing Double: Cabrera Infante and Caín", *World Literature Today*, vol. 61, núm. 4, 1987, pp. 543-548.

Pero así tendrán que pasar cinco años, y otra insólita experiencia en la carrera del joven, para demostrar que no es precisamente el azar el que determina el destino de este cuerpo del delito.

VI

Para 1952 Cabrera Infante no sólo trabajaba en *Bohemia* y estudiaba en la Escuela de Periodismo de La Habana. Por esos años se hace todo un "hombre de letras", en el preciso sentido que hace, o intenta hacer, una vida cultural a través de instituciones que ya existen o que él mismo decide crear. Es célebre que el mínimo cuarto donde vivían él y sus padres con el tiempo se volvió un insólito salón literario donde se reunían los jóvenes escritores y artistas que gravitaban alrededor del periódico comunista *Hoy,* donde Cabrera López trabaja como redactor. Además, entre 1949 y 1951 Cabrera Infante funda o ayuda a fundar varias instituciones: un magazín literario *(Nueva generación)*; una sociedad cultural *(Nuestro tiempo);* y la *Cinemateca de Cuba.* En su libro Souza cuenta que durante esos años Antonio Ortega le ofrece, además, la oportunidad de evaluar manuscritos para *Bohemia.* Toda esa actividad demuestra no sólo la voluntad de crear las instituciones culturales que faltaban, sino de forjar otra cosa aún más íntima: una personalidad literaria. Es en medio de la creación de esa personalidad, y en disfrute de una relativa seguridad profesional, que Cabrera Infante escribe y publica en *Bohemia* otro cuento, el célebre "Balada de plomo y yerro" (recogido en *Así en la paz como en la guerra),* que tendrá una extraña repercusión.

El cuento es célebre porque tiene una historia, que el escritor ha contado así:

> Yo había publicado... un cuento corto que tenía malas palabras en inglés. El gobierno en general –ya estaba Batista en el poder– y el ministro de Gobernación en particular, odiaban la revista *Bohemia* y decidieron procesarla por obscenidad. El director de *Bohemia* –el difunto Miguel Ángel Quevedo– se sacudió las culpas por el procedimiento de descargarlas todas sobre el autor –es decir, sobre mí– y fui encarcelado y procesado.

En el relato más detallado de esta experiencia, que Cabrera Infante tituló "Obsceno" cuenta que tras las peripecias que lograron sacarle de la cárcel, al fin le celebraron un juicio y se le castigó de tres maneras: *1)* le impusieron una multa de ciento cincuenta dólares, *2)* le impidieron seguir estudiando en la Escuela de Periodismo, y *3)* lo más significativo: le condenaron "a no volver a publicar otro cuento, artículo o crónica" con su nombre propio "en mucho tiempo". "Obsceno" termina con la observación sobre la censura que le impuso la corte: "quizá de aquí venga mi pasión por los seudónimos (he escrito por lo menos con cuatro) y las sucesivas transformaciones que ha sufrido, con los años, mi nombre". Pero es evidente que la experiencia toda encierra algo más.

Era ingenuo pensar para el escritor (quien ya cuenta con 23 años) que en octubre de 1952, apenas siete meses después del golpe de Estado de Batista, pudiese publicar un cuento con malas palabras, siquiera en inglés. Pero era aún más ingenuo, por no decir irresponsable, que los redactores de *Bohemia* publicasen el cuento; al menos, claro está, que lo hiciesen como provocación. No porque la de Batista fuera una dictadura conservadora, que no lo era; si la comparamos con otras, como la actual, se trataba en realidad de una estúpida satrapía tropical. Publicar ese cuento dentro de semejante clima político no podía dejar de ser un atentado contra el inseguro gobierno ilegal de Batista. (Una de las cosas más divertidas de "Obsceno", por cierto, es que a diferencia del narrador arrestado, temoroso y callado, los policías que se lo llevan son gritones y, sobre todo, mal hablados: "¡Me cago en mi madre!", "¡Me cago en Dios!", son sólo un par de las muchas barbaridades que profieren y que, en comparación con las indescifrables del cuento, hacen lucir como tímido e inocente al escritor arrestado.) Es posible que Cabrera Infante haya pensado que poner las malas palabras en traducción y en boca de un americano borracho bastaba de máscara ante los posibles censores del régimen, que además de haraganes eran salvajes en materia cultural.

Pero no será la causa sino el efecto lo más importante de esta experiencia. Souza observa, con razón, que "la encarcelación de cinco días fue un trauma que en algún nivel de su conciencia debe haber recordado la convulsión emocional de la encarcelación de sus padres en 1936". También, que la busca de seguridad emocional fue lo que llevó a Cabrera Infante a casarse por primera vez, lo que con los años resultó ser un desastre. En cambio, es otro el efecto que me interesa. De los tres castigos que la corte le impone al escritor, sin duda el más significativo, por humillante, tiene que haber sido la prohibición del uso de su nombre propio. Si la encarcelación fue un trauma, más aún debe haberlo sido la censura. No sólo porque, tratándose de un escritor, era una manera de extender la prisión. Dadas las experiencias del escritor durante la niñez, la censura como adulto significa un regreso a la desgracia anterior de los padres, y sobre todo la del Padre. Si durante años el joven escritor había intentado elidir su apellido paterno, y por tanto eludir el modelo de Cabrera López, ahora las circunstancias (o, como diría Borges, el Destino), lo obligaban a coincidir, una vez más, con (el Nombre de) su progenitor: un escritor que, literalmente, no *puede* decir su nombre.

VII

"¡Con la Ley no se juega!", la afirmación con que el policía a cargo despacha al calabozo al narrador de "Obsceno" resume la moraleja provisional de estos "cuerpos del delito". Cualquiera que haya sido la disposición original de "Balada de plomo y yerro", el cuento terminó causando un conflicto de diversa resonancia en el escritor. Primero, como hemos visto, en relación con su más íntima historia familiar. Luego, en relación con la Ley, la misma Ley que el régimen de Batista había violado siete meses antes cuando da el golpe de Estado. Sin embargo, lejos de intimidar al joven escritor, el trauma legal de 1952 termina consolidando lo que pudiéramos llamar una poética de la transgresión. Si el cauto Cabrera López había abandonado la escritura después de su prisión en 1936 para dedicarse al anonimato técnico del periodismo, el intrépido Cabrera Infante encontrará otras maneras de jugar con la Ley y seguir publicando. El aliento y la solución los encuentra, una vez más, en Antonio Ortega, ese pródigo español dueño del lenguaje, quien para entonces ya había pasado a ser jefe de redacción de la revista *Carteles*.[6] "Infante, quiero que usted se encargue de la página de cine", dice que le pidió Ortega cuando él salió de la cárcel. Y agrega al respecto:

> Nada pudo complacerme más: al fin podía ganarme la vida escribiendo sobre mi primera afición. Pero había un pero: la columna tenía que ser anónima o firmada con un seudónimo... Como se ve fue un acto corajudo de Ortega designarme crítico de cine. Yo respondí con una acción pareja, creando de entre las letras de mi nombre mi seudónimo. Y así, en diciembre de 1953 publiqué mi primera crónica de cine, que era una visión del año cinematográfico firmada por G. Caín.

El célebre seudónimo, como se sabe, se compone de las primeras sílabas de los dos apellidos. Su resonancia bíblica, de la que mucho se han aprovechado los enemigos del escritor adulto, es evidente, pero en última instancia secundaria. Más importante es que configura la máscara que se ha ido forjan-

---

[6] El escritor le hizo un sentido homenaje al mentor en "Antonio Ortega vuelve a Asturias", recogido en *Mea Cuba*.

do durante todos los años de formación: una máscara o persona guerrera, análoga en espíritu a aquel "sable de guerra" y "mueca de furia" que el niño que había dejado de serlo configura a partir de su primera "lección de hipocresía". Que esa es la clave o firma de Caín se confirmará varios años después en "Retrato del crítico cuando Caín", la "biografía imaginaria" que Cabrera Infante le inventa a su *alter ego* en *Un oficio del siglo xx*, y donde describe prominentemente una suerte de emblema de aquel ilustre polígrafo:

> Tenía sobre su escritorio una estatuilla de calamina a la que le faltaba la cabeza: era un esgrimista y esto hacía del accidente una ocasión metafísica... el pequeño héroe ha perdido completamente la cabeza, que debió de ser hermosa, de cabellos rizosos, patilla mediana y bigotes en guía. Pero si elegante era la figura, más elegante fue su apostura: tiene un pie tenido adelante y el otro listo a la maniobra; una de sus manos empuña correctamente la espada (porque es una espada, no un florete ni un sable) tras la guarnición, mientras la otra mano sostiene casi la punta del acero con displicencia y su dedo meñique se yergue por sobre la filosa hoja.

Cuando en la entrevista con Torres Fierro el escritor se refiere a su invención como una "acción pareja" al "acto corajudo" de Ortega, es sin duda a esta configuración a la que alude. *Caín* será inventivo pero, por encima de todo, desafiante, astuto y luchador. Inventa no sólo la crónica de cine sino una eficaz burla de la Ley. Y así, su cuerpo se vuelve invisible: un transparente "cuerpo del delito". Fundir las dos sílabas configura, además, un símbolo más íntimo: la integración de Padre y Madre. Sólo que con el pecado irá la penitencia: al igual que en la niñez conjurar a la Madre provocaba la alucinación, el nuevo seudónimo estará maldito por una connotación teológica. Asesino de su hermano, Caín será, después de sus padres, el siguiente exiliado del Paraíso. Extraña profecía si pensamos en el intelectual exiliado en el que Cabrera Infante con los años se convertirá.

Una vez que nos percatamos de esta sucesión de episodios de censuras y prisiones a que estuvo expuesto el escritor durante su niñez y primera juventud, se nos aclara, tal vez, no ya la escritura de un libro como *Un oficio del siglo xx* (1963) sino la circunstancia que la propició: la censura mayor del magazín literario *Lunes de Revolución* en 1961. Como ha contado el propio Cabrera Infante en "Mordidas del caimán barbudo": después de una serie de maniobras calculadas, el régimen castrista, entonces en pleno despegue, utiliza el pretexto del cierre del magazín cultural que Cabrera Infante dirigía para emprender su férreo control de la cultura cubana. Dos años después de las llamadas "Palabras a los intelectuales", en las que Castro prescribe la fórmula "Dentro de la Revolución todo; contra la Revolución, nada" se publica *Un oficio del siglo xx*. Si en 1952 la Ley le había prohibido a Cabrera Infante usar su propio nombre, nueve años después otra Ley le prohíbe a toda su generación seguir haciendo uso público de la palabra. Y si once años antes se había burlado de aquella Ley por medio de la invención del célebre seudónimo, ahora, en reacción a una censura total, el recurso a la biografía imaginaria sirve para demostrar "que la única forma en que un crítico puede sobrevivir es como ente de ficción". Una vez más, la historia de la "pelea contra los censores" se repite.

Resultaría risible, desde luego, comparar las dos censuras —la de la torpe y ramplona dictadura batistiana y la del régimen que después desmanteló sistemáticamente las libertades públicas del país–. Lo que importa resaltar es la recurrencia, en la vida y obra de este escritor, de un horizonte represivo al que su escritura responde. Ese horizonte no es, por cierto, un mero accidente de su escritura. En realidad llega a ser una parte constitutiva de su producción; vale decir, la condición de su posibilidad. Es ese horizonte lo que explica sus más íntimos mecanismos —como por ejemplo, el recurso a la parodia— pues se trata de sucesivas estrategias de transgresión que irán configurando algo más que un inconfundible estilo. Estamos ante una actitud literaria frente al Poder.

Un oficio del siglo xx se publicará en La Habana en 1963, cuando ya Cabrera Infante esté en Bruselas de diplomático. Y es allá, en una suerte de exilio que aún no quiere serlo, que termina el manuscrito de *Vista del amanecer en el trópico*, el mismo que gana el Premio Biblioteca Breve de Novela en 1964 y que después se convertirá en *Tres tristes tigres*. Pero para que la metamorfosis de ese texto ocurra, otra crisis, que Cabrera Infante llamará decisiva, tendrá lugar.

En julio de 1965, avisado que Zoila Infante estaba gravemente enferma, el escritor regresa a Cuba y al llegar recibe el golpe de su fallecimiento. La pérdida de la Madre es decisiva, y no sólo por lo que significa en sí. Recordemos los antecedentes de la niñez del escritor. Se trata, en ese fatídico verano de 1965, de la caída en otra afasia simbólica, una recurrencia de la mudez que el niño ya había experimentado a los siete años. El "por qué de este (nuevo) susto" no se dará a conocer sino hasta tres años después, en una entrevista con Tomás Eloy Martínez de *Primera Plana* que significó la ruptura definitiva de Cabrera Infante con el régimen que, como admitirá años después, "yo ayudé a echar al mar sin saber que era al mal". Pero por lo poco que sí conocemos podemos dibujar un esbozo.

Lo que en otras circunstancias hubiese significado recuperar un país y una cultura, luego de varios años de ausencia, se convierte ahora en todo lo contrario: la comprobación de su radical *ausencia*. Es decir, en 1965 no sólo desaparece la Madre —fuente del lenguaje y de la identidad más profunda—; también desaparece el país que había conocido y con él La Habana, su capital encantada. Por eso, meses antes de tomar la decisión de exiliarse, el exilio ya ha comenzado. "Cuba ya no era Cuba", dice la entrevista con Martínez: "era otra cosa —el doble del espejo— su *doppelgänger*, un robot al que un accidente del proceso había provocado una mutación, un cambio genético, un trueque de cromosomas... En increíble cabriola hegeliana, Cuba había dado un gran salto *adelante*, pero había caído atrás... En Cuba, por una extraña perversión de la práctica, se había socializado la miseria".

Entre el 13 de julio y el 3 de octubre de 1965, luego de haber sido bajado sin explicación del avión que le hubiese llevado de regreso a Europa, Cabrera Infante cae preso. No se trata, desde luego, de la torpe prisión que había padecido trece años antes a manos de policías mal hablados y cuyos efectos le habían hecho inventarse otros cuerpos de delito para expresar su mensaje ventrílocuo. Sí era, en cambio, la conciencia de caer en otro tipo de prisión —más amplia y más siniestra: la de *Joseph K*— en la que toda Cuba se había convertido. Una vez más, se repetía la insólita secuencia de censura y prisión. Sólo que esta vez el hombre de 36 años sabía que podría terminar como muchos de sus amigos allí: "espiritualmente decrépitos, que lo reconocen y luego mueren moviendo su rabo político".

IX

Son múltiples los factores que se aglutinaron en la posterior reescritura del manuscrito ganador del Premio Biblioteca Breve que luego se convirtió en *Tres tristes tigres*. Algunos, por cierto, el propio escritor los ha revelado en entrevistas y ensayos. Pero por lo que hemos trazado en esta suerte de radiografía de la escritura de Cabrera Infante no es descabellado sugerir que la transformación de un libro en otro estuvo atravesada por la desoladora experiencia de esos cuatro meses y que, a su vez, provocaron una reacción: incorporar la Lengua Madre en la escritura.

Subrayo que la pérdida de la Madre coincide en el tiempo con el intento de anulación del escritor por parte del Estado que había comenzado mucho antes con el cierre de *Lunes de Revolución* en 1961. Lo que únicamente se podría describir como la crisis más profunda de su carrera –a la que Cabrera Infante ha aludido en múltiples ocasiones, pero que nunca ha contado, al menos en público– fue por tanto el contexto inmediato que produjo la metamorfosis de *Vista del amanecer en el trópico* en *Tres tristes tigres*.[7] El libro cambia, como se sabe, de una suerte de continuación (en otra clave y por otros medios) de *Así en la paz como en la guerra* –escenas de La Habana nocturna alternando con otras de viñetas de la lucha contra Batista– a la "galería de voces" de la novela que finalmente se publica en 1967. "Al llegar a Madrid –ha dicho el escritor en 'Lo que este libro debe al censor'–, supe que la censura española había prohibido mi libro *in toto*... Comencé a trabajar con fervorosa intensidad (frase o fase homérica) en la reescritura y conversión total de *Vista del amanecer en el trópico*, título irónico, en *Tres tristes tigres* de palabras". Cuenta también que, una vez reescrito, el libro volvió a ser censurado, y que fue sólo después de insertar los veintidós cortes sugeridos ("la mejor edición que había visto nunca: mi censor convertido finalmente en creador") se logró su publicación.

A su vez, se trata de una respuesta no muy distinta a la que había realizado cuatro años antes en *Un oficio del siglo XX*. *Tres tristes tigres* es la puesta en escena de un baile de máscaras. Cada vez que lo han llamado "novela", el autor ha repuesto que es sólo "un libro", y para ello a veces hasta se ha apoyado en el antecedente del *Quijote* al que Cervantes se refería de igual manera. Nunca, en cambio, ha negado que se trata de un libro laberíntico y por tanto heredero de Borges: una demoniaca recopilación traicionera que realiza un tal *Silvestre* (transparente *alter ego* de este *Cabrera*) de impublicables textos, documentos, intimidades, grabaciones y confesiones privadas que captan, o tratan de captar, momentos en la vidas de un grupo de cubanos a fines de 1958. Si la obra publicada hasta 1965 había ensayado con la creación de una serie de narradores –las distintas poses que el joven *Silvestre* asume en los primeros cuentos, el *Caín* de las crónicas de cine, o la biografía imaginaria de *Un oficio del siglo XX*– a partir de entonces la *opera magna* se volverá una recurrente *opera bufa*: el duelo entre los autores implícitos en *Tres tristes tigres*, las voces judiciales de *Vista del amanecer en el trópico*, o el diálogo sostenido entre narrador y protagonista de *La Habana para un infante difunto*. Así, si el Cabrera Infante que regresa a Bruselas en 1965 ya no podía ser el mismo, era sin duda porque cierto escritor había muerto durante ese fatídico regreso al país natal. Y por ello no me refiero al difunto *Caín* cuyas exequias

---

[7] Según Souza, Cabrera Infante ha escrito todo un libro, *Itaca vuelta visitar*, aún inédito, sobre su experiencia durante esos cuatro meses.

ya se habían oficiado hacía dos años. El comienzo del exilio marca el nacimiento de un escritor literalmente *otro* que en la obra posterior realiza un movimiento contradictorio. Por una parte, incorpora la Lengua Madre; por otro, reconoce su ausencia en el exilio. A los 36 años, una vez internalizados los efectos de la recurrente sucesión de prisiones y censuras, la única Ley que queda por transgredir es la propia del lenguaje, laberinto por el que Cabrera Infante transita guiado por otros dos ciegos: el exilio y la libertad.

Será ese exilio el precio, sin ir muy lejos, que el escritor paga por ser lo que es. "No me perjudica la lejanía de Cuba –le dijo en la entrevista a Torres Fierro–, sino que me beneficia. Allí nunca hubiera podido escribir *Tres tristes tigres*, ni siquiera en La Habana relativamente libre de 1959. Me hacía falta no sólo la lejanía, sino la convicción de que esa luz de la vela estaba apagada, y que solamente por la literatura podría recobrar ese pasado".

x

Resulta al menos paradójico que a partir de 1963, con la publicación de *Un oficio del siglo XX,* la obra de Guillermo Cabrera Infante se diera a conocer en el mundo entero por su maestría de humor y comicidad. Será esa, ciertamente, la gran virtud de *Tres tristes tigres*, que en medio de una avalancha de novelas de pretensiones sociológicas, como fueron la mayoría del llamado *boom* de la novela latinoamericana, logra la excepcional nota divertida. En cambio, los que promueven esa cualidad humorística de los textos de Cabrera Infante, y en especial de su obra maestra, no se percatan de que ese carácter lúdico tiene una raíz agónica que puede llegar a extremos de nihilismo metafísico. Una versión superficial de esta paradoja insiste en la aparente contradicción entre esa maravillosa capacidad humorística del escritor y una supuesta amargura personal, de raíz política. Desconoce esta versión que ese humor ha sido posible únicamente en virtud de una agonía de múltiples fuentes –con su entorno, con su cultura, con su genealogía, con la historia de su país, con su lenguaje, y hasta con el escritor mismo– que no es exclusivo de Cabrera Infante, por cierto, sino de los mejores escritores y de la mejor literatura; del mejor arte y de la mejor cultura.

Cómo la obra de Cabrera Infante será juzgada en el futuro no lo sabemos. Todo escritor, todo intelectual o ser pensante, está condenado a una relación ambigua con su país y su sociedad. Y esto a pesar de todas las aclaraciones que él o sus exégetas se esfuercen por otorgar. Sólo sé que sin esa obra nuestra realidad hispánica −en el amplio sentido tanto histórico como imaginario− sería muchísimo más pobre. Y que el idioma español ya no fue el mismo desde que aquel niño decidió terminar su niñez sacando su "sable de guerra" y mostrando su "mueca de furia" para que todos pudiéramos reírnos con él.

(1997)

Retóricas de Gutiérrez Alea

IDEOLOGÍA: "MEMORIAS DEL SUBDESARROLLO"

> Cuando escribo estoy ausente y cuando vuelvo
> ya he partido.   PABLO NERUDA

1

La más superficial lectura de *Memorias del subdesarrollo* (1965, 1967, 1968, 1975), la célebre novela de Edmundo Desnoes, revela notables diferencias entre sus diversas ediciones. Tres años después de publicada su primera edición cubana, la novela sirvió de base para un film cuyo guión, elaborado por Desnoes y el cineasta cubano Tomás Gutiérrez Alea, incorporó nuevas escenas que no formaban parte del texto original. Dicha nueva versión fue también la que Desnoes utilizó en su propia traducción inglesa, publicada en 1967, un año antes del estreno del film. Asimismo, Desnoes añadió las mismas escenas a la (hasta ahora) última edición de la novela, publicada en México en 1975. Esta edición a su vez incorporó otras revisiones que la crítica nunca ha estudiado con el debido detenimiento.[1] Todos estos cambios, en número y extensión,

[1] Para la lectura de Desnoes he manejado las siguientes ediciones: *Memorias del subdesarrollo,* Buenos Aires, Galerna, 1968; *Inconsolable Memories,* Edmundo Desnoes (tr.), prólogo de Jack Gelber, Nueva York, The New American Library, 1967; *Memorias del subdesarrollo,* México, Joaquín Mortiz, 1975. No existe un guión del film, pero sí he podido consultar el texto del diálogo que aparece en *Memories of Underdevelopment. The Revolutionary Films of Cuba,* Michael Myerson (ed.), Nueva York, Grossman, 1973, pp. 51-107. En las siguientes notas cada texto será identificado mediante las fechas. Según Emir Rodríguez Monegal ["Literatura: Cine: Revolución –A propósito de las dos versiones (literaria, cinematográfica) de *Memorias del subdesarrollo", Revista Iberoamericana,* vol. 41, núms. 92-93, julio-diciembre, 1975, p. 582, núm. 27], algunas ediciones Galerna omiten los cuatro cuentos del apéndice, pero mi ejemplar los incluye. La traducción al inglés, hecha por el propio Desnoes, los omite, mientras que la edición Mortiz (1975) sólo omite el último cuento. Esta última edición indica también (evidente error) una primera edición por Casa de las Américas. Véase, en cambio, *Memorias del subdesarrollo,* La Habana, Ediciones Unión, 1965. Las nuevas escenas de las versiones 1967 y 1975 aparecen en las siguientes páginas: 1967, pp. 38-45, 55-74, 107-114, 126-127, 136-140; 1975, pp. 32-37, 46-65, 93-98, 118-121, 124-130. Al menos cuatro de estas nuevas escenas fueron publicadas

evidencian algo más que los pulimentos de un estilista. Las nuevas escenas, en particular, fueron el resultado de la colaboración entre Desnoes y Gutiérrez Alea en un guión cuya finalidad ideológica es mucho más coherente que la de la novela.[2] Queda por determinar, desde luego, si las nuevas escenas añaden o no una dimensión ideológica que la novela no posee. Pero hay lugar para dos conclusiones al menos. Primero, que la intención de estos cambios fue ideológica y no meramente estilística; y segundo, que ya no tiene sentido hablar de "la novela de Desnoes" como si ésta fuera un solo texto. Todos estos cambios postulan ante todo, la creación de una conciencia ordenadora más allá del texto –un Autor omnisciente y todopoderoso, que ha revisado su contenido y le ha infundido un nuevo propósito.

Hurgar en la creación de esa conciencia es el propósito de estas páginas. Dado el contexto en que se publicó la primera edición de *Memorias del subdesarrollo* –la Cuba revolucionaria de a mediados de los años sesenta– y la carga ideológica con la que la crítica la ha investido, resultaría provechoso concebir el itinerario textual de la novela como una metáfora del itinerario ideológico del intelectual cubano en la revolución. Con esto no quiero decir que quiera ver la novela como un mero reflejo literario de una cambiante situación política. Me refiero más bien a que sería instructivo ver en todos estos cambios la consecuencia de una peculiar tensión entre la historia y narrativa que el texto dramatiza, como también del incierto y acaso errático papel que juega la figura del intelectual mismo dentro de esta tensión. Si la historia de *Memorias del subdesarrollo* es la historia de sus diversas versiones y reescrituras, no ha de ser tanto porque la realidad política así lo ha exigido, cuanto porque el texto mismo dramatiza la necesidad de la re-escritura.

2

Antes de abordar un comentario sobre la novela en sus distintas versiones, quisiera empezar con otro texto de Desnoes que apenas se toma en cuenta en

---

antes; a saber, *"Memorias del subdesarrollo* (Dos nuevas escenas para un film de Tomás Gutiérrez Alea)", *Islas,* vol. 11, núm. enero-agosto, 1969, pp. 163-170; "Llegas, Noemí, demasiado tarde a mi vida", *Unión,* vol. 6, núm. 4, 1967, pp. 173-177; y "Una aventura en el trópico", en *Narrativa cubana de la revolución,* José María Caballero Bonald (ed.), Madrid, Alianza Editorial, 1968, pp. 147-158.

[2] Véase Rodríguez Monegal, *ibid.,* especialmente pp. 588-591, y David Grossvogel, "3/ on 2, Desnoes-Gutiérrez Alea", *Diacritics,* vol. 4, núm. 4, invierno de 1974, pp. 60-64. La ideología del film se hace explícita en el uso de documentales sobre el juicio de los participantes en la invasión a Bahía de Cochinos y el comentario hablado, cita de León Rozitshner, *Moral burguesa y revolución,* Buenos Aires, Poseidón, 1963.

discusiones de su obra y que permitirá replantear nuestro tema con más claridad. Me refiero a *Punto de vista,* la colección de ensayos que Desnoes publicó en Cuba en 1967, dos años después de la primera edición de *Memorias del subdesarrollo* y el mismo año en que publicó la traducción al inglés.[3] Cinco de los siete ensayos en esta colección, escritos entre 1960 y 1967, se habían publicado antes, dentro y fuera de Cuba. Las dos notables excepciones fueron "El mundo sobre sus pies" y el ensayo titular, que sirve de prólogo a la colección, los cuales tienen en común un tono confesional. En el prólogo, Desnoes describe sus experiencias como escritor durante los primeros años de la revolución, recién regresado a Cuba después de una temporada enajenante en los Estados Unidos. Desnoes describe esos años como el paulatino despojo de abstracciones universales a cambio de un "punto de vista" concreto. Lo que define este punto de vista es, desde luego, la experiencia de la revolución, experiencia que Desnoes llama "decisiva", y que según él forzó al intelectual cubano a ir más allá de la *comprensión* del subdesarrollo para *asumirlo*.[4]

Bien se podría cuestionar el planteamiento que hace Desnoes, y en particular su confuso intercambio de conceptos como "revolución" y "subdesarrollo". Aun así, habría que comprender ese planteamiento por lo que significa tanto en términos generales (la conversión de un intelectual liberal a la causa de una revolución marxista en un país del Tercer Mundo), como en términos de la carrera de Desnoes como escritor.

Es más, su distinción entre *comprender* y *asumir* el subdesarrollo forma parte, dentro de este texto confesional, de una dicotomía más amplia entre teoría y práctica, dicotomía cuya versión formal es la doble actividad de Desnoes como ensayista y novelista. Es decir, según Desnoes, fue la paulatina separación entre el ensayista "consciente" y el novelista "inconsciente" lo que le permitió su acceso a un "punto de vista" concreto y lo que propició la clave de un relativo éxito formal de su obra novelística. Así pues, mientras que en el caso de *No hay problema* (1961), su primera novela, "digo con experiencias lo que dije con *ideas* en ensayos publicados en *Lunes de Revolución*", en el caso de *El cataclismo* (1965), su segunda obra ("la novela que más he trabajado y la menos lograda"), el intento ensayístico de llegar a una verdad objetiva y universal fracasó por completo.[5] A su vez, *Memorias del subdesarrollo,* su tercera, y hasta ahora última novela, evidencia la adopción de un punto de vista

---

[3] *Punto de vista,* La Habana, Instituto del libro, 1967.
[4] *Ibid.,* p. 7.
[5] *Ibid.,* p. 9.

concreto debido al feliz desplazamiento de su contenido ensayístico a las páginas de los artículos coleccionados en *Punto de vista*. Según esta explicación, por tanto, la naturaleza teórica o analítica del ensayo amenaza con subvertir la inmediata práctica del texto ficticio. Es esta subversión de la práctica por la teoría lo que el novelista revolucionario debe evitar a toda costa:

> No basta describir la revolución, hay que interpretarla, relacionarnos con el resto del mundo incluyendo nuestra propia nota, tener un punto de vista; no basta estar parado sobre terreno firme, debemos funcionar a partir de la propia vida individual: hay que ponerse todo –desde la pasión hasta las dudas, desde las experiencias hasta las ideas más abstractas– en la literatura. Cuando comprendí eso, y la cosa fue inconsciente, escribí *Memorias del subdesarrollo*. Este libro de ensayos no es más que su expresión consciente en ideas concretas [...] Estoy rajado por muchas partes: por el choque del inolvidable pasado y el presente intenso; por la firme conciencia revolucionaria, de un socialismo "con todos y para el bien de todos", y mi vida insignificante, presente, llena de zozobra ante lo nuevo que hacemos para el futuro. Somos siempre dos. El que lo entiende todo, lo justifica todo con el análisis frío de la implacable historia, desde arriba, en teoría –y el pobre yo que sólo tiene su vida individual en medio del caos sorprendente y contradictorio de la revolución. Esta necesidad de incluirlo todo me obligó casi compulsivamente a meter aquí tanto ensayos –el que sólo busca entender– como un cuento –el que siempre sólo vive–. En los ensayos, no pude evitarlo, se cuelan a veces experiencias personales y en el cuento especulaciones teóricas.[6]

Una vez más, podríamos cuestionar este otro planteamiento de Desnoes ya que empieza ofreciendo términos de comparación entre ensayo y novela que termina negando al final. No obstante, resulta evidente que ese planteamiento intenta proyectar los ensayos de *Punto de vista* como un "manual de lectura" por medio del cual el lector podría descodificar la clave ideológica de la(s) novela(s). Además, sugiere retrospectivamente una trayectoria ideológica. Que Desnoes haya escrito todo esto en el año 1966-1967, al mismo tiempo que trabajaba en el guión para el film de Gutiérrez Alea y en la edición aumentada de la novela, hace su planteamiento aún más revelador. Sugiere que esa coherencia ideológica (para no mencionar el supuesto éxito formal de su novelística) se deriva a partir de la distinción entre teoría y práctica por la que él aboga.

Sin embargo, apenas hurgamos en los detalles sobre los que descansa la distinción de Desnoes, llegamos a la conclusión de que la relación entre en-

[6] *Ibid.*, pp. 9-10.

sayo y novela es más retórica que sustancial. De los restantes artículos que Desnoes escribe para *Lunes* durante 1960 y 1961, sólo uno, sobre el poema "Hierro" de Martí, había obtenido una relación conceptual con *No hay problema,* la novela coetánea.[7] Los demás que incluyen varias reseñas de films y libros contemporáneos, tratan sobre temas de interés periodístico inmediato, no sobre el pasado pre-revolucionario.[8] De esta manera la discontinuidad temática y temporal entre estos artículos tempranos y *No hay problema,* novela cuya trama toma lugar supuestamente en el periodo 1952-1958, desmiente la anterior pretensión de una unión de "experiencias" e "ideas". En el caso de la ostensible relación entre *Punto de vista* y *Memorias,* la disyunción entre ensayo y novela es aún mayor. Más allá del hecho de que dos años separan sus respectivas publicaciones, cada libro fue sometido a una serie de revisiones que subvierten la posibilidad del "manual de lectura". Lejos de afirmar un solo y único planteamiento coherente cuya publicación coetánea propiciara la "poética", el trasfondo teórico, de *Memorias del subdesarrollo,* los ensayos de *Punto de vista* fueron escritos para diversas ocasiones y durante un periodo de siete años de vertiginosa actividad política. Algunos de estos ensayos (por ejemplo, "Martí en Fidel") hasta evidencian la cuidadosa revisión de Desnoes con efectos a la futura colección.[9] Y si de veras existe una correspondencia entre los dos libros, como afirma Desnoes, entonces ¿por qué no especificar cuál de las dos versiones de la novela tenía en

[7] Véase "Hierro de José Martí", *Lunes de Revolución,* núm. 74, 29 de agosto, 1960, pp. 3-6. El texto de *No hay problema* consta de tres partes, cada una de las cuales comienza con un epígrafe sacado del poema de Martí. El texto completo del poema aparece en José Martí, *Versos libres,* Ivan A. Schulman (ed.), Barcelona, Labor, 1970, pp. 65-68.
[8] Durante 1960 y 1961 Desnoes publicó además del ensayo sobre "Hierro", los siguientes artículos en *Lunes de Revolución:* "Donde quiera que se encuentren", núm. 61, 30 de mayo, 1960, pp. 21-23; "¿Evolución o revolución?", 65, 27 de junio, 1960, pp. 20-21; "Edgar Varèse –o la música del siglo XX", núm. 76, 12 de septiembre, 1960, pp. 24-25; "El nacimiento de una nación", núm. 82, 28 de noviembre, 1960, p. 19; "Neruda y Nuestra América", núm. 86, 26 de diciembre, 1960, p. 27; "Martí en Fidel Castro", núm. 90, 30 de enero, 1961, pp. 61-62; "Gunga din [sic] o Mahatma Gandhi", núm. 92, 13 de febrero, 1961, pp. 21-22; "Año dieciséis después de Hiroshima", núm. 94, 27 de febrero, 1961, pp. 24-25; "Propiedad sexuada", núm. 95, 6 de marzo, 1961, p. 26; "Seriocha es un niño", núm. 96, 13 de marzo, 1961, p. 23; "What can I do?", núm. 98, 27 de marzo, 1961, pp. 19-21; "Una película yugoslava en el Trianón", núm. 100, 10 de abril, 1961, p. 20; "¿Qué pasó en Estados Unidos?", núm. 104, 8 de mayo, 1961, pp. 4-5; "Lo español en Hemingway", núm. 118, 14 de agosto, 1961, pp. 14-15; "Tres notas sobre Lorca", núm. 119, 21 de agosto, 1961, p. 18; "La palma y la seiba", núm. 124, 25 de septiembre, 1961, pp. 20-21; "Picasso: Vivir es pintar", núm. 130, 6 de noviembre, 1961, pp. 13-15; "Los diez mejores libros cubanos", núm. 126, 10 de octubre, 1961, p. 5. Puede que esta lista esté incompleta. El microfilm de *Lunes* que he consultado, en la biblioteca Olin de Cornell University, carece de varios números.
[9] Compárese, por ejemplo, "Martí en Fidel Castro", *op. cit.* con "Martí en Fidel", *Punto de vista,* pp. 21-23. Desnoes firma este último "1960-1966".

mente? A primera vista, la inclusión de ensayos, en la sección II de *Punto de vista,* sobre Hemingway y "La imagen fotográfica del subdesarrollo", parecería garantizar al menos una relación temática con aquellas escenas de la versión revisada de la novela que tratan sobre Hemingway, por ejemplo, u ofrecer la clave del sentido del título. Y sin embargo, como veremos, la relación entre ese ensayo y la novela es bien discutible, y la clave del título es otra cosa.

Así pues, el desacuerdo entre la novela y los pronunciamientos ensayísticos de Desnoes que revelan estos detalles bibliográficos ha de persuadirnos de las intenciones retóricas que subyacen al supuesto paralelo de teoría y práctica. No es cuestión ya de aislar la ficción concreta de las subversiones de la abstracción, sino de proporcionar un contexto específicamente político a la interpretación del texto novelístico. De ahí la utilidad de la distinción entre ensayo y novela, teoría y práctica: la dicotomía salvaguarda el texto literario (si no a su autor) de los peligros de la ambigüedad, a la vez que subordina el lenguaje figurativo de la literatura a las exigencias literales de la realidad política. En suma, el intento por parte de Desnoes de reescribir *Memorias* se encarna no sólo en las diversas versiones de la novela, sino en el gesto actualizador de sus propios ensayos.

Quisiera ahora trasponer esta conclusión provisional a una lectura de *Memorias del subdesarrollo* y averiguar hasta qué punto este intento de revisión, tan evidente en los pronunciamientos autobiográficos de Desnoes, termina formando parte íntegra de la novela. Es posible que el intento de justificar una coherencia ideológica responda tanto a las implicaciones retóricas de la novela como a las realidades de una revolución política.

3

El texto de *Memorias del subdesarrollo* consta de dos partes. Una primera que ocupa más o menos tres cuartas partes del libro, la constituyen las entradas sin fecha del diario de Malabre. Malabre es un escritor enajenado que empieza a escribir un libro de cuentos a partir del exilio de sus padres y su mujer. La segunda parte consiste de un apéndice con cuatro cuentos escritos por Malabre en su juventud, años antes de que escribiera el diario. Tanto la traducción al inglés como el film excluyen el apéndice, y la edición de 1975 sólo reproduce tres de los cuatro cuentos. En las tres versiones del libro (1965, 1967, 1975), encontramos breves comentarios, en la primera parte, sobre estos tres cuentos. Sólo el cuarto cuento, "What can I do?", aparece sin comentario alguno en las tres versiones, lo cual explica en parte su eliminación de la edición de 1975.[10]

Todos estos detalles son harto conocidos. Apenas tomo nota de ellos para hacer hincapié en la estructura de la novela, que descansa sobre una red de referencias entre las dos partes. Si bien las entradas del diario explican brevemente las circunstancias bajo las cuales Malabre escribe cada uno de los cuentos, los cuentos mismos pretenden ilustrar el proceso creador de Malabre. Al eliminarse el apéndice —y por tanto las referencias entre las dos partes— tanto la traducción al inglés como el film alteran radicalmente la estructura original de la novela. Dada la naturaleza temporal del lenguaje fílmico, tal alteración parece inevitable; no así en el caso de la traducción al inglés. Pero como quiera que sea, es el propio Malabre el que señala su propósito en escribir un diario: "Llevo años diciéndome que si tuviera tiempo me sentaba y escribía un libro de cuentos y llevaba un diario para saber en realidad si soy un tipo superficial o profundo. Porque uno no para nunca de engañarse. Y sólo podemos escribir la vida o la mentira que realmente somos".[11]

En su diario Malabre pretende compilar un texto crítico o analítico que sirva de "manual" a los cuentos que va a escribir. Ese componente analítico le permitirá a Malabre, como autor, no sólo reflexionar sobre su empresa creadora, sino protegerse de los riesgos autoengañosos que promueve y refleja el lenguaje figurativo de la ficción. Dicho de otro modo: la retórica introspectiva del diario permitirá una articulación literal y explícita de aquellos temas existenciales que la naturaleza figurativa del lenguaje literario sólo puede sugerir. Esto es, claro está, sólo el propósito explícito de Malabre, porque no nos llega a describir lo que el libro registra verdaderamente. Que existe una diferencia entre la intención de Malabre y el libro que leemos es evidente. Por ejemplo, en vez de compilar los cuentos que Malabre escribe paralelos al diario, el apéndice sólo recoge los cuentos escritos años atrás, *antes* del triunfo de la revolución. Al liberar a Malabre de las distracciones de la existencia burguesa y dejarle tiempo libre para dedicarse a la literatura, la revolución le ha permitido realizar el proyecto de toda una vida. Al mismo tiempo, sin embargo, la revolución termina sacudiendo los valores burgue-

[10] Según Malabre (1968, pp. 48, 59 y 62; 1975, 71, 83, 85), la cronología de los cuentos debería ser la siguiente: "Jack y el guagüero" ("mi primer cuento"), "Yodor" (escrito inmediatamente después del viaje de Malabre a Europa) y "¡Créalo o no lo crea!" ("lo escribí en el cincuenta y tres"). La ordenación del apéndice no sigue esta cronología. Desnoes publicó "What Can I do?", el cuarto cuento, en *Lunes* en 1961.

[11] 1968, pp. 10-11; 1975, pp. 10-11.

ses de Malabre, de tal manera que éste se decide por compilar un diario paralelo con el propósito de reflexionar sobre esa empresa y así restaurar su sentido de integridad. Sólo que, como nos demuestra la novela, la compilación del diario o manual crítico termina desplazando el objetivo principal, haciendo así que el libro de cuentos brille por su ausencia. *Memorias del subdesarrollo* es la historia de un libro que nunca llega a escribirse.

Esta aparente alteración del propósito de Malabre nos obliga a cuestionar los objetivos de la estructura en dos partes de la novela. Máxime cuando el apéndice incluye algunos de los cuentos de Malabre, si bien no son los que él hubiese querido incluir. En el diario mismo Malabre indica que desea enviarle sus cuentos inéditos a un tal "Eddy" o Edmundo Desnoes, amigo escritor cuya primera novela Malabre acaba de leer, con vista a que él le ayude a publicarlos. Malabre indica también que los cuentos que le envía a Eddy sólo sugieren "lo que podría haber hecho si me hubiera dedicado sistemáticamente a la literatura", y añade, como tratando de no engañarse, que no abriga verdaderas esperanzas de publicarlos: "Eddy ni los tomará en cuenta". Aun así, termina: "los pienso seguir reescribiendo. Y si puedo escribiré algunos cuentos nuevos".[12]

No podemos soslayar la importancia de estas entradas del diario. Los comentarios de Malabre sobre su proyecto, desde el propósito inicial a su resignada confesión que aflora a mediados del diario, significan una paulatina erosión de su proyecto original. El deseo de *reescribir* los cuentos viejos ha desplazado el proyecto de *escribir* los nuevos, como si la experiencia de la reescritura mitigara los riesgos que supone toda creación original. La decisión de Malabre se podría entender, por supuesto, como la crítica implícita de Desnoes a la burguesía cubana, la que ostensiblemente prefirió exiliarse e intentar el nuevo comienzo que ofrecía la revolución. No obstante esa posibilidad, la erosión del proyecto de Malabre debe relacionarse con el hecho de que sea Eddy, el amigo escritor, el destinatario de los cuentos. Porque el nombre "Desnoes" que aparece dos oraciones más arriba, se refiere tanto a Eddy el personaje del diario como a Edmundo Desnoes, el autor real. Y cualquier crítica implícita en los comentarios del uno involucra la complicidad ideológica del otro.

Que tal complicidad es enteramente posible no se puede descartar. Es más, de alguna manera toda la novela moviliza un esfuerzo no ya por disfrazar dicha complicidad sino por disolverla enteramente. Dada la decisión de

[12] 1968, p. 51; 1975, p. 74.

Malabre por *reescribir* en vez de *crear,* se hace imprescindible que los niveles de realidad con que juega la novela se mantengan independientes el uno del otro y así no confundir la coherencia ideológica de Desnoes con los errores de Malabre. ¿Cómo promueve la novela esta distinción? Creando la ficción de una edición crítica. Dentro de la estructura de la novela, tanto el diario como el apéndice constituyen los textos reunidos, y acaso póstumos, de un tal Malabre "subdesarrollado". Además de la estructura en dos partes y la inclusión de un apéndice, la presencia del editor aparece sugerida por la nota editorial al final de "Créalo o no lo crea", el segundo cuento.[13]

Como se sabe, la "ficción editorial" tiene muchos antecedentes en la narrativa occidental e hispánica. Es harto conocida, por ejemplo, la *Cárcel de amor* (1492) de Diego de San Pedro, en la cual un "Autor" colecciona las cartas de dos amantes, para no hablar de los intentos de Cervantes para convencer a su lector que la historia de su glorioso caballero es su propia traducción de una serie de manuscritos árabes que descubre en el Alcaná de Toledo. La narrativa moderna, desde el *Julie* (1761) de Rousseau hasta *Pale Fire* (1962) de Nabokov, ha agotado este recurso narrativo. La literatura hispánica moderna nos ofrece muchos más ejemplos: *Pepita Jiménez* (1874), *La vorágine* (1923), *La familia de Pascual Duarte* (1942), sin olvidar, claro está, muchos de los cuentos de Borges. En la literatura cubana, en particular, el *locus classicus* sigue siendo *Los pasos perdidos* (1953) de Carpentier, aunque también acuden a la mente textos como *Paradiso* (1966), de Lezama Lima –cuya única y misteriosa nota al calce sugiere la presencia de un editor juguetón–, *El mundo alucinante* (1969) de Reinaldo Arenas y *Un oficio del siglo XX* (1963), de Guillermo Cabrera Infante. La fórmula editorial se propone, en cada personaje de tal manera que la autoridad retórica del uno se mantenga por sobre las afirmaciones del otro. Como tal, el poder retórico del autor deriva de la totalización temporal que promueve el papel del editor ya que se convierte en el único punto de mira confiable dentro de un mundo narrativo fracturado por la mala fe del discurso en primera persona.[14]

---

[13] Véase 968, p. 07; 1975, p. 146. No sabemos si el autor de la nota es Malabre o el editor, ya que, como nos dice el propio Malabre, fue Eddy el que le llevó a conocer a Pereira.

[14] "By the mechanics of editorship the editor –technically speaking– is enabled to let his voice be heard among, and sometimes above, the characters of the novel. He is the character in the novel who can continually and at any given moment take a panoramic view over the whole course of fictitious events, a view which is only vouchsafed to the main characters when the last letters have been written [...] The editor's function makes it possible to speak of two dimensions or levels in the time-conception that characterizes the novel. On the one hand there is simultaneity in the experiencing and the writing down [...] and on the other hand there is the retrospective view which the editor's vantage-point gives him and which he can reveal, after the manuscript is transformed into a printed book, whenever he likes, by

Así pues, más que otro personaje que se menciona en el diario, más aún que el verdadero autor histórico, el nombre "Edmundo Desnoes" designa, dentro de la ficción de la novela, al editor que ha reunido los textos de Malabre como un "caso ejemplar" de subdesarrollo cultural. Desde luego, la novela nunca llega a dramatizar abiertamente la presencia de este editor –no tenemos, por ejemplo, ni un prefacio crítico ni un epílogo explicativo–. Sin embargo, la armadura retórica de la novela nos permite inferir su discreta intervención –caso ejemplar es la discreta nota al calce que ya señalé–. Se podría decir, en todo caso, que el apéndice significa la realización irónica del deseo de Malabre porque Eddy le ayude a publicar sus cuentos. Sólo que ahora los cuentos aparecen yuxtapuestos al propio diario en que Malabre manifiesta ese deseo, lo cual hace de su tardía publicación un ejercicio patético. Que la misma persona de quien Malabre se burla como un "escritorzuelo" termine siendo su editor constituye la extrema ironía en este juego de espejos. Desnoes crea su doble para después burlarse de él. Leídas como narración independiente las burlas sobre Eddy parecen darle la ventaja a Malabre; pero leídas dentro de la ficción editorial, la situación produce el efecto contrario. Porque si el objetivo de todo el juego es el de alcanzar un punto confiable fuera del laberinto de la mala fe literaria, si el propósito es alcanzar un punto de vista concreto y libre de ficciones literarias y de ahí acercarse al presente revolucionario inmediato, entonces tenemos que suponer que Edmundo Desnoes es el ganador de la partida ya que es su nombre, y no el de Malabre, el que aparece en la cubierta del libro.

Tal solución resultaría satisfactoria si no fuera por el hecho de que Desnoes el editor comete no sólo un pecado literario, sino de subdesarrollo literario. El título *Memorias del subdesarrollo,* que el editor le da a su edición crítica, es una parodia de *Memorias del subsuelo* (1864), la célebre novela de Feodor Dostoievski.[15] Al sustituir el símbolo metafísico de Dostoievski (subsuelo) por el término económico más actual (subdesarrollo), el editor realiza algo más que sólo una puesta al día de su vocabulario. Al escoger un título tan alusivo o paródico, el editor delata su fe literaria, lo cual tiene el efecto de devolver el texto a la misma dimensión de la cual él pretende rescatarla. Es

commentaries, cross-references, and other types of narrative meditation –and above all hints that point forward to what for the reader and also for the main character is still unknow territory." Bertil Romberg, *Studies in the Narrative Technique of the First-Person Novel,* Estocolmo, Almqvist & Wiksell, 1962, p. 76.

[15] No he podido consultar una bibliografía universal sobre Dostoievski para comprobar cuán extenso ha sido el uso de esta traducción. Sí he consultado, en cambio, dos ediciones en español que llevan ese título: la edición Aguilar de las *Obras selectas* y la edición de bolsillo de *Memorias del subsuelo,* Barcelona, Juventud, 1975.

más, el título trillado evidencia la inautenticidad cultural que el propio Malabre lamenta en la secuencia dedicada a Hemingway. De ahí el comentario que aparece en la edición revisada y que viene como a glosar el título: "Eso es todo lo que merecemos, copias, no somos más que una mala imitación, una caricatura, una reproducción barata".[16] La alusión a Dostoievski tiene otras funciones, desde luego. Entre otras: pone de relieve la ficción editorial. Las *Memorias del subsuelo* no es, después de todo, sino otro ejemplo más en la larga tradición de la ficción editorial. Su texto consta también, por cierto, de dos partes: un largo y polémico monólogo dirigido a unos "caballeros", y la narración del "hombre subterráneo acerca de sus experiencias. (Al final de las *Memorias* de Dostoievski una voz anónima interrumpe la narración para anunciar que debe cortar el texto porque de lo contrario el relato se alargaría interminablemente.) Por último, la alusión a Dostoievski sugiere que el propio Malabre es una especie de "hombre subterráneo", prototipo del héroe existencialista, aunque a diferencia de sus precursores su enajenación resulta ser más social que metafísica.[17]

Así pues, dentro de la ficción editorial el título paradójico cumple una función igualmente retórica: acentuar el desprecio ideológico que el editor siente hacia Malabre. El título sugiere que los textos de Malabre dramatizan un caso de subdesarrollo intelectual y que, una vez objetivado, ese caso nos patentiza, además, un modelo negativo. Como sugiriera Federico Álvarez, en una de las pocas reseñas de la obra que se llegaron a publicar en Cuba, la novela no se llamaría "memorias" si no hubiese superado el "subdesarrollo".[18] La misma interpretación del título la ofrece Gutiérrez Alea en sus "notas de trabajo" al film, por cierto que la plantea como un ejercicio de "toma de conciencia".[19] Y sin embargo todas estas interpretaciones son predecibles,

---

[16] 1975, p. 61.

[17] Es de notar, por ejemplo, la advertencia del editor en su nota preliminar: "Mi propósito es presentar al público, subrayando un poco los rasgos, uno de los personajes de la época que acaba de transcurrir, uno de los representantes de la generación que hoy se está extinguiendo", *Memorias del subsuelo*, p. 9. Para un estudio de éste y otros aspectos de la novela véase el interesante libro de Michael Holquist, *Dostoyevsky and the Novel,* Princeton, Princeton UP, 1977, pp. 35-74.

[18] Véase Federico Álvarez, "Perspectiva y ambigüedad en las *Memorias del subdesarrollo* (de Edmundo Desnoes", *Casa de las Américas,* núm. 39, 1966, pp. 148-150. Para la reacción de otro reseñador cubano véase Mercedes Antón, "Memorias del subdesarrollo: El cataclismo", *Unión,* vol. 5, núm. 1, 1966, pp. 164-166.

[19] "Como resultado de toda esta especie de toma de conciencia llegamos a saber (a sentir en carne propia) que el camino que tenemos que recorrer es mucho más largo y más incómodo de lo que pensábamos [...] Por todo esto digo ahora, me sentí llevado a trabajar en la novela de Desnoes, que pone el acento sobre el factor subdesarrollo de nuestra realidad [...] para estar identificado plenamente con la revolución es preciso asumir nuestra condición de

en el sentido de que soslayan la evidente carga alusiva o paródica del título a favor de una defensa de su contenido ideológico. El problema es que si la palabra "memorias" en el título de veras traduce del ruso el término *zapiskie* (literalmente, "notas" o "apuntes"), entonces ya no es mera cuestión de recordar el subdesarrollo después de haberlo superado, sino de repetirlo en el mismo momento en que pretendemos habernos liberado de él. Aun si nos decidiéramos por el sentido genérico del término "memorias" por sobre su sentido existencial, las implicaciones serían igualmente contradictorias. Al titular el libro "memorias", basándose en parte en los méritos autobiográficos del diario de Malabre, el editor delata su interpretación de esos textos como una historia personal que pretende articular o reposeer la historicidad del ser. Todo texto de memorias –*Pasajes de la guerra revolucionaria* (1963), por ejemplo, o *Confieso que he vivido* (1974) de Neruda–, presenta un relato en primera persona acerca de un ser envuelto en el drama de la historia y en sus relaciones con el cambio y patrones culturales. Y sin embargo si algo define el discurso autobiográfico de Malabre es su total incapacidad por concebirse a sí mismo en términos históricos, como comprueba su decisión de borrar las fechas del diario.[20] La palabra "memorias" del título es una máscara que esconde un vacío. En vez de presentar un discurso de historicidad, como promete el título, el diario crea una especie de respiración ontológica, "un entra y sale del ser que estructura la discontinuidad que se está viviendo."[21] Si bien en términos genéricos el título crea en el lector la expectativa de un discurso basado en la historia, esa expectativa se disuelve desde el momento en que descubrimos la discontinuidad que media entre el título y el diario. Es más (y por más paradójico que parezca), es la propia discontinuidad lo que parece darle unidad al libro todo. Al igual que no existe una correspondencia conceptual entre el diario y el apéndice, entre los textos ficticios y el diario que pretende analizarlos, tampoco existe una correspondencia entre el libro y la ficción editorial que lo nombra. Y al igual que el escritor sólo

subdesarrollados", Tomás Gutiérrez Alea, "Notas de trabajo", *Islas,* vol. II, núm. 1, enero-agosto, 1969, pp. 154-155. En una entrevista inédita con el profesor William Luis de Dartmouth College, grabada en Nueva York en diciembre de 1979, Desnoes reveló una opinión parecida: "Después de 1961 hubo otra etapa; escribí *Memorias:* es la etapa de la Tricontinental y de la lucha armada. Por eso la llamé *Memorias del subdesarrollo* –un análisis de la mentalidad del colonizado..." Agradezco al profesor Luis el habermelo facilitado la entrevista y el permitirme citar de la misma.

[20] 1968, p. 16; 1975, p. 16.
[21] Francis R. Hart, "Notes for an Anatomy of Autobiography", *New Literary History,* vol. 1, núm. 3, primavera de 1970, p. 498, Las aspiraciones atemporales de Malabre se transparentan en la canción que él se repite en todo momento: "Feeling tomorrow just like I feel today... I hate to see that evening sun go down".

compone el diario del libro que no escribe, el editor o el crítico aparece condenado a realizar su labor crítica en la forma del error.

El análisis de las discontinuidades del texto de *Memorias del subdesarrollo* nos lleva a plantear las distinciones retóricas e ideológicas entre Desnoes el editor y Malabre el personaje, distinciones que nos permiten diferenciar no sólo la conciencia del autoengaño, el hecho histórico de la ficción, sino el acierto político del error. Si el lenguaje de Edmundo Desnoes, el recto editor, peca tanto o más de la figuración literaria de que padece Malabre, el personaje subdesarrollado de quien se burla y a quien condena, entonces ¿cómo pretender una superioridad ideológica en base a un mayor acceso al conocimiento literal o político? Otra manera de plantear lo mismo sería preguntar lo siguiente: ¿cómo decidir que las "memorias" del título se refieren pura y exclusivamente al acto de recordar?

De lo anterior se deduce que la novela de Desnoes dramatiza la imposibilidad de que podamos formular distinciones ideológicas sobre una base retórica. Aun en aquellos momentos en que el lenguaje político aparecería más inmediato y cada signo adquiriera un sentido literal e inequívoco, una incómoda autoconciencia literaria se interpone para subvertir toda pretensión de distinción ideológica. Esta indecisión no niega la historicidad del lenguaje literario. Por el contrario, nos confronta con la posibilidad de que la literatura sea más histórica que la propia política. Es decir, que en vez de presentarnos con un caso ejemplar cuyo conocimiento, para citar a Gutiérrez Alea, "nos protegería de mistificaciones e idealizaciones peligrosas", el lenguaje de la novela pone en jaque que podamos reconocer lo que constituye una conciencia mistificada.[22] Mientras que en términos ideológicos, el discurso en primera persona de Malabre encarna una egocéntrica conciencia burguesa contra la cual el lector debería reaccionar, en términos retóricos es precisamente la cualidad introspectiva de esa conciencia lo que garantiza el interés del lector y lo que impide ese rechazo. La historia de Malabre nos interesa y nos fascina a pesar de sus dudas ideológicas; sin ellas no habría una novela. Y es esa indecisión lo que recrea una imagen mucho más fidedigna, a mi entender, de las tensiones que sacuden a toda política revolucionaria y muy especialmente a la cubana actual.[23]

[22] "El conocimiento del terreno en que debemos movernos permite que nuestros pasos sean más seguros, y nos protege de mistificaciones e idealizaciones peligrosas", Gutiérrez Alea, p. 154.

[23] "Desnoes' protagonist is in danger of more than the author's (self-?) lacerations that jeopardize his exemplariness as the figure of a political allegory: any attention paid by an author to the inner world of his characters encourages the growth of that inner life at the expense of the ideological illustration which they are meant to serve", Grossvogel, p. 62.

Deberá quedar claro que ante todo mi propósito es destacar la *representación* de estas tensiones, señalar cómo el lenguaje de la novela de Desnoes encarna una conciencia histórica en el preciso momento en que se subvierten las diferencias ideológicas que producen su discurso. Una manera de comprobar esta conclusión provisional sería hurgar en un par de los pasajes que Desnoes le añadió al diario de Malabre como parte de su colaboración en el guión que prepara para el film político de Gutiérrez Alea. Una ojeada al lenguaje mismo de estas nuevas escenas nos permitirá comprobar nuestro argumento y nos acercará a una conclusión más definida.

El primero de estos pasajes describe la visita de Malabre a la Finca Vigía, la antigua residencia de Hemingway en Cuba, en compañía de Elena, su querida de turno. El pasaje sugiere una paulatina toma de conciencia por parte de Malabre: descubre, en su paseo, la actitud colonialista de Hemingway hacia Cuba y su uso de la isla como refugio de las catástrofes de la historia contemporánea. "Tengo sentimientos encontrados. Siento amor y odio hacia Hemingway; lo admiro y al mismo tiempo me humilla [...] Cuba, para Hemingway, era un lugar para refugiarse, vivir tranquilamente con su mujer, recibir a sus amigos, escribir en inglés, pescar en la corriente del Golfo."[24] Lo que comienza siendo meros sentimientos encontrados hacia Hemingway, se resuelve en forma de una intuición ideológica. Dicha intuición coincide, por cierto, con la opinión que expresa el propio Desnoes en un ensayo de 1966, "El último verano", escrito en ocasión de la muerte de Hemingway. De hecho, el pasaje de la novela constituye una especie de versión narrativa del ensayo y la intención política tanto del uno como del otro se puede resumir en las palabras del propio Desnoes: "Creo que la revolución ha roto para siempre la posibilidad de que una relación semejante vuelva a producirse en Cuba. Hay aquí una especie de símbolo. No seremos más criados de amos extranjeros, aunque esos amos nos ayuden a vivir con comodidad, nos sienten a su mesa, nos tengan protegidos de las violentas luchas de nuestra época."[25]

Resultaría tentador, en vista de tan radical desmistificación, leer la entrada del diario desde las ideas que propone el ensayo y ver los "sentimientos encontrados" de Malabre como un primer indicio de su conversión ideológica a la causa revolucionaria al final del diario. Y sin embargo, el pasaje narra-

[24] Véase "El último verano", *Siempre!*, 14 de noviembre, 1966; y *Punto de vista*, pp. 37-58.
[25] *Punto de vista*, p. 47. Las opiniones de Desnoes en este ensayo difieren mucho de las sostenidas en su anterior ensayo: "Lo español en Hemingway", *Lunes de revolución*, núm. 118, 14 de agosto, 1961, pp. 14-15.

tivo introduce una serie de detalles que terminan sacudiendo, cuando no cuestionando del todo, esta aparente deducción. Importa notar, en primer lugar, que en el diario Malabre critica no sólo a Hemingway (y, por extensión, al imperialismo norteamericano), sino también a los turistas rusos (y, por extensión, al imperialismo soviético), con quienes Malabre y Elena están compartiendo el recorrido del museo. Esa crítica a los rusos, a quienes Malabre ve como los "amos de turno" no debe leerse como mero indicio de una postura antirrevolucionaria. Porque es el insólito parecido físico de los rusos a los antiguos turistas norteamericanos lo que permite, dentro de la narración, la transacción temática entre la anterior entrada del diario y ésta.[26] La figura de los rusos funciona a manera de bisagra que permite la inclusión del nuevo pasaje. De esta manera, se privilegia en términos estructurales lo que aparenta ser una opinión subjetiva; y de ahí que el texto termine objetivando la crítica de Malabre y divergiendo de los objetivos ideológicos del ensayo.

Aún más significativo es el papel alegórico que cumple la figura de Hemingway en la versión revisada de la novela. Más que un escritor de actitudes colonialistas, la figura de Hemingway anticipa en clave el destino del propio Malabre. Su suicidio, que Malabre llega a comentar ("decía que mataba para no matarse. Ahora él también está muerto"),[27] prefigura el de Malabre al concluir su diario. Resultaría difícil soslayar el paralelo entre los dos: el estilo de Hemingway le sirve de modelo a Malabre, como indican los cuentos del Apéndice; y al igual que Hemingway, Malabre ve a Cuba desde la segura distancia de una torre enajenada –su *penthouse* o Finca Vigía urbana–. La propia Elena, durante el recorrido del museo, se encarga de indicar ese paralelo aludiendo a sus respectivas máquinas de escribir. "'La tuya siempre está junto a la mesa'. 'Hemingway escribía de pie', fue todo lo que atiné a decirle, conmovido y avergonzado. '¿Por qué tú no escribes también de pie?'"[28] A diferencia de Hemingway, Malabre es incapaz de sostenerse como escritor, aunque en última instancia tanto el uno como el otro sucumben a una crisis de creación. El final del diario, en especial, realza la importancia de esta crisis en términos dramáticos. Mientras que la revolución sobrevive la crisis de octubre, Malabre no llega a sobrevivir su propia

---

[26] *Cf.* "Más adelante, entró un grupo de rusos... Eran cuadrados, gordos, pero pensé que a finales del siglo pasado los norteamericanos debieron haber producido el mismo efecto que ahora dan los rusos", y "siempre lo mismo. Los mismos turistas de siempre. La gran potencia visita una de sus colonias...", 1975, pp. 46, 47.
[27] 1975, pp. 49.
[28] 1975, pp. 53.

crisis espiritual, por lo que la última entrada del diario, "ir más allá de las palabras", sugiere su muerte como creador, cuando no como hombre de carne y hueso.[29] En la primera edición cubana ese final es ambiguo: Malabre o se suicida o se convierte; pero en la versión revisada, que contiene el pasaje sobre Hemingway, no hay lugar a dudas: Malabre se suicida. La carga alegórica del pasaje sobre Hemingway frustra la conversión y lo reduce a la única alternativa del suicidio. Dicho de otro modo: la muerte de Malabre, que suponemos ocurre al final del libro, constituye el requisito final de la revisión ideológica. Esta interpretación la corrobora el film de Gutiérrez Alea que sugiere la muerte del protagonista desde la primera escena. El baile frenético en el Salón Mambí del Cabaret Tropicana dramatiza, tras el muestrario de créditos, la muerte a tiros de un hombre trajeado. En cuanto vemos el cadáver sacado en andas y a través de la muchedumbre, descubrimos que el hombre trajeado no es otro que "Sergio" (el nombre de Malabre en el film), cuya patética historia estamos a punto de conocer y acerca de quien sólo sabemos que no sobrevive el baile de la revolución.[30]

El suicidio de Malabre sugiere algo más que sólo la restauración de una ambigüedad temática o la presencia de una soterrada crítica a la revolución. Al frustrarse la conversión de Malabre, se frustra también la imposibilidad de que Malabre sea el editor de sus propios textos; por tanto, la inclusión de la escena sobre Hemingway termina reforzando, alegóricamente, las diferencias retóricas entre el editor y el personaje. El refuerzo de estas diferencias ocurre, sin embargo, a expensas de la tesis explícita que sostiene la revisión de la novela –la denuncia del colonialismo norteamericano–. La misma discontinuidad entre la intención del autor y su proyección formal –lo que, de otro modo, se podría llamar la transgresión textual de toda utilidad ideológica– aparece también, aunque de manera más oblicua, en otro pasaje de la novela, y acaso el más simpático. Me refiero a la escena *risqué* en que Malabre y Noemí, su criada, en cama y haciendo el amor, se enteran por

[29] 1968, p. 94; 1975, p. 133.
[30] Véase 1975, p. 51. El comentario de Gutiérrez Alea es sugestivo en este sentido: "Así fuimos desarrollando más de lo que aparece en la novela en esa línea que va mostrando la realidad 'objetiva' que rodea al personaje y que poco a poco le va estrechando un cerco hasta sofocarlo al final", p. 156. El propio Desnoes, en un texto poco citado en que comenta la película, alude al mismo final: "El mundo del personaje está cerrado, la revolución, sin embargo, se abre para todos... Sergio está vivo en la pantalla y al mismo tiempo está muerto en la revolución", "Se llamaba Sergio", *Islas*, vol. 11, núm. 1, enero-agosto, 1969, pp. 16-61. Sin embargo, en su reciente entrevista con Luis, Desnoes niega la posibilidad del suicidio de Malabre: "Creo que sería un poco mecánico si se suicidara... Ahora bien, si después de eso se suicida o decide abandonar el país, o participa en la revolución, se podría especular".

radio de la noticia del bloqueo norteamericano que precipita la llamada "Crisis de Octubre". La escena aparece tanto en la traducción al inglés como en la edición revisada; no así en el film.[31] Las sugerencias ideológicas de la escena son evidentes: la unión sexual de Malabre y Noemí señala, especialmente después de la penosa confrontación con Elena y su familia, la posibilidad de una comunicación auténtica con un miembro del proletariado. Malabre se une a Noemí (nombre cuya resonancia bíblica no se le escapa a su amante) buscando una mediación que restaure, en el momento de una crisis histórica, la fe del hombre a través de la comunión corporal: "Encima de todo, Noemí creía en Dios. Me sentí joven".[32] Y sin embargo, el contenido simbólico de esta escena no puede separarse del todo de su inherente ironía. En primer lugar, la seducción de Noemí repite conscientemente el *topos* de "el caballero y la criada", tan trillado en las novelitas rosas latinoamericanas –para no hablar de la vida real–. El efecto irónico de esta escena se debe a su estructura en *montage* o contrapunto. Mientras Malabre hace el amor con Noemí, también maniobra cuidadosamente con el brazo que le queda suelto por cambiar la estación de radio que está tocando en la mesa de noche: la música, según Malabre, frustra el erotismo. El pasaje yuxtapone frases melodramáticas del tipo "me molesta la música porque quiero tenerte para mí solo" a otros momentos de aplastante realismo como "yo no entiendo lo que canta ésa".[33] El choque entre el melodrama romántico, por un lado, y el detalle realista, por otro, ocurre cuando se escucha la voz de John F. Kennedy en el preciso momento en que Noemí está a punto de besar a Malabre: *"Aggressive behavior, if allowed unchecked and unchallenged, leads to war"*.[34] Y todo el tinglado romántico se viene abajo en el momento en que Noemí, al enterarse de la posibilidad de una guerra nuclear, exclama finalmente: "¡Coño!"[35]

Lejos de alcanzar un momento de plena historicidad, como anticipa la carga alegórica de esta escena, Malabre termina hundiéndose en un maras-

---

[31] Según Desnoes, en otra entrevista con este autor grabada en la ciudad de Ithaca, NY, el 11 de noviembre de 1979, Gutiérrez Alea decidió eliminar esta escena porque le restaba al mensaje político del film y hacía de Sergio un don Juan. Se podría afirmar, en todo caso, que mientras que en la novela Malabre logra consumar su relación con Noemí, en la película la relación no es más que una fantasía de Sergio.

[32] 1975, p. 119. Malabre capta el sentido del nombre en una de las primeras entradas del diario: "Noemí, ¿ese no es un nombre de la Biblia? Tengo que buscarlo", p. 28. El nombre en hebreo significa "Mi delicia".

[33] 1975, p. 119.

[34] 1975, p. 120.

[35] 1975, p. 121. Para una lectura que esquiva la ironía en esta escena véase la tesis inédita de Adriana Hilda Méndez, "La imagen histórica en la novela de la revolución cubana: realismo y neobarroco", Cornell University, 1979.

mo espiritual del cual nunca llega a recuperarse. Una vez más, encontramos a la literatura, el lenguaje figurado del texto, rebasando cualquier intención ideológica, ya sea en nombre de una carga alegórica (el texto significa más de lo que dice), o de una postulación irónica (el texto subvierte su propio sentido). Dicha retórica literaria ni siquiera parece seguir un patrón consistente en su subversión de la formulación ideológica. Mientras que en el pasaje sobre Hemingway la carga alegórica del suicidio desplaza la intención autoral, en el pasaje sobre Malabre y Noemí el contenido irónico desplaza la carga alegórica. La literatura parece determinar, en este sentido, un espacio de constantes desplazamientos.

4

Tanto las afirmaciones retrospectivas que encontramos en *Punto de vista* como las diferentes versiones de *Memorias del subdesarrollo* confirman el deseo de Desnoes por reescribir un texto cuyas tensiones resultaron demasiado perturbadoras. Pero si bien los ensayos despliegan una retórica literal desde la cual se podría realizar una actualización ideológica, el lenguaje figurativo de la novela subvierte la posibilidad de una reescritura estable. Resulta un tanto patético, por eso, que *Memorias del subdesarrollo* se siga leyendo como un texto *posliterario,* por así llamarlo, como el tipo de texto que, al creerse liberado de los "engaños" de la ficción, respondería al presente revolucionario inmediato. ¿Cómo hacerlo cuando ya desde el título alusivo y paródico se obliga a reconocer la ficción que se creía haber rebasado?

Resultaría simplista de nuestra parte, desde luego, atribuir las reescrituras que hemos señalado a una mera angustia política por parte de Edmundo Desnoes, o a su deseo por conformar su texto a las expectativas ideológicas de la revolución –suerte de panfleto que fuera agradable a ideólogos y comisarios culturales–. Más plausible es que el itinerario textual de esta novela no sea sino una metáfora exagerada de la relación errática que todo autor, no importa el contexto político en que escribe, establece con sus propios textos –aquella relación por la cual el replanteamiento de una intención original termina creando un *contexto* de interpretación para futuras lecturas, en vez de dilucidar los orígenes del *texto* que exige ese comentario–. Si bien ese tipo de replanteamiento está motivado por circunstancias ideológicas, los resultados, como hemos visto, resultan políticos en un sentido más retórico que ideológico: en el intento del autor por controlar las interpretaciones que otros hacen de su literatura. Si en efecto *Memorias del subdesarrollo* nos ofrece una metáfora del escritor en la revolución, lo hace no tanto recordando los errores del pasado prerrevolucionario como dramatizando lo que todo escritor, en cualquier lugar del mundo, está condenado a hacer: leer, escribir y reescribir.

(1981)

RECONCILIACIÓN: FRESA Y CHOCOLATE

A la memoria de cuatro hermanos: Armando Alejandre, Jr.,
Carlos Costa, Carlos de la Peña y Pablo Morales

DESDE SU ESTRENO en 1993, la popular película *Fresa y chocolate,* dirigida por Tomás Gutiérrez Alea y Juan Carlos Tabío y con un guión de Senel Paz, ha suscitado un amplio y a veces acalorado debate. Que suscitase un debate de por sí era predecible. Primero, por su tema, tan cercano al de *El beso de la mujer araña:* la mutua educación sentimental de dos cubanos, uno hetero y el otro homosexual. Y segundo, por su circunstancia más inmediata: el llamado "periodo especial" en Cuba, a raíz del colapso del Socialismo Real en Europa y por tanto en medio de la peor crisis por la que atraviesa el régimen de Fidel Castro en sus casi cuarenta años. Fuera de Cuba la película fue exaltada como evidencia de que la *perestroika* por fin había llegado a la isla, y que los hermanos Castro estaban aflojándole la mano a la oposición. En cambio, dentro de la comunidad cubana, tanto en la isla como en el exilio, el film desató opiniones encontradas. Algunos lo vieron como una crítica de la histórica discriminación del régimen contra los homosexuales; otros como una manipulación más, una mentira del régimen sobre su verdadera política en momentos en que pretende ganarse aliados para mantenerse a flote. El debate culminó cuando el film fue nominado para el Óscar de 1994 como mejor película extranjera, luego que la distribuidora Miramax lo comprara para su mercado en Estados Unidos. Y pareció resolverse cuando perdió el premio ante nada menos que la competencia rusa.

Que una película haya sido capaz de alentar tanta discusión cívica no puede menos que provocar elogio, aun cuando también habría que decir que con frecuencia esa discusión se ha dejado llevar más por las posiciones previas de los debatientes que por una lectura atenta del contenido del film.

De hecho, sus propios directores fueron los primeros en defenderlo sobre la base de ese civismo. Y sin embargo, y a pesar de esas buenas intenciones, lo que ha sido más evidente es la naturaleza equívoca del debate entre miembros de la propia comunidad cubana. Para nosotros, la película plantea no sólo la limitada tesis sobre el *status* de los *gays* en Cuba, sino sobre la tolerancia en general; vale decir, una búsqueda de la coexistencia entre distintas (y a la postre irreconciliables) posiciones políticas o económicas dentro de una misma ética nacional.[36] Si convenimos que en la película, por una parte, Diego no es únicamente un *gay* sino un nacionalista cubano que está a punto de convertirse en exiliado; y por otra, que David no es únicamente un heterosexual sino un joven comunista reformado, entonces la tesis de la película es transparente. Bajo la consigna de un sólido nacionalismo, propone la eventual reconciliación de las dos mitades de la nación cubana, sometida a cuatro

---

[36] Para una muestra del debate, así como algunas de las entrevistas que se hicieron con los dos directores, véase los siguientes: "Una película contra la hipocresía castrista gana el festival de La Habana", *El País,* diciembre 12, 1993, p. 40; "Flirtation Across the Borders of Cuban Ideology", *The New York Times,* septiembre 24, 1994, p. 8; "I Scream, You Scream: Lawrence Chua Talks with Tomás Gutiérrez Alea", *Art Forum* 33, 4, 1994, pp. 63-64; Nedda G. Anhalt, "Erótica, exótica y estrambótica", *Voces y reflejos,* 3, 9, 1994, pp. 51-56; Stephanie Davies, "A Rainbow Revolution", *Gay Times,* marzo 1995, pp. 13-16; Dennis West, "Strawberry and Chocolate, Ice Cream and Tolerance. Interviews with Tomás Gutiérrez Alea and Juan Carlos Tabío", *Cinéaste,* 21, 1-2, 1995, pp. 16-20; José Yglesias, "Strawberry and Chocolate", *Cuba Update,* nov.-dic. 1994, pp. 33-35; Roberto Cazorla, "En Cuba existe la represión, pero la gente lucha activamente", *Diario Las Américas,* junio 12, 1994, p. 11-B; Michael Z. Wise, "In Totalitarian Cuba, Ice Cream and Understanding", *The New York Times,* enero 22, 1995, p. 26-H; Kenneth Freed, "Artists and Homosexuals: 'Non-Persons' in Castro's Cuba", *Los Angeles Times,* febrero 7, 1995, p. H-4; Patrick Pacheco, *"Cause Célèbre* or Just Propaganda?", *Los Angeles Times,* enero 27, 1995, F-10; José María Espinasa, "Fresa y chocolate: un cuento de hadas", *Nitrato de Plata,* 20, 1995, pp. 49-52; "Fresa, chocolate y algún humor político", *La Nación,* Buenos Aires, octubre 1, 1994, 3-1; "Cultural Revolution", *The Washington Blade,* febrero 10, 1995, pp. 49-51; María Cristina, "Un triunfo para Cuba: *Fresa y chocolate", Claridad,* San Juan, P.R., marzo 24-30, 1995, pp. 27-28; Gina Montaner, "De fresas y chocolates", *El Nuevo Herald,* marzo 13, 1994, p. 15; Luis Rumbaut, *"Fresa y chocolate* tiene un tercer sabor: la censura", *El Diario de la Nación,* febrero 24, 199), pp. 11-12, Carlos Monsiváis y Jesús Barquet, "Fresa y chocolate", *Fe de erratas,* Chicago, 10, mayo 1995, pp. 82-86; Roberto Madrigal, "¿Un Óscar para el cine cubano?", *El Nuevo Herald,* febrero 24, 1995, p. 16; Belkis Cuza Malé, "Ni fresita ni chocolate", *El Nuevo Herald,* abril 9, 1995, p. 17. Se escuchan ecos del punto de vista del régimen en los siguientes: Ann Louise Bardach, "Conversations with Castro", *Vanity Fair,* marzo 1994, pp. 130-35, 166-70, sobre todo la p. 135; Sandra Levinson, "New Cuban Film Breaks Taboo, Sweeps Awards at the Havana Film Festival", *Cuba Update,* febrero 1994, pp. 23-24, Reynaldo González, "Meditation for a Debate, or Cuban Culture with the Taste of Strawberry and Chocolate», William Rose (tr.), *Cuba Update,* mayo 1994, pp. 14-19. Una interesante discusión del film desde el punto de vista de la ortodoxia católica es la de Carlos M. de Céspedes, "Fresa y Chocolate en Adviento", *Palabra Nueva,* La Habana, 11, 20, 1993, pp. 6-7.

Todas mis referencias son desde luego a: *Fresa y chocolate,* un film de Tomás Gutiérrez Alea y Juan Carlos Tabío. Una producción del Instituto Cubano de Artes e Industrias Cinematográficas (ICAIC), coproductores IMCINE y Tabasco Films-México, Telemadrid y SGAE-España; 104 minutos.

décadas de dictadura comunista. En una de las últimas y más importantes escenas del film, cuando los dos amigos están contemplando el paisaje del puerto de La Habana, Diego lamenta que ésta sea la última vez que lo disfruta, a cuyo lamento David responde cuestionando que sea en efecto la última. Ese cuestionamiento postula que Diego algún día regresará a La Habana, una vez que ya desaparezca la histórica intolerancia del régimen, y tal vez hasta el propio régimen.

Que el tema de la reconciliación marca el horizonte ético de *Fresa y chocolate* no debería, por tanto, sorprendernos. Sobre todo si vemos el film como otro intento del régimen por propiciar esa misma política. Desde finales de la década de los setenta por lo menos, bajo el rubro general del *diálogo,* el gobierno de La Habana ha alentado y a veces hasta patrocinado contactos con grupos de emigrados simpatizantes. Bajo esa política, la reunificación familiar, el envío de divisas, el turismo estatal y la participación en campamentos de juventud bajo supervisión del Estado, han ocurrido periódica y sostenidamente. En fecha más reciente, con el advenimiento del llamado "periodo especial en tiempo de paz" a partir de 1990, y la mayor necesidad de moneda dura, esa política se ha incrementado. La ideología que sostiene esa política es, en efecto, la reconciliación, entendida en principio como mutua tolerancia de distintos puntos de vista y un consecuente fortalecimiento de la identidad nacional. En la práctica, sin embargo, la política de la reconciliación suele significar otra cosa: la adherencia a intereses del actual Estado cubano, y en especial la oposición al embargo económico que mantiene el gobierno estadunidense contra el régimen. También, el cese de hostilidades del exilio hacia el castrismo y la preservación del *statu quo*. Sobre este tema habría que agregar, por último, que la Iglesia católica cubana, que con frecuencia ha sido una crítica severa del régimen, ha jugado un papel que no siempre ha sabido articular sus propios intereses a diferencia de los del régimen. Por qué no ha sabido articularlos es una pregunta urgente e interesante pero que rebasa los límites de este trabajo.

Por su parte, el ICAIC (Instituto Cubano de Artes e Industrias Cinematográficas) ha ensayado durante varios años el tema de la reconciliación en algunas producciones. Por ejemplo, en el film *Lejanía* (1985) de Jesús Díaz, o la más reciente *Vidas paralelas* (1989) de Pastor Vega. Pero de todas sin duda es *Fresa y chocolate* la que mejor ha articulado esa política y la que más éxito ha tenido entre un público internacional. Mi propia interpretación del film toma como punto de partida este debate político, que considero más amplio (aunque no necesariamente más privilegiado) que, por ejemplo, el de los derechos de los homosexuales en Cuba y que a veces ha acaparado su discusión.[37] Mi tema es otro: la reconciliación. Y ante ella me hago una pregunta, a mi juicio central: ¿cuáles son los términos que ofrece la película para que se realice? Para contestarla, empezaré pasando revista a los datos que se conocen del argumento que cuenta *Fresa y chocolate* y sus diferentes versiones. Luego, pasaré a un análisis de algunos momentos clave de la película donde aparecen estos llamados términos de reconciliación. En esta sección del análisis trato de acercarme lo más posible a un análisis del lenguaje fílmico de la película. No pretendo ser crítico o teórico de cine: mi conocimiento técnico es mínimo y mi interés es, en última instancia, temático. Pero por lo menos reconozco que analizar una película no se reduce únicamente al tema: requiere también una lectura formal de sus planos y puntos de vista. Cerraré esta parte del ensayo sacando a relucir un documento inédito que creo confirma mi análisis. Por último, me dirigiré al tema al que apunté más arriba: la reconciliación y lo que finalmente llamo su retórica, y no por desgracia su muy ansiada realidad.

Empiezo repasando una serie de datos circunstanciales, muchos de los cuales son conocidos. En 1990, Senel Paz, narrador cubano nacido en Fomento en 1950, terminó de escribir un cuento, "El lobo, el bosque y el hombre nuevo" en La Habana. El cuento es un monólogo contado por un tal David sobre su relación con quien él mismo llama "un maricón amigo mío", las vicisitudes de estos dos entre otros personajes habaneros, y el triste desenlace de su amistad. Ese mismo año, el cuento de Senel Paz gana el Premio Internacional "Juan Rulfo" que copatrocina anualmente Radio Francia Internacional, el Instituto Mexicano de Cultura y la Casa de América Latina de París. El cuento fue publicado al año siguiente en Cuba y en México, y ha sido traducido ampliamente. Antes de publicar ese cuento, Senel Paz había publicado relativamente poco: en 1980, *El niño aquel,* un libro de cuentos

[37] Véase, de Paul Julian Smith, "The Language of Strawberry", *Sight and Sound,* 12, 1994, pp. 30-33; así como su capítulo *"Fresa y chocolate* (Strawberry and Chocolate): Cinema as Guided Tour", en su libro *Vision Machines. Cinema, Literature and Sexuality in Spain and Cuba, 1983-93,* Londres, Verso, 1996, pp. 81-100. Sobre el tema general de la homosexualidad en Cuba la bibliografía más conocida es la siguiente: Allen Young, *Gays Under the Cuban Revolution,* San Francisco, Grey Fox Press, 1981; Marvin Leiner, *Sexual Politics in Cuba: Machismo, Homosexuality and AIDS,* Boulder, Co., Westview Press, 1994, e Ian Lumsden, *Machos, Maricones and Gays. Cuba and Homosexuality,* Filadelfia, Temple University Press, 1966. A lo anterior deben añadirse los siguientes, acaso menos conocidos: "Los cubanos y el homosexualismo", *Mariel,* II, 5, 1984, pp. 9-15; Gail Reed, "AIDS, Sexuality and the New Man *(sic)*", *Cuba Update,* mayo 1994, pp. 21-22; Chris Bull y Jorge Morales, "Crisis in Cuba", *The Advocate,* enero 24, 1995, pp. 48-50; y las investigaciones de Sonja de Vries, entre las cuales se destacan: "Thoughts in Flight," *Cuba Update,* febrero-marzo, 1993, pp. 19-20, así como "Homosexuality, Socialism and the Cuban Revolution", *Cuba Update,* mayo 1994, pp. 11-13.

que ese mismo año gana el Premio David de la UNEAC, y tres años después una novela titulada *Un rey en el jardín*. Paralela a su literatura es la obra de Paz como guionista: en 1985, *Una novia para David,* donde aparece el primer retrato del protagonista de *Fresa y chocolate,* fue una película dirigida por Gerardo Chijona. Más agraciado (o al menos más conocido) fue el guión de una segunda película, *Adorables mentiras* (1991), dirigida por Rolando Rojas, donde, entre otros temas y personajes, aparece Nancy, la ex prostituta de *Fresa y chocolate.*

Fue únicamente a partir de la obtención del premio "Juan Rulfo" que el cuento empezó a conocerse en Cuba, aunque al principio al menos su circulación fue restringida por razones no del todo claras.[38] Lo cierto es que, en parte para trascender este intento de censura, a partir de entonces proliferaron versiones dramáticas del cuento en varios teatros de La Habana. Se dice que entre 1991 y 1993 hasta cuatro distintas versiones se representaron, a veces simultáneamente. Una de ellas, por cierto, vuelta a titular "La catedral del helado", representada durante varios meses en el Teatro del Sótano, fue un monólogo para un actor y dos personajes.[39] En una entrevista publicada en 1994 en España, el propio Senel Paz aumenta este número a ocho, sin contar la que él mismo preparaba entonces para un proyecto teatral en Alemania.[40] Como la historia de *El beso de la mujer araña,* a la cual el argumento de Senel Paz a menudo se compara, esa narración por tanto devino teatro y luego cine. (Me imagino, por eso, que pronto podremos ver en Broadway una producción de *"Strawberry and Chocolate: A Haagen Dazs Musical").* Insisto en este dato de las versiones teatrales porque me parece significativo y a él volveré oportunamente.

Por lo pronto, no podemos subestimar la importancia circunstancial de estas versiones dramáticas. Para 1991 Cuba ya atravesaba en pleno el llamado "periodo especial", que restringía toda actividad cultural, y no siempre,

---

[38] Sin embargo, el cuento fue publicado en *Unión,* Edición Continental, 1, 1991, pp. 25-35. Un buen contraste de lecturas del texto son, por ejemplo: Emilio Bejel, "Senel Paz: homosexualidad, nacionalismo y utopía", *Plural,* 269, febrero 1994, pp. 58-65; y Eduardo González, "La rama dorada y el árbol deshojado: reflexiones sobre *Fresa y chocolate* y sus antecedentes", *Foro hispánico,* 10, mayo 1996, pp. 65-78.

[39] Debo esta información a mis amigos Mario García Joya *(Mayito),* el magnífico camarógrafo de *Fresa y chocolate,* a su esposa, la actriz cubana Yvonne López Arenal, y el actor cubano Jorge Folgueira.

[40] Véase "Conversando con Senel Paz", *Viridiana* 7, 1994, p. 157. Pero también Gilda Santana, "Fresa y chocolate, el largo camino de la literatura al cine", pp. 133-142, que describe los borradores del guión. El número de *Viridiana* contiene el guión, a diferencia de la transcripción del film, que aún es inédito. (En lo sucesivo, mis referencias son a esta versión.) El guión se publicó también en Cuba en una pequeña prensa privada: Matanzas, Ediciones Vigía, 1994.

como alega el régimen, por puras razones económicas. El cuento de Senel Paz se convertía de esta manera en una protesta secreta de este periodo histórico —tan emblemático como las llamadas "jineteras" para el turismo sexual o los balseros para los fracasos del régimen—. Y tiene que haber sido su popularidad en las tablas lo que seguramente captó la atención de Tomás Gutiérrez Alea, el más mimado de los cineastas del régimen y él mismo miembro de la *nomenklatura*. Sin embargo, no fue sino el décimo borrador del guión comisionado a Senel Paz el que fue aceptado como definitivo para el proyecto. Su título, por cierto, era inicialmente *Enemigo rumor,* aludiendo así al primer libro de poemas de José Lezama Lima, el asmático poeta homosexual cubano caído en desgracia durante el caso Padilla y fallecido en La Habana en 1976. La película que llegó a filmarse introdujo muchos cambios (sobre todo omisiones) al guión aprobado y que luego se publicó en Cuba y España.[41] Como dice el propio Senel Paz, a la cabeza de su última versión: "Este no es el 'guión de la película', que sólo podría ser tomado de ella, la cual no existía en el momento en que decidimos publicar el texto. Es el guión entregado por el guionista al director como versión última de su trabajo".

La producción de *Fresa y chocolate* se realiza a lo largo de 1992 y parte de 1993, aunque hubo algunas demoras de producción a consecuencia del estado de salud de Gutiérrez Alea y para acomodar las labores de su joven co-director Juan Carlos Tabío. A fines de 1993, *Fresa y chocolate* fue una de las películas presentadas en el 15º Festival Internacional de Cine Latinoamericano de La Habana y allí ganó varios premios, entre ellos el de mejor película. Poco después se convirtió en un éxito taquillero en toda la isla: otro barómetro más de la situación por la que atravesaba el país. Al año siguiente, el film ganó premios en los festivales de Berlín y de Gramado, en el Brasil. Para entonces la distribuidora norteamericana Miramax, en franco patrocinio con el actor y director Robert Redford, compró la película para el mercado internacional. Poco después, *Fresa y chocolate* fue nominada para el Óscar en la categoría de mejor película extranjera, competencia que luego perdió ante la rusa nominada ese mismo año. En abril de 1995 Gutiérrez Alea falleció en La Habana luego de una larga contienda contra el cáncer. Antes de morir logró terminar un último film, *Guantanamera,* que muchos consideran un doble canto de cisne, suyo y el de la Revolución cubana.

No era la primera vez que una película cubana abordaba el tema de la homosexualidad, y en particular el de su represión bajo el régimen actual. En 1983, los cineastas cubanos exiliados, Néstor Almendros y Orlando

---

[41] Véase "Conversando con Senel Paz", *passim*.

Jiménez-Leal, codirigieron un documental, titulado *Conducta impropia,* cuyo tema era dicha represión. El documental gira alrededor de una serie de entrevistas con antiguos confinados, muchos de ellos homosexuales, de los campamentos de las UMAP. Como se sabe, estas son las siglas de las llamadas Unidades Móviles de Ayuda a la Producción, que a su vez fue el eufemismo para los campos de concentración, trabajo forzado y reorientación ideológica donde se confinaron, entre 1964 y 1969, a diversos grupos de disidentes –desde el religioso hasta el sexual–. Nunca se ha documentado, hasta la fecha y por desgracia, la naturaleza de esos campos. Pero es conjeturable, por lo poco que se sabe acerca de ellos, que el grupo más numeroso y que más padeció en ellos fue el de los homosexuales.[42] Desde luego, *Conducta impropia* documenta otros periodos más recientes de represión homosexual –como la entonces reciente diáspora de Mariel–. Pero sin duda los campamentos de las UMAP fue su tema principal y lo que más daño le hizo a la imagen del régimen.

Menciono este dato no sólo como antecedente histórico de *Fresa y chocolate* sino porque tiene mucho que ver con los realizadores de la película, y acaso el principal, Tomás Gutiérrez Alea. La idea de hacer *Fresa y chocolate* parece haber venido no únicamente de una proposición que le hizo Senel Paz a Gutiérrez Alea de llevar su cuento a la pantalla, sino del deseo de Gutiérrez Alea de responder a la distancia al documental de Almendros y Jiménez-Leal. En una polémica que en su tiempo fue muy comentada, y que se publicó entre agosto y octubre de 1984 en las páginas de *The Village Voice,* Gutiérrez Alea denunció *Conducta impropia* como una muestra de propaganda contra el régimen. "*Conducta impropia* [cito en mi propia traducción] intenta ser un documento a través del cual se puede llegar a una imagen 'auténtica' de nuestra realidad ahí y ahora. Pero su falta de sentido de la historia y su contexto social determina su superficialidad y convierte al film en un documento revelador de la miseria humana de sus autores." En el mismo texto, Gutiérrez Alea mencionó las UMAP sin negar su existencia, por cierto, pero sí minimizó su importancia. Alegó, por ejemplo, que en realidad se trataba de campamentos donde "muchos homosexuales iban a cumplir su servicio militar". Pero también dijo que las UMAP habían sido un error del gobierno "y constituyó un escándalo que afortunadamente culminó con su desaparición

---

[42] Véase *Conducta impropia,* Néstor Almendros y Orlando Jiménez-Leal (eds.), Madrid, Playor, 1984, que incluye extractos de entrevistas que no se usaron en la versión final del film. Para una lectura del mismo, véase Smith, *Vision Machines,* pp. 59-81. Los antiguos confinados de las UMAP se han demorado en dar su testimonio, pero recientemente se han organizado como grupo en Miami. Véase el interesante texto de Nelson Noa, *UMAP: Cuatro letras y un motivo, destruirnos,* Miami, Senda, 1993.

y con una política de rectificación en ese sentido". Por último, se quejó de que *Conducta impropia* se refiriese a las UMAP "como si hubiese ocurrido ayer o algo que todavía ocurre", cuando en realidad su desaparición había ocurrido hacía 17 años. En su respuesta, Almendros repuso, entre otras cosas, que no podía ser tan absurdo discutir cuestiones que hubiesen ocurrido apenas quince años cuando el propio Gutiérrez Alea recién terminaba un film *(La última cena)* cuyo tema era la esclavitud en Cuba durante el siglo anterior.[43] (Se olvidaba Almendros de un ejemplo aún mejor: el argumento de otro film de Gutiérrez Alea, *Una pelea cubana sobre los demonios,* 1981, transcurre hace cuatro siglos.)

Menciono algunos de los detalles de esta polémica entre Gutiérrez Alea y Almendros por una doble razón. En el tratamiento del tema homosexual *Fresa y chocolate* no sólo tuvo un antecedente importante en *Conducta impropia,* de hecho *Conducta impropia* fue su origen dialéctico. Al menos eso fue lo que llegó a insinuar el propio Gutiérrez Alea en varias entrevistas y escritos. Por ejemplo, el 27 de abril de 1994, en respuesta a un artículo de Armando Correa en *El Nuevo Herald* de Miami, donde se comenta la venta de *Fresa y chocolate* a Miramax, rechazó que hubiese negado jamás la existencia de las UMAP (como de hecho no hizo). Luego de repetir el mismo argumento contra *Conducta impropia,* donde reprocha la ausencia de matices para comprender la realidad cubana, reveló lo siguiente: "Cuando me enteré de la muerte de Néstor, ya estaba preparando *Fresa y chocolate*. Lamenté su muerte doblemente. En primer lugar, porque no puedo olvidar que Néstor y yo fuimos amigos durante muchos años y sobre todo en esa etapa de la adolescencia en que se desarrolla la personalidad y en la que los afectos son decisivos. Y también porque hubiera querido que él viera esta película. Hubiera querido que fuera una respuesta a aquella vieja polémica y quizás un buen motivo para reanudar un diálogo desde hace algún tiempo. No hay que olvidar que se trata de un film que aboga por la tolerancia y por la comprensión del que es diferente".[44]

Si pudiésemos seguir debatiendo con Gutiérrez Alea sobre el tema, habría que señalarle otra cosa: lo imposible que hubiese resultado para un film de ficción como *Fresa y chocolate,* cuya trama se desarrolla en 1979 y a catorce años de la inauguración de las UMAP, suplir "la falta de sentido de la historia

---

[43] Véase Tomás Gutiérrez Alea, "Cuba sí, Macho No!", *The Village Voice,* julio 24, 1984; Néstor Almendros, "'An Illusion of Fairness': Almendros Replies to Alea," *The Village Voice,* agosto 14, 1984; y "Cuba sí, Almendros no!", *The Village Voice,* octubre 2, 1984.
[44] Véase Tomás Gutiérrez Alea, "'Fresa y chocolate' y una aclaración", *El Nuevo Herald,* abril 27, 1994, p. 14A.

y contexto social" que él mismo había pedido en *Conducta impropia* y quiso corregir en su película. Pero otra mínima dosis de sentido común nos diría, además, que no era necesario que Néstor Almendros muriese para que Gutiérrez Alea pensase en él durante la producción de *Fresa y chocolate*. Después de todo, su film y *Conducta impropia* son los únicos que han tratado el tema de la homosexualidad en Cuba. Existe también, por tanto, lo que pudiéramos llamar, invocando a Freud, el "romance familiar" entre los dos cineastas, lo cual haría su relación personal, y sobre todo sus diferentes políticas, desbordar una dimensión puramente profesional. Por eso, al invocar su amistad con Almendros durante "la adolescencia en que los afectos son decisivos", Gutiérrez Alea insinúa que deberíamos ver *Fresa y chocolate* como símbolo de su relación amistosa con Almendros, y además ver en la relación entre David y Diego una suerte de alegoría de su relación personal con Almendros –quien nunca ocultó a sus amigos, por cierto, su propia preferencia homosexual–. Por lo demás, no hay por qué especular en más detalles sobre la índole de la relación personal entre Almendros y Gutiérrez Alea. Pero el testimonio lejano de Gutiérrez Alea sí provee una suerte de modelo de relación estructural, o al menos inconsciente, entre los dos films, *como textos*. Y por eso podría decirse que, en virtud de esa relación, *Fresa y chocolate* es una respuesta culposa a *Conducta impropia*.

Por respuesta culposa quiero decir que *Fresa y chocolate* dramatiza un ritual de arrepentimiento hacia su antecedente y precursor. Subrayo el concepto de ritual porque a pesar de algunas defensas del film que han circulado, en realidad éste nunca involucra lo que pudiera llamarse una retractación, al menos por parte de David, el personaje institucional. Se trata, por tanto, de un ritual de arrepentimiento –a diferencia de un arrepentimiento auténtico y real– porque se reprime un elemento esencial. Vale decir: lo más esencial de cualquier arrepentimiento es reconocer de la existencia del Otro, que en este caso bien podría realizar una sola palabra: la palabra *perdón*. Tengo en mente, desde luego, la relación entre las dos películas. Pero si tomamos en cuenta la afirmación, repetida en múltiples ocasiones por Gutiérrez Alea, de que el tema de su película no es tanto la homosexualidad como la intolerancia, entonces esa lectura termina en efecto reprimiendo cualquier diálogo posible con *Conducta impropia*. Sólo que hay también una dimensión personal entre los dos films. Gutiérrez Alea nunca le pidió perdón a Almendros, ni como antiguo amigo ni como representante del régimen. Y Almendros brilla por su ausencia en *Fresa y chocolate*, salvo en la cifra privada y enmascarada de Diego, el personaje homosexual que será desterrado de la isla. En este sentido, tanto la película como el artículo de Gutiérrez Alea en *El Nuevo Herald* terminan reprimiendo una dimensión ética y la sustituyen con un ritual simbólico. Es precisamente ese ritual de arrepentimiento lo que dramatiza lo que al principio llamé los "términos de reconciliación" de la identidad nacional cubana.

Para estudiar cómo se manifiesta ese ritual de arrepentimiento, esa suerte de respuesta culposa en el argumento de *Fresa y chocolate,* me he de referir, primero, a un par de escenas, o serie de escenas, al principio y al final de la película. Son estas escenas las que constituyen el marco retórico del film. Comenzamos analizando una estructura temática en particular, la principal de la película: la amistad entre Diego y David. Es una relación que comienza en 1979, un año antes del infame éxodo del Mariel, atraviesa una serie de vicisitudes, y culmina, al parecer, en una vindicación de la amistad y la tolerancia por encima de diferencias personales. En el caso de los personajes, estas diferencias son no sólo de preferencia sexual sino ideológica, o al menos de diferentes posiciones en torno al régimen. Diego es homosexual, creyente y nacionalista; mientras que David es heterosexual, ateo y comunista. Su relación está minada no sólo por estas diferencias sino también por recelos, mutuos y de los demás. Diego, alentado por Germán, trata de seducir a David; David, alentado por Miguel, el *cuadrado* que es su compañero de litera, intenta atrapar a Diego en la contrarrevolución para denunciarlo. Por último, Nancy, quien al principio recela de David, personaje "integrado", va cambiando al sentir celos de Diego por la relación de éste con David.

No son éstas las únicas simetrías. Paul Julian Smith lo resume así: "no sólo hetero- y homo- sino también provinciano y metropolitano, doméstico y cosmopolita, ateo y religioso". Lo importante para la estructura del film es que todas estas diferencias sostienen dos distintas y mutuas traiciones: Diego finge que es amigo de David para seducirlo; David finge que es amigo de Diego para denunciarlo. Y si bien es cierto que ni el uno ni el otro llegan a traicionarse porque –al parecer, al menos– ambos terminan haciéndose amigos, el dilema gira en torno a cómo la película representa las mutuas confesiones de esos dos fracasos. Mi tesis es que es precisamente aquí donde se rompe la simetría de la trama. Y que esa ruptura delata no sólo el tipo de amistad que existe entre los dos personajes sino la ideología más profunda de *Fresa y chocolate.*

Para comprender los términos de esa representación tenemos que empezar por establecer un dato importante: David, y no Diego, como pensaríamos a primera vista, es el verdadero sujeto o foco de la narración. Si en efecto podemos establecer que el punto de vista de David es el que prevalece en el film, entonces podemos comprobar cuál es la ideología –en el sentido primordial del objeto de focalización– que controla la narración. La conocida primera escena es muy elocuente sobre este punto.

Si el punto de vista que desde el principio prevalece y focaliza es el de David, lógicamente esto lo constituye como sujeto de la narración. La película refuerza ese punto de vista no sólo mostrándolo desde el principio como personaje principal, sino también, y sobre todo, mostrándolo en la escena inicial como espectador, o al menos como mirón: como *voyeur*. La mirada de David, una mirada a un tiempo heterosexual y revolucionaria, es por tanto la que controla el contenido de la narración a todo lo largo del film: incluye y excluye, admite y censura, deja cosas dentro o fuera de su mirada. De hecho, la mirada de David no es sino el tema principal de esta primera escena, puesto que vemos a David abrir dos ventanas a través de las cuales él mira: primero, una cortina que a su vez cubre una ventana que da al exterior. A través de ella David ve un anuncio de neón proclamando el ojo todopoderoso de los CDR, los Comités de Defensa de la Revolución. La segunda es el hueco en la pared de enfrente del cuarto de la posada a través del cual David vislumbra en el cuarto contiguo a una mujer que disfruta el coito encima de un hombre. Al abrir y cerrar ambas ventanas sucesivamente, el film sitúa a David en firme control visual de su entorno. Al hacerlo, David toma posesión del reino de su posada, como aquel que dice, inmune por momentos al "chivateo", el lado sórdido de la Revolución, o al "templete", ese aspecto tan material del Eros. La mirada de David se nos presenta como inocente, como después en efecto nos muestra el lento *pan* de la espalda de Vivian, y se confirma, por último, cuando David le ofrece a Vivian posponer la consumación de su amor hasta después que se casen. Desde luego, esa oferta termina sorprendiendo, y de paso desalentando, a la pobre Vivian.

El punto de vista de David prevalece a lo largo del film de otras maneras. Lo vemos muchas veces solo y su voz es la única que oímos en *off*. Así como el film abre subrayando la mirada de David, su punto de vista, así también cierra con su rostro lloroso: no tendrá la última palabra, pero sí la última lágrima. Esto es muy distinto a cómo vemos a Diego, el evidente objeto del sujeto que es David. Casi nunca vemos a Diego solo, salvo en aquellas escenas en las que la cámara lo muestra como objeto de la mirada de David, o como el objeto de un "editorial" de la cámara, como en una escena en la que Diego aparece frente a un buzón en el que deja la carta que sellará su destino en Cuba, y seguidamente la cámara enfoca una cita de Martí escrita en la pared de enfrente. Diego está casi siempre acompañado, o bien por esa mirada del sujeto, o bien por la de otro personaje, como Nancy, Germán o Miguel.

¿Qué efecto tiene esta objetivación? Cuando Gutiérrez Alea y Senel Paz declaran, en entrevistas por separado, que *Fresa y chocolate* no es "una película homosexual", en realidad no se equivocan. No puede ser una película homosexual sencillamente porque el punto de vista del film toma al homosexual como objeto, no como sujeto. Habla acerca de la homosexualidad pero desde un punto de vista estrictamente heterosexual. No es tanto una película homosexual como un film *homosexualista,* y en esto se comporta igual que un *indigenista,* quien nunca puede llegar a ser un indígena. Tanto el indígena como el homosexual son sujetos; pero tanto el *homosexualista* como el *indigenista* pretenden hablar en su nombre. No pueden constituir su subjetividad pero sí se apropian de su representación; quiéranlo o no, cada uno habla en nombre de su Otro.

Más allá de la política de la representación que sugiere este análisis, lo que me interesa ahora es examinar sus implicaciones. Todo punto de vista encierra límites, y desde luego éste no es una excepción. Sobre todo para entender hasta dónde llega la relación entre Diego y David, o para decirlo con más precisión: ¿hasta dónde llega la representación que nos ofrece David de esta relación? Para ello me quiero referir ahora a otra serie de escenas al final del film y que constituyen su culminación dramática.

Me refiero, en primer lugar, a la escena en que el *cuadrado* Miguel, molesto porque al parecer ha perdido su influencia sobre la pericia policíaca de David, decide ir personalmente a la guarida de Diego para así incriminar a ambos. Miguel, por cierto, es un personaje importante desde un punto de vista estrictamente dramático y retórico porque hace contraste con el moderado David: al lado de Miguel, David parece un "guanajo" ideológico y por tanto mucho más confiable. Pero lo que acontece en estas últimas escenas me parece revelador.

En la última versión del guión, la primera escena de esta serie es mucho más extensa (102-107) e involucra nada menos que la seducción de Diego por Miguel, quien se le ofrece como modelo para unas fotos al desnudo. En la película, en cambio, la escena se simplifica, y por tanto parece mucho más torpe, al hacer que Miguel busque la complicidad de Diego para expulsar a David de la universidad debido a su relación homosexual. En el guión, la escena de seducción la interrumpen Nancy y David, quienes llegan sin aviso en el preciso momento en que Diego está a punto de arrodillarse ante Miguel. Después de la batalla campal que ocurre a continuación, la acotación nos aclara: *"Diego está sumamente avergonzado, no se atreve a mirar de frente a David"* (105). El mismo personaje dice después: "David, perdona. ¿Cómo iba a imaginarme que era una trampa?". Un breve diálogo entre los tres sigue a continuación.

En la película el intercambio entre los dos amigos se suprime y pasamos directamente de la batalla campal a la siguiente escena en la que David ve a Diego bajarse de un carro diplomático. Esto le lleva a sospechar que Diego está conspirando contra el régimen. Por eso irrumpe en la guarida y le increpa: "Ven acá, chico, ¿no quedamos en que las cosas iban a quedar claras entre nosotros?" David parece referirse a una conversación que los dos amigos han sostenido en algún momento entre el final de la escena de la batalla y ésta. Pero esto no queda del todo claro, al menos no tan claro como lo que sí ocurrirá en una posterior escena por parte de Diego. No cabe duda que éste debería ser el momento más importante de toda la relación entre los dos amigos. Desde un punto de vista estrictamente dramático, se trataría de una *anagnórisis:* el momento de honestidad y aclaración ética de toda la trama. Su explícito paralelo vendrá, por cierto, en la escena final, en la que Diego le revelará a David cómo tramó con Germán para seducirlo. Sin embargo, la película trata la parte tocante a David de una manera que habría que definir como elíptica, para decir lo menos. La confesión de Diego al final se trata con exquisito detallismo, hasta el punto en que lo transforma en la culminación dramática de todo el film; en cambio, el film se salta por completo la confesión de David, hasta el punto en que no podemos determinar a ciencia cierta si realmente hubo una confesión o revelación de su parte. En el guión, la escena de la lluvia, el descubrimiento que hace David de Diego y la explicación de Diego, aparecen igual en la película. Pero en el guión, Diego le pide perdón a David dos veces, quizás hasta tres: la primera, inexplicablemente, porque no sabía que era una trampa de Miguel (195); la segunda, implícitamente, porque no le había dicho que estaba planeando irse del país (197); y la tercera, en la escena final, porque había intentado seducirlo para ganarle una apuesta a Germán (115). De hecho, las palabras de Diego al final –"¿Me perdonas?" (116)– hubiesen sido las últimas de la película. No hay tal paralelo, ni en el guión ni en la película, por parte de David. Su revelación y apertura, al igual que la palabra *perdón,* han sido suprimidos.

De haberle explicado David a Diego su relación con Miguel hubiese obligado a revelarle, igualmente, la motivación que tuvo Miguel en ir a hablar con Diego. Se hubiese confirmado así la inquietante sospecha que el propio

David formula acerca de sí mismo al principio de la película: realmente se ha convertido en un "hijo de puta". Diego le pide perdón a David –por lo menos dos veces seguido, según el guión– le revela sus deseos y sus planes para un futuro exilio. Sin embargo, en ningún momento vemos un gesto recíproco por parte de David admitiendo su propia traición; y ni siquiera le confiesa a Diego que lo estuvo espiando. No lo hace tampoco en la escena culminante cuando ambos están contemplando el paisaje del puerto de La Habana. Todo lo que le revela David entonces es que se había acostado con Nancy, lo cual únicamente resulta una ingenuidad de David, dado que el propio Diego había servido de celestina. Esa escena ocurre, por cierto –como reconoce cualquiera que conozca el terreno– al pie del Cristo, a la entrada del puerto de La Habana en Casablanca. Pero ni siquiera la resonancia cristiana del escenario, que sugiere el sacramento de la confesión, bastó para conmover a David y hacer que se abriese de la misma manera en que Diego ya lo había hecho.

En vez de esa reciprocidad, la confesión única de Diego ocurrirá en la siguiente escena en la guarida de Diego, o mejor dicho, en sus ruinas, ya que para entonces lo que vemos es su desmantelamiento porque se va del país. El film enmarca esa última confesión de Diego, por cierto, a partir de un enfoque bajo y de frente de la cámara enfocada en las piernas abiertas de David –una especie de *fellatio* cinematográfico que hace hincapié en la humillación final de Diego ante David–. En esta última escena los dos hombres se abrazan por última vez y los vemos llorando. Pero recordemos que este último abrazo, que tanto ha conmovido a cubanos en la isla y en el exilio, ocurre porque Diego se lo pide a David en el contexto de su confesión, y como un gesto más para pedirle perdón. Al pedir ese abrazo, Diego comenta: "pensaba que al abrazarte me iba a sentir más limpio". Y sus palabras evocan las que antes había pronunciado Nancy sobre su pasado de prostituta ante los caracoles del santero: "Dentro de mí hay una cosa limpia que nadie ha podido ensuciar".

A diferencia de la higiene moral de David –dato que vemos a partir de la primera escena– tanto Diego como Nancy están "sucios". De hecho, ambos son, para decirlo con el mismo término que el régimen utilizó para denigrar a los emigrados del Mariel, "escoria": la basura del régimen. Después de todo, Diego ya se ha convertido en otra cosa: un gusano, un exiliado. En resumen, si David nunca llega a revelar ninguna de sus traiciones, y si la película evita su representación, será porque al hacerlo no sólo se deshilvanaría el entramado ético de este personaje; también se revelaría toda la madeja política del sistema en el que David está atrapado y en el que tendrá que pasar el resto de sus días. Así, la película opta definitivamente por quedarse "dentro de la Revolución", muy lejos en realidad de estar "contra" ella, aun cuando ciertamente coquetea con esa postura. Tales son los límites ideológicos del punto de vista de David y, por tanto, de la película toda; y tales los términos de la llamada reconciliación. Y no hay que ser un demonio para percibir en esta última lágrima de David un emblema irónico de la conciencia culposa de toda la película, una conciencia que prefiere hacer literatura a pronunciar la misma palabra que un amigo, por razones que tampoco se explican totalmente, repite compulsivamente: la palabra perdón.

Si nos dispusiéramos a comparar el cuento de Senel Paz "El bosque, el lobo y el hombre nuevo" con *Fresa y chocolate* encontraríamos de la misma manera, y quizá hasta con más transparencia, la mala fe que permean los comentarios de David, el narrador, por encima de los de Diego, el personaje objeto. Después de todo, estamos ante un monólogo dramático, género que, desde un punto de vista estrictamente retórico, desautoriza cualquier reciprocidad ética al filtrar el diálogo con los personajes referidos. Lo más sorprendente, sin embargo, es que exactamente lo contrario ocurre en "El cordero, la lluvia y el hombre desnudo", la parodia del cuento de Paz, obra del escritor cubano exiliado Roger Salas.[45] El brillante cuento de Salas, que invierte los términos y hace del personaje homosexual el sujeto narrador, retrata el personaje de David (vuelto a bautizar como Abel, un eco de Senel) como un "chivato" del régimen que está en busca de material sobre "locas" para satisfacer exigencias del Ministerio del Interior. Si el cuento de Salas es o no un *conte à clef* que provee la versión histórica de los orígenes del cuento de Senel Paz no lo sabemos. Pero al menos sí podemos decir que su texto contiene una respuesta explícita a *Fresa y chocolate*. Lo que está reprimido en el texto de Senel Paz se hace explícito —sale del clóset textual, como aquel que dice— en el cuento de Roger Salas. Ejemplo fehaciente es el diálogo siguiente que ocurre en la escena culminante de la parodia: "Me han pedido que te vigile —me dijo pegando sus gruesos y duros labios a mi oreja... Lo sabía, lo sé —yo no podía dejar de temblar—. Cállate, maricón. No lo puedes saber todo, no eres adivino. Lo supe siempre, darling... muchacho. Y lo harás, eres uno de ellos... pero espero, por tu bien, que un día te olviden. Y te dejen vivir". Este breve diálogo es la más lúcida explicación de *Fresa y chocolate*.

---

[45] Véase "Helados de pasión (El cordero, la lluvia y el hombre desnudo" en *Ahora que me voy (Leyendas cubanas de ayer y de hoy)*, Madrid, Libros del alma, 1998, pp. 89-116.

Lo que permite que *Fresa y chocolate* funcione en última instancia, si no como ejemplo ético por lo menos como una entretenida película, es su astuta manipulación de la retórica del melodrama. Por supuesto que se trata de la misma retórica que refuerza la ideología interesada del film. Paul Julian Smith ha observado, por ejemplo, además de las diferencias maniqueas entre los dos personajes, el "énfasis y demostratividad" del film como "signos de empobrecimiento estético". Él mismo nos aclara: *"Fresa y chocolate* no sólo muestra *(montre),* sino que demuestra *(démontre),* gesticulando fuertemente con su mano directiva".[46] De esta manera, Gutiérrez Alea parece haber retrocedido a una estética pre-Rossellini: quiso preservar la ilusión del estudio cinematográfico para así preservar una sombría realidad histórica, a la cual el propio Smith, por cierto, alude sombríamente: "detrás del espectáculo seductor y los desfiles públicos de los nazis y los soviéticos yacía otra escena que no se podía describir y que perseguiría otras posteriores imaginaciones: los campos de concentración". Y por eso, en *Fresa y chocolate* "mientras que a Diego se le permite invocar las UMAP, David puede minimizarlas como un mero 'error' de la Revolución".[47]

No debería sorprendernos, en este contexto, de que el melodrama como género literario haya comenzado precisamente con una revolución: la Revolución francesa y su secuela. Éste es el momento histórico que marca, según ha estudiado Peter Brooks, "la liquidación final de lo tradicional Sagrado y sus instituciones representativas (Iglesia y Monarca), la ruptura del mito de la cristiandad, la disolución de una sociedad orgánica y jerárquicamente cohesiva, así como la invalidación de aquellas formas literarias –tragedia, comedia de costumbres– que dependían de esa sociedad. El melodrama no sólo constituye la 'caída' de la tragedia, sino una respuesta a la pérdida de la visión trágica. Surge dentro de un mundo en el que los imperativos tradicionales de verdad y ética se cuestionan violentamente, pero en el que la promulgación de la verdad y la ética, su instauración como modo de vida, es una preocupación política diaria".[48]

Como síntoma del "periodo especial", a raíz del colapso del Socialismo Real, *Fresa y chocolate* recurre al melodrama para representar la pérdida de la visión trágica que había marcado el épico esfuerzo antiimperialista de liberación continental durante los primeros años de la Revolución cubana. Pero al

---

[46] *Vision machines,* p. 87.
[47] *Vision machines,* pp. 87-88.
[48] Peter Brooks, *The Melodramatic Imagination. Balzac, Henry James, Melodrama and the Mode of Excess,* New Haven, Yale University Press, 1976, pp. 14-15. Me refiero siempre a esta edición.

tratar de volver a sacralizar la identidad nacional que suponía ese esfuerzo, su argumento no se resigna a abandonar la misma retórica melodramática. El resultado es que deja de ser autocritico y manipula, en última instancia, el mismo universo oral que trata de remplazar. "El ritual del melodrama —nos aclara Peter Brooks— involucra la confrontación de antagonistas que están claramente identificados y la expulsión de uno de ellos. No puede ofrecer una reconciliación terminal porque ya no existe un valor trascendente al que se pueda reconciliar. En cambio, existe un orden social que debe ser purgado, un dispositivo de obligaciones éticas que necesita ser aclarado"(17). Y así, en el curso de la inevitable expulsión de David de la isla, la película no recurre ni a una exageración dramática ni a un lenguaje lírico sino a otra cosa: al efecto musical —hecho evidente en las embelesadoras piezas de Ignacio Cervantes y Ernesto Lecuona, los boleros de Benny Moré, los marcos de José María Vitier— como sugerencia de lo que no se puede decir expresamente pero que todos sabemos "tiene que" ocurrir. "El *melos* del melodrama —nos dice por su parte Caryl Flynn— "empieza donde otra cosa termina, desviándose en la dirección de lo que parecería ser puro exceso [...] la música realmente suple las deficiencias lingüísticas del melodrama".[49]

Reconciliarse, en español al menos, tiene dos sentidos. Primero: volver a ser amigos los que habían dejado de serlo. Segundo: volver un hereje al seno de la Iglesia; hacer una confesión ligera, como para comulgar. Es claro que, en el discurso de la agenda política que predomina en el "periodo especial" del régimen, o al menos en el discurso de algunas de sus producciones culturales, el sentido de reconciliación que se prefiere y se divulga es el segundo: el regreso del hereje a la Iglesia, como ese que se insinúa en la respuesta de David al "Adiós a Cuba" de Diego al pie de El Cristo; el mismo que anuncia su rostro iluminado cuando se abraza con el lloroso (el culposo) David. Más allá del margen de creencias individuales, queda la pregunta sobre si ese segundo sentido de reconciliación podría hacer que los antiguos amigos vuelvan a serlo, o se perpetúe la Iglesia de donde un día los herejes fueron expulsados. Yo al menos prefiero volver a tener amigos, amigos de verdad, aun cuando vivamos todos desterrados de La catedral del helado.

(1998)

---

[49] Caryl Flynn, *Melodrama: Stage, Picture, Screen,* Jacky Bratton, Jim Cook, Christine Gledhill (eds.), Londres, British Film Institute, 1994, p. 108. Para Smith, en cambio, el recurso constante a la música forma parte de la retórica de énfasis del film; véase *Vision Machines,* p. 95.

Reinaldo Arenas

VIDA Y MILAGROS

"Lo QUE MÁS ME ENTRISTECÍA, digo, era no tener un buen libro, para leerlo mil veces, o una pluma y unas hojas, para llenarlas hasta los bordes de todas las ideas que dentro sentía bullirme." El lamento de fray Servando contra su destino en el último de una serie de encarcelamientos padecidos a lo largo de *El mundo alucinante, una novela de aventuras* (1969), se lee hoy como una profecía acerca de la suerte de su autor y de una generación entera de escritores caídos en desgracia con la Revolución cubana. Hasta hace poco, cuando Reinaldo Arenas llegó a Cayo Hueso en la flotilla del Mariel, apenas se sabía nada de sus circunstancias durante la década anterior. Aclamado en el extranjero por dos novelas premiadas, una colección de cuentos y una serie de perspicaces ensayos, dentro de Cuba, Arenas se había convertido en no persona, aislado desde que la Revolución diera el viraje estalinista de 1970. Calumniado, despojado del derecho al trabajo, prohibida la circulación de su primera novela (única obra suya publicada en Cuba) e imposibilitado de escribir, Arenas fue desterrado al campo a cortar caña en un ingenio azucarero. Sucesivamente cumplió una sentencia de año y medio de prisión y arresto domiciliario por otros cuatro. Los que visitaban la isla y preguntaban por él encontraban la firme negación de su existencia. Las invitaciones que se le hacían para dar conferencias en el extranjero nunca le llegaban. En 1975, la traducción francesa de la tercera novela de Arenas, *El palacio de las blanquísimas mofetas,* apareció en París sin ningún comentario sobre el original en español. Poco se imaginaban los lectores parisinos que en el momento en que se publicaba esa traducción, su autor languidecía en una prisión de La Habana, castigado en parte por haber contribuido a sacar el manuscrito clandestinamente.

En 1965, cuando los primeros trabajos de Arenas comenzaron a aparecer en La Habana, se le consideraba un escritor de la Revolución. Lo cual no quiere decir que sus obras tempranas exaltaran al nuevo régimen sino más bien que su misma formación como escritor se hizo posible gracias a la política cultural que había adoptado la Revolución durante sus primeros años. Nacido en 1943 (16 de julio) en la provincia de Oriente, de padres campesinos que no estaban casados, Arenas se crió en Perronales, un pequeño pueblo en las afueras de Holguín, con su madre, sus abuelos y diez tías solteras. (El padre abandona la familia poco después del nacimiento del niño.) Después de asistir a escuelas públicas de la localidad y de participar brevemente en la lucha armada contra Batista, Arenas ganó una beca para estudiar contaduría bajo el nuevo programa de reforma agraria de la revolución. Una segunda beca de contaduría lo llevó por primera vez a La Habana en 1962, donde comenzó a estudiar en la universidad.

La Habana de los primeros años de la década del 60 era un hervidero de política y cultura. La proclama de Castro de una revolución socialista en 1961 incluía una agresiva política cultural que atrajo el apoyo de escritores latinoamericanos y europeos. Por ejemplo, ese mismo año de las famosas "Reuniones con los intelectuales" llevó a la creación de la Unión de Escritores de Cuba. No pasó mucho sin que Arenas se viera arrastrado por este torbellino: abandona la contaduría por la carrera de escritor que hasta entonces había sido su secreta ambición. Para cuando llega a La Habana, Arenas ya había producido una respetable cantidad de textos juveniles: tres "novelas" *(¡Qué dura es la vida!, ¡Adiós, mundo cruel!* y *El salvaje)* inspiradas en películas mexicanas de la época, y tres poemarios clandestinos. La chispa prendió en 1963 cuando se presenta a un concurso de cuentos infantiles auspiciado por la Biblioteca Nacional José Martí. En una entrevista con Cristina Guzmán, Arenas ha descrito cómo este concurso exigía relatar un cuento infantil famoso en cinco minutos. Insatisfecho con los cuentos que había leído, decidió escribir uno él mismo y aprendérselo de memoria. "Fui a la Biblioteca y allí estaban unos señores más o menos serios y disparé mi cuento. A ellos les gustó y me preguntaron por el autor del cuento. Les dije que yo mismo lo había escrito y les entregué el original que lo llevaba en el bolsillo. Al otro día me llegó un telegrama, firmado por Eliseo Diego, que trabajaba en el departamento infantil".[1]

Este primer cuento de Arenas se titulaba "Los zapatos vacíos". Trataba de un niño campesino que un seis de enero, olvidado por los Tres Reyes Magos, después es recompensado por la madre Naturaleza. Tanto el reconocimiento que le trajo el premio como el tiempo libre que le proporcionó el nuevo

---

[1] "Apéndice", *La vieja Rosa,* Caracas, Cuadernos del Caribe, 1980, pp. 104-114.

puesto estimularon a Arenas a escribir un libro de cuentos infantiles que no logró ganar ningún premio en el concurso de Casa de las Américas de 1963. Aunque cinco de los cuentos de este libro sí se llegaron a publicar, la mayoría de ellos no salió en forma de libro hasta mucho después. Las tres primeras viñetas que sí se publicaron son epifanías, crónicas sobre la pérdida de la inocencia: un niño descubre el mundo de la ilusión, otro despierta a la crueldad de la supervivencia material, y un tercero se enfrenta al tiempo y a la muerte. Imposible exagerar la importancia de estos primeros cuentos. El interés de Arenas por el punto de vista infantil, en estos futuros trabajos suyos, le permitió yuxtaponer los mundos de la fantasía ingenua y la realidad vulgar. Esta técnica alcanza su forma más experimental en *Celestino antes del alba* (1967), la primera novela de Arenas, concebida mientras escribía un cuento infantil del mismo título, y en "Bestial entre las flores", el cuento de 1966 que cierra ese primer ciclo "primitivo".[2] *Celestino* narra la historia de un *alter ego* que escribe poesía en los troncos de los árboles. La diferencia entre la novela y los primeros cuentos es sutil pero importante. Si los cuentos pertenecen a la literatura infantil, la novela forma parte de la literatura fantástica: está contada *desde* la experiencia de la niñez y recrea la incoherencia de la misma. Más importante aún, *Celestino* es la primera entrega de un proyecto de cinco partes, una *Bildungsroman* semiautobiográfica. *El palacio de las blanquísimas mofetas* (1980) y *Otra vez el mar* (1982) constituyen la secuela de *Celestino*.

Con *Celestino antes del alba* Arenas ganó la primera mención en el concurso inaugural "Cirilo Villaverde" de 1964 de la Unión de Escritores. El primer premio de ese año se le otorgó a *Vivir en Candonga* de Ezequiel Vieta, novela sobre un cazador de mariposas que descubre el sentido de la Revolución durante una expedición. La respuesta de Arenas al aparente prejuicio ideológico del jurado aparece tres años después de publicada esa novela, en un ensayo titulado "Celestino y yo". En él Arenas pone en tela de juicio lo que él llama el realismo doctrinario del "99 por ciento de nuestra crítica", y defiende el deber del escritor de "expresar los diferentes tipos de realidad que yacen bajo una realidad aparente".[3] La primera batalla pareció ganada cuando

[2] Véase "La punta del arcoiris", "Soledad" y "La puesta del sol", *Unión,* 4, 1965, pp. 113-119. Otros dos cuentos, recogidos más tarde en *Con los ojos cerrados,* Montevideo, Arca, 1972, son "Con los ojos cerrados", *Unión,* 5, 1966, pp. 12-15 y "El hijo y la madre", *Unión,* 6, 1967, pp. 222-226.

[3] *Unión,* 6, 1967, p. 119. Otro eco de la misma actitud crítica aparece en la entrevista con Miguel Barnet, "Celestino antes y después del alba", *La Gaceta de Cuba,* vol. 6, núm. 60, julio-agosto, 1967, p. 21.

el poeta Eliseo Diego, en su reseña sobre *Celestino,* lo llamó uno de los "pocos libros [que] se han publicado en nuestro país donde las viejas angustias del hombre del campo se nos acercan tan conmovedoramente, haciendo así de su simple exposición una denuncia mucho más terrible que cualquier protesta deliberada".[4]

Apenas un año antes de publicarse *Celestino* en 1967, Arenas ya había escrito *El mundo alucinante, una novela de aventuras,* su segunda y hasta ahora más conocida novela, acerca de la vida de fray Servando Teresa de Mier (1765-1827), junto con el resto de los cuentos recogidos en *Con los ojos cerrados.* (Estos libros ganaron menciones de honor en los concursos de 1966 y 1968 de la Unión de Escritores, respectivamente.) La idea de "biografía imaginaria" de fray Servando se le ocurrió a Arenas, según afirma el prefacio-carta de la novela, mientras leía "una pésima historia de la literatura mexicana" al preparar una conferencia sobre Juan Rulfo.[5] De hecho, fue mientras trabajaba en la Biblioteca Nacional (donde pudo leer las obras de escritores mayores desde Dostoievski hasta Virginia Woolf) que Arenas investigó la vida y obra de fray Servando. El resultado, después de un año de intenso trabajo, fue una "biografía" del famoso cura y revolucionario mexicano "tal como fue, tal como pudo haber sido, tal como a mí me hubiera gustado que hubiera sido".[6]

La publicación de *El mundo alucinante* en México en 1969 y *Con los ojos cerrados* en Montevideo tres años después, determinaron que a Arenas se le llegara a conocer en el extranjero como un escritor de primera categoría. Digo en el extranjero y no en Cuba porque ninguno de los dos libros se publicó jamás en su país. Como ambos habían ganado menciones de honor, su publicación se consideraba optativa bajo los estatutos de la Unión de Escritores; y cuando la Unión quiso publicarlos, su petición le fue denegada. (En el caso de *El mundo alucinante* se alegó que algunos de los pasajes eróticos de la novela eran demasiado controvertidos.)[7] A cambio, la Unión ofreció publicar *La vieja Rosa,* una *nouvelle* que Arenas había escrito varios años antes. Pero esa promesa tampoco se hizo realidad. Por tanto, en respuesta a peticiones por separado de Emmanuel Carballo y Ángel Rama, editores que

---

[4] *Casa de las Américas,* 45, 1967, p. 165.
[5] *El mundo alucinante. Una novela de aventuras,* México, Diógenes, 1969, p. 9. La conferencia fue publicada con el título de "El páramo en llamas", en *Recopilación de textos sobre Juan Rulfo,* Antonio Benítez Rojo, La Habana, Casa de las Américas, 1969, pp. 60-63.
[6] *El mundo alucinante,* texto de contraportada.
[7] También cabe la posibilidad de que la censura cubana haya captado la parodia política de la novela. Para esa lectura véase Seymour Menton, *Narrativa de la revolución cubana,* México, Plaza y Janés, 1982, pp. 114-119.

visitaron Cuba a finales de los años sesenta para actuar como miembros de jurado en el premio de la Casa de las Américas, Arenas entregó sus dos manuscritos para que se publicaran en el extranjero.

Estas tribulaciones reflejan no sólo por qué Arenas es más conocido como el autor de *El mundo alucinante* (la única tirada de tres mil ejemplares de *Celestino* estuvo destinada al consumo interno) sino también los valores crecientemente dogmáticos de la política cultural cubana. Aunque ya en 1968 Arenas fungía como uno de los editores de *La Gaceta de Cuba,* órgano de la Unión de Escritores, donde había empezado a trabajar en 1967, los únicos textos que pudo publicar fueron una serie de ensayos literarios y varias reseñas.[8]

Hay que recordar que fue en 1968 que el primer "caso" Padilla explotó en Cuba, provocado en parte por el debate acerca de los méritos de *Tres Tristes Tigres* (1967), la novela del escritor exiliado Guillermo Cabrera Infante. Dos años más tarde, al propio Padilla se le arrestó acusado de una supuesta conspiración contra el Estado, y se le forzó a retractarse en público. La autocrítica de Padilla pronto hizo que muchos intelectuales liberales de Europa y América Latina, hasta entonces leales partidarios de la Revolución, rompieran abiertamente con Fidel Castro. Ante tal actitud, el propio Castro convocó a un Congreso Cultural en el que denunció a sus antiguos aliados, y que a su vez sirvió para establecer más restricciones sobre la vida intelectual de la isla. Pero ni el juicio de Padilla ni el falso Congreso pudieron disimular sus verdaderos motivos: ese mismo año, el fracaso de la zafra de los "diez millones" había provocado una crisis política y social de tales proporciones que la Unión Soviética tuvo que contribuir con más ayuda. El gobierno cubano se "institucionalizaba" por medio de la creación de un Partido Comunista y un Congreso Popular. Para los intelectuales cubanos, dicha "institucionalización" significaba aún mayores restricciones en las actividades culturales.[9]

Fue devastador el efecto que tuvo esta nueva política cultural en un gran número de escritores cubanos cuyas obras no cabían dentro de los marcos ideológicos recién impuestos: o bien el ostracismo (poetas como José Lezama

---

[8] Entre los ensayos y reseñas publicados en *La Gaceta de Cuba* se encuentran los siguientes: "Magia y persecución en José Martí", 66, 1968, pp. 13-16; "Bajo el signo de enero", 57, 1968, p. 20; "Tres mujeres y el amor", 71, 1969, pp. 26-28; "Con los ojos abiertos", 81, 1970, pp. 10-11; "Mariana entre los hombres", 86, 1970, p. 30; "El reino de la imagen", 88, 1970, pp. 23-26. Véase también, *"Cien años de soledad* en la ciudad de los espejismos", *Casa de las Américas,* vol. 8, núm. 46, 1968, pp. 135-138.

[9] Para los documentos relacionados con "El caso Padilla", véase *El caso Padilla. Literatura y revolución en Cuba,* Lourdes Casal (ed.), Miami, Universal, 1971. A Padilla se le permitió abandonar Cuba en 1980 y falleció en 2000. Véase también su "After Twenty Cuban Years", *New York Times,* sept. 17, 1981, pp. A-17.

Lima y Virgilio Piñera murieron víctimas de este trato), o el exilio, ya sea interno o externo. Como parte de las medidas enérgicas tomadas por el gobierno, Arenas fue despedido junto con todo el personal de *La Gaceta de Cuba* –incluyendo a escritores de renombre como Reynaldo González, Miguel Barnet y Belkis Cuza Malé– de su puesto en la Unión de Escritores, y se le "exilió" al ingenio Manuel Sanguily en la provincia de Pinar del Río. Durante los seis meses de trabajo forzado que Arenas pasó allí, escribió *El central,* un poema visionario que critica la historia cubana y que Arenas logró sacar clandestinamente del país tres años después. *El central* se publicó en España en 1981. Al igual que en *El mundo alucinante,* que incorpora los textos de fray Servando Teresa de Mier dentro del hilo de la narrativa, en *El central* conocidos textos históricos como la *Historia general de las Indias* de López de Gómara, y *El negrero,* de Lino Novás Calvo, crónicas de anteriores periodos de la esclavitud en la isla, sustentan una visión del sufrimiento y represión contemporáneos.

No podemos sino asumir que tanto la publicación en el extranjero de *El mundo alucinante* como su fama internacional fueron los motivos que irritaron a los comisarios culturales cubanos y causaron que Arenas fuese marginado. Al regresar a su puesto en 1971, Arenas fue rebajado al rango de corrector de pruebas, percibiendo un sueldo de la Unión de Escritores por no escribir. Fue entonces, y de nuevo clandestinamente, que comenzó a trabajar en *El palacio de las blanquísimas mofetas,* primera secuela de *Celestino,* transformando al personaje del niño poeta en un adolescente. Mientras que en *Celestino* tenemos un mundo fantástico que corresponde a la percepción de un niño, *El palacio* representa un contexto histórico (el final de la década de los cincuenta) como la contrapartida del despertar del poeta al mundo del deseo. Organizado alrededor de cinco "agonías" o visiones dramáticas que el protagonista (cuyo nombre es Fortunato) proyecta en su lecho de muerte, *El palacio* constituye la obra más experimental de Arenas hasta la fecha. No obstante, hacia 1972, cuando Arenas terminó el manuscrito de *El palacio,* ya había perdido la esperanza de poder publicar jamás en Cuba. A fines de 1973 consiguió sacarlo del país clandestinamente, esta vez a Francia, junto con los manuscritos de *El central* y de otros cuentos y poemas. También entre esos trabajos se encontraba la segunda versión de *Otra vez el mar,* segunda secuela de *Celestino.* La primera versión de *Otra vez el mar* se había "perdido" en manos de un íntimo amigo a quien Arenas le había confiado su única copia. Cuando en junio de 1974 la policía de la Seguridad del Estado arresta a Arenas bajo cargos de corrupción y escándalo público, la evidencia que produjo el gobierno contra el escritor incluía no sólo pruebas de que había sacado los manuscritos del país, sino también el ejemplar "perdido" de *Otra vez el mar*.

Sólo con la llegada de Arenas a Estados Unidos se han discutido públicamente las circunstancias de su arresto y prisión. El gobierno cubano se ha limitado a emitir una declaración evasiva sobre el asunto, declaración que acaso refleja la opinión de que nunca hubo un "caso Arenas", como sí hubo un "caso Padilla", y que cualquier "problema" que Arenas pudiese haber tenido en Cuba fue de naturaleza moral y no política. Por un tiempo circularon rumores de que Arenas había sido arrestado bajo el cargo de corrupción de menores. Pero al menos en dos entrevistas por separado Arenas ha dado una versión distinta de los hechos.[10]

Aunque Arenas admite que se le acusó de "homosexual y amigo de la Revolución", describe los incidentes que llevaron al arresto de la siguiente manera:

> Yo caigo preso en 1974. Las circunstancias de mi detención fueron las siguientes. Yo estaba con un amigo bañándonos en la playa de Guanabo cuando nos roban la ropa y una serie de papeles que habíamos dejado en la orilla. Vamos a la estación de policía a hacer la denuncia y da la casualidad que las personas que se habían robado nuestros objetos personales ya estaban en la estación. Cuando los vimos con nuestras cosas se las señalamos a la policía, quienes a su vez, nos empiezan a acusar de inmorales y de estar haciendo manifestaciones públicas. Nos acusan y encausan de escándalo público. Yo nunca pensé que esa acusación tuviese la menor trascendencia. Sobre todo porque, acto seguido, nos dejaron salir de la estación e irnos a casa. Sin embargo, al otro día cuando llego a la UNEAC veo un ambiente muy extraño. Incluso Belkis Cuza me dice, muchacho qué te ha pasado, aquí dicen que te habían echado 30 años, que te habían sorprendido en la playa en una orgía leyendo unos manuscritos contrarrevolucionarios, que el administrador de la UNEAC tuvo que ir a la policía con dos oficiales más...[11]

Que Arenas haya o no corrompido a un menor parece haber jugado un papel secundario en sus problemas con la policía de Cuba cuando se le compara con la lista de "crímenes" plausibles de los que él dice haber sido acusado, en especial la publicación en el extranjero de dos obras premiadas que el gobierno cubano se había negado a publicar. Por tanto, más importante que la acusación de homosexual (que el propio Arenas no niega, por cierto) parece

---

[10] Las dos entrevistas aparecieron en *Vuelta*, núm. 47, 1980, pp. 18-25, y *Le Nouvel Observateur*, núm. 880, sept. 19-25, 1981, pp. 45-69.
[11] *Vuelta*, pp. 22-23, también véase *Le Nouvel Observateur*, p. 66.

haber sido el temor del gobierno a que la segunda versión de *Otra vez el mar* (la cual presenta una crítica feroz de la Cuba contemporánea) se publicase en el extranjero, lo cual determinó las represalias del gobierno. Sean o no justificados los cargos contra Arenas, el hecho es que ya se le había comenzado a castigar a partir de 1968, cuando se censura *El mundo alucinante,* y que se le continuó castigando durante varios años más, aun después de haber cumplido su sentencia al prohibírsele escribir. La distinción que esgrimen los apologistas de la política cultural cubana entre crimen "moral" y crimen "político" parece moralmente atractiva pero políticamente ingenua.[12]

A su salida de prisión en enero de 1976 y como parte de su sentencia, Arenas trabajó de carpintero en una cuadrilla asignada al "campo de rehabilitación" del Reparto Flores de La Habana, construyendo viviendas destinadas a los soldados soviéticos y a sus familias. Durante los siguientes cuatro años sobrevivió trabajando en lo que se le presentaba mientras compartía un cuarto en un hotel de La Habana Vieja. En la misma entrevista con Cristina Guzmán, editora venezolana que visitó a Arenas en Cuba durante esos tiempos difíciles, se describe cómo "nadie en La Habana parece poder querer recordar su nombre, y mucho menos su dirección", y cómo, después de varios días de indagar, finalmente pudo encontrar "su espacio mínimo, un sofá de dos puestos, un par de sillas y una mesa cuadrada. A la izquierda, una escalera improvisada que conduce a lo que se supone es el dormitorio".[13] Esa miseria de Arenas reflejaba su situación de no-persona. Como la policía de seguridad cubana había retenido las dos copias de *Otra vez el mar,* se le colocó prácticamente bajo arresto domiciliario, forzándolo a simular que había perdido todo interés por la literatura y a jugar el papel de "ciudadano reformado". La única esperanza que abrigaba Arenas era emigrar. Sin embargo, las invitaciones pagadas que recibía de prestigiosas casas editoriales (como Editions du Seuil) o de universidades extranjeras (como la de Princeton) nunca le llegaron. Sus varios intentos de escapar en bote se malograron. Sólo en abril de 1980, con la crisis precipitada por la entrada de los diez mil en la embajada del Perú en La Habana, se presentó esa posibilidad. Aprovechando la decisión del gobierno de garantizar la salida sin problemas a todos los "antisociales" que deseaban abandonar la isla, Arenas solicita una visa de salida, se escurre sin ser notado, y eventualmente se convierte en uno de los

---

[12] Para noticias sobre este asunto, véase el intercambio de cartas entre Arenas y un oficial de la embajada cubana en París: *Le Nouvel Observateur* (edición de París), núm. 912, abril 30-mayo 7, 1982, pp. 27, 32-33. La carta de la embajada constituye, hasta el momento, la única declaración pública del gobierno cubano sobre el "caso Arenas".

[13] "Apéndice", pp. 103-104.

ciento cuarenta mil que logran escaparse por medio del transporte en barco de El Mariel a Key West. Según un informe, cuando llega la noticia de la partida de Arenas al Ministerio de Cultura de Cuba, sus agentes se apresuran a llegar al puerto de El Mariel para "rescatarlo", pero se encuentran con que momentos antes la barcaza en la que éste se encontraba acababa de partir. Seguidamente, y en reacción, los agentes se dirigen a los curiosos corresponsales extranjeros para asegurarles que Arenas podría haberse marchado en forma normal si así lo hubiese solicitado.[14]

Después de llegar a Estados Unidos el 6 de mayo de 1980, Arenas gestionó la publicación de la primera edición en español de *El palacio,* casi diez años después de haber terminado el manuscrito, y de *El central.* Después de un verano de conferencias en la Florida, Nueva York, Puerto Rico y Venezuela, enseñó un curso sobre poesía cubana en la Universidad Internacional de la Florida en Miami. En diciembre de ese mismo año se mudó a la ciudad de Nueva York. Durante sus últimos años Arenas produjo una rica serie de textos. El primero, una nueva edición de *Con los ojos cerrados,* ahora con el título de *Termina el desfile.* El nuevo cuento que cierra el vo-lumen (y le sirve de título) trata de los hechos ocurridos con motivo del escándalo de la embajada del Perú en La Habana y establece un contraste irónico con el primer cuento, "Comienza el desfile", que describe los fes-tejos del primer día de triunfo de la Revolución cubana. También *La loma del ángel,* una parodia de la famosa *Cecilia Valdés* (1882) de Cirilo Villaverde.[15]

Si Arenas fuese el único caso de un escritor cubano desafecto de la Revolución cubana, quizás, hubiera razones para dudar de su versión de estos hechos. Pero Arenas se unió a las filas de un considerable número de escritores –Antonio Benítez Rojo, Edmundo Desnoes, César Leante, Heberto Padilla, José Triana, entre otros– que en los últimos años han preferido el exilio a la autotraición estética o moral. Por lo pronto queda por determinar, al menos para los propósitos del historiador de literatura, cuáles fueron las circunstancias objetivas que impulsaron al exilio a figuras literarias cubanas

---

[14] Véase, Marlise Simons, "Letter from Cuba", *The Washington Post,* 12 de mayo, 1980, p. 15.
[15] *El palacio de las blanquísimas mofetas,* Caracas, Monte Ávila, 1980; *El central (Poema),* Barcelona, Seix Barral, 1981, *El mundo alucinante. Una novela de aventuras,* Barcelona, Montesinos, 1981, *Termina el desfile,* Barcelona, Seix Barral, 1981. Además, una nueva edición de *Celestino antes del alba,* ahora con el título de *Cantando en el pozo,* ha aparecido en España. Al igual que una tercera versión, revisada, de *Otra vez el mar.* La Firestone Library de la Universidad de Princeton ha comprado los manuscritos de Arenas, incluyendo la versión no revisada de *Otra vez el mar.* Arenas se suicidó, enfermo de SIDA, el 7 de diciembre de 1990. Póstumamente se publicaron sus memorias: *Antes que anochezca* (1992).

de tal magnitud. Pero a mi juicio esto sólo podría hacerse por medio de un detallado estudio que compare la producción literaria con la política cubana a partir de 1970. Ese estudio está aún por hacerse

Traducción de Olympia B. González
(1984)

"NADA SE PUEDE HACER CON UNO MISMO"*

El título es una cita y la cita proviene de *Otra vez el mar,* la tercera de las novelas de la "pentagonía" de Reinaldo Arenas. La frase se menciona hacia el final del quinto canto de la segunda parte. El contexto de la frase es la siguiente. Ocurre en el pasaje en que se nos narra una de las escenas centrales de la novela: el encuentro sexual entre Héctor, el protagonista, y el adolescente anónimo. La escena no aparece en la primera parte de la novela, que es la que narra la igualmente anónima esposa de Héctor; pero una lectura retrospectiva nos permite reconstruir su inserción en la tarde del cuarto día de este relato.

Esa tarde, Héctor y el joven se escapan de la esposa y la madre, respectivamente. Acuden a un promontorio solitario cercano a la playa donde ambas parejas se hospedan, y allí tienen relaciones. En realidad, Héctor prácticamente viola al joven, después le increpa que sea en realidad un soplón de la policía, y termina reprochándole que no pueda admitir abiertamente su homosexualidad. La diatriba de Héctor contra el muchacho termina con las siguientes palabras: "Me das pena, más de la que podría sentir por mí mismo. Como comprenderás, nada se puede hacer con alguien que inspire tal sentimiento. Nada se puede hacer con uno mismo" (p. 355).

Es evidente que el insulto está dirigido al joven. Pero es evidente también que se trata, extrañamente, de un autoinsulto. El rechazo es en realidad un autorrechazo. La lástima que el joven le inspira a Héctor refleja la que él se inspira a sí mismo. El encuentro entre los dos personajes, que evidentemente se desean, se vuelve potencialmente destructivo desde el momento en que se percibe la igualdad entre los dos. Esa radical equivalencia —existencial o moral, si se quiere— hace que Héctor se convierta en el doble del joven, y

*A propósito de Reinaldo Arenas, *Otra vez el mar,* Barcelona, Argos Vergara, 1984.

viceversa. Héctor desprecia al joven no porque sea diferente de él, sino porque *se parecen demasiado*. Ese encuentro minado por la igualdad amenazante está también minado por las circunstancias. Lo que cuenta no es tanto que el adolescente sea o no un soplón de la policía —la novela nunca lo aclara del todo, por cierto— sino que esa sola posibilidad hace que Héctor se sienta incapaz de efectuar un encuentro satisfactorio, que sea incapaz de encontrar al amigo, que sea incapaz de amar.

La circunstancia amenazante no es sólo la condición homosexual de los personajes (de la que hablaré después), sino la circunstancia política en que se desarrolla la novela. El totalitarismo castrista llega a envenenar las relaciones humanas, creando tal paranoia entre sus ciudadanos que obliga a ver a un espía en todo amante y a hacer de la sospecha un modo de vida. El resultado de este desencuentro es la soledad que tanto Héctor como el adolescente expresan a través de su desenfrenada masturbación. Pero otro resultado es el autoconocimiento relativo que Héctor en cambio sí logra. Héctor se encuentra consigo mismo a través del Otro, pero al encontrarse descubre que "nada puede hacer" porque ese Otro es él Mismo. Como el Otro (el adolescente) resulta ser un espejismo, un fantasma, del deseo del Mismo (es decir, de Héctor), la unión entre ambos es igualmente falsa, ilusoria y, en última instancia, destructiva. El adolescente muere ahogado (o, posiblemente, estrangulado a manos de Héctor). En otras palabras, del encuentro con el Otro pasamos a la destrucción del Otro y, finalmente, a la autodestrucción.

Cuando en las últimas líneas de la novela, 418 páginas más tarde, el lector descubre, además, que Héctor en realidad está solo en el automóvil y que toda la narración no ha sido sino una fantasía, que la ficción toda y el repertorio entero empieza y termina en la imaginación desolada de Héctor, ese descubrimiento resume, extrañamente, la conclusión lógica de esa frase clave. Héctor no ha hecho nada consigo mismo, excepto quizá imaginarse otro mundo ("alucinante" si se quiere) que es la novela que acabamos de leer. La novela sería, desde este punto de vista, esa "nada" que se podría llegar a "hacer" con "uno mismo".

Resultaría tentador, en este momento crítico, realizar una lectura nihilista de *Otra vez el mar*. Digo momento crítico en dos sentidos. Por una parte, el momento de la actual crítica literaria, que sería también el de la actual literatura y filosofía, ese momento postestructuralista o posmoderno cuyo sombrío resumen sería la demoledora crítica del signo que realiza la postura desconsctructiva. Por otra, el de la actual situación política cubana, cuya crisis aparece determinada no sólo por la decadencia del actual régimen neoestalinista, sino también por la desoladora ausencia de un pensamiento político en el exilio.

Es imposible negar que este momento crítico determina de alguna manera la obra de Arenas. Pero igualmente imposible resultaría no leer el nihilismo que ella propone como una puesta en escena del momento histórico que en ella se produce. Esa puesta en escena, ese drama existencial, tiene tres cuadros, tres componentes, que yo me atrevería a nombrar como los tres vértices del triángulo conceptual del mundo de Arenas: sexualidad, política y literatura.

"La revolución", ha escrito Severo Sarduy en un reciente texto que se incluye en la versión del libro de *Conducta impropia,* el reconocido film de Néstor Almendros y Orlando Jiménez-Leal, "es un regreso de lo reprimido".[16] Al igual que en una sesión psicoanalítica, donde inexplicablemente afloran todas las fobias, arrogancias e inseguridades en el lenguaje del sujeto –la Revolución saca a la superficie todo aquello que yacía reprimido en el subconsciente de la historia hispánica–. No es por azar que la actual literatura cubana –desde Lezama Lima, hasta Arenas, Sarduy y Cabrera Infante– haya meditado sobre la homosexualidad como fenómeno cultural cubano. Más allá de una reacción a la conocida represión que realiza el actual régimen, se trata de una indagación sobre la peculiar enajenación del cubano, y a ese machismo que yo, al menos, quisiera llamar nuestro propio "laberinto de la soledad".

El desencuentro entre Héctor y el adolescente ocurre debido a una circunstancia que no es sólo la de la actual sociedad totalitaria, sino el producto de siglos de fragmentaciones, desconfianzas y exilios. Cuando en 1837 el todavía joven José María Heredia regresa al puerto de La Habana después de quince años de exilio, por permiso especial del capitán general Miguel Tacón, luego de escribir una carta comprometedora, no lo recibe allí ni uno solo de sus antes numerosos amigos y admiradores. Hacia el final de *Conducta impropia,* el actor René Ariza, cual nuevo Heredia, observa que "tener una conducta impropia es algo no solamente prohibido, sino que además puede costar la prisión" ya que "hay muchos Castros y hay que vigilarse el Castro que cada uno tiene adentro".[17] La temática homosexual en la obra de Arenas, y que en *Otra vez el mar* es absolutamente central, no es por tanto un manifiesto *gay* más, como seguramente se le considerará en ciertos círculos

---

[16] *Conducta impropia,* Néstor Almendros y Orlando Jiménez-Leal (eds.), Madrid, Playor, 1984, p. 138.
[17] *Ibid.,* p. 178.

provincianos, sino una tentativa por nombrar una zona cultural y política prohibida, además de realizar –aunque parezca paradójico decirlo– una crítica moral de nuestra historia: aspira a hacernos conscientes de lastres de nuestras costumbres, a modificar nuestra manera de ser, y arrebatarnos las máscaras.

Esto nos lleva al tema de la política, el segundo componente del que quería hablar. Vale recordar que Arenas es un escritor de la Revolución, en el sentido de que comienza a escribir durante los años sesenta, cuando el gobierno cubano comenzaba una dinámica política cultural. También vale recordar que Arenas fue un escritor del exilio, en el sentido de que prefirió abandonar su país a vivir silenciado dentro del *gulag* castrista. Tanto dentro como fuera de Cuba la circunstancia policiaca lo define. Por consiguiente, una lectura que no plantee esa circunstancia explícitamente estará condenada de antemano al fracaso, incluso si se tratara de textos suyos aparentemente apolíticos o imaginarios –como *Celestino antes del alba* o "Adiós a mamá".

Porque hay también una política de la imaginación, como hay, de hecho, una "política sexual" (según Kate Millet, al menos) y es ésa la que la obra de Arenas esgrime como estrategia de poder contra las instituciones –desde esa opresiva familia cubana que tumba árboles a hachazos, hasta la iglesia a la que se opone ese loco mexicano que se llama fray Servando en *El mundo alucinante*–. ¿Acaso no propone la advertencia de que "Nada se puede hacer con uno mismo" la necesidad de una imaginación colectiva o por lo menos compartida? ¿Y no será esa frase también un comentario oblicuo a la patética situación política del exiliado cubano? "Ciudad patética e irreal", ha llamado Arenas a Miami, llamada capital del exilio, "ciudad heroica e irreal, reinventando, reconstruyendo, remodelando (caricaturizando) lo que no existe". Algún día se hará una lectura verdaderamente política de la obra de Arenas y se comprobará que es precisamente en su obra de ficción –en sus cuentos, novelas y poemas– y no precisamente en su notable obra periodística, donde se encuentran sus más lúcidos planteamientos sobre el momento histórico que le tocó vivir.

Todo lo cual nos lleva, como siempre, a la literatura. Pues así como en la obra de Arenas será imposible escindir sexo o política de su contenido moral o imaginario, también será imposible separar la literatura de la vida, su contenido real. Se diría que cada una de las obras de Arenas supone una tentativa por borrar esa distinción, por hacer de la literatura una alucinación que desborde la experiencia de la lectura. "Celestino y yo" se titula el primer ensayo donde Arenas justifica su escritura; a fray Servando le escribe que "lo más útil fue descubrir que tú y yo somos la misma persona"; a mí mismo Arenas me confesó una vez en una entrevista que "estoy condenado a escribir lo que he vivido o a vivir lo que yo he escrito –lo cual me lleva a tener mucho cuidado con lo que escriba de ahora en adelante, porque a lo mejor sale cierto".[18] En fin, que en Arenas, como en todo escritor genuino, se da la conciencia aguda de que el *problema* de la literatura es que todo lo que nos dice es verdad. Y además, que es sólo con la represión de la libertad imaginaria supuesta en esa conciencia que podemos determinar nuestras convenciones de lo real.

De ahí que la obra de Arenas haya resultado tan peligrosa, al extremo de no haber sido reconocida, censurada y confiscada por el gobierno totalitario de su país, e ignorada por la burguesía del exilio cubano. De ahí también el carácter abierto de sus novelas –esa mezcla de géneros y estructura poliforme que obliga al lector a reconstruir la historia a su manera–. Y de ahí también que una novela como *Otra vez el mar* postule, en última instancia, la imposibilidad de una lectura puramente metaficticia, una lectura que se limite, por ejemplo, a subrayar, a la manera de una *Rayuela* de los ochenta, la manera en que la novela se comenta a sí misma, o a las convenciones narrativas a que está sujeta. "Nada se puede hacer con uno mismo" es también una advertencia en contra de un narcisismo textual que empiece y termine en un arte de narrar, o en los vericuetos de un formalismo trasnochado.

Si en efecto, "nada se puede hacer con uno mismo" será porque todo se puede hacer con el Otro, es decir, con los demás. La obra de Arenas abre el triple espacio –erótico, político y literario; el abrazo, la plaza pública, y la lectura– donde me encuentro, como quiso Virgilio Piñera, con "el que vino a salvarme".

---

[18] Véase "Celestino y yo", *Unión,* año 6, núm. 3, julio-sept., 1967, pp. 117-120; *El mundo alucinante,* México, Diógenes, 1969, p. 9; "Reinaldo Arenas y su mundo alucinante", *Hispania,* núm. 66, marzo, 1983, pp. 114-118.

Severo Sarduy

POLÍTICA DEL TEXTO

Rien ne vous tue un homme comme d'être obligé de représenter son pays.
　　　　　　　　　　　　　　　　　　　　　Jacques Vaché

Entre los nombres de novelistas hispanoamericanos más recientes, el de Severo Sarduy ya emblematiza toda una constelación de textos contemporáneos. Sus novelas, cuatro publicadas hasta la fecha, al igual que la de muchos de sus coetáneos, asumen la condición retórica de la parodia o, al menos, han sido referidas de esa manera por la crítica con vistas a domesticar un tipo de escritura que escapa a la fácil clasificación.[1] Mi propósito en estas breves notas no será ciertamente el de repetir esa sentencia que ya llega hasta el lugar común, sino desafiar su certeza y tentar sus límites. Para ello me propongo abarcar tres puntos en esta discusión. A saber: un planteamiento de ciertas nociones generales, algunas de ellas muy sabidas, sobre el género de la novela; seguidamente, intentaré conectar ese planteamiento inicial al concepto de parodia; por último, me concentraré en una discusión de la obra de Sarduy y, en particular, en la lectura de una sección, "Curriculum cubense", de *De donde son los cantantes,* la segunda novela de Sarduy y la más significativa dentro de un contexto específicamente hispanoamericano. Al final espero haber demostrado que la escritura de Sarduy pertenece a un tipo de literatura contemporánea que resulta mucho más dócil de lo que una lectura respetuosa nos podría dar a entender.

---

[1] Las cuatro novelas son: *Gestos,* Barcelona, Seix Barral, 1963; *De donde son los cantantes,* México, Joaquín Mortiz, 1967; *Cobra,* Buenos Aires, Sudamericana, 1972; y *Maitreya,* Barcelona, Seix Barral, 1978. A estas obras habría que agregar dos libros de ensayos críticos: *Escrito sobre un cuerpo,* Buenos Aires, Sudamericana, 1969, y *Barroco,* Buenos Aires, Sudamericana, 1974.

2

La historia literaria nos demuestra que la novela es un género tardío. Comparado con otros géneros como la tragedia o la épica, cuya teorización comienza en textos tan tempranos como el *Fedro* de Platón y la *Poética* de Aristóteles, la novela es de muy reciente troquelación. A riesgo de parecer un mero juego de palabras, se podría decir que la tardanza de la novela constituye su propia *novedad:* su innovación está inscrita en el nombre del género. Lo que implica esta tardanza para la historia literaria es, como sabemos, absolutamente crucial. Hija de la modernidad, de la disyunción radical entre las palabras y las cosas que Foucault describe como el comienzo de la era de la representación clásica, la novela surge como el género que es llamado a rectificar su anterioridad literaria y, al mismo tiempo, a autorrectificarse como literatura.[2] La conciencia del pasado que es típica del Renacimiento, una aguda y densa temporalidad concebida en términos lineales, aportó los primeros tormentos de angustia histórica y anticuaria. Es revelador, por ejemplo que la palabra *anacronismo* sea una invención del Renacimiento.

Para la mentalidad filológica renacentista (Erasmo, Valla, Vives, Inca Garcilaso) el pasado cesó de ser una presencia contemporánea más o menos tolerada, para convertirse en una dimensión imaginaria cuyos límites debían ser medidos y juzgados. Por eso es que podemos decir que la literatura del Renacimiento, ella misma origen y producto de la filología, es la primera literatura verdaderamente histórica, en su conciencia de su diferencia en torno al pasado y en su juicio de su propia historia literaria. No es accidental, por eso, que el nacimiento de la novela –Rabelais y Cervantes son los dos nombres que tengo en mente– haya ocurrido durante el Renacimiento. Al intentar la fundación de su comienzo, la novela dirige una mirada crítica y rectificadora hacia su propio pasado, convirtiendo así a la historia literaria en el terreno de sus gestos fundadores, en el sitio del error, de la ceguera y del engaño. Cervantes verá las novelas de caballería con la misma distancia y desprecio con que Rabelais, casi un siglo antes, se había burlado de la literatura épica. Tanto el uno como el otro identificarán en sus precursores los errores del arte y del pensamiento mismo, de aquellos discursos que se desvían de una unión ideal entre signo y sentido y que engendran, al contrario, el engaño y la locura. Desde su incepción, pues, la novela ha internalizado

---

[2] Me refiero, naturalmente, al estudio capital de Foucault *Les Mots et les choses,* París, Gallimard, 1966. Hay traducción española: *Las palabras y las cosas,* Elsa Cecilia Frost (tr.), México, Siglo XXI, 1968.

en su estructura retórica dos actos simultáneos que aquí podríamos denominar como "gestos políticos" –"políticos" en el sentido de una estrategia retórica de poder rectificador– que hoy apenas hemos empezado a desglosar. El primero de estos gestos serían una política de la historia literaria, una estrategia de adquisición de poder por sobre textos precursores a título de una capacidad rectificadora hasta entonces desconocida por géneros anteriores. El segundo gesto sería una política del sujeto, una estrategia de poder por sobre los límites de la conciencia individual y del engaño en potencia de la escritura por medio del desdoblamiento del creador en varias voces y el empleo del humor. Los nombres que tradicionalmente hemos asignado a estas dos estrategias políticas son "parodia" e "ironía", respectivamente.[3]

La parodia es una de varias modalidades de la política de la historia literaria. Seguramente se podrían citar otras tantas: imitación, alusión, cita, etc. Pero entre todas éstas, es la parodia la que aparenta ser la más política, o al menos la más abiertamente política. Más que de política, por cierto, habría que hablar de terrorismo. El poder que despliega el texto paródico es el terror del lector, o al menos el asombro que en éste suscita su conocimiento aparentemente desmistificado. La parodia es el género "desengañado" por excelencia. Viene en mente, a propósito, el lenguaje que utiliza Mijail Bajtin para definirla: el texto paródico (por ejemplo *Don Quijote)* intenta destruir, a través de una inversión burlona, el modelo de base *(Amadís de Gaula);* la parodia exagera las convenciones literarias para destruirlas.[4] No sólo las imita, no sólo se burla de ellas, sino que intenta destruirlas. En su deseo de rectificar la historia literaria, la parodia ha de destruir toda anterioridad, aun si ello significara su propia destrucción. Porque la disyuntiva de la parodia, la cual es también la disyuntiva de la novela, no es más que la disyuntiva de la propia modernidad: la tensión entre, por un lado, el deseo de escapar la temporalidad sucesiva, la duración a la que la escritura somete a todo autor, hacia la facticidad de una acción inmediata y, por otro, la obligación de tener que (d)escribir ese mismo deseo de escape en términos temporales, es decir,

---

[3] Asumo aquí, y en lo sucesivo, una afinidad homológica entre retórica y política. Para una aclaración de este concepto, véase Eliseo Veron, "Ideology and Social Science: A Communicational Approach", *Semiotica,* núm. 3, 1971, pp. 59-76, y Paolo Valesio, "The Virtues of Traducement: Sketch for a Theory of Translation", *Semiotica,* núm. 18, 1976, pp. 1-96. Sobre las relaciones entre conocimiento y poder véase también Michel Foucault, *Surveiller et punir,* París, Gallimard, 1975; y *La volonté de savoir,* París, Gallimard, 1976. De ambas obras hay traducciones al español: *Vigilar y castigar,* Aurelio Garzón del Camino (tr.), México, Siglo XXI, 1976, y *La voluntad de saber,* Ulises Guiñazú (tr.), México, Siglo XXI, 1977.
[4] Véase Mijail Bajtin, *Problems of Dostoyevsky's Poetics,* R. W. Rotser (tr.), 1ª ed. rusa, 1929; Ann Arbor, Ardis, 1971, pp. 150-169.

lingüísticos. La parodia es acaso el género literario que más violentamente dramatiza esa fórmula que Paul de Man ha hallado en sus indagaciones sobre el tema de "Historia literaria y modernidad literaria": "Mientras más radical sea el rechazo de lo que haya venido antes, mayor será la dependencia en el pasado",[5] cuya fórmula, traducida a nuestros términos, nos revela que: "Mientras más intente la parodia conquistar y destruir, mayor será su propio acto creador y mayor será su subyugación a la historia literaria; y mientras más intente subvertir las convenciones literarias burlándose de ellas, más acabará reforzándolas".

La novela y el texto paródico comparten esa estructura paradójica que caracteriza a la modernidad. Es decir, que ambos comparten ese ciclo de destrucción y creación simultánea, una dialéctica de burla y refuerzo de convenciones literarias que son vistas como gastadas y necesarias a la vez. Esto no quiere decir que, en virtud de ese rasgo común, tengamos licencia ahora para empezar a confundir novela y parodia, género y modalidad discursiva, como si fueran una y la misma cosa. Lo que sí debe quedar claro es que, dentro de sus propios requisitos retóricos, la novela y la parodia tienen en común la misma estructura política. Y en el caso de una novela paródica –es decir, de una novela explícitamente paródica, ya que, como queda dicho, el género de por sí moviliza gestos políticos que son siempre potencialmente paródicos– esta tensión se eleva al cuadrado, se intensifica el ciclo de creación y destrucción, de burla y refuerzo de convenciones, una vez que sus estrategias retóricas se funden y las correcciones (tanto del pasado como de sí misma) se hacen más violentas y, por tanto, más convincentes.

3

Todas las novelas de Sarduy son parodias que asumen conciencia de su propio delirio burlesco. Desde *Gestos* (1963) hasta *Maitreya* (1978), los textos de Sarduy parecen encarnar un deseo de abarcar todas las modalidades de rectificación paródica –desde la más benigna e inocente alusión, hasta el pastiche y el *collage*, hasta el propio trasvestismo textual–. En una entrevista en que Sarduy confiesa su pasión por el barroco es capaz de afirmar que sin la parodia no existiría el barroco, lo cual equivaldría a decir que sin la parodia

---

[5] Traduzco de Paul de Man, "Literary History and Literary Modernity", en su *Blindness and Insight: Essays on the Rhetoric of Contemporary Criticism,* Nueva York, Oxford University Press, 1971, p. 126.

no tendríamos un Sarduy.[6] Entre todas su obras, es quizá *De donde son los cantantes* (1967), su segunda novela, la más explícitamente paródica en su burla de toda una tradición en la historia literaria latinoamericana: la búsqueda de la identidad cultural. "Pregunta-afirmación sobre el origen –ha escrito uno de sus exégetas, esta novela– se desplaza como texto en el espacio abierto... de ese donde con y sin acento, y en el movimiento de ese 'son' (ser plural y baile) que confiere y sustrae la esencia de ese lugar ilusorio, es decir, teatral, de la representación."[7] *De donde son los cantantes* pone en tela de juicio, a título de una "épica bufa", esa búsqueda de la identidad latinoamericana a la que todos los recursos intelectuales de los últimos dos siglos, incluyendo especialmente los literarios, han sido piadosamente dedicados. Es ésta la tradición que Sarduy pretende parodiar en su novela al ensamblar toda una arqueología burlesca de la estructura de la cubanidad. Y es ésta la tradición que su novela identifica como el sitio del error y del engaño en su lúdrica articulación de los diferentes componentes radicales –chino, negro y blanco– de la cultura cubana. De las cinco secciones en que se divide la novela, como sabemos, tres de ellas se dedican a una dramatización irrisoria de cada uno de estos componentes. A estas secciones les precede, a su vez, una introducción que aparece bajo el título de "Curriculum cubense", una especie de escena de instrucción en la que se nos revela el propósito del texto. Una nota final, que recapitula y resume toda la novela y acaba repudiando la pertinencia de ésta para un estudio de la cubanidad, cierra el telón final.

De entre las cinco secciones, ninguna es más enigmática, ninguna de más frustrante lectura por su densidad alusiva, que el "Curriculum cubense", el primer capítulo, si es que eso podemos llamarlo. La "Nota final" nos informa que esta primera sección pretende ser "la presentación de los personajes".[8] De hecho, a todo lo largo del texto el lector es testigo de las errancias picarescas de Auxilio y Socorro, dos exclamaciones que funcionan más o menos como dos protagonistas empeñados en la búsqueda infructuosa por "la definición del ser". Ellos mismos la anuncia, por cierto, como "la pregunta de los sesenta y cuatro mil pesos" (p. 12).

Dicha búsqueda incluye, en estas primeras escenas, una visita de Socorro a *Domus Dei,* la casa de Dios o de la Muerte y, posteriormente, la entrada de Auxilio a un *Self-Service* donde él(la) –pues los géneros de estos protagonistas

---

[6] "Guapachá barroco, conversación con Severo Sarduy", *Actual,* junio-julio, 1972.
[7] Roberto González Echevarría, "Memoria de apariencias y ensayo de *Cobra"*, en Julián Ríos (ed.), *Severo Sarduy,* Madrid, Fundamentos, 1976.
[8] *De donde son los cantantes,* p. 152. En lo sucesivo, cito por la edición arriba indicada e incluyo el número de la paginación en el texto.

oscilan tanto o más que los disfraces que detentan– pasa a distribuir viejas, y posiblemente apócrifas, fotos de sí mismo(a). El "Curriculum cubense" culmina con una última sección con el título de "Nueva versión de los hechos" que narra la mutua seducción de Auxilio y de otro licencioso personaje llamado General. Este último se describe hacia el final como "el blanco de la peluca y la casaca" (p. 21), citando el primer verso del *Canto General* de Neruda, que lo identifica como el emblema hispánico de la estructura cultural cubana.[9] Dicha unión de Auxilio y General aparece como una "cosmogonía en ciernes" que acaba atrayendo a todo un mundo: "chupó mundo. El binomio Auxilio-General chupó todo lo que había alrededor y, claro está, chupó a una negra y a una china: así se completó el curriculum cubense" (p. 21). El nombre dado a este binomio alegórico del deseo y la hispanidad, se nos dice, es "Auxilio Concepción del Universo", el cual incluye, se nos advierte también, "la Pelona Innombrable", la Muerte, como la compañera inseparable de una España heroica. En conjunto, pues, son cuatro, y no sólo tres, los elementos de la cultura cubana que el texto despliega: España, China, África y la Muerte. Los cuatro, el cuarteto, son diversamente referidos como "trébol gigante de cuatro hojas", "animal de cuatro cabezas que mira hacia los cuatro puntos cardinales" y también como "signo yoruba de los cuatro caminos" (p. 20). La última en la serie de descripciones resume la significación del cuarteto aludiendo al texto filosófico de Martin Heidegger: "las cuatro partes de que hablaba el lechosito de la Selva Negra". "Sí, el único", añade Socorro acto seguido, "¡El único que le puso la tapa al pomo!" (p. 21).

Es preciso notar que la alusión a Heidegger no sólo intenta resumir las anteriores descripciones de estructura étnica, sino que, de hecho, prescribe un programa para el resto de la narración. Es decir, que la alusión provee una estructura, un *telos* y una intención que la novela, según vamos comprobando a medida que avanzamos en nuestra lectura, cumple con religioso respeto. Por su deliberado didactismo, por su alusividad descarada, la referencia específica a Heidegger otorga a todo el "Curriculum cubense" un tono alegórico que nos invita a descifrar el texto mediante un código externo (la filosofía heideggeriana) para lo cual, por cierto, prepara el anterior comentario de Auxilio sobre la búsqueda de "la definición del Ser" (p.12). El cuarteto cubano, se nos sugiere, representa o viene a ser una nueva versión de unas "cuatro partes" que supuestamente explica el texto heideggeriano, la exploración ontológica más poderosa de este siglo.

---

[9] Pablo Neruda, *Obras completas*, 3ª ed. aumentada, Buenos Aires, Losada, 1967, I, 319.

No cabe duda que Heidegger es traído a la parodia de Sarduy en forma algo subversiva para luego hacerlo a un lado, con excepción de otros dos o tres momentos de burla que aparecen posteriormente. No obstante, la posición estratégica de la alusión y su correspondiente tono alegórico le confieren una importancia mayor de lo que podría parecer a simple vista. La alusión a esas "cuatro partes" no es sino una referencia a la constelación cuádruple de Heidegger, lo que el filósofo alemán llamara el "cuádruplo" *(das Geviert)* de la ontología existencial. En su concepción, este cuádruplo significa la reunión de cuatro categorías experienciales que él llama tierra, cielo, hombre y dios, en la fundamentación existencial que habita el mundo de todas las cosas. Simplificando burdamente este concepto heideggeriano, tendríamos lo siguiente: el cuádruplo (tierra, cielo, hombre y dios) está originaria y repetidamente copresente e implícito en todas las cosas; las cuatro categorías se implican mutuamente siempre y permanentemente en un sentido originario. De esta manera, y para tomar el mismo ejemplo que utiliza Heidegger en su descripción, cuando yo miro una jarra debo comprender, para experimentar el "mundo" que la compone, que el agua que fluye de ésta implica la presencia de tanto una fuente (tierra) como de la lluvia (cielo); que el agua es tanto un refresco para los mortales (hombre) como una ofrenda para los dioses (divinidad). Sólo entonces es que yo podré experimentar la jarra como una *cosa*. Utilizo y subrayo esta palabra, aparentemente anodina, porque Heidegger explica su noción del cuádruplo justamente en el contexto de una célebre conferencia de 1950 sobre "La cosa" *("Das Ding")* en la cual intentó ofrecer soluciones a lo que él llamó, en frase que recuerda a Lukács, el "destierro trascendental del hombre moderno".[10] El vocablo

---

[10] La conferencia "Das Ding" fue publicada por primera vez en *Jahrbuch des Bayerischen Akademie der Schönen Kunste* 1 (1951) y fue luego reproducida, con un prefacio en *Vorträge und Aufsätze,* Pfullingen, 1954. El texto de la conferencia ha sido traducido desde entonces, incluyendo al español: Rafael Gutiérrez Girardot, "La cosa", *Ideas y Letras,* Bogotá, núms. 7-8, 1952-1953, pp. 661-677. La misma traducción fue reproducida en *Cuadernos Hispanoamericanos,* núm. 15, 1953, pp. 3-20. Es verosímil que Sarduy haya manejado esta traducción o, también, su versión francesa. Sobre el concepto heideggeriano del "cuádruplo" nos aclaran dos de sus exégetas: "Cosa es reunión en cuanto lugar de cita de 'los cuatro'... Tierra y cielo, divinos y mortales, se pertenecen en una unidad originaria, como en un juego de reflejos. Cada uno es lo propio, es lo que es, mantiene su mismidad en su referencia a los otros tres. A esa unidad originaria le da Heidegger el nombre de 'mundo'... La cosa es cosa en cuanto hace perdurar el 'cuarteto' que es el mundo", Manuel Olasagasti, *Introducción a Heidegger,* Madrid, Revista de Occidente, 1967, p. 180. "This owning-expropiating four-foldness in its unity is called by Heidegger the mirror-game *(Spiegel-Spiel)* of the four-fold, its play of reflection; play, because not explicable by anything outside itself", J. L. Mehta, *The Philosophy of Martin Heidegger,* Nueva York, Harper Torchbooks, 1971, p. 220. Para otra explicación iluminadora de este concepto véase el estudio de J. M. Demske, "Heidegger's Quadrate and the Revelation of Being", *Philosophy Today,* núm. 8, 1964, pp. 15-32.

alemán que expresa esta condición de la modernidad, según Heidegger, es *Heimat-losigkeit,* en el cual la raíz *Heim* tiene tanto el sentido de *hogar* como el de *patria*. Es decir, que la reunión del cuádruplo, para Heidegger, significa una manera de recuperar no sólo el ser de las cosas, sino el ser de la patria misma, una manera de regresar al origen, a ese *donde* al que apunta el título de la novela de Sarduy. Para Heidegger, pues, cada cosa significa una reunión de los cuatro *(das Geviert)* una unidad originaria donde cada elemento implica la presencia de los otros tres, como en una reunión, para utilizar la imagen heideggeriana que Sarduy recoge al final del "Curriculum cubense", de cuatro espejos situados frente a frente: "Ya se van zafando, ya se miran. ¡Qué graciosos!" (p. 21).

De hecho, la descripción que hace Heidegger del regreso a la patria trascendental es la fuente de casi toda la imaginería misteriosa que encontramos en el "Curriculum cubense". No obstante, sería demasiado ingenuo pensar que por sí sola esta alusión nos podría dar una clave autoritaria que permitiese la descodificación de la novela, la clave totalizante de una exégesis que domesticara nuestra difícil y frustrante lectura. En realidad, la escritura de Sarduy no permite esa lectura limpia y escueta que los críticos de su obra tanto nos afanamos por conseguir. Más interesante, por eso, sería ver ese momento como una especie de ombligo textual, por así decirlo; el momento en que parodia y alegoría parecen confundirse como en el propio título de la sección, balanceándose en un vaivén indecible entre presencia y ausencia, sentido y delirio, código e irrisión. El momento, es decir, en que todos los gestos políticos de la novela parecen ser subvertidos, a su vez, con vistas a entronar un sentido, una identidad, o aun mejor, *el* sentido y *la* identidad *por excelencia,* que postula la filosofía de Heidegger. Este sentido heideggeriano que irrumpe con esa alusión desarma, o al menos acaba poniendo en tela de juicio, todas las pretensiones de poder que ostenta el texto paródico. Dicho de otro modo, nuestro planteamiento se reduce a formular la siguiente pregunta que me temo indiscreta: si el propósito de la novela es el de subvertir la tradición de la búsqueda de identidad latinoamericana, entonces ¿a qué seguir, en tal momento crucial de la novela y con tal consecuente tono alegórico, una esperanza heidegeriana, especialmente cuando este gesto, aun cuando no específicamente cultural, arrastra consigo toda una estructura de complicidad metafísica? La pregunta no se haría necesaria si la alusión a Heidegger no surgiera en un momento de la novela en que se prescribe una clausura de representación con la que el resto de la novela cumple religiosamente. Es decir, que a la prescripción alegórica del cuádruplo heideggeriano responden seguidamente, en el texto de la novela, cuatro secciones (tres de narración y una "Nota Final") que corresponden a las cuatro capas o aspectos de la cultura cubana. Esta correspondencia funciona de manera análoga, por cierto, a la que tenemos en cualquier texto alegórico tradicional *(Purgatorio* de Dante, por ejemplo) en el que otro código externo y autoritario estructura la extensión y el orden de la narración. El cumplimiento de esa clausura en el resto de la novela acaba privilegiando la alusión a Heidegger a la vez que confirma una estructura alegórica no muy distinta de la otra, en miniatura, que nos ofrece "La Dolores Rondón", el segundo capítulo, en el cual la décima inscrita en la tumba de Dolores prescribe el orden de ese texto.

4

Atemos los cabos. Es probable que en *De donde son los cantantes* Sarduy haya intentado negar, a través de la parodia, la especificidad de la cultura cubana (y, por extensión, de toda la cultura latinoamericana). Pero tal parece que sólo puede abordar el tema invocando otra autoridad (Heidegger) y un método de destrucción (la venerable tradición del *choteo* caribeño) que tiene el efecto retroactivo de desmantelar todo gesto crítico en el preciso momento en que lo plantea. ¿Y si el mismo acto de negar la especificidad cubana a través de la parodia resultara ser el gesto más *peculiarmente* cubano de todos? La pregunta no es enteramente fortuita, por cierto, en vista del uso constante, en las novelas de Sarduy, de un discurso coloquial típicamente cubano, un *slang* que, aunque contaminado por otros registros lingüísticos, acaba remitiéndonos a la presencia de una *voz* peculiar que privilegia la identidad de un hablante. Asimismo, se podría preguntar si la determinación de una arqueología burlesca a través de Heidegger no resultaría ser la más insidiosamente metafísica búsqueda de identidad. La "Nota Final", que acaba repudiando la pertinencia de todo el argumento anterior, parecería dar un último salto hacia el nihilismo de la ficción total. Pero aún queda por decidir, a ese efecto, si la "Nota" no sería ella misma parte de la ficción de la novela o si es, por el contrario, una directriz del autor, algo parecida a las falaces posdatas históricas que suele incluir Alejo Carpentier al final de sus propias ficciones.

Sarduy, o acaso su texto, no logra escapar la pregunta ontológica, esa pregunta que toda parodia, en sus violentos gestos rectificadores, pretende contestar *de entrada,* asumiendo estar *siempre ya en control* de un conocimiento, de un poder no sujeto a la mistificación. La escritura de Sarduy, en esto no muy distinta a la de Juan Goytisolo, autor muy parecido, o el movimiento *Tel Quel,* que a ratos ha inspirado a ambos, es una nueva especie de Romanticismo, un Romanticismo mucho más poderoso y más convincente, por más violento, que propone una fe en el mito de la inocencia del devenir. Es decir, el mito, para utilizar las palabras de Jonathan Culler, "que el cambio continuo, como fin en sí mismo, significa la libertad, y que cambiando constantemente nos libramos de las exigencias que impone un sistema particular".[11] La parodia está lejos de dar la última respuesta a la pregunta, *De donde son los cantantes;* lejos de ser la consoladora rectificación con que anhela todo autor moderno, más que el síntoma, el doloroso recuerdo, que aun existe una pregunta que merece discusión.

(1981)

EFECTO BARROCO

> El hecho de que la imagen tuviera que reconstruir la casa, nos llevaba al convencimiento de que sólo la imagen la había destruido, pues jamás sus moradores habían pensado en cumplirse por la sucesión en la sangre o en el espíritu.
> José Lezama Lima, *Oppiano Licario*

Mi brevísima relación plantea un análisis del aporte de Severo Sarduy al estudio del barroco. Es a Sarduy, por cierto, a quien debemos en nuestro momento las meditaciones más fructíferas en torno al "fenómeno" barroco —para esquivar lo que acaso sería un término más equívoco, como los de periodo, época o estilo—. Aludo a un célebre ensayo de Borges, anticipo de buena parte de mi tesis. Borges, siguiendo en parte a Eliot, sugiere una lectura heterodoxa de la historia literaria en la que el presente del lector termina condicionando su percepción del pasado. La obra de Kafka —sus aporías y horrores— nos permite percibir características análogas en obras anteriores. Esa percepción, a su vez, hace que esas obras se alíen y adquieran un sentido inusitado. Para citar la archicitada conclusión del ensayo: "Cada escritor *crea* a sus precursores. Su labor modifica nuestra concepción del pasado, como

---

[11] Traduzco de *Structuralist Poetics,* Ithaca, Cornell University Press, 1975, p. 251.

ha de modificar el futuro".[12] Ese ensayo de 1951 ofrecía otra versión de lo que años antes apuntaba el ilustre necrólogo de Pierre Ménard: una "técnica de anacronismo deliberado" cuyo propósito sería, precisamente, el de enriquecer "el arte detenido y rudimentario de la lectura". Más que una simple *boutade* antihistórica, que es como suele tomarse, la lectura herética de la historia literaria que propone Borges constituye una crítica a la filología y a la noción de historia que sustenta a toda empresa filológica. Así como la lectura no podrá realizarse a partir de la piadosa reconstrucción del contexto del escritor sino de la experiencia plural y necesariamente abierta del lector, la historia misma no podrá ser concebida en términos causales o genéticos. Es el presente, y no el pasado, el que otorga el orden y sentido de la secuencia temporal. El filólogo reconstruye el pasado; Borges nos pide que lo inventemos.

Si he aclarado la alusión del título ha sido para articular de cerca la pregunta central de mi ensayo: ¿cómo es que nuestra lectura de Sarduy modifica nuestra percepción del texto barroco, ya sea aquellos del siglo XVII o aun textos más recientes como los de Lezama Lima y Carpentier? La respuesta a esa enorme pregunta tiene dos vertientes, según la enfoquemos desde la perspectiva de Sarduy el lector o el escritor: desde las ideas sobre el barroco que desarrollan sus ensayos, o de la práctica literaria que se vislumbra en su ficción. En vez de abordar cada una de estas vertientes, intentaré elaborar apenas un par de observaciones que comprenda las dos.

Resultaría ocioso, y acaso hasta inútil, hacer un recuento bibliográfico de los momentos que la obra de Sarduy ha tocado el fenómeno barroco: desde el temprano "Góngora: la metáfora al cuadrado", pasando por el brillante "El barroco y el neobarroco", hasta *Barroco* y el aún más reciente *La simulación* (1982). Ocioso porque estos ensayos son archiconocidos, e inútil porque en Sarduy lo barroco no es un tema más que pueda documentarse entre otros, sino más bien lo que constituye su obra toda, un efecto de su escritura más que algo que se menciona de vez en cuando. Lo barroco en Sarduy vendría a ser, de esta manera, menos un tema que la metáfora que inventa y define su obra, su manera de acudir al pasado para explicar (y explicarse) el presente. Sólo que, como hemos anticipado, al explicar el presente termina volviendo a inventar el pasado, modificando así nuestra percepción de lectores, y creando precursores.

---

[12] Jorge Luis Borges, "Kafka y sus precursores", *Otras inquisiciones,* Buenos Aires, Emecé, 1960, p. 148.

En lo que toca al barroco propiamente, ese gesto no es nuevo sino característico. Pues como se sabe, el propio concepto de barroco es fundamentalmente *retrospectivo*. Los escritores y artistas del siglo XVII nunca se autodenominaron barrocos –como, por ejemplo, un surrealista o un creacionista sí se autodenominaría–. El escritor que hoy llamamos barroco se consideraba un prolongador de la tradición humanística europea y con más precisión, de la tradición renacentista. Es sólo en el siglo XX, con el expresionismo, como ha aclarado Wellek, que el término barroco empieza a circular para explicar ciertas características del arte (y sobre todo de la poesía) de vanguardia. El descubrimiento de la afinidad formal entre la poética vanguardista, por un lado, y la que se opera en la poesía del siglo XVII, por otro, yace en el fondo de movimientos neobarrocos como los de la Generación del 27 en España, o de los Contemporáneos en México, la empresa crítica de un Dámaso Alonso, o la obra de la revista *Orígenes*, entre otros.[13]

Así pues, cuando Sarduy inventa el término "neobarroco" para articular ciertos aspectos de la retórica que le es común a toda práctica textual contemporánea, en realidad su invención adopta –acaso inconscientemente– el mismo gesto historiográfico retrospectivo. Y al hacerlo Sarduy nos resaltará no ya el repertorio temático en torno al barroco a que los manuales de historia literaria nos remiten –el barroco como un "arte acumulativo", por ejemplo, de "violencia dinámica" y "claroscuro"– sino otras dos características que apenas han recibido atención: el artificio y la parodia. Mientras que el artificio constituye el alejamiento, "la ironía e irrisión de la naturaleza", la parodia equivale a "confusión y afrontación de distintos estratos, de distintas texturas lingüísticas, a intertextualidad".[14]

La objeción que se suele invocar en torno al señalamiento de estas dos características del barroco y el neobarroco tiene que ver con su validez definitoria o preceptiva. ¿No se encuentran el artificio y la parodia también en obras que *no* son propiamente barrocas o neobarrocas, o que al menos suelen ser clasificadas de otra manera? El artificio, por ejemplo, de los poemas de *Residencia en la tierra*, ¿los hace poesía neobarroca? Y de igual manera, la parodia de Don Juan Tenorio en Valle-Inclán, ¿hace de *Las galas del difunto* una obra barroca? La objeción resulta hasta cierto punto coherente,

---

[13] Véase "The Concept of Baroque in Literary Scholarship", en su *Concepts of Criticism*, New Haven, Yale University Press, 1963, pp. 69-115. Para una brillante discusión de las afinidades entre las poéticas del barroco y de la vanguardia véase Octavio Paz, *Sor Juana Inés de la Cruz, o las trampas de la fe*, México, Fondo de Cultura Económica, 1982, pp. 68-86.

[14] Cito por Severo Sarduy, "El barroco y el neobarroco", recogido en César Fernández Moreno (ed.), *América Latina en su literatura*, México, Siglo XXI, 1972, p. 175.

pero quizá se base en un malentendido. No creo que la intención de Sarduy haya sido en ningún momento la de ofrecer una preceptiva del neobarroco, por así decirlo, sino más bien la de articular los móviles de una retórica que trascienda los preconceptos de periodo, estilo, o incluso, de escritura; lo que en una entrevista reciente Sarduy ha llamado "el *efecto* barroco": "El hecho de que el paradigma precedente ha sido desplazado solapadamente por uno nuevo, detectable en una visión retrospectiva".[15] Dicho de otro modo, que me permito intentar aquí: para Sarduy, el efecto barroco surge desde el momento en que un paradigma, cualquier versión de una práctica simbólica (escribir, pintar, vestirse, etc.) aparece desplazada por otra versión de esa misma práctica simbólica. El efecto barroco surge no tanto del remplazo *total* de una práctica por otra, sino de nuestra percepción de este desplazamiento en el momento (o en el espacio) en el que ocurre. El efecto barroco de Sarduy no busca, por consiguiente, una preceptiva –o siquiera una historiografía, sino una *retórica*– aun cuando el concepto mismo de retórica que Sarduy articula –tanto en *Barroco* como en *La simulación*– vaya más allá de una noción puramente lingüística del término. No le interesa tanto proveer una definición como una "atmósfera", para invocar el vocabulario cosmológico de que se vale su ensayo *Barroco*. La creación de esa atmósfera terminará subvirtiendo, precisamente, el propio modelo de causa y efecto, o génesis y producto, que subyace a toda discusión del barroco, por no decir de toda historia literaria. Para resumir este punto: lo que Sarduy llama "barroco" no será lo que encontremos en la obra A o B y que nos permita clasificarlas de cierta manera, sino el *efecto* que se genera a partir de la confrontación de dos modelos, ya sea en un texto literario o en la vida real.

Una segunda observación en torno a las categorías de artificio y parodia destacaría la temática negativa que se deriva a partir de ellas. Por temática negativa quiero decir una interpretación del barroco no como un arte de plenitud vital o espiritual, que es como suelen ser leídos los clásicos del barroco (Calderón, Góngora, Sor Juana, Quevedo), sino como textos de carencia semántica y frustración. Toda noción de artificio en Sarduy descansa sobre una "ausencia que señala esa traslación, ese recorrido alrededor de lo que falta y cuya falta lo constituye".[16] La parodia, por su parte, nos revela ante todo "formas malgastadas, lenguaje que por demasiado abundante no designa ya cosas, sino otros designantes de cosas". Esa temática a-referencial se concreta, para Sarduy, en la dimensión erótica del barroco, lo que inspi-

---

[15] "El barroco après la lettre", Diwan, núm. 5-6, septiembre, 1979, p. 90.
[16] "El barroco y el neobarroco", p. 109.

rándose en parte en Bataille (o en Octavio Paz) Sarduy describe como "juego, pérdida, desperdicio y placer... erotismo en tanto que actividad lúdica, que no es más que una parodia de la función de reproducción".[17] Es en esa intuición del carácter lúbrico (y yo diría hasta *perversamente* lúbrico) del efecto barroco, donde creo reside la contribución más decisiva de Sarduy. Esa contribución modifica considerablemente nuestra lectura de la historia literaria, y lo que verdaderamente *crea* a sus precursores. "El barroco para mí", dice en la misma entrevista de la que acabo de citar, "pertenece a esta serie de fenómenos excesivos y letales" (p. 101). La cita, que es de 1979, refleja a la distancia lo que en "El barroco y el neobarroco", texto de 1970, Sarduy llamaba "el reflejo estructural de un deseo que puede alcanzar su objeto, deseo para el cual el *logos* no ha organizado más que una pantalla que esconde la carencia" (p. 183).

Bajo esta intuición del carácter negativo, *crítico,* del efecto barroco se podrían incluir no sólo aquellos fenómenos peculiarmente sarduyanos (de algún modo hay que llamarlos), como la simulación del travestismo, por ejemplo (que para Sarduy representa siempre la imposición de la fijeza de la muerte sobre el sexo), sino toda una lectura de la historia literaria. Parte de esa lectura está sugerida en algunos deslumbrantes pasajes de *Barroco,* sobre todo los referentes a Góngora, donde Sarduy asocia el mecanismo de la elipsis retórica al de la represión inconsciente. De esta manera, se podría ver al peregrino de *Las soledades* no sólo como otra versión del enamorado bucólico, sino como aquel punto de vista que constata, y por tanto estructura, todo el discurso de la carencia y la envidia que dramatizan el lenguaje y la trama del célebre poema gongorino. De la misma manera, podríamos ver en un auto sacramental como *El gran teatro del mundo* o *El divino Narciso* no sólo la apoteosis de la eucaristía que surge al final del drama religioso, sino también el juego de espejos y disfraces en virtud del cual esa apoteosis lo hace posible, lo que la representa y hasta cierto punto la justifica. Aun en un autor tan espiritual como el propio Lezama Lima, por ejemplo, a quien Sarduy ha confesado de Maestro, se podría detectar, con esta intuición, ese mismo exceso o suplemento letal que en Lezama es siempre el requisito para la construcción o resurrección del sentido. "El hecho de que la imagen –cito mi epígrafe– tuviera que reconstruir la casa nos llevaba al convencimiento de que sólo la imagen la había destruido, pues jamás sus moradores habían pensado en cumplirse por la sucesión

---

[17] *Ibid.,* p. 182.

en la sangre o en el espíritu".[18] En Lezama, como en todo autor barroco, los momentos negativos de la carencia y deseo como el que acabo de citar aparecen seguidos de otros que dramatizan afirmación y cumplimiento.

En suma: las reflexiones de Sarduy sobre el barroco constituyen una valiosa aportación crítica, y es a partir de ellas que podremos escribir, en un futuro no muy lejano, otra historia literaria.

(1985)

---

[18] *Oppiano Licario,* La Habana, Letras Cubanas, 1977, p. 152.

(1985)

Periodismo y literatura

Una versión abreviada y en inglés de este trabajo fue leída en la reunión "Cuba y los Estados Unidos: ¿terminará la Guerra Fría en el Caribe?", celebrada en el Woodrow Wilson Center de Washington D.C. los días 3 y 4 de mayo de 1990. La reunión organizada por Joseph Tulchin y Rafael Hernández, fue coauspiciada por el Wilson Center, donde residí como becario investigador, y el Centro de Estudios de América de La Habana. A la reunión asistió una delegación de periodistas e investigadores de Cuba, en la que participaron los economistas José Luis Rodríguez y Pedro Monreal, del Centro de Investigaciones de la Economía Mundial, y Nora Palou, investigadora del Centro de Estudios de Estados Unidos. Entre los especialistas fuera de Cuba figuraron los profesores Enrique Baloyra, Juan del Águila, Sergio Roca y Robert Lieber —todos de universidades norteamericanas— y Carlos Rico, de El Colegio de México. El trabajo fue leído en el panel número 5: "El papel de la cultura y los medios de comunicación en la formación de la sociedad cubana". En el mismo panel leyeron trabajos José Ramón Vidal, entonces director del diario Juventud Rebelde, Pedro Rojas, director de Radio Rebelde, y Esther Pérez, vicepresidenta de Casa de las Américas.

CARLOS DÍAZ-ALEJANDRO, un simpático economista cubano con quien solía conversar a menudo en mi época de estudiante de posgrado en la universidad de Yale, solía decir, al enfrentarse al dilema del intelectual cubano exiliado, que en ocasiones como ésta lo perfecto sería volverse escandinavo. "Chico, ¡quién fuera sueco!", solía lamentarse él en su acento fatalmente habanero, de La Víbora para más señas. Yo de sueco no tengo nada —a veces digo que a mi pesar—. Ni soy tampoco, a diferencia de mis tres colegas panelistas, funcionario de un gobierno. Por tanto, mis comentarios sobre el tema de este panel han de ser forzosamente los de un lector independiente de la escena cultural cubana. Sí me guío, en cambio, por una enseñanza: la Historia está llena de sorpresas, y si hay algo que esta reunión nos prueba es que no podemos escapar de nosotros mismos. A este tema regresaré hacia el final de mi trabajo.

Nuestra reunión se pregunta —"¿Terminará la Guerra Fría en el Caribe?" Esa pregunta retórica, mitad-afirmación y mitad-esperanza, plantea en realidad otra cosa: "¿Cómo podemos dar fin a la Guerra Fría entre Cuba y los Estados Unidos?" A su vez, nuestro propio panel se plantea, como lo hiciera su análogo esta mañana sobre los Estados Unidos, cómo la cultura y los medios de comunicación forman la sociedad cubana. La yuxtaposición de ambos temas sugiere que en efecto existe una relación, pero no creo que esta sea sencilla. Una primera objeción: no me convence la premisa que sustenta estos dos paneles. La premisa no es tanto falsa como insuficiente. Ninguna sociedad es "formada" por la cultura y los medios de comunicación. Son otros los agentes que forman una sociedad. Entre ellos: valores, intereses y proyectos. Los valores pueden ser históricos o morales; los intereses políticos y económicos; y los proyectos colectivos o individuales. Dentro de estos llamados agentes formativos, la cultura y los medios de comunicación sí juegan un papel importante, desde luego; pero su relación respecto de la sociedad no es estática, como da a entender la premisa, sino dialéctica: la sociedad forma la cultura y los medios de comunicación, tanto como ellos, a su vez, contribuyen a formar la sociedad. Esas fuerzas, por lo demás, no son meramente externas, meros efectos de lo que los marxistas llaman "la superestructura". También existen dentro de las propias personas como fuerzas vivas. Como tal, la premisa de nuestro panel exagera el papel de la cultura y los medios de comunicación en la formación de la sociedad, y termina haciendo de ésta un ente pasivo que es objeto de fuerzas externas. Ante estas objeciones, me permito por tanto reformular la premisa de la siguiente manera: la relación dialéctica entre la sociedad cubana y su cultura y medios de comunicación pueden contribuir a dar fin a la Guerra Fría entre Cuba y Estados Unidos. Lo contrario, desde luego, también sería cierto: el fin de la Guerra Fría entre Cuba y Estados Unidos tendría un efecto en la dialéctica entre la sociedad y cultura cubanas. Empezaré por el segundo punto. Al primero regresaré más adelante.

Que el cese de las tensiones entre Cuba y Estados Unidos tendría un efecto benéfico en la situación doméstica de Cuba es un argumento que han promovido, a lo largo de los años, el actual régimen cubano y sus apólogos. Si cesa el bloqueo económico, se normalizan las relaciones diplomáti-cas y termina la agresión —incluyendo la "guerra electrónica" de Radio yTV Martí— el régimen tomará acciones recíprocas. En otros paneles hemos escuchado cuáles serían los efectos de esa nueva situación en los campos de economía, política internacional y seguridad. Mañana escucharemos otro panel que abordará la opinión de la comunidad exiliada sobre el tema. Confinándonos al de este panel –la cultura y los medios de comunicación– resultaría lógico postular que el efecto en esta esfera sería el relajamiento de control ideológico dentro de la isla. En términos más actuales podríamos describir ese relajamiento como la creación de condiciones que propiciarían una *glasnost* cubana: es decir, la misma llamada "apertura a la cubana" que, según acaba de decirnos Pedro Rojas, se desarrolla actualmente dentro del país, *a pesar* de que no existen aún las condiciones internacionales que lo propicien. Resulta lógico postular dicha apertura, no comprobarla. Como veremos en seguida, la llamada "apertura a la cubana" dista mucho de ser una *glasnost:* dicho relajamiento ideológico tendría que ocurrir bajo la política generalizada de *rectificación de errores y tendencias negativas* que hace cuatro años implementara el Partido Comunista Cubano, una política que exige justamente lo *contrario* de la apertura a la que se ha aludido aquí. Aun así, dentro de esa hipótesis (e insisto en que, por ahora, por desgracia, es sólo eso) dicha apertura tendría un efecto inmediato en los medios de comunicación: desplazar la atención del tema obsesivo de la política externa norteamericana hacia temas domésticos que requieren urgente atención y crítica. En cuanto a política interna, el régimen podría llegar a dar cese a la persecución de las múltiples organizaciones de derechos humanos que se han activado en Cuba desde 1987. La independencia de estos grupos podría resultar, a su vez, en el cese de sus críticas a las violaciones de derechos humanos y a la orientación de sus quejas donde legítimamente corresponde: las instituciones jurídicas del país, a condición de que esas instituciones escuchen a sus ciudadanos y garanticen sus derechos, igualmente legítimos.

Un cuadro análogo podría esbozarse en el campo de la cultura. El más atractivo de todos –y ni siquiera el menos irrealizable, dado el reciente e importante antecedente de lo que ha ocurrido en la URSS– sería que la obra de escritores y artistas exiliados que se han distinguido por su crítica abierta –como Néstor Almendros, Reinaldo Arenas, Guillermo Cabrera Infante, Jorge Camacho o Heberto Padilla, entre otros– fuera difundida, publicada y exhibida en toda la isla. A esto habría que advertir dos cosas, sin embargo: sólo difundiendo la obra de artistas activamente *críticos* –y no, como ha ocurrido últimamente, la de difuntos rehabilitados, como Lezama Lima y Novás Calvo, o escritores relativamente apolíticos, como Lydia Cabrera y Severo

Sarduy– es que la hipótesis de la apertura tendría sentido y legitimidad. La difusión de la obra de estos escritores y artistas críticos tampoco debe sustituir lo verdaderamente crucial: que se establezca un verdadero diálogo con ellos y se tomen en cuenta sus legítimos puntos de vista en la reforma de una cultura política en Cuba. Resumiendo la hipótesis en su óptima expresión: el relajamiento de tensiones entre Cuba y Estados Unidos resultaría en la reducción de los efectos ideológicos de la llamada *rectificación*.

Es precisamente este punto, de hecho, lo que parecería justificar esta reunión. Todos los presentes convenimos en que la Guerra Fría entre Cuba y Estados Unidos ha llegado a su punto menos tolerable a raíz de lo que el propio Fidel Castro ha llamado "el derrumbe del campo socialista", las convulsiones por las que atraviesa actualmente la URSS, y la violenta e injustificada invasión norteamericana de Panamá –tema este último, por cierto, que ninguno de mis paisanos cubanos ha tenido a bien siquiera mencionar–. Dado este contexto, nada más lógico que incluir una sesión como ésta sobre cultura y medios de comunicación. Hasta se podría decir que, modestia aparte, es este el panel central de nuestra reunión, el más importante y el que justifica todos los demás. Al menos eso es lo que da a entender nuestro programa.

Sólo tenemos que cotejarlo de cerca para comprobar la posición físicamente central del panel –la quinta de nueve sesiones– y, además, el único en el que figuran tres en vez de sólo dos panelistas, dos de quienes representan diferentes aspectos de los medios de comunicación en Cuba. Todavía me sorprende, ante semejante composición, cómo fue posible justificar un panel que trata, siquiera en parte, sobre la cultura en Cuba sin que en él figure un solo escritor, artista o crítico. ¿Por qué no los incluyó la delegación cubana? ¿Por qué accedió a ello el Wilson Center? Intentaré formular una respuesta.

Por lo pronto diré lo que más me inquieta de esa posición central de este panel. A medida que escribía este trabajo sólo podría sospechar –sospecha que acabo de confirmar al escuchar las ponencias de dos de los panelistas– que mis paisanos sacarían a relucir el tema de TV Martí. Después de todo, en estos últimos días TV Martí se ha convertido en: *1)* un factor agravante de la Guerra Fría a la que pretendemos dar fin, *2)* un obstáculo mayor a la normalización de relaciones entre los dos países, y *3)* el motivo de una crisis de personal dentro de la USIA (agencia del gobierno norteamericano responsable de las dos emisoras) cuyas ramificaciones políticas se resienten dentro de la comunidad cubana del exilio.

Todavía es demasiado pronto para saber si TV Martí hace más daño que bien a intereses norteamericanos. Mi propia opinión al respecto es más bien escéptica: hasta la fecha el tema sólo ha servido para desviar la discusión sobre la represión política en Cuba hacia aspectos más bien marginales del mismo. Mi harina es de otro costal. Dudo, en este sentido, que el cese de tensiones entre los dos países, si bien deseable, disminuya los efectos ideológicos de la *rectificación* o que, a falta de esas tensiones, se haga mella en el control ideológico que asociamos con este proceso interno. La razón es sencilla: lejos de responder a la política internacional, el proceso de *rectificación* responde en gran parte a necesidades internas y constituye una reacción a lo que el régimen cubano percibió como el desvío ideológico que ocurría a mediados de la década de los ochenta como resultado de la política de mercado abierto (el llamado *mercado libre campesino,* entre otros) que entonces imperaba intensamente. Resulta significativo que dicho proceso haya sido concebido en los primeros meses de 1986, justo cuando la política reformista de Gorbachov empezaba a formularse, y a unos meses apenas de que empezara la lucha intestina del poder en la URSS. Como proyecto político, el proceso de *rectificación* se empezó a discutir en Cuba en junio de ese año, pero sólo después de que se circulara el borrador del Tercer Congreso del Partido, en el que el tema ni siquiera figuraba. Llámese freno o represión oportuna, la *rectificación* fue, de esta manera, producto de la previsión astuta; no del Partido, que ni siquiera lo concibió, sino de Fidel Castro y su camarilla. Nuestros politólogos todavía no han dicho sobre este proceso lo que me parece más significativo: de no haber sido implementado en su momento, el deslizamiento percibido anteriormente hubiese llevado al régimen cubano al mismo derrumbe de los otros estados de Europa Central. Hasta la fecha la *rectificación* ha funcionado como dique; pero en vista de los recortes en ayuda económica de la URSS y los países de Europa Central, el río está al desbordarse.

Hago este resumen del trasfondo político de *rectificación* para abordar lo que me parece aún más pertinente: el uso por parte del Partido de los medios de comunicación para llevar a cabo el proceso de *rectificación*. El informe publicado del Segundo Pleno del Comité Central (reunido en julio de 1986) hizo hincapié especialmente en "el decisivo papel que corresponde a la prensa escrita, radial y televisada en la lucha contra los errores y tendencias negativas". "El Pleno coincidió –dice el mismo informe– en que la gestión crítica de nuestra prensa no ha hallado con frecuencia comprensión y le ha faltado por ello el respaldo consecuente, ante todo, en las propias estructuras del

Partido, lo que por otra parte constituye un reflejo de la necesidad de elevar el espíritu y la práctica de la crítica y la autocrítica en el seno de los núcleos y de los organismos de dirección intermedia del partido, en la UJC (Unión de Jóvenes Comunistas) y en las organizaciones de masas y sociales". Según el mismo informe, Fidel Castro subrayó, en esa misma reunión, "el imperativo de que nuestra prensa se libere por completo de esquemas estereotipados y triunfalistas, de manera que cada vez resulte más convincente, profunda y amena..." *(Cuba Socialista* 23, septiembre-octubre de 1986, pp. 146, 147).

Las directrices en torno al proceso de *rectificación* formuladas por el Comité Central en seguida se afincaron en los congresos de periodistas y escritores cubanos que se reunieron, respectivamente, en septiembre de 1986 y enero de 1988. Ambos congresos destacaron el llamado "decisivo papel" de la prensa en el logro de los objetivos de dicho proceso. La nueva importancia concedida al papel de la prensa se hizo patente en la sorpresiva comparecencia en ambos congresos de Carlos Aldana Escalante, hoy en desgracia, entonces director del poderoso *Departamento de Orientación Revolucionaria,* suerte de comisariado ideológico, y secretario del Comité Central. Sus palabras al Congreso de Escritores y Artistas, junto a las de Carlos Rafael Rodríguez, entonces vicepresidente cubano, conforman la percepción del régimen hacia la cultura y los medios de comunicación en la Cuba de hoy. En esa ocasión, no hizo Aldana Escalante más que recordar al público que "alentamos un creciente protagonismo de los periodistas, escritores y artistas [nótese el orden en que se mencionan] en el proceso rectificador", cuando en seguida pasó a condenar que los "intelectuales" no hubiesen "enviado, en sus obras, salvo honrosas y escasas excepciones, alguna señal de la tensa situación a que se abocaba nuestra sociedad en los inicios de los 80". De esta condena de un presunto fracaso de los intelectuales cubanos (alusión evidente a los eventos en torno al éxodo del Mariel en mayo de 1980) se hizo eco Carlos Rafael Rodríguez cuando se refirió, en el mismo congreso, a "que los escritores y artistas cubanos [nótese que no menciona a los periodistas] hayan comprendido cada vez más que están muy lejos de ser la 'conciencia crítica' de la sociedad. No lo han sido nunca". Añadía Rodríguez entonces que "libre de las pretensiones de convertirse en el reservorio *[sic]* crítico de la sociedad, enriquecidos por su modestia histórica, nuestros escritores y artistas podrán acercarse más a ser 'testigos de la verdad'" *(El caimán barbudo,* número especial, marzo de 1988, pp. 8, 11).

Todos convendríamos, me parece, en que nunca ha sido fácil, en ningún momento y en ninguna sociedad, la "cohabitación", como quien dice, entre el escritor y el periodista. Pero si bien esa relación nunca ha sido fácil, al escritor en la Cuba de hoy, a juzgar por estos comentarios, le ha ido peor: se le ha echado de la cama. No tanto el escritor mismo como su importancia ha desaparecido de la Cuba actual. Al despojar al escritor de su papel de "conciencia crítica", el Partido reafirma su control de esa misma conciencia. Lejos están los días heroicos en que el intelectual era llamado a defender la Revolución públicamente ante agresiones del exterior, como hiciera ante el llamado "Caso Padilla" Roberto Fernández Retamar en su célebre panfleto *Calibán* (1971); ni siquiera se le pide al intelectual que redacte un telegrama destinado a un díscolo aliado, como ocurriera con Pablo Neruda a fines de los años sesenta. A cambio de todo esto, el Partido le ha entregado al periodista el papel de vocero para que "eleve", según el informe del Pleno, "el espíritu y práctica de la crítica y la autocrítica". Si el escritor o intelectual pasa ahora a ser un mero "testigo de la verdad", el periodista a su vez se ha convertido en un privilegiado "creador de la verdad". Y así, según este nuevo planteamiento, la vanguardia cubana de hoy ha de hallarse en los diarios *Granma, Juventud Rebelde* y *Trabajadores,* y no ya en *Revista de Casa de las Américas* o en *Pensamiento crítico*. La esencia de esa "verdad" –y así nos lo acaban de confirmar los panelistas que acabamos de escuchar– es la "crítica", o al menos lo que hoy en Cuba pasa por crítica dentro del proceso de *rectificación*

Dentro de ese proceso, tal como lo reflejan los medios de comunicación dentro de la isla, hay un espíritu, más que de crítica, de *queja*. Todos se quejan de todo. Dicho espíritu de queja es lo que explica el éxito relativo de revistas como *Opina,* la efervescencia de denuncias periodísticas como "El caso de Sandra" –en el que por primera vez se expuso (y por tanto se admitió) la existencia de la prostitución ilegal en la isla– o el ascenso meteórico de columnistas como Soledad Cruz, de *Juventud Rebelde*. Es claro el efecto de semejante espíritu de queja: además de crear la pantalla de un espíritu democrático –una *glasnost* barata– dichas quejas permiten que las masas realicen, como dijera recientemente un comentarista de la escena política cubana, "una catarsis de su frustración e impotencia". Abundan las quejas: pero sólo cuando se limitan a aspectos prácticos e inmediatos de la vida diaria. Para decirlo en el lenguaje de los científicos sociales: las quejas no tienen ninguna repercusión estructural. Abundan también los chivos expiatorios: se pregunta quién tuvo la culpa, pero no por qué ocurrió. La abundancia hipercrítica lleva a un callejón sin salida: caen los burócratas de medio pelo, pero el sistema y la dirigencia que reproducen a esos mismos burócratas permanecen incólumes e invulnerables.

Que la llamada apertura cubana no tiene nada que ver con la *glasnost* soviética resulta evidente. Sólo hay que comparar las tristes páginas de *Juventud Rebelde* o *La Gaceta de Cuba* con las de *Novedades de Moscú* u *Ogonyok* (o, en su defecto, compararlas con el resumen que ofreció Alec Nove en su libro *Glasnost in Action,* Londres, Unwin Hyman, 1989), para darse cuenta del abismo que separa a los dos procesos. Lo que entre los soviéticos fue un desgarrante proceso de autocrítica histórica y estructural, entre mis paisanos fue apenas la confección de una central de quejas para el consumidor. Más triste aún resulta pensar que el régimen cubano, en su desesperada búsqueda de autojustificación, pretenda presentar su espíritu de queja como credencial de reforma democrática con la finalidad de obtener subsidios y prebendas de última hora.

Todo ello apunta a una cosa: mis paisanos no parecen haberse enterado de que quejarse no es lo mismo que criticar. La diferencia es sutil pero importante. Desde el siglo XVIII al menos sabemos que la razón crítica, como principio fundamental de la modernidad, no admite ningún sistema o dirigencia políticos. Es por eso que la verdadera crítica no descansa nunca y llega a constituirse a sí misma como objeto de análisis, duda y negación. Criticar significa seguir un método cuyo único principio es el examen de todos los principios, inclusive su propia capacidad de crítica. Y es por eso que, lejos de afirmar un principio atemporal, la crítica, en nuestros tiempos, ha significado una sola cosa: el *cambio*. La base conceptual de ese cambio radica en la raíz griega de la palabra crítica, *krinein*, que, como todos sabemos, tiene un significado igualmente crucial *decidir, escoger*. Ni el cambio ni la crítica —en el sentido de un espacio de decisión— forman parte del proceso de *rectificación* cubano. Y son estas ausencias las que marcaron su insalvable diferencia con la *glasnost* soviética.

Que el escritor-intelectual cubano se encuentre, bajo *rectificación,* desplazado por el periodista no nos debe sorprender, por tanto. Como discurso, el lenguaje del periodismo crea la ilusión de una pantalla transparente entre el lector y el evento del que se le informa. El periodista mismo erige esa pantalla, y su éxito depende justamente de la medida en que pueda crear el efecto de esa transparencia y así permitir que los eventos brillen en su presunta "verdad" —la misma "verdad" de la que el vicepresidente Rodríguez desea que los escritores sean testigos—. Pero el escritor intelectual guarda una relación con el lenguaje, y por tanto con la realidad que ese lenguaje representa, muy distinta a la que guarda el periodista. Libre de la responsabilidad de crear el espejismo de la transparencia de su pantalla, el escritor intelectual asume, a su vez, otra libertad: la de interponerse entre el lector y el evento mismo. En términos morales, el escritor intelectual tiene la libertad de *escoger*, de *decidir*, y por tanto de *criticar,* la "verdad" de la que desea ser testigo. Que ésta es la fatal carga, la responsabilidad, del escritor lo sabemos desde Platón —el primero en expulsar al poeta de la República por el sólo hecho de su empleo heterodoxo del lenguaje. (Platón, ya lo sabemos, fue el primero en practicar *rectificación.)* Que un periodista decida escoger esta alternativa heterodoxa del lenguaje —en nuestra tradición el ejemplo perfecto sería José Martí; otro más reciente sería Yndamiro Restano— es enteramente posible; pero en ese caso el periodista deja de serlo para convertirse en un escritor. El escritor-intelectual posee un privilegio, un poder si se quiere, que el periodista no tiene: la prerrogativa de decir NO. Siempre y cuando ese No surja, desde luego, de la conciencia de la persona, y no de la táctica de la ideología, o de las necesidades de partido, cualquiera que sea su persuasión o filiación ideológica.

Todo lo cual me lleva a la respuesta a la pregunta que antes formulé. No es un accidente que nuestro panel carezca de un escritor, de un artista, o de un crítico de Cuba: bajo la *rectificación* tales personas han sido desacreditadas. Yo al menos quisiera pensar que hoy he compartido mi parte de la discusión —y me refiero no a una diferencia ideológica o de lugar de residencia, tanto como la parte que toca a la Cultura— con poetas como Tania Díaz-Castro o Ernesto Díaz Rodríguez, dos escritores que podrían estar aquí, que deberían estar aquí.

Y sin embargo aún abrigo fe en el periodista de Cuba. De hecho —y esto constituye mi planteamiento principal— creo firmemente que si algo ha de dar fin a la Guerra Fría en el Caribe —como de hecho le dio fin a la Guerra Fría en Europa Central— es la relación dialéctica entre la sociedad cubana y su cultura y medios de comunicación, y no un proceso diplomático externo. Ya se sienten algunos ecos positivos. Hace apenas dos días, el último número de *The Village Voice* (1 de mayo de 1990) publicó un artículo sobre Cuba del periodista norteamericano Marc Moore. Lo que me llamó la atención del artículo no fueron tanto las observaciones de Moore sobre Cuba (decían poco que ya no supiera, con la excepción de los nuevos chistes sobre Fidel) como su cita de una conversación que sostuvo con un periodista cubano que él mismo describió como "el más brillante y más elocuente" de todos los que conoció en su viaje a la isla. "Con demasiada frecuencia —decía que decía este brillante periodista—, hemos confundido la unidad con la uniformidad. Así tenemos que continuar el debate. El mayor error que podemos cometer sería frenar este proceso de cambio." Esas palabras me sorprendieron: sonaban a la *glasnost* soviética y nunca antes las había escuchado en boca de un funcionario cubano. Pasé a buscar el nombre de ese periodista, que se me había deslizado anteriormente, y descubrí que no era otro que el "juvenil director de *Juventud Rebelde,* José Vidal", uno de los dos panelistas con quien yo tendría que compartir el podio del Wilson Center en unos días, en un panel sobre cultura y medios de comunicación en Cuba. Hecho este descubrimiento, quise regresar al resto de la cita de Vidal, pero entonces mi anterior entusiasmo volvió a mi habitual angustia: "Pero tenemos que hacerlo —agregó Vidal entonces—, sin darle una apertura al enemigo. Tenemos que movernos lentos pero seguros".

Cuando en septiembre del año pasado ingresé al Wilson Center como investigador becado nunca me imaginé que terminaría mi año de beca participando en un panel sobre temas de política cubana. Dudo, igualmente, por cierto, que José Ramón Vidal jamás se imaginara, cuando le concedió la entrevista a Marc Moore en La Habana, que un paisano suyo le citaría sus palabras en voz alta durante su visita a Washington. Si bien es cierto que no podemos escapar de nosotros mismos, también es cierto que el camino hacia nosotros pasa por el Otro. Durante más de treinta años los cubanos en ambos lados del estrecho de la Florida nos hemos dicho que somos enemigos. En treinta años el resultado de esta guerra, que ha alcanzado diversas temperaturas, no ha sido la victoria de ningún grupo sino la mutilación de la nación cubana. No existe cubano hoy vivo, en Miami y en La Habana, que haya logrado escapar la tristeza y el dolor de esas heridas. Ante el espectáculo de ese dolor, que hoy lamento no sea mío solo, recuerdo unas palabras de Octavio Paz que acaso nos sirvan a todos de consuelo para el presente y consejo para el futuro: "Decir cuatro verdades al adversario es relativamente fácil; lo difícil es decírselas al amigo y al aliado. Pero si el escritor se calla, se traiciona a sí mismo y traiciona a su amigo".

Posdata

A lo largo de nuestra reunión de dos días, mis paisanos de la isla insistieron en que se avecinaban grandes cambios en la situación política cubana. Para demostrarlo señalaban el próximo congreso del Partido, a celebrarse el primer semestre de 1991, y la inminente visita del Papa. El más insistente fue el inteligente economista José Luis Rodríguez, quien ofreció, hacia el final de la reunión, regresar a Washington pronto para informarnos sobre estos cambios. Al oírlo, contrapropuse que en vez de regresar una persona a informarnos, debería celebrarse otra reunión parecida, con éste u otro grupo de especialistas, en La Habana –a condición de que la agenda fuese irrestricta y estuviese abierta al público–. Nadie recogió el guante. Hoy me llegan rumores que se prepara otra reunión para septiembre de este año en La Habana. ¿Continuará?

(1990)

Jiménez-Leal

"8A"

EL RECIENTE E INQUIETANTE documental de Orlando Jiménez-Leal descifra el misterio de los acontecimientos de julio de 1989 que culminaron en la ejecución de cuatro altos oficiales de la cúpula del gobierno cubano y en la condena de otros siete. A través de una magistral edición de los videos del juicio de Ochoa –ya de por sí editados por el régimen cubano– un habilísimo montaje, y la reconstrucción dramática de algunos actos claves, el film logra desmontar la ficción creada por el régimen para justificar el asesinato del general Ochoa y sus tres llamados "cómplices". Si el caso de Ochoa fue un circo romano cuyo último propósito, en boca del mismo Castro, fue el de "dar un ejemplo", el film de Jiménez-Leal subvierte esa función y la delata a través de la restructuración de la propia "evidencia" que presentó el régimen en contra de los acusados. El efecto es devastador. Demuestra, contundentemente, que el estalinismo prospera en Cuba, y que el juicio de Ochoa en 1989 es apenas una repetición de los infames juicios de Moscú de hace medio siglo.

No obstante sus inmensos logros técnicos, en lo que radica el éxito del film es en su tesitura ética, en la manera en que saca a flote la moraleja implícita en el caso de Ochoa. Hacia el final del film, mientras se muestran imágenes del verosímil fusilamiento de Ochoa y sus compañeros en una fría madrugada, se oye en *off* a Fidel Castro quejándose de que en el segundo juicio civil Ochoa fue "evasivo", mientras que en su anterior juicio militar –el llamado "Tribunal de Honor"– sí se había mostrado honesto y contrito. Más que ninguno de los cargos criminales de que se les acusaba, ese sorpresivo cambio de actitud de Ochoa, esta contra-conversión, había definido su condena e impedido su "salvación". He aquí la paradoja central de todo el caso, y que el film logra descifrar: ¿cómo es posible que el contrito oficial del ejército que en un momento vemos afirmar que "yo mismo me desprecio" y que "la traición se paga con la vida", sea el mismo que vemos minutos después acusando a sus compañeros de mentir para salvar el pellejo y negando los cargos formulados contra él de contrabando de drogas?

"Somos los cómplices de nuestros enemigos", escribe Octavio Paz a propósito del juicio de sor Juana Inés de la Cruz, hace más de trescientos años, para explicar la abyección de la monja mexicana ante sus superiores eclesiásticos. Como oficial obediente, y no menos crédulo que sor Juana, Ochoa confió en lo que sus propios superiores, que para colmo eran también sus compañeros de lucha y amigos de toda la vida, le habían asegurado: que admitir su culpa representaría un servicio más a la Revolución, su valentía recompensada una vez más, y su vida salvada. Que él también sería arrojado a los leones no le pasó por la mente, hasta que fue demasiado tarde. No basta decir que esa fe desvariada fue lo que le costó la vida a Ochoa. Esa fe ciega era lo que le daba sentido a su vida. Soldado fiel, comunista obediente, militante revolucionario, héroe de la Patria, ¿qué más podía hacer sino obedecer, actuar según el preciso entrenamiento que había recibido? He ahí la moral, y también el horror, de su historia. En el mundo brutal que nos muestra este documental no hay heroísmo posible, salvo el de la abyección; en él la realidad, la verdad de los hechos, se mantiene obcecadamente invisible —salvo la que vemos proyectada en la pantalla ante nuestros propios ojos.

Como en su anterior film, *Conducta impropia,* Jiménez-Leal nos muestra, una vez más, que si un régimen como el de Fidel Castro se deleita en perseguir y asesinar a cuantos se le oponen, ahí estará la cámara para servir de testigo; para asegurarnos que en ese gran tribunal que llamamos la Historia, los verdaderos culpables serán traídos a juicio, y *no* se los absolverá.

(1992)

LA REALIDAD INVISIBLE

CON LA PUBLICACIÓN de *8-A: La realidad invisible* (Miami, Universal, 1997), Orlando Jiménez-Leal lleva al público lector la hazaña cinematográfica que le valió tantos elogios hace casi diez años con su documental *8-A*. Si aquel film había puesto patas arriba al circo romano contra el general Arnaldo Ochoa y sus compañeros, descodificando la trama de la comedia y poniendo al descubierto el horror de sus consecuencias, el libro incluye ahora el guión editado que siguieron sus infortunados personajes, además de una serie de valiosos documentos que de otra manera no tendríamos a mano. La relación entre el libro y el film es, por tanto, transparente.

Los documentos no sólo muestran el origen del film; también confirman su principal hipótesis: que el "caso Ochoa" fue una patraña más del régimen para vincular la posible insurgencia de una serie de infelices con su temor al sistema judicial norteamericano, que a la postre tenía noticias de la complicidad del régimen en el narcotráfico internacional. Y así, si el film *8-A* contribuía, por medio de la astucia de la edición, a poner al descubierto el intento de mitología piadosa que el régimen se afanó en montar, el libro le da al lector la documentación suficiente para seguir desmontando el mismo intento mitológico que, a la distancia de casi una década de los hechos, aún no cesa. Encontraremos ahí, además del propio guión, el excelente recuento del caso Ochoa que dio Ernesto Betancourt; cuatro entrevistas y mesas redondas donde Jiménez-Leal, junto a una serie de periodistas e intelectuales, analizan el film a la luz de lo que se sabía en ese momento; nueve opiniones sobre el film, que unánimemente apuntan a su excelencia; todo esto precedido por un prólogo brillante, como todo lo suyo, de Guillermo Cabrera Infante.

Pero la verdadera y crucial contribución de la documentación en el libro está en la antepenúltima sección, que bajo el título de "Testimonios" reúne seis contundentes textos, algunos de los cuales se mencionan en el film propiamente. Ahí están el testimonio de Félix Rodríguez Mendigutía, el cual, de manera increíble, al describir por testimonios de la inteligencia cómo ocurrió la ejecución de Ochoa y los suyos en el paredón de Baracoa, parece que estuviese describiendo la última escena de la película. Ahí también la transcripción de la entrevista que el periodista italiano Valerio Riva le hizo al traficante Reinaldo Ruiz, no por truculenta menos escalofriante, que confirma el temor del régimen a seguir el destino del panameño Noriega; las respectivas, patéticas y aterradas cartas de "Rodolfo", el agente de Seguridad del Estado que actuó de soplón ante el espionaje del régimen; junto a las de Amado Padrón Trujillo y de Patricio de la Guardia. A mi juicio aquí está el meollo del libro: documentos históricos que confirman que *8-A* estuvo lejos de ser un film de ficción. Todo lo contrario: fue un documental que, por demasiado real, tuvo que sufrir un tratamiento literario, o para decirlo con más precisión: un tratamiento poético, lírico, estético.

Que el libro era necesario no cabe duda. Al igual que *Conducta impropia* (Madrid, Playor, 1984), el tomo que editara Jiménez-Leal con Néstor Almendros a raíz de completar el otro excelente documental del mismo nombre, *8-A: la realidad invisible* contesta con puntería a aquellas publicaciones del régimen que intentaron justificar el asesinato de Ochoa y sus compañeros. Es conocido, en este sentido, el libro *Causa 1/89* (La Habana, José Martí, 1989), que recoge muchos de los textos que circularon en ese momento en la prensa oficial sobre el caso, así como fragmentos de las transcripciones de los dos juicios (el llamado Tribunal de Honor y el juicio civil). Ese libro, que empezó a circular en versiones en español y en inglés tan pronto como julio de 1989, inmediatamente después de los asesinatos, fue ampliamente difundido por el régimen por todas partes del globo, pero sobre todo en Estados Unidos, donde por cierto conseguí mi ejemplar. No fue ese el único esfuerzo del régimen por imponer su versión de los hechos. Durante julio de 1989, en un viaje de investigación por América del Sur, me encontré, en un estanco de periódicos de Santiago de Chile, la versión tabloide de ese mismo libro que había preparado, con la anuencia del régimen, el Partido Comunista Chileno, entonces en franco resurgimiento. Se trataba de un esfuerzo por poner al alcance del público una versión aún más recortada de lo que desde su mismo origen había sido un teatro, sólo que esta vez adornado por fotos de niños cubanos, y desde luego la benevolente figura del Comandante en Jefe, en gesto que remeda el *heil* de Adolfo Hitler. *8-A: la realidad invisible,* con sus documentos irrefutables, ahora contesta la sarta de noticias, fragmentos, fotos y hasta cuadros estadísticos que esos mamotretos habían tratado de perpetrar. Demoró casi diez años hacerlo, pero la pericia con que está hecho demuestra que valió la pena.

Valió la pena porque este libro, al igual que la película que la inspira, no es sólo un documento. Es una parte vital de la memoria histórica de Cuba. Pues, como sabemos, la memoria histórica no es la mera acumulación de datos sino otra cosa mucho más importante: la radiografía de su alma. Sé bien que decir esto corre el riesgo de convertirse en una abstracción sentimental. Y por eso, para subsanar esa falta, he querido añadir estas otras breves palabras de interpretación de la obra de mi amigo Orlando Jiménez-Leal.

Si recordamos, uno de los momentos culminantes del guión de su película *8-A* es la aparición de una pregunta del escritor yugoslavo Milovan Djilas, que a su vez es una cita del célebre ensayo "*La nueva clase:* ¿cómo entender los juicios de Moscú? ¿Cómo explicar la razón que lleva a una persona a la abyección de declararse culpable de un crimen que no ha cometido?" La pregunta es clave. Apunta al terror de los personajes que a continuación veremos en pantalla, o leeremos en el guión, y porque aclara el nivel más profundo de la empresa toda del film. La respuesta a esa pregunta está contenida, por cierto, en una afirmación que Agustín Tamargo, con su habitual agudeza y sentido histórico, remata en la mesa redonda que recoge el libro: "El juicio de Ochoa tiene su predecesor no sólo en los Juicios de Moscú sino también en la Inquisición. Todo lo que ocurrió allí lo hemos visto antes, lo hemos leído en los libros sobre la Inquisición, donde los familiares se acusaban los unos a los otros, donde las personas bajo tortura, bajo terror, bajo presión, confesaban delitos que no habían cometido".

No es exagerado encontrar en el caso Ochoa, como años antes vimos en efecto en otro caso, el caso Padilla, otra puesta en escena de la pesadilla inquisitorial. Sólo que la grotesca recurrencia de semejante teatro en menos de veinte años apunta a la supervivencia de una perversión moral que por desgracia nos afecta a los cubanos, no menos que a los latinoamericanos y hasta a los españoles. Nuestro gusto por la teatralidad inquisitorial, sobre todo en condiciones como la que se vive en nuestro país actualmente, está históricamente vinculada a una perversión de nuestra religiosidad. Desde luego que esa perversión religiosa nada tiene que ver con la verdadera espiritualidad: esa que defiende la libertad del alma humana y que intenta religarse (como indica la propia palabra religión) no con las predilecciones materiales sino con una realidad trascendente.

No es posible, en el film de Orlando Jiménez-Leal, y ahora en su libro, deslindar esa perversión religiosa de la manía persecutoria del régimen castrista. Cuando en los juzgados que vemos en pantalla los personajes van uno a uno confesando sus supuestas culpas; cuando el fiscal Escalona pasa lista a los nefandos pecados de los acusados; cuando Raúl Castro descubre su rostro lloroso a la hora de cepillarse de los dientes; cuando la defensa utiliza los más falsos silogismos para producir el efecto contrario al que su función lo obligaría; cuando vemos a Tony de la Guardia llorar, a la señora Avierna confesarse, a Arnaldo Ochoa admitir que su culpa se paga con la vida, ¿no es todo esto un teatro religioso? Por eso me atrevería a decir que, más que una comedia, la película *8-A* tiene otra estructura: me refiero a la del auto sacramental. O mejor dicho: se trata de una parodia, una caricatura, de ese auto, que como sabemos es una lenta procesión hacia la Eucaristía.

En un libro que debería ser releído después de leer *8-A: la realidad invisible*, *Sor Juana Inés de la Cruz, o las trampas de la fe* (1982), Octavio Paz nos recuerda:

> Mi generación vio a los revolucionarios de 1917, a los compañeros de Lenin y Trotsky, confesar ante sus jueces crímenes irreales en un lenguaje que era una abyecta parodia del marxismo, como el lenguaje santurrón de las protestas de fe que sor Juana firmó con su sangre son una caricatura del lenguaje religioso. Los casos de los bolcheviques del siglo XX y el de la monja poetisa del XVII son muy distintos pero es innegable que, a pesar de las numerosas diferencias, hay entre ellos una semejanza esencial y turbadora: son sucesos que únicamente pueden

acontecer en sociedades cerradas, regidas por una burocracia política y eclesiástica que gobierna en nombre de una ortodoxia. A diferencia de los otros regímenes, sean democráticos o tiránicos, las ortodoxias no se contentan con castigar las rebeldías, las disidencias y las desviaciones sino que exigen la confesión, el arrepentimiento y la retracción de los culpables. En esas ceremonias de expiación —sea un proceso judicial o una confesión general— las creencias de los inculpados son el aliado más seguro de los fiscales y los inquisidores.

En estos días en que el fanatismo religioso (o mejor dicho: católico) está celebrando junto al régimen la visita del Papa a Cuba —pero también en la misma época en que una bomba puede explotar en un hotel habanero durante el preciso aniversario del asesinato del desdichado Ochoa y sus infelices compañeros—, las imprescindibles palabras de Octavio Paz se dan la mano con las maravillosas imágenes de Orlando Jiménez-Leal y con la alucinante frase de Borges que da título a este libro para recordarnos que la realidad será invisible únicamente si nosotros permitimos que así lo sea.

(1998)

Cuba y los intelectuales

¿CÓMO CONTRIBUIR a una cultura cubana de cara al nuevo milenio? Quiero contestar esa pregunta abordando un tema que puede resultar incómodo pero es indispensable: el colaboracionismo de los intelectuales cubanos con el régimen actual y la necesidad de una reflexión al respecto.

A medida que la caída del régimen actual se hace más inminente, el tema de la responsabilidad de los intelectuales en su formación, apoyo y mantenimiento se vuelve más urgente. No es para menos: lo mismo ha ocurrido en otros ámbitos —como la Alemania y el Japón de la posguerra, para no hablar del reciente colapso del llamado campo socialista, que ha suscitado discusiones al respecto no sólo entre intelectuales de países como la ex Unión Soviética, sino en Francia, que tanto apoyó a esa causa–. Cuba no podrá ser, en este sentido, una excepción.

O a lo mejor sí. Un amigo poeta, conocido por su brillante nihilismo, me observa que esa discusión sería posible en un país como Francia, precisamente, que tiene una sólida tradición intelectual, pero no en Cuba, donde según él nunca ha habido intelectuales. Yo apuesto a que mi amigo poeta se equivoca y a que esa discusión ya está ocurriendo.

Durante mi estancia aquí en Miami, que ahora termina, nunca he visto el tema tratado en ninguno de los muchos comentarios políticos que se publican. En cambio, es comidilla constante en conversaciones privadas con amigos que se creen (y nos creen) inmunes al fenómeno. Encontrarse en una columna de la prensa local o en un restaurante de la ciudad al comisario o funcionario cultural que una vez fuera nuestro jefe, colega o perseguidor, es una realidad que aquí se vive con frecuencia. Nuestra reacción es casi siempre la misma: asombro e indignación seguida de solidaridad con la crítica que se expresa, o al menos que se insinúa, al régimen con el que rompe. Pero si bien a veces se expresa una crítica al régimen, pocas o casi nunca se asume responsabilidad por la colaboración personal con el mismo. Un velo retórico recubre esa posibilidad e impide la reflexión. Si el último en llegar al exilio no admite su colaboración, ha de ser porque percibe que el que llegó antes que él tampoco lo ha hecho. Como en *La peste* de Albert Camus, ninguno de los personajes puede identificar el mal, o siquiera erigirse en médico o enfermero para curar la plaga colectiva.

Desde luego que en el caso de nuestra historia se trata de un fenómeno antiguo. Si hablamos sobre colaboración, entonces ¿por qué no abordar la misma relación con el poder bajo las dictaduras de Machado o Batista, o de las corruptas administraciones de los Auténticos? ¿Acaso no podríamos incluir también la corrupción de intelectuales bajo las administraciones políticas antes de Machado, bajo las intervenciones norteamericanas, o la colonia española? Observo que por muy seductor que parezca este argumento relativista, y que podría extenderse a todo lo largo y ancho de nuestra historia, no puedo admitirlo como pretexto para diluir la necesidad más actual. Convengo en que un juicio global e histórico de los intelectuales en Cuba debería basarse en sus relaciones con el poder a secas, y no sólo en pactos con el totalitarismo padecido durante los últimos años. Pero no creo que ese juicio pueda obviar la responsabilidad personal de cada cual, que es lo que me interesa destacar aquí; o diluir el hecho de que el régimen actual ha sido sin duda el más eficaz de nuestra historia en lograr la complicidad de escritores, artistas e intelectuales para justificar su poder.

No reprocho la ausencia de ese tipo de reflexión; sí la lamento. Una interpretación simplista de mi propuesta llegaría a la conclusión que lo que pido es una cacería de brujas, versión liberal de las mismas autocríticas a las que nos acostumbraron Stalin y Castro bajo los nombres de Bujarin y Padilla. Aclaro en seguida que no sólo no me interesan las conversiones, sino que no creo en ellas, mucho menos en el caso de un intelectual. Toda conversión supone la creencia no sólo en un dios hacia quien nos volteamos para salvarnos, sino en otro que abandonamos porque nos ha fallado. *El dios que falló* fue por cierto el título de aquella patética recopilación de la Guerra Fría de Richard Crossman de textos de Silone, Gide, Koestler y Stephen Spender, entre otros, donde se contaban las experiencias de "compañeros de viaje" y sus respectivas desilusiones con la utopía comunista. Como bien ha observado Edward Said sobre este tipo de contienda: "La batalla por el intelecto se convierte de esta manera en una batalla por el alma, de implicaciones muy dañinas para la vida intelectual".

Entre nosotros, el paradigma de esta situación nos viene no del mundo intelectual, por cierto —donde brilla por su ausencia— sino de la farándula, con la reciente llegada a Miami de Osvaldo Rodríguez, cantautor de conocidas melodías como *La voluntad como cañón*, que una vez dedicara nada menos que a la Seguridad del Estado Cubana, pero que hace poco debutó, a todo trapo, en el Club Maxim's de la Calle Ocho. "No digo que merezca el perdón –le dijo Rodríguez a Armando Correa cuando llegó a Miami hace poco más de un mes–, mi perdón es con la frente en alto. Entiendo que cometí un error, que fui utilizado, que creí en una causa perdida, pero ahora me toca pedir perdón."

Si la penitencia "en alto" de un Osvaldo Rodríguez parece inútil en el caso de un artista o intelectual, sí creo, en cambio, que puede ser un modelo, *mutatis mutandis*, para la propuesta que tengo en mente. Descarto el modelo religioso, que terminaría reforzando el mismo mecanismo represivo del que nos queremos deshacer, pero no así el económico, o práctico, para comprender la reflexión de un Osvaldo Rodríguez. Porque si lo que se quiere es hacer que el público exiliado de Miami vaya a escucharlo cantar al Club Maxim's, entonces su reflexión parece válida. Rodríguez pudo haberse quedado en España, adonde fue a parar cuando salió de Cuba, o dedicarse a otras cosas, a pesar de su trágica ceguera, cuando llegó a este país. Pero su decisión de reflexionar sobre su experiencia parece coherente, por tanto, con sus intereses, que son los de actuar en un foro público. Su reflexión pone a prueba su credibilidad, aun cuando ésta la dedique a cantar boleros y entonar guarachas.

Salvando las distancias, creo muy distinto el caso del intelectual cubano actual. Esa distancia tiene que ver, ante todo, con su conciencia. Nadie debe o puede forzar su reflexión. Antes bien, debe ser espontánea, producto del cruce entre necesidad interior y reconocimiento del contexto histórico en que se vive. ¿No quiere o puede realizarla? Entonces, que asuma las consecuencias de su negativa. Si ese intelectual realmente desea seguir actuando en un foro público, podrá hacerlo únicamente a partir de una reflexión que obtenga la credibilidad que exige su actuación pública. La observación se aplica hasta a aquellos escritores que dicen escribir únicamente para sí, o por el amor a las abstracciones. Pues como dijera Jean Genet, se entra en la vida política desde el momento en que se publican ensayos en sociedad.

Reconocer el contexto histórico y actuar en él incluye, por cierto, la responsabilidad ante las generaciones futuras: esa cultura cubana que ya va hacia el nuevo milenio. Desprovista de la reflexión de ese intelectual, esa cultura quedará gravemente mutilada, sujeta a la repetición inconsciente del mismo fenómeno que cometió. Un sofisma nacionalista nos llevaría a descartar análogas situaciones morales que se han planteado en otros ámbitos. Pero de todos modos hago mías las palabras de Jürgen Habermas cuando observa que: "Mientras más una forma de vida colectiva y destrucción se mantenga a través de la usurpación y destrucción de las vidas de los otros, más grande ha de ser el peso de la reconciliación, el trabajo de duelo, y la autoexaminación crítica que le caerá encima a futuras generaciones... y por eso debemos mantener vivo el recuerdo del sufrimiento de los que fueron exterminados". Habermas dice esto a propósito del Holocausto, que si bien no ha cobrado más víctimas sí sigue cobrando análogos sufrimientos.

Mi propuesta, que soy el primero en admitir puede resultar incómoda, puede ser tachada, además, de ilusoria. No importa. Creo profundamente que el intelectual cubano existe, creo en su probidad intelectual y creo en su capacidad de reflexión. No creo, en cambio, ni en las soluciones colectivas ni en los llamados a discusiones en masa. La mejor respuesta a las llamadas "Palabras a los intelectuales", cuyos 35 años el ministro Hart acaba de celebrar con bombos y platillos, hace dos semanas, en La Habana, es la respuesta solitaria, el testimonio individual y honesto, que cada uno de nosotros puede dar de lo que "dentro de la Revolución" llegó verdaderamente a significar. Hacerlo supone no sólo un acto de constitución del sujeto histórico cubano, su reintegración moral después de un holocausto, sino la proyección de una cultura política para el próximo milenio: la construcción de una sociedad civil.

La palabra diálogo, que a pesar de sus muchas virtudes ha sido pisoteada muchas veces por las manipulaciones del régimen, debería ser remplazada por otra, que creo más resistente: la palabra *debate*. A su vez, sin embargo, ese debate sólo podrá ocurrir cuando haya debatientes reales constituidos por un testimonio exento de ambigüedades. Pedir otra cosa significaría contentarnos con las máscaras que ya hemos internalizado y traicionar la causa que verdaderamente cuenta: la libertad de nuestro espíritu.

(1996)

Contra la doble memoria*

> *El infierno de los tibios es el equívoco.*
> Octavio Paz

LA TRAMA VISIBLE de *Llover sobre mojado* abre con una alegoría resonante. Sentado en su jardín, el escritor admira "el sentido de responsabilidad" de los colibríes que acuden a libar. Ellos le hacen reflexionar "sobre los hechos transcurridos", y también sobre "cómo valoramos el tiempo con el temor —más o menos encubierto—, de haber malgastado la única y preciosa existencia que nos fue dado disfrutar". La alegoría intenta una apología: Otero insiste en haber actuado como el colibrí de manera responsable en la época que le tocó vivir. Sólo que a diferencia del animal, al escritor le asaltan dudas. "Me alivio al verlos porque admiro el inexorable método con que emplean el tiempo." El escritor ve la naturaleza como espejo, pero su reflexión nunca penetra el espejismo. El ser pensante no es, no puede ser, como los pájaros. El colibrí actúa por instinto, no por decisión. Por eso, las dudas que asaltan al escritor surgen precisamente del abismo que separa al hombre de esa naturaleza irreflexiva pero que a la postre él reprime eficazmente. La alegoría resulta, por tanto, lo contrario de lo que su justificación requiere. La naturaleza será su espejo, pero lo que revela en el escritor, como en el colibrí, no es el sentido de responsabilidad sino el instinto de supervivencia.

La alegoría abre un marco en estas memorias publicadas en México que no se cierra sino catorce capítulos después, luego que Lisandro Otero narre cuarenta años de una vida y obra en la que dice haber "estado inmerso en la revolución cubana... un fenómeno totalizador que me ha ocupado cada minuto". En efecto, Otero (La Habana, 1932) ha sido uno de los más fieles colaboradores del régimen en materia cultural y demás. Periodista, es-

---

* A propósito de *Llover sobre mojado. Una reflexión personal sobre la historia,* La Habana, Letras Cubanas, 1997; y *Llover sobre mojado. Memorias de un intelectual cubano (1957-1997),* México, Planeta Mexicana, 1999.

363

critor, editor, funcionario, diplomático, y aspirante a político, representa casi perfectamente lo que Gramsci llamó "el intelectual orgánico". Describe una formación burguesa y lecturas marxistas; también el sombrío despertar a una izquierda urbana que recibía consignas de Europa, y especialmente de París, adonde Otero va a estudiar a los 22 años. Su regreso, en 1957, lo encuentra de camarada de gente como Armando Hart y Haydée Santamaría, inmerso en la clandestinidad urbana contra Batista, a cuyo colapso asistió en 1959 y tras el cual pasó a ocupar cargos de creciente importancia, o poder. "En el periódico *Revolución* asumí la conducción de la página editorial", reza el primero de muchos galardones a los que pasará lista. Tras la fundación de la Unión de Escritores y Artistas de Cuba en 1961, y a la zaga de las notorias "Palabras a los intelectuales" de Fidel Castro, Otero es electo "para la Secretaría de actividades culturales" y lo hacen el primer director de *La Gaceta de Cuba*. En 1963, el mismo año que asume la dirección de la revista *Cuba* ("edad de oro del periodismo revolucionario"), gana el premio Casa de las Américas con *La situación,* su cuarto libro y primera novela.

Para entonces Otero ha internalizado sus modelos: el escritor de acción (Hemingway, Malraux) y el intelectual sesudo y comprometido (Greene, Sartre). Su creciente importancia en el escenario cubano se refleja en las múltiples tareas que se le asignan en 1966, cuando el entonces Ministro de Educación José Llanusa le propone que asuma "la vicepresidencia del Consejo Nacional de Cultura". El cargo equivalía a un comisariado "cuyo vasto plan", según recuerda, "los obstáculos de la lucha ideológica impidieron realizar cabalmente". Ese mismo año asume la dirección de otra revista, *Revolución y cultura*. Y al siguiente, una encuesta realizada por los jóvenes comunistas de *El caimán barbudo* desata una polémica alrededor de *Pasión de Urbino,* su segunda novela; del poeta Heberto Padilla, quien, con imprudente honestidad la tildó como un "salto a la banalidad"; y alrededor de Guillermo Cabrera Infante, ya para entonces exiliado en España y autor de *Tres tristes tigres,* el libro que el Premio Biblioteca Breve, y de paso Padilla, favorecieron sobre el de Otero. Será apenas el primer capítulo de lo que, en 1971, pasará a la historia como el "caso Padilla": el poeta será arrestado, su autocrítica extraída, y una ruptura de la izquierda liberal con el régimen de La Habana consumida. El "caso" dará lugar, ese mismo año, a que el régimen transforme la rutinaria reunión de educación para maestros de ese año en un excepcional congreso internacional en el que se sentarán las bases de la futura estalinización de la cultura, y vida, cubanas. Pero a pesar de todos estos antecedentes en los hechos del "caso Padilla", Otero alega haber tenido una "casi nula participación". Raúl Roa, canciller de Cuba a la sazón, le "propuso que pasara al servicio exterior", aunque a la postre sería destacado no adonde Otero deseaba viajar (Italia) sino al Chile de la Unidad Popular. Hacia allá Otero viaja, según recuerda, con asombrosa precisión, "el lunes 22 de febrero de 1971".

En 1973, semanas antes del golpe contra Allende, Otero regresa a una Cuba donde ya "se consolidaba un periodo de gran ortodoxia". Era lo que Ambrosio Fornet, correligionario de Otero, cierta vez llamó, minimizando, el "quinquenio gris": terror ideológico que había desatado la estela del "caso Padilla" y de la política que emanó del Congreso de Educación y Cultura. En la trama visible de estas memorias es donde se inicia un primer cambio psicológico en nuestro protagonista y donde por primera y única vez en todo su texto invoca su "error": "Me decía que nos hallábamos en una etapa de trabajo seco, duro, de consolidación económica". En unos años, "dejaríamos entonces de concentrar las energías y dedicar los mejores hombres al manejo de los asuntos públicos. Estaba equivocado, desde luego. La pasión por la ideología es inseparable del sistema comunista de gobierno".

Se inicia entonces un periplo fuera de Cuba: misiones diplomáticas que le permiten escribir por lo menos tres novelas más y varios libros de ensayos; viajes por Europa, África y Asia; destacado en Londres y Moscú. Así, recordará conversaciones, recepciones, viajes, tragos, comidas, *soirées* con una constelación internacional: Ernesto Guevara, Ilya Ehrenburg, André Malraux, Graham Greene, Régis Debray, Alejo Carpentier, Julio Cortázar, Margo Glantz, K. S. Karol, Ekaterina Furtseva, Italo Calvino, Mijail Gorbachov, entre otros. La impresión final que deja toda esa mareante *tournée* es la misma que le produce a Otero Guimaraes Rosa: un "congresista profesional" que "hablaba con lugares comunes y en un vacío teórico que no permitía vislumbrar las dimensiones de su genio". Todo esto (Otero no precisa la cronología) más o menos hasta 1987, cuando regresa a La Habana. Para entonces dice traer consigo aires de perestroika, a cuyo origen dice haber asistido –el llamado "foro de Issyk Kul" convocado por Gorbachov en 1986 que constituía una iniciativa para encauzar a los intelectuales en una campaña en favor de la "nueva mentalidad". Salto a abril de 1989, cuando "saludé de nuevo a Gorbachov en La Habana", y otro, enseguida, a Berlín, 1990, adonde Otero llega ya no en misión diplomática, sino como becario del DAAD alemán, justo a tiempo para atestiguar la caída del Muro, lo que a su vez ocasiona una larga reflexión sobre el fracaso del socialismo real y sus repercusiones en Cuba. Los últimos dos capítulos, donde Otero despliega una suerte de crítica de la política del régimen y narra sus últimas desavenencias, cierran el marco.

Con la entrada en la crisis del socialismo hacia 1986 y la parálisis de la economía cubana, una "toma de conciencia" permite en Cuba que "los reformistas [ganen] la partida, al menos en ese instante". (Pero no menciona sus nombres.) Critica que el gobierno tratase "de solucionar problemas económicos con medidas políticas"; le indigna que "un cubano no puede invertir en su propia patria"; y luego enuncia otra no menos aguda observación: "Es probable que el gobierno tema la formación de un poderoso sector privado que pueda convertirse en una fuerza política, amenazadora del control absoluto del partido único". Reparte palos por igual a la Ley Helms-Burton y al exilio "duro" –al que él llama, por etapas, "los revanchistas de Miami" y "los gángsters mafiosos"– para recomendar, finalmente, "un puente sin choques entre el autoritarismo y la democratización", lo que en su primer capítulo se anuncia como "generosa conciliación". He aquí la naturaleza de la utopía que su primer capítulo invoca en medio de una suerte de explicación pública que Otero ostenta pero cuyas razones no explica hasta el final. Según revela, sus dificultades con el régimen comenzaron en abril de 1992, cuando publica un artículo en *Le Monde Diplomatique* en el que señalaba "la necesidad de abrir el espacio político a un pluralismo de ideas y, también, la necesidad de renovar los cuadros de dirección". Por publicar ese artículo, en Cuba fue "marginado y agraviado, se ha querido silenciarme, y me he alejado de la vida cubana". A esto le siguió un periodo de hostigamiento en Cuba: se le niega otra salida a España, se le exige una explicación oficial sobre su crítica publicada en el extranjero ("Les entregué un documento de seis páginas respondiendo a su requerimiento"), le suspenden conferencias y la presentación de una novela, lo despiden del trabajo, le niegan acceso a un trabajo pagado en dólares, lo jubilan antes de tiempo, el "ministro de Cultura" dedica "un largo discurso a cubrirme de improperios y calumnias", lo ingresan enfermo y, por si fuera poco, un editorial en *Granma* alude, sin nombrarlo, a su "pose contestataria". Afirma, finalmente, que "no he querido romper mis vínculos con la revolución, pese a las coyunturas propiciatorias a un desgajamiento". En junio de 1992 sale rumbo a España, donde permanece dos años. Desde entonces vive en México, donde, según entrevistas recientes, se gana la vida como periodista y ha adoptado la ciudadanía mexicana.

Sólo al llegar al último capítulo es que el lector comprende el primero. Es ahí donde Otero se autojustifica y dramatiza la escena de su escritura: un intelectual revolucionario desilusionado –*ma non troppo*–. Su coartada: la Utopía apoyada en la convicción religiosa: "Eran los profetas de los tiempos nuevos, los predicadores de la Arcadia encontrada; cumplían con el apostolado que les venía impuesto por la historia; la hora de nuestra génesis había sonado". Dos preguntas lo asedian: "¿Era posible lograr en Cuba una consolidación del triunfo revolucionario ante tantos obstáculos sin recurrir a métodos expeditivos?" Y luego: "¿Quién no era un exaltado de la izquierda durante la década del sesenta?" Sus múltiples e inmediatas respuestas formarán parte de un rosario de confesiones que quieren ser abyectas y, por ende, fidedignas: "Me comporté de acuerdo con los módulos de la época. Me ubiqué en una intransigencia inflexible y me abandoné al arropamiento épico tan propio de los tiempos". Su molino de viento: el Partido: "Cuando tuve la certidumbre de que esta aceptación del partido no tendría lugar el impacto fue terriblemente paralizante. Vi mi vida transcurrida como la del niño disciplinado, obediente, que aspira a recibir las condecoraciones al final del curso… La reiterada negativa a dejarme entrar al partido era una clara manifestación de que no se me consideraba como uno de ellos". Analiza el efecto que tuvo en él el rechazo del Partido como un avatar del rechazo de su padre, psicodrama que a su vez transfiere a su vida pública: "Aspiraba al reconocimiento social porque buscaba la aquiescencia de mi padre… a la vez me sentía frustrado como escritor: no había escrito lo que debía, ni en cuantía ni en calidad, porque empleé mi tiempo en tareas revolucionarias. No era un cuadro de la revolución ni tampoco un escritor maduro. El rechazo del partido me confinó, ya para siempre, a mi perpetua inestabilidad. Debí resignarme a la desubicación permanente". El psicodrama produce, a su vez, esa política desubicada e inestable ("equidistante", la llama en otro momento) bajo la anunciada égida de una "generosa conciliación": suerte de maridaje de socialismo y economía de mercado que en la versión que da Otero de una Cuba futura sostendría la mancomunidad de cubanos de la isla y del exilio.

II

> Antes de responder a la pregunta "¿Ante quién soy responsable?", tienen que hacerse la pregunta "¿Quién soy?" Eso es lo primero que se preguntaron hace un año o dos: "¿Quién soy?", "¿Soy político o intelectual?"
>
> AGNES HELLER (1990)

La trama invisible de *Llover sobre mojado,* en cambio, dice otra cosa y desborda este resumen. También tiene otro, u otros, sentido(s). Lisandro Otero sería el típico intelectual revolucionario desengañado. Ha sido maltratado injustamente por el mismo régimen comunista al que sirvió con obediencia durante toda una vida y a pesar de su obra. Su texto es un ajuste de cuentas: justifica su devoción a una causa, denuncia los excesos del socialismo, y de paso, algunos leves, del castrismo, y finalmente asciende a una altiplanicie, plena de sabiduría, en base a la cual formula una política híbrida que a su vez propicie, como dice, "otra vez la utopía": la "generosa conciliación". Sin embargo, todo esto equivale, en términos de su alegoría inicial, menos al espejo que al espejismo. Se trata del *deseo* de Lisandro Otero, no de su realidad. El espejo devuelve una imagen más compleja, o al menos mucho más borrosa.

Empezando por las dos versiones de su texto. Evito por el momento decir "memorias" porque el propio Otero desautoriza el término, a partir de la primera versión, publicada hace dos años en La Habana, con el subtítulo de *Una reflexión personal sobre la historia* y que él quiso conservar en la edición mexicana. En el diario *Excélsior* de México (16 de abril, 1999, 28-A), donde por cierto Otero trabaja, se quejó de que la Editorial Planeta le hubiese cambiado el subtítulo original "sin mi consentimiento —y de manera desafortunada— a *Memorias de un intelectual cubano*. Yo quise borrar todo lo referente a matrimonios, hijos, encuentros personales, no obstante que hay muchas vivencias personales, pero todas en relación a la historia, las cuales ayudan a reflexionar sobre el momento histórico determinado". La queja es contradictoria: lo personal de la reflexión hubiese dado cabida a la dimensión íntima o privada; en cambio, el término "memorias", al menos como definición genérica, es lo que precisamente articula la historicidad del sujeto y lo sitúa en relación con el tiempo, la cultura y el cambio. Todas las "memorias" son históricas y culturales. Ésta, ciertamente, aspira a serlo.

Pero se entiende que publicar un libro de "memorias" significa un riesgo, aun cuando la "reflexión personal" que Otero publicó en La Habana en 1997 es mucho más cauta que las "memorias" que saldrían después. Al parecer, Otero tiene dos memorias: una dentro de la Revolución y otra fuera, ya que no contra ella. Llamar un texto "reflexión personal" equivale a invocar algo como "licencia poética": sobre gustos no se discute. Y sabemos que en Cuba hoy, nadie, ni siquiera alguien con el historial de Lisandro Otero, tiene licencia para establecer la historia. Si estas "vivencias personales" están en relación con la historia, llamarlas "memorias" las revestiría de una responsabilidad que el autor, al parecer, no está dispuesto a asumir. El rechazo de esa responsabilidad se manifiesta de otras maneras, algunas ingeniosas.

Un cotejo de las dos versiones revela, primero, que la versión cubana no contiene ni la crítica de la política del régimen ni la descripción del hostigamiento oficial que, según Otero, empezó a padecer a partir de abril de 1992. Faltan las últimas 21 páginas. Como en la versión mexicana su crítica al régimen completa la autocrítica del primer capítulo, explicando así las razones materiales del cambio psicológico, moral, y tal vez político, su ausencia de la versión cubana produce un sentido distinto. En las "memorias", el efecto es el de una suerte de conversión; en la "reflexión personal" es el de una autocrítica, tan abyecta o más que la que el régimen le impuso a Heberto Padilla hace casi cuarenta años. Para efectos de consumo interno, en su "reflexión" Otero aparece como oveja descarriada, arrepentido de su pose contestataria desde el extranjero, y ahora de regreso al redil... o casi. Para efectos de consumo externo –sobre todo en México, "país hermano"– las "memorias" dan la imagen de un disidente moderado, capaz de hacerle la crítica al régimen pero inmune al "veneno" de la ruptura. En otras *addenda* Otero hace afirmaciones que en la Cuba actual no podría sostener. Rechaza la acusación de que fue "un escritor oficial del poder cubano" (20-21); afirma que "el famoso *boom* no hubiese existido de no ser por la Casa [de las Américas] y la revolución" y sostiene que la Casa defendía "la más absoluta libertad de creación" (127, 151); narra su experiencia en Chile, y cómo su libro *Razón y fuerza de Chile,* escrito en 1973, a raíz del golpe, y basado en su experiencia chilena, fue censurado hasta 1980 (216-17); describe su experiencia en la Unión Soviética y los cambios políticos y sociales que dieron lugar al ascenso de Gorbachov (229-240). Nada de esto aparece en la versión cubana de 1997.

La "reflexión personal" tiene más en mente al lector cubano que está familiarizado con el folklore interno. Narra varias escenas más de la lucha clandestina contra Batista. Describe anécdotas, algunas chistosas, sobre personajes de la farándula cultural como Cabrera Infante, Virgilio Piñera, Otero Silva, Carpentier (una, de muy mala leche, es genial y tiene punta: Lezama Lima abraza a Armando Hart y le susurra al oído: "¡Qué lejos has llegado, Armandito!"). Cuenta el origen de varias de sus novelas. Pero Otero también relata incidentes que, dados a conocer fuera de Cuba, resultarían "políticamente incorrectos". Por ejemplo: en 1965 hubo una protesta de intelectuales contra la caza de brujas de homosexuales de las UMAP (111-114); en reuniones con aprendices de revolucionarios latinoamericanos los cubanos se jactaban de que ellos sí "habían profundizado más en su actitud revolucionaria" (126); tuvo una gran vida social en Londres, cuando fungía de diplomático, y asistió a elegantes *soirées* con gente como Roberto Matta y Carpentier (222-228);

crítica al nuevo Berlín unido y al peligroso parecido físico entre Kohl y Bismarck (262-267). Fuera de Cuba estos relatos resultarían o bien comprometedores o podrían empañar la imagen de adusto revolucionario ascético. Pero una pregunta fundamental recurre a través de la lectura: si Lisandro Otero está desengañado del régimen, decide irse del país, se aleja del contexto cubano, se hace ciudadano mexicano, y luego escribe unas memorias donde critica la política pública y el maltrato personal, ¿por qué entonces publica una versión censurada en Cuba? Que Otero tiene el derecho a hacerlo nadie se lo niega. Que su memoria desdoblada crea grandes dudas tampoco se puede negar.

III

> Protégete de los vacilantes porque un día sabrán lo que no quieren.
> HEBERTO PADILLA

Varias veces a lo largo de sus textos Otero se queja de los "ajustes de cuenta" que se le han sacado en cara desde que se fue de Cuba y siguió publicando sus puntos de vista sobre la situación cubana. En un libro anterior *(La utopía cubana desde dentro,* 1993) recuerda cómo un ensayo suyo en el *Washington Post* fue criticado por exiliados cubanos, quienes aprovecharon para recordarle su pasado como funcionario del régimen: "Se atrincheraron en su terco aborrecimiento y su anacrónico apego al pasado". Una vez más sacaron a relucir sus sicilianos ajustes de cuenta (105). En las "memorias" dice: "Cuando algún periodista se remite a mis antecedentes suele referirse a mi supuesto dogmatismo de entonces, a mi celo jacobino, a mi adhesión lineal de los principios, no dejo de sonreír ante tanta superficialidad. Sólo quien desconoce el torbellino de una revolución y el ritmo envolvente de ese tiempo histórico puede no entender el clima religioso que fuerza a una devoción más allá de toda racionalidad" (20). Dejo a un lado por el momento esta última justificación para señalar otra cosa: que Otero nunca llega a plantearse la razón por la cual tales ajustes de cuenta, sicilianos o no, resultan necesarios. En el caso que cita Otero habla sobre las "serias consecuencias en [su] vida profesional" que tuvo el hostigamiento dirigido contra él. Nunca repasa, en cambio, su pasado como colaborador del régimen; tampoco asume ninguna responsabilidad por aquellos daños que sus acciones, o sustracciones, tuvieron sobre personas específicas, o sobre la vida pública. *Llover sobre mojado* constituye, en efecto, un ajuste de cuentas, escrito, entre otras razones, para ahuyentar de una vez por todas esos demonios sicilianos que acosan a su autor y ponga la fiesta en paz. Sólo que con semejante trama invisible, y con tal mutilación de la memoria histórica, ¿cómo diablos hacer que el exorcismo funcione?

Por eso el libro contiene, además, otra trama, ni visible ni invisible sino, como he dicho, transparente. Consiste no tanto en lo que dice como en lo que deja de decir: los olvidos en que caen muchos datos que Otero vivió pero que decide pasar por alto, o que cuando sí comenta cae en contradicciones de una torpeza casi tierna. "Romper la cronología, mezclar", le confesó Otero a Fogel y Rosenthal en 1990, "es adaptarse al hecho de que debe haber vacíos. Al contar la historia de Cuba no puedo decirlo todo" *(Fin de siglo en La Habana,* Buenos Aires, TM Editores, 1994, p. 176). Pero entonces Otero se refería a una de sus novelas, *Árbol de la vida,* y estaba congelado en Cuba. ¿Por qué hacer lo mismo ahora en una "reflexión personal" y ya a salvo en la cálida altiplanicie mexicana?

La narración de su vida intelectual comienza con el capítulo 3, correspondiente a 1953, cuando viaja por primera vez a Madrid y al año siguiente a París. Se refiere varias veces a penurias económicas y a la camaradería que encontró entre empobrecidos compatriotas. Sin embargo, Otero no dice lo que todo el mundo en Cuba sabía entonces: que pudo costearse el viaje y la estancia de cuatro años en Europa gracias a una "botella" del gobierno. Es notable que, casi como un regreso de lo reprimido, páginas antes de narrar su estancia parisina Otero defiende al actual régimen y observa que "La ineficiencia de la administración pública es un mal menor comparado con las malversaciones y la incuria de los gobiernos del pasado" (24). Es cierto, por lo demás, que a su regreso Otero se distinguió pronto por su excelente trabajo como periodista en *Bohemia,* que él llama con razón una revista "oposicionista". Pero olvida llamarla también liberal y anticomunista, que era lo que verdaderamente distinguía a *Bohemia* dentro del escenario nacional. Después del primero de enero, Otero pasa, en efecto, a trabajar de redactor en *Revolución,* el diario que dirigía Carlos Franqui. Pero no es cierto, como ahora dice, que "asumiese la conducción de la página editorial" (76). *Revolución* no tenía página editorial. Si se revisan viejos números de *Revolución* se verá que lo más parecido era la diaria columna "Zona rebelde" en la primera plana, no en sección aparte, y que estaba a cargo de varios otros redactores, como Euclides Vásquez Candela y el propio Franqui. Los olvidos de Otero sobre *Revolución* son, por cierto, múltiples y manifiestos. Por ejemplo: la invitación a que Sartre visitase La Habana en 1960 vino por el periódico, no por el gobierno. Igual ocurrió con la invitación a Pablo Neruda, cuya presencia en La Habana, por cierto, despertó tantos recelos entre viejos estalinistas del Partido Socialista Popular (sobre todo Guillén "el malo") que terminaron saboteando el recital masivo que daría el poeta chileno en la llamada Plaza de la Revolución.

Otero dedica un par de páginas a su actuación durante la invasión de Playa Girón en abril de 1961. No recuerda, en cambio, un dato que todo el mundo también sabe: que durante los primeros días de invasión él y su entonces esposa, Marcia Leiseca, fueron denunciados por el Comité de Defensa de su barrio como "gusanos" (la suegra de Otero acababa de solicitar asilo en una embajada); que fueron detenidos durante 48 horas por la policía junto con otros cien mil sospechosos que el régimen recogió; y que sólo fue cuando Otero llamó a Carlos Franqui para que los rescatara que la pareja salió libre. Las razones de esa sospecha oficial no provenían precisamente del asilo de la suegra. Era la filiación batistiana y burguesa de su familia. Tanto fue así que cuando Otero participa en la lucha clandestina contra Batista, que él narra en parte, la tarea más importante que le asignó el Movimiento 26 de julio fue la de sostener contacto con la embajada de Estados Unidos. Igual ocurrirá después del triunfo del 59, durante la reunión de Punta del Este, a la que acudieron varios jefes de la revolución, como Ernesto Guevara, u Osvaldo Dorticós, presidente títere. Antes de partir, este último tomó la precaución de vetar la presencia de Otero en el cuerpo de periodistas porque la policía aseguraba que trabajaba para la CIA. Sobre el *affaire PM,* el inocente corto de 1961 que sirvió de pretexto para imponer la censura, Otero dice, con razón, haberse puesto de parte de los liberales. Pero no saca la única conclusión incómoda que se deriva de esa crisis: que PM era sólo el anzuelo para eliminar *Lunes de Revolución* y su grupo porque su influencia era una amenaza. Como recién confirma Alfredo Guevara, con esa habitual elocuencia tan suya: "PM no es PM. PM es *Lunes de Revolución,* es Carlos Franqui" *(Revolución es lucidez,* La Habana, 1998, p. 89). Como tampoco recuerda que parte de lo que él mismo llama su "quizás exclusivamente prolongada intervención" en esa notoria reunión atribuyó las dificultades de intelectuales y artistas con el régimen a que la Revolución no había creado un "Foro de Yenán" que sirviera de guía. (Según cuentan, Fidel Castro recordaría esa observación como "sesuda y erudita".)

En su capítulo 5 narra algunos de los hechos de su nombramiento a la "vicepresidencia del Consejo Nacional de Cultura", lo que en aquel momento equivalía a la posición relativamente poderosa de director de Cultura. También habla del célebre Salón de Mayo de julio de 1967. Sólo que al narrar los dos acontecimientos en secuencia inversa (90-91), desecha su parte de la responsabilidad en la organización del Salón, y de paso obvia una vez más, a Franqui, quien fue el de la idea de traer el Salón a Cuba desde Francia. Tan estrecha era la relación entonces entre Otero y el ministro Llanusa —y tanto compartían el poder en materia de cultura— que en una entrevista reciente Antón Arrufat recordó a Otero no por el cargo oficial que entonces ocupaba sino por lo que significaba: "en esa época Lisandro era el secretario privado de José Llanusa, el ministro de Educación que tenía a su cargo el Consejo Nacional de Cultura cuando todavía no se había creado el Ministerio" *(Crítica,* Revista Cultural de la Universidad Autónoma de Puebla, Nueva Época, vol. 65, abril-mayo, 1999, p. 61). No sabemos si fue ésta la posición más poderosa que Otero alcanzó. Lo cierto es que en sus memorias apenas lo menciona y se escabulle hábilmente del cargo. *Et pour cause...* Fue bajo su dirección que la incipiente política cultural del régimen comenzó a implementarse y que desembocó, al final de su plazo, en el Congreso Nacional de Educación y Cultura de 1971, donde se tomaron las medidas de represión fascista que imperan hasta hoy día.[2] Pero de este tema tampoco habla. Hay testimonios, además, de que en su puesto de director de Cultura Otero quiso mandar a detener a Jorge Camacho y Agustín Cárdenas a su arribo a Cuba, dos artistas cubanos ya residentes en París que participarían en el Salón. Años antes, Camacho y Cárdenas habían aprovechado becas del nuevo gobierno para estudiar en París pero nunca habían regresado (situación análoga a la del escritor Severo Sarduy). Por fortuna, la intervención de otros funcionarios lo impidieron. Pero poco después el director tendría más suerte. Tras su visita a La Habana y participación en el Salón de Mayo los artistas invitados donaron sus obras, que pronto se acogieron en un nuevo Museo de Arte Moderno, situado en La Rampa, en el edificio de la antigua Funeraria Caballero. El 13 de marzo de 1968, conocido como el Día de la Ofensiva Revolucionaria, Fidel Castro pronuncia un discurso que marca el comienzo de la definitiva estalinización del país. A partir de ese momento se confiscan todos los pequeños negocios, desaparecen los artesanos y pequeños oficios, se declara una "ley seca", y se clausuran bares, cafés, y hasta las populares guaraperas. Una de las contribuciones de la Dirección de Cultura a esta nueva "ofensiva" fue enviar, al día siguiente del discurso, una brigada de policías

---

[2] Ese mismo año Otero estuvo a cargo de la primera recopilación de documentos justificatorios de esa política; véase *Política cultural de Cuba,* París, UNESCO, 1971.

a que destruyesen a hachazos las piezas que los artistas invitados al Salón habían donado y que guardaba el Museo. No era la primera vez que el arte moderno se consideraba "degenerado". Otero no menciona ni el discurso ni este otro conocido incidente, suerte de *Kristallnacht* en La Rampa, ni el cierre definitivo del Museo, que ocurrió poco después. En realidad, no habla apenas de su gestión como director de Cultura que ocupó durante cuatro años. Aunque es cierto que en el primer capítulo sí reconoce que, "insensiblemente me fui convirtiendo en un fanático. Me dejé arrastrar por el radicalismo, muy a tono con los tiempos" (23).

Otero sí aborda, en cambio, y con lujo de detalles, la polémica de mayo de 1967 en *El caimán barbudo* sobre *Pasión de Urbino* y *Tres tristes tigres* a que antes aludí. Pero si se revisan los textos de aquella polémica se verá que el resumen que ahora ofrece peca de imprecisión. Es equívoco alegar, por ejemplo, que al criticar la novela de Otero y elogiar la de Cabrera Infante "Padilla llevaba el debate literario al terror político" –a menos que piense que criticar la novela de un director de Cultura y elogiar la de un colega emigrado que ganó el premio por el que ambos compitieron fuese un expreso delito político–. Dice además que "la polémica quedó suspendida por una decisión política". Pero no dice por qué ni quién tomó la decisión. Lo que ocurrió fue que la polémica causó tanto revuelo que fue despedida la redacción completa de *El caimán barbudo,* entre ellos el escritor Jesús Díaz, su fundador. Resulta imposible creer que habiendo ocupado en ese momento la dirección de Cultura, Otero no recuerde quién fue el responsable de terminar de ese modo tan drástico la polémica en la que él mismo fue protagonista. En cambio, sí se esmera, a propósito del "caso Padilla", en señalar la cronología entre este primer episodio de 1967 y el arresto y autocrítica de Padilla cuatro años después. "He puesto tanto énfasis en las fechas –dice– porque son muy importantes para seguir esta polémica. A menudo se omite la secuencia temporal y se hace ver que Padilla criticó el libro de un funcionario, quien se vengó prohibiéndole la obra y lo hizo encarcelar por haberla escrito... no hay relación de causa y efecto, salvo la creciente irritación que producía Padilla con su actitud" (99). El "funcionario", bien entendido, es el propio Otero. Y si no es él, ¿entonces por qué invocar la tercera persona?[3]

[3] En un artículo sobre el mismo tema, recurre a una fórmula parecida: "En las múltiples deformaciones que se han hecho del llamado 'caso Padilla', la más común consiste en omitir la cronología de los acontecimientos, de lo cual se deduce que Padilla criticó a un alto funcionario que se vengó prohibiéndole un libro y que se le encarceló por haberlo escrito". Véase "Disidencias y coincidencias en Cuba", La Habana, 17 y 19 de octubre, 1983. Fogel y Rosenthal afirman, en un libro donde también se entrevista a Otero, que él fue "el autor de la principal acusación contra el poeta Heberto Padilla", p. 475.

Pero si observamos bien, la cronología que ahora ofrece en realidad no contradice esa sospecha; al contrario, el tono defensivo la confirma. Al resumir los hechos del "caso", Otero afirma, una vez más, su "casi nula participación en ellos" (98). Ha de ser un "casi" muy grande. Jorge Edwards recordó, en *Persona non grata* (1973), que cuando se produjo el incidente de *Fuera del juego* a fines de 1968, oyó a Lisandro Otero exclamar: "Ahora vamos a poder romperle los cojones a Padilla". Otero recuerda, además, que a principios de noviembre de 1968 "comenzaron a salir en la revista *Verde Olivo,* órgano de las fuerzas armadas, una serie de artículos firmados con el seudónimo de Leopoldo Ávila". En esa fecha Otero vivía en Cuba, era el director de Cultura y dirigía no una sino dos influyentes revistas del régimen. Pero Otero no especula sobre la identidad del tal "Leopoldo Ávila" y evita decir lo más importante. Esos artículos, publicados a raíz del premio UNEAC de ese año a *Fuera del juego* de Padilla y *Los siete contra Tebas* de Antón Arrufat, no es que "acusaban a la literatura cubana de despolitización". En realidad, eran ataques a los dos escritores. Entre las muchas revisiones a que se sometieron estas "memorias" para su nueva publicación, ¿no podía Otero haber aclarado este pequeño detalle para beneficio de su lector mexicano? Un último dato sobre la cuenta defensiva: la mala memoria que afecta a Otero en otros pasajes se vuelve prodigiosa al recordar tanto el día exacto del arresto de Padilla ("veinte de marzo" de 1971, p. 99), como, 77 páginas después, el de su partida hacia Chile ("el lunes 22 de febrero salí hacia Santiago", p. 176). Todo lo cual demuestra que, cuando es cuestión de protegerse, ¡no hay nada como echar números!

Lo que definitivamente comprueba que Otero sí estaba al tanto de lo que ocurría en Cuba con Padilla es la conocida carta que el 28 de mayo de 1971 le escribe a J. M. Cohen, el mismo J. M. Cohen "arrogante inglés" a quien Otero ahora acusa de "poca ética y tanta doblez" (98) por haber declarado públicamente su preferencia por Padilla cuando en 1968 fungía como miembro del jurado que le otorgó el premio a *Fuera del juego*. Tres años después, cuando Padilla cae preso, Cohen le escribió a Otero en Santiago de Chile pidiéndole que intercediese por él. En el resumen del incidente que hizo Carlos Alberto Montaner: "Otero temió que la carta hubiera sido abierta por la seguridad del Estado y se llenó de terror. La respuesta que le envió al buen Cohen es, a un tiempo, una increíble bajeza y una ingenua muestra de su pánico... Otero hizo copias para Seguridad del Estado, la UNEAC, Casa de las Américas y cuanto organismo exigía pruebas de la más sumisa lealtad. Esas copias circularon en Cuba" *(Informe secreto sobre la Revolución cubana,* Madrid,

Sedmay, 1976, p. 130. No cito de esa respuesta. Basta consultarla en el libro de Montaner.

Otero habla después, con franca nostalgia, de "la edad de oro del periodismo revolucionario" cuando dirigía la revista *Cuba,* hasta 1968, y que él se propuso reformar "con las técnicas norteamericanas de periodismo… La revista debía ser, tal era mi propósito, una vitrina para lo mejor de nuestra cultura, en el sentido más amplio de la palabra" (86-87). La revista *Cuba* fue, en efecto, la versión cubana de *Life* que vendía la imagen de la joven revolución para el extranjero. Pero fue también una publicación que el régimen utilizó de diversos modos para usos de propaganda, más allá de la cultura. Otero no menciona lo que tiene que haber sido el caso más notorio de falsificación en toda la historia del periodismo cubano y que se debe precisamente a esa publicación cuando él la dirigía –el blanqueamiento de la figura de Carlos Franqui de la foto de Fidel Castro llamando a la huelga general el 1 de enero de 1959 en Palma Soriano–. En esta conocida foto histórica, que luego pasó a ser la portada del libro *Retrato de familia con Fidel* (1981), Castro aparece hablando por *Radio Rebelde,* órgano del Movimiento 26 de julio, por un micrófono que sostenía en la mano Jorge F. Mendoza, uno de los locutores. En la foto original, el perfil barbado de Franqui, director a la sazón de *Radio Rebelde,* aparece entre los dos hombres; en la versión que en 1968 publicó la revista *Cuba,* (año VII, núm. 78, octubre, 1968, p. 106, foto 242), la imagen de Franqui desaparece. No era para menos: para entonces Franqui, influyente dirigente histórico del 26 de julio, compañero de Fidel Castro, y antiguo director del periódico *Revolución,* ya se había ido del país y había roto con el régimen. Personas así ya no podían existir en la memoria histórica, y la revista *Cuba* se prestaba para hacerlas desaparecer. ¿Tenía Otero en mente esta foto cuando habló de las técnicas del periodismo norteamericano que él quiso incorporar a la revista, o como ejemplo de "lo mejor de nuestra cultura"?

Hay otras lagunas en la memoria de Lisandro Otero que intrigan al lector. ¿Por qué defiende su participación en la famosa carta de 1966 contra Pablo Neruda a sabiendas de que se trataba de una intriga personal de Nicolás Guillén, enemigo personal del poeta chileno? Guillén, a su vez, era un instrumento del régimen, que quería criticar al Partido chileno a través de Neruda por su falta de solidaridad con el nuevo Partido cubano, recién fundado. También evita mencionar, excepto de pasada, a Carlos Fuentes, a quien él y Ambrosio Fornet acusaron de fascista cuando en 1968 publicó *Cambio de piel.* Por otra parte, ¿por qué saca Otero de la versión mexicana la extensa discusión sobre las UMAP, los campos de concentración para homosexuales, que sí abunda en la versión cubana (109-111) y luego reduce esas tres páginas a un refilón con Graham Greene (208) donde, por cierto, llama a Somerset Maugham "homosexual vergonzante"? (Otero le dedica varias páginas a Greene en sus memorias; pero qué raro que Greene ni siquiera mencione a Otero en las suyas). No revela Otero nada, tampoco, sobre sus labores como "consejero cultural" de la embajada cubana en Chile. Durante esos dos años tiene que haber intimado con Antonio de la Guardia, uno de los dos mellizos que en 1989 Fidel Castro ejecutaría junto al comandante Arnaldo Ochoa Sánchez, pero que en ese entonces estaba encargado por el régimen de la seguridad de Salvador Allende. De hecho, el "caso Ochoa", que ocurre en 1989, cuando Otero aún vivía en Cuba, y antes de su estancia en Berlín, y que conmovió al país y al continente, también brilla por su ausencia. Como también está ausente la persecución, exilio interno y posterior deceso de José Lezama Lima en 1976, sobre quien, en un ensayo de 1983, durante su anterior encarnación como vocero del Ministerio de Relaciones Exteriores, Otero escribió intentando minimizar la inquina del régimen hacia Lezama en respuesta a las críticas del exilio ("Para una definición mejor de Lezama Lima" en *Disidencias y coincidencias en Cuba*, 96-103). Tampoco recuerda Otero su asistencia como jefe de la delegación de Cuba al Congreso Internacional de Intelectuales y Artistas en junio de 1987, que conmemoró el cincuentenario del II Congreso Antifascista. ¿Acaso recordaría cinco años después, en medio del hostigamiento del régimen, las palabras que pronunció en aquella intervención?: "La consolidación de la revolución ha permitido el surgimiento de una democracia institucionalizada. Los derechos civiles y políticos de los ciudadanos están plenamente garantizados en nuestro país... Existen además otros derechos que no existen en otros países, por ejemplo, el derecho al trabajo, a la salud, a la igualdad ante la ley con independencia de raza, el derecho a la educación, el derecho a la crítica" (*Congreso Internacional de Intelectuales y Artistas*, Joan Álvarez Valencia(ed.), Valencia, Generalitat Valenciana, 1987, III, 224).

El olvido más flagrante de todo el libro es sin duda el intento fallido de Otero por acceder a la presidencia de la UNEAC en 1987, cuando se le ordena que regrese a Cuba de su puesto en la embajada en Moscú. Para entonces Nicolás Guillén, presidente de por vida de la UNEAC, está enfermo de cáncer y necesita un relevo. Según Fogel y Rosenthal (p. 475), Otero regresó de "presidente interino", pero la carátula de la versión mexicana afirma que en efecto llegó a ser "presidente de la Unión de escritores y artistas de Cuba". Los mismos autores señalan que "en 1988 Aldana deseaba que él fuera el presidente de la UNEAC" (476). Se refieren a Carlos Aldana Escalante, antiguo secretario del Comité Central del Partido y poderoso director del Departamento de Orientación Revolucionaria, hoy en desgracia. Aldana, de fama reformista, fue por un tiempo el número tres en la jerarquía política del régimen, al igual que Ochoa lo había sido en la militar. Pero en cuestión de meses esos dos números se convirtieron en ceros –a la izquierda, desde luego–. Desde su puesto apadrinado en 1987 Otero intentó una reforma democrática de la UNEAC y amplió una membresía que, de paso, reforzara su candidatura a la presidencia. Pero nunca anticipó ni que Aldana ya estaba en la mirilla ni que sus propios enemigos dentro de la UNEAC le harían una campaña negativa. Una "Banda de cuatro" –los escritores Osvaldo Navarro, Raúl Luis, David Buzzi y Gustavo Eguren, el anti-Otero– fue tan eficaz que la noticia del escándalo llegó a oídos de Armando Cristóbal Pérez, el hombre del Partido en la UNEAC, quien informó en detalle. La controversia alrededor de la candidatura de Otero iba en contra de los intereses del Partido. En una reunión preliminar de la UNEAC, Armando Hart, ministro de Cultura, se hizo eco de los problemas, y al final terminó señalando a Abel Prieto como su candidato a la presidencia. Prieto no tenía (ni tiene) las credenciales ni la obra de Otero. Pero sí era hombre de confianza del Partido y también, al decir del poeta Fernández Retamar, "un hombre de transición". El congreso celebrado a fines de enero de 1988 sólo confirmó la decisión. En el discurso de cierre, Carlos Rafael Rodríguez dio a entender la justificación pública de la destitución: "Lenin descubrió el origen de esa reserva instintiva de los trabajadores hacia los hombres del arte y de la cultura cuando aludió al 'señoritismo intelectual' que afecta a la mayoría de ellos" *(Granma,* 29 de enero, 1988, p. 3). Era el viejo "pecado original" del que había hablado el Che, cuya expiación los intelectuales sólo podían lograr con el suicidio, y del cual Otero aún padecía. Considerando su vasta hoja de servicio, la destitución tiene que haberla sentido Otero como un desplome. Sobre todo, porque su agente activo había sido nada menos que Armando Hart, entonces ministro de Cultura, quien, según Otero, prácticamente le debía la vida por el incidente durante la lucha clandestina contra Batista que cuenta en el capítulo 2. (La revancha se resiente más en la versión cubana de las memorias: es ahí donde cuenta la pulla de Lezama contra Hart.) En el rejuego político, sobre todo la asociación con Aldana, las cosas fueron de mal en peor. De ahí la decisión de Otero de ausentarse del país en 1990, no ya con un cargo oficial sino como becario de la DAAD en Berlín, donde fue testigo de la caída del Muro. Para cuando Fogel y Rosenthal entrevistan a Otero en La Habana a su regreso en 1991, confiesa que "Ya soy incapaz de encontrar la concentración para escribir una novela. Por eso me puse a escribir mis memorias" (176). Se trata de un personaje en busca de un papel: "Yo mismo soy consejero del ministro, con un salario alto. Pero en realidad soy un hombre aislado" (577).

Es esta crisis moral la que desemboca en la otra, más decisiva, de abril de 1992, cuando Otero publica el célebre ensayo en *Le Monde Diplomatique* donde pedía, según ahora resume, "una renovación del sistema" (257). Sin embargo, "la publicación de ese artículo fue el punto de partida de una nueva coyuntura en mi existencia". Según Otero *(La utopía cubana desde dentro,* p. 57), el artículo se publica a petición de Ignacio Ramonet, director del mensuario francés. En abril de 1992 aparece en París con un cintillo tronante: "Manifiesto por una renovación política" y con un título semejante: "Lo que debe absolutamente cambiar en Cuba". En el artículo habla, entre otras cosas, de la necesidad de abrir espacios políticos, reformar la economía y remplazar el liderazgo luego de tres decenios de mando. Pero a su llegada a Puerto Rico, a principios del mismo mes, se sorprendió ante la acogida de su artículo: negó que fuera un disidente, insistía en que era "un escritor revolucionario", y alegó que la traducción francesa tenía errores de interpretación. En una entrevista en *Proceso* (núm. 812, 25 de mayo, 1992, pp. 40-43), a su regreso a La Habana, Otero todavía insistía en que la llamada remoción de Fidel Castro había sido un error de traducción ("dije 'funcionario' y el traductor escribió: 'dirigentes'"). Pero sobre todo se extrañaba por el revuelo que su artículo había causado en Cuba ("no es la primera vez que escribo esto"), y afirmaba que por haber lanzado esas opiniones "no he sido condenado a la hoguera. En Cuba hay mucho más margen de discrepancias de lo que se suele admitir en el exterior".

Ese extrañamiento estaba total e íntegramente justificado. Otero no era el único que había lanzado esas críticas. Las había lanzado el propio Partido, en el foro de su cuarto congreso, pocos meses antes de que se publicara el artículo. Una "puesta sobre el tapete" formaba parte entonces de la estrategia de "rectificación" del régimen, suerte de versión barata de la *glasnost* soviética que ayudara a contener el dique de los nuevos cambios. Además, un año antes, en junio de 1991, Otero estaba sobre aviso: ya había sobrevivido otra crisis, la de la *Carta de los Diez,* en la que un grupo de escritores había criticado la censura del gobierno. Otero primero se negó y después accedió a firmar una contra-carta de la UNEAC contra esos disidentes alegando, precisamente "un intento de manipulación desde el extranjero" *(Fin de siglo en La Habana,* p. 478). Al revuelo del artículo en *Le Monde* no dejó de contribuir, por cierto, el propio exilio que, ávido, lo leyó como la ruptura de un desafecto. Los que insistieron en semejante lectura no se fijaron, como escribí oportunamente *(Vuelta,* 189, agosto de 1992, 70-71), que en el pasaje final Otero mencionaba a "la Unión Soviética" cuando esa entidad política había dejado de existir hacía más de seis meses. Todo lo cual demostraba que su reacción no podía haber sido una protesta espontánea. En realidad, se venía cocinando desde mucho antes por órdenes del régimen. Franqui dio en parte del clavo cuando reaccionó diciendo que el artículo trataba de "crear una falsa atmósfera de tolerancia en la isla con vistas a la próxima visita de Castro a España para asistir a la segunda cumbre de países iberoamericanos". No era para menos. Poco antes, la Comisión de Derechos Humanos de las Naciones Unidas en Ginebra había condenado al régimen, y la visita de Castro se esperaba no sólo en la cumbre de Madrid, que coincidía con el V Centenario del Descubrimiento, sino en la Expo de Sevilla, donde iba a pronunciar un discurso el 26 de julio. Muchas cosas estaban en juego. Otero preparaba el terreno.

Lo que no era evidente entonces, sobre todo para Otero, era que todo había sido una trampa —o para decirlo en cristiano: "que le hicieron la cama"—. La hoguera que él se afanaba en negarle a *Proceso* en mayo de 1992, empezaba a arder. El mismo día en que se publicaba esa entrevista en México, Abel Prieto, presidente de la UNEAC, decía en *Granma* que "ha habido traidores, gente que se está prestando abiertamente al juego de la campaña contra Cuba". Dos días después, volvió a la carga: "defender un espacio para el debate no significa tolerar el uso de las tribunas para los que coquetean con posiciones ambiguas, atacan la solidaridad con Cuba y tratan de crearse una supuesta imagen heterodoxa en medios de prensa foráneos en francas actitudes oportunistas". Ese mismo día (27 de mayo), según Otero, "El ministro de Cultura [léase: Armando Hart] dedicó un largo discurso a cubrirme de improperios y calumnias delante de una vasta asamblea de escritores y artistas". (Por cierto: si no fueron ciertas esas acusaciones, ¿por qué Otero no aprovecha la ocasión para desmentirlas?) Finalmente, cita la sentencia que publica el *Granma* del 28 de mayo, al informar sobre la reunión de la UNEAC: "lo inaceptable que resulta la pretensión de influir en el debate interno con poses contestatarias, desde órganos de prensa extranjeros". No dice Otero lo más importante, o tal vez lo más doloroso: que había sido Carlos Aldana, su antiguo padrino, el que las dijo en el discurso de clausura. Fogel y Rosenthal revelan que en ese discurso, Aldana también pidió a los asistentes, citando la Biblia, "ser benevolentes frente a uno de ellos, Lisandro Otero" (625). Sólo que para entonces, según los mismos autores, muchos de esos mismos asistentes ya pensaban que Aldana también "trataba de limpiarse". Poco después, Aldana caería destituido en un bizantino caso de corrupción. El Partido lo expulsa el 24 de octubre. Para entonces, ya Otero no vivía en Cuba. "En junio –suspira– pude salir del país".

IV

> Si on l'avait seulement écouté, ce mot qui commence comme *rêve* et finit comme *destruction*.
> RÉGIS DEBRAY

No es descabellada la hipótesis de que Otero fue traicionado por las mismas fuerzas que él aprendió a servir. Fue el mismo caso de Arnaldo Ochoa, un año después: devorado por los leones tras su abyecta confesión. Mejor dicho: es el mismo caso de siempre. Tras ser destituido de la presidencia de la UNEAC, Otero no cejó en buscar el poder y encontró, a los cuatro años, una oportunidad, acaso sugerida por el propio Aldana, para echarle una mano a una crisis del régimen. Ni él ni Aldana pensaron que los tiros saldrían por la culata. Mucho menos que ellos mismos eran la carnada. Después de echada esa suerte, sólo quedaban dos opciones: quedarse atrapado, como Aldana, o escapar, como Otero. Sólo que Otero, funcionario menor, siempre podía alegar, como de hecho ha ocurrido, que lo que debería cambiar en Cuba "eran los funcionarios, no los dirigentes", y que él no rompería "sus vínculos con la revolución, pese a las coyunturas propiciatorias a un desgajamiento". Por eso, una vez que conocemos estas memorias, ¿quién quita que este dirigente no pueda cosechar éxitos aún mayores en su futura carrera?

En un final, el caso de Otero interesa menos por sus pormenores que por las preguntas que plantea. A saber: ¿Se le puede creer, dar crédito, a un intelectual con semejante comportamiento? ¿Puede construirse una política a partir de la radical "desubicación" que practica su texto? ¿Puede lograrse, como al parecer él mismo desea, la "generosa conciliación" de la mancomunidad cubana habiendo mutilado la memoria histórica como él lo hace? Para afirmar estas respuestas haría falta asumir una responsabilidad que Otero todavía desconoce. Y aún más, abandonar la premisa que atraviesa su carrera y su memoria: la persistencia de la Utopía. La escribo con mayúscula para resaltar su carácter mítico y, por tanto, manipulable. No la confundo con los valores de generosidad, caridad y fraternidad que a muchos nos interesan. Ni tampoco con la subordinación de la historia y, sobre todo de vidas de carne y hueso, a justificaciones huecas y, casi siempre, sangrientas.

Debe ser triste, en efecto, llegar a "los años de la declinación" y descubrir que se ha malgastado la vida negando la realidad. Por eso, lo dejo recordando un viejo refrán: más vale tarde que nunca. Y también con otro aviso, hoy por cierto muy de moda en Cuba: *No es fácil.*

DÚPLICA

Como un mal actor atrapado en situación, Lisandro Otero se justifica con argumentos caducos. Sin comprender el presente quiere cambiar su pasado. Observemos su lenguaje, que basta citar para refutar. Todavía piensa, a estas alturas, que Lezama Lima le hubiera dicho a él, director de Cultura del régimen que lo marginaba, que anhelaba escaparse del país; alberga la ilusión de que, pese a su historial como arquitecto de la cultura represiva del castrismo, no fue colaborador sino un inocente "revolucionario que abrazó una causa"; justifica un llamado "arresto preventivo" de miles de ciudadanos desafectos del régimen como una "necesidad de paralizar la acción posible" que esas mismas personas podrían haber tomado para decidir el destino político nacional; recrea la sangrienta subversión comunista de democracias latinoamericanas, el terrorismo urbano y la injerencia del castrismo en la vida interna de otros países, como el verter "de sangre de muchos revolucionarios". Pero sin duda su mayor fantasía es que todavía piensa que este intercambio nuestro es un debate sobre "discrepancias ideológicas". Señor Otero, se trata de algo mucho más sencillo: su falta de probidad intelectual.

Todo esto, claro está, dentro de una respuesta que no quiere serlo. Según él, no cuento con el aval para "otorgarme el honor de una respuesta", frase demasiado parecida a las que suele usar el régimen para evadir la crítica de sus disidentes. Pero se equivocan si piensan que Otero me ningunea −vean su recurso al epíteto injurioso, del que mi texto carece−. No lo imitaré. Demasiado acostumbrado a no discutir en público sus ideas o acciones, o a reducir cualquier impugnación a "gusaneo" y "escoria", Otero se evade precisamente de lo que se ufana: su responsabilidad intelectual.

Valioso ha de ser en su respuesta que el lector podrá ahora cotejar su versión de los hechos con la mía para revelar sus múltiples esquivos e imprecisiones. Baste señalar, como síntoma, su oportuna amnesia ante el notorio recorte de una foto donde aparecía Carlos Franqui en una revista que él dirigía cuando se publicó.

Tal parece que mientras Otero tuvo cancha abierta para obedecer órdenes sin tener que rendir cuentas, todo le fue bien. Pero en cuanto el resquebrajamiento ideológico del régimen empezó a afectarlo, decidió recurrir a su extraña versión de "allí fumé". De ahí su temor, resuelto en la peregrina fórmula de "dar acceso a su nombre", ante la persecución del Grupo de los Diez; o su retracción, una vez de regreso en Cuba, de su tímida crítica en *Le Monde,* achacándoselo todo a un malentendido a causa de errores de redacción. Igualmente esquiva resulta ahora su autoría de la recopilación de textos sobre represión ideológica –publicado bajo el eufemismo de "política cultural"– atribuyendo todo a una trastada que remplazó su texto por otro, mucho más radical que el redactado por él antes. ¡Qué mala pata la de este hombre! La última la acaban de leer ustedes: el responsable de las dos versiones de sus memorias no fue él sino ¡un editor italiano! Pero entonces, ¿por qué nunca incluyó su ajuste de cuentas en la versión publicada en Cuba? Tampoco le pasa por la cabeza que la versión mexicana hubiese tenido que explicar, como mínima cortesía editorial, la existencia de una versión anterior. Por último, permanece incólume ante la doblez que demuestra la existencia de dos versiones distintas de sus *memorias,* género por cierto que ahora por fin asume.

Otras dos cosas permitirá ese cotejo. Primero, acceso a su versión de los hechos en torno a su *fallida* presidencia de la UNEAC. Aunque me temo que tampoco encontrará allí una explicación de por qué omitió este catastrófico episodio en el recuento de su carrera burocrática. Si insisto en el adjetivo es porque Otero puede haber sido presidente "de dedo" o "interino", como digo en mi texto, pero nunca lo fue "por voto", que es la única forma que cuenta. De ahí mi segundo punto: al no refutar mi versión sobre este incidente, Otero deja incólume, como tantas otras cosas en mi texto, su veracidad.

No es inverosímil que esta contra-respuesta ocasione, a su vez, nuevos pataleos por parte de Lisandro Otero. No volveré a contestarle. Por lo menos hasta que demuestre haber aprendido las mínimas reglas de comportamiento del intelectual en una sociedad abierta. Tome note, por favor. Primero: asuma la responsabilidad por sus acciones, buenas o no. Segundo: ábrase al diálogo. No cuestione el supuesto "aval" de su interlocutor, o se haga rogar de una respuesta por el director de la revista en cuestión. (Usted no es mejor que nadie, a pesar de todo lo que le han dicho en Cuba.) Tercero: respete el derecho al desacuerdo, o por lo menos no se sorprenda, u ofenda, cuando lo haya. Por último, algo importante que Otero, hijo predilecto del régimen, ha olvidado: *diga la verdad*.[4]

(1999)

---

[4] Otero se queja de que a la recepción de sus memorias fuera de Cuba se una el vacío que le han hecho dentro. Pero también de que mi texto, que además publiqué en *Estudios Públicos*, (Santiago de Chile, 76, primavera de 1999, pp. 37-56), forma parte de una "campaña de descrédito". Los enemigos de Lisandro Otero en México, que se describen como víctimas de la censura que ejerció en el periódico *Excélsior* de esa capital, sí se ocuparon en efecto de reproducir, sin yo saberlo, algunos fragmentos en *Universo del Búho,* año 1, núm. 9, agosto, 2000, pp. 18-31. Otero nunca dice si prefiere el vacío de adentro o la atención de afuera.

El jardín de Heberto Padilla

EN EL EPÍLOGO a su novela *En mi jardín pastan los héroes,* Heberto Padilla se refiere a los libros escritos bajo el socialismo como "generalmente imperfectos" porque la estética socialista los imprime con una sensación de desesperación o neurosis. Padilla agrega que esos libros se aceptan en el extranjero por solidaridad en vez de por reconocimiento literario, y cita como ejemplo el caso de *La broma* de Milan Kundera. Cuando el editor británico de Kundera "restructuró" la novela para hacerla más accesible al lector inglés promedio, Kundera reaccionó con una carta al *Times* en la que rogaba a sus lectores no leer esa versión, apenas suya. De todo esto Padilla saca a colegir que libros como los de Kundera, y presumimos el suyo propio, "requieren una lectura imposible por un lector imposible ya que ningún lector puede tener el tipo de conocimiento que se requiere para su comprensión. Se trata de una escritura para ciegos". Aunque la traducción inglesa de *En mi jardín pastan los héroes* (1981) ha sufrido una restructuración parecida a la de la novela de Kundera, Padilla (que se sepa) no le ha escrito una carta al *New York Times* descartándola de la misma manera que lo hiciera su colega checo. ¿Quiere eso decir que Padilla está de acuerdo con la nueva versión porque hace a su novela menos imperfecta y más accesible? ¿O indica, por lo contrario, la resignación de Padilla ante el hecho de que su novela es ella misma "escritura para ciegos"?

Padilla escribió su novela en La Habana en 1970, entonces en la cima de su carrera de poeta y poco después de la polémica en torno a *Fuera del juego,* libro de poemas que criticaba la llamada Revolución cubana. En medio de la redacción de su novela, Padilla fue arrestado y enviado a prisión bajo cargos de "conspiración contra el Estado", se le confiscaron cinco copias del manuscrito y se le forzó a retractarse públicamente ante sus colegas de la Unión de Escritores. Esta causa célebre, ella misma causa de protestas en la comunidad intelectual internacional, es lo que se conoce como el "caso Padilla". En cambio, en 1980 el propio Padilla pudo sacar su manuscrito del país clandestinamente ("en una bolsa de nylon entre cientos de cartas que mi esposa me había enviado desde Estados Unidos") cuando se le permitió emigrar a Estados Unidos después de una década de "trabajo forzado" como amanuense y traductor. Luego terminó de escribir la novela en el Centro Woodrow Wilson de Washington. Varios años antes de que sus lectores pudiesen comprobar que el suyo era un libro desesperado y neurótico, ya se habían regado en el extranjero noticias sobre la novela y la paranoia de Padilla. "Durante esos días –contó una vez Jorge Edwards en su clásico *Persona non grata* (1973)– Padilla empezó a caminar con el manuscrito debajo del brazo, turnándose con su esposa Belkis."

La novela en sí tiene dos hilos narrativos. Uno tiene que ver con Julio, de 35 años, antiguo revolucionario y aspirante a escritor quien vive con Luisa, antigua activista hoy neurotizada, metida a arquitecto, en una casona en ruinas en el barrio de Miramar de La Habana. El otro hilo tiene que ver con Gregorio Suárez, antiguo *aparatchick* y novelista frustrado y alcohólico, quien también vive en el barrio de Miramar con su esposa Gloria y su hijo pequeño. Los dos hilos se tejen a lo largo de las cuatro partes de la novela, un relato de indolencia tropical puntuado por visitas de eficientes agentes de Seguridad, un par de ingenuos turistas del socialismo y hasta una suegra gritona. Por encima de toda su neurosis, la novela está muy lejos de ser una típica novela reaccionaria del exilio. "¿Qué hago yo –se pregunta Julio en algún momento– vomitando demandas morales contra un movimiento que dejó atrás a sus protagonistas o que los convirtió en víctimas o verdugos?" La Revolución, ya de por sí petrificada en su segunda década, se ha convertido en una ficción colectiva que todos usan a la defensiva contra los demás. Así, "la política", como dice Julio en esa misma meditación, "disparó la última pelea entre sus amigos; le daba el único pretexto que legitimaba rupturas y peleas". La revolución ya no es "una señal de las convicciones del pueblo, o la evolución de la conciencia política", sino una "marca de obediencia o resignación", "un salvoconducto para el futuro".

Si nos tomamos en serio las palabras de Padilla en el epílogo, entonces es evidente que su novela debe ser un ejemplo de esos imperfectos libros socialistas cuyo valor radica más en su mensaje que en su forma; "adoptado más por el escándalo que causa" que por el placer que pueda ofrecer. En efecto, son muchas las imperfecciones de la novela. Los *flashbacks* de Julio y Gregorio son torpes e ingenuos; personajes como Rodríguez, Humberto y Günter se merecen más desarrollo; buena parte de los diálogos se podrían haber recortado. La nueva versión en inglés no corrige ninguna de esas fallas; antes bien, la nueva restructuración las multiplica. La versión original constaba de dos partes, desigual en extensión pero simétricas, con seis capítulos cada uno. La nueva versión inglesa —admirablemente traducida por Andrew Hurley, dicho sea de paso— tiene cuatro partes, cada una de una, dos, siete y cuatro capítulos, respectivamente. (La traducción tiene más capítulos porque divide uno de los más extensos —parte 1, capítulo 5— en tres capítulos pequeños.)

Más importante aún es que la nueva versión cambia el orden de los capítulos. Si se toma como punto de referencia la versión original, el relato ahora comienza con el final de la parte 1 y retoma, a lo largo de dos capítulos, la acción del principio de la parte 2. De ahí regresa al resto de la parte 1 y la retoma otra vez en el tercer capítulo de la parte 2, hasta el final. Esa restructuración afecta la trama. La versión original se estructura como un reloj de arena: los personajes están dispersos al principio, empiezan a converger en el medio para terminar dispersándose al final. La traducción se estructura como un rombo: los personajes están juntos al principio, se dispersan en el medio y convergen al final. La restructuración aclara la trama, en efecto, pero reduce el efecto irónico, que es lo mejor de la versión original. Después de todo, la tesis del relato es que Julio, y todos los que están cerca de él, resultan ser personajes de la novela que Gregorio intenta escribir. Dado que la versión inglesa comienza con la historia de Gregorio, se revela demasiado pronto la metaficción que la versión original demora deliciosamente hasta que el lector queda atrapado. Dicha ironía no se trata, claro está, de un mero intento de virtuosismo técnico. La trampa en que cae el lector forma parte de la crítica ideológica. La defensiva "ficción colectiva" en la que se ha convertido la Revolución ahora abarca al lector y lo convierte en un cómplice más.

Según el agente de Seguridad que interroga a Padilla y que él describe en el epílogo, este libro se debería haber titulado "Una novela inconclusa". Padilla concuerda con su interlocutor, y añade que "los destinos de estos personajes, así como de las situaciones en que están involucrados, son inconclusos, porque todo lo escrito en una sofocante atmósfera política es inconcluso y fragmentario". Esto suena a verdad no sólo en relación con la novela de Padilla, sino con muchos de los relatos que han salido de Cuba durante los últimos treinta y cinco años —*Memorias del subdesarrollo, Tres tristes tigres, Oppiano Licario, Otra vez el mar:* cada uno un vasto fragmento inconcluso.

(1985)

Isla sin fin[*]

La publicación de *Isla sin fin* no puede menos que describirse como lo que en filosofía se llama un "evento": meditación que marca una época, deslinda un campo y sin lo cual no se puede ya pensar. En ocho ensayos que el autor viene publicando durante varios años, el libro de Rafael Rojas cumple diversos propósitos, todos imprescindibles. Nos hace, primero, un repaso de la historia de Cuba, no para describirla sino para interpretarla. Así, nos ofrece una filosofía de la historia y entabla lo que él mismo llama, en varios momentos del libro, el metarrelato identificatorio y teleológico de la llamada Revolución cubana. Me temo, sin embargo, que al señalar esos parámetros en su prólogo, el autor no le hace justicia a su libro. *Isla sin fin* es mucho más que una meditación sobre la situación política actual que, como la isla que Rojas estudia, no parece tener fin. En realidad, tenemos ante nosotros una nueva filosofía de la historia de Cuba, no la única que existe por cierto, aunque sí la más audaz, la más informada por la atalaya del pensamiento contemporáneo, y por lo mejor de esa *terra incognita* que hoy llamamos, con desacierto, las "ciencias sociales".

No conozco ningún libro como éste. Es la obra de un historiador, pero también está lleno de agudas observaciones políticas; tiene líneas brillantes sobre textos literarios, pero siempre dentro de una meditación sobre la historia del pensamiento; habla acerca de teoría literaria, pero nunca deja de avizorar el horizonte de la filosofía. Es un ensayo, género que reúne todas estas características, y más, pero sin anhelo de cierre y abriendo las perspectivas que los eventos históricos ofrecen. Que Rojas llegara a producir este libro no fue, ni es, un accidente. Formado dentro de la élite cultural cubana de las últimas cuatro décadas, Rojas es un resultado anómalo, y por tanto incómodo, del actual régimen. Fue preparado intelectualmente para formar parte de la élite que gobierna, y hoy estaría haciéndolo si las circunstancias fueran distintas. Su formación fuera de Cuba, primero en la Unión Soviética y luego en México, cambiaron al joven pensador. La lección de esos viajes fue, en

---

[*] A propósito de Rafael Rojas, *Isla sin fin*, Miami, Ediciones Universal, 1999.

realidad, muy sencilla: la realidad es compleja, la historia no se reduce a una sola línea o tendencia, y los seres humanos tienen sentido no porque sean o piensen igual sino en virtud de su diferencia.

La "diferencia cubana", el título del cuarto y último ensayo de la primera parte de *Isla sin fin,* bien podría ser el subtítulo, o el mismo título del libro. Título que podríamos, a su vez, modificar y llamar, para mayor abundancia, en su plural: las diferencias cubanas. No sólo porque Cuba, como España, como dice el anuncio publicitario, "es diferente", sino porque la historia de Cuba, como toda historia, es la historia de las diferencias —sociales, ideológicas, raciales, culturales, económicas, políticas, geográficas, etc.— que forman el tejido de una nación. Pensar esa diferencia, por encima de las predilecciones personales del filósofo, el partidismo del político o los intereses del *bussinesman,* ha sido el gran reto —vale decir el gran fracaso— de la modernidad, empezando por la confección de sistemas totales en filosofía, y terminando con los totalitarismos en ideología y política.

Rojas señala el metarrelato identificatorio y teleológico de la Revolución porque de todos ha sido el más excluyente. A sabiendas, desde luego, que la palabra Revolución a la que se refiere y le dedica tantas páginas, tiene como referente una tendencia de pensamiento, o mejor dicho de creencia política, a lo largo de la historia cubana a partir de su despertar dentro de la modernidad (fines del siglo XVIII), y no necesariamente a los desmanes de un barbudo delirante. La crítica de Rojas es, en este sentido, mucho más abarcadora y, por tanto, profunda, terrible y, sobre todo, peligrosa. No en balde cada vez que se publica uno de sus ensayos —pienso en el caso de "La otra teleología cubana"— el régimen le sale al paso con respuestas rápidas. Por eso pensar la diferencia cubana, a la manera que lo ha hecho Rojas, equivale a decir, en filosofía, que "la Patria es de todos".

Es cautivante, en este sentido, constatar la relectura de la historia cubana que Rojas realiza a partir de la dialéctica del Iluminismo, el concepto que juntos acuñaron Adorno y Horkheimer, y luego recogió Habermas, en virtud de la cual se yuxtapone una "razón instrumental" a otra "razón emancipatoria". Si la instrumental es la propuesta por el liberalismo industrial, que en Cuba encuentra su tradición a partir de Arango y Parreño y sus avatares contemporáneos en Fernando Ortiz, Ramiro Guerra y Manuel Moreno Fraginals, la otra razón, emancipatoria, es la esgrimida en nuestra tradición por el padre Varela, que culmina en Martí, y luego se degenera en el pensamiento jacobino, dícese revolucionario, del siglo XX. Si la lógica instrumental piensa la isla como progreso material, la otra la piensa como isla profética, al decir de Waldo Frank: esa cabeza de playa de una liberación ética y espiritual que cundiría en el continente americano entero, sueño de José Martí y pesadilla del *Che* Guevara. Una es utilitaria; la otra, emancipatoria, utópica y, sobre todo, teleológica: el *telos*, el fin, el destino, determina su forma y su devenir. Por eso la una es atea, o al menos material; y la otra religiosa –aun cuando, como en el caso del actual régimen, su postura pública, hasta hace poco al menos, haya sido indiferente hacia la religión–. Esto podrá ser una paradoja, pero la Historia casi nunca se adhiere a una lógica racional. Por eso mi maestro Octavio Paz decía que el buen historiador no sólo es un buen científico sino también un visionario. Rojas es, en este sentido, un visionario ejemplar.

Cómo estas dos razones, o lógicas, de la Modernidad, se conjugan como dialéctica autojustificatoria en la historia de Cuba es precisamente en el metarrelato que Rojas desentraña de manera, yo diría, muchas veces sorprendente. Sin ese metarrelato no podemos ya pensar muchos aspectos de la historia cultural de nuestro país, y hasta de la historia a secas. La filosofía de la historia fraguada por un Cintio Vitier en *Ese sol del mundo moral,* por ejemplo, aparece ahora, al decir de Rojas, impuesta "sobre otra racionalidad de tipo instrumental, articulada por el liberalismo reformista, autonomista y anexionista". Si el resultado actual de nuestra historia es la pesadilla de la razón emancipatoria o utópica, importa reconocer no ya esa pesadilla únicamente como el sueño martiano subvertido por el castrismo sino como un discurso latente en el subconsciente histórico de la isla que a su vez permitió el empalme retórico y autojustificatorio del actual régimen. Si el castrismo, para repetir el lugar común, no es causa sino resultado, la respuesta a ese enigma está, según Rojas, en la imposición de esa otra lógica, utópica y trascendental, que la historia de Cuba no ha podido, o no ha querido, pensar, dialectizar y, finalmente, olvidar.

Nadie ha leído la historia intelectual y política de Cuba como Rojas, en el sentido de que nadie nunca lo ha hecho con semejante amplitud y fuerza abarcadora. Una idea tan al parecer peregrina como la llamada "teleología insular" de Lezama Lima, por ejemplo, viene a ser, según este esquema, la versión poética, pero no por ello menos insidiosa o totalitaria, de la razón emancipatoria implícita en nuestra historia. Mi entusiasmo por este libro es tal que bien podría convertirse, él mismo, en el germen de otro movimiento utópico que a su vez postularía una liberación del lector. Leer este libro sería, de esta manera, una de esas "señales" que el propio Lezama, visionario que creía ser, postulaba en salteados números de *Orígenes,* cual signos proféticos del devenir histórico. Nada más lejos del propósito de esta meditación. Al final del libro, cuando termina su defensa de lo que él mismo llama "la tradición suave de convivencia y reflexión", Rojas reflexiona que "el encuentro con la huella de una fuga basta para hablar de nuestra historia". Es ese encuentro con la fugacidad de la historia, y no con su peso fuerte y supuestamente liberador, el evento que invoca *Isla sin fin*. Como en el poema de Gorostiza a cuyo título alude el de Rojas, y que nos invita a pensar la muerte desde la liminalidad del ser enfermo, el texto de Rafael Rojas nos invita a considerar la forma de un vaso para allí beber el elixir de la sabiduría.

(1999)

Plante con Zoé Valdés

Cinco novelas y cuatro colecciones de poemas le han bastado a la narradora cubana Zoé Valdés (La Habana, 1959) para ponerse en la primera fila de las jóvenes narradoras de lengua española. Finalista del Premio Planeta (1996) por *Te di la vida entera,* y ganadora del Premio Liberaturpreis (1997), otorgado por el Ministerio de Cultura de Alemania, por *La nada cotidiana,* la producción de Valdés se completa, hasta la fecha, con otras cuatro novelas: *La ira* (1997), *Café nostalgia* (1997), *Milagro en Miami* (2001), *El pie de mi padre* (2001), *Querido primer novio* (1999) y los cuentos de *Traficantes de belleza* (1998).

Conocí a Zoé en París hace un año en su apartamento de la rue Beautreillies de París, cerca del barrio de la Bastilla. Conversamos en su estudio durante más de dos horas sobre ella y su obra. En esa ocasión pude comprobar de cerca su simpatía, inteligencia e intuición. También su valentía: una vez concluida nuestra entrevista la escritora me contó del hostigamiento que ella y su familia repetidamente padecen a manos de oficiales del régimen de La Habana en París. No sólo no le perdonan su crítica: tampoco la calidad de su incipiente obra.

UNA TRADICIÓN SUAVE

Enrico Mario Santí: Si no nos explota la grabadora podremos hacerle la entrevista a Zoé Valdés, hoy 17 de junio de 1996, aquí en su estudio en París.

Comienzo por un comentario: en la literatura cubana hay pocas mujeres narradoras. Hay poetas, algunas dramaturgas, pero no hay casi narradoras. Tú, en cambio, eres poeta y narradora. Tu poesía es anterior a la narrativa, aunque no se conoce tanto como tus narraciones, y ciertamente *La nada cotidiana* hoy es una obra premiada. Pocos lectores saben que tú habías escrito otra novela publicada en Cuba, además de una pequeña noveleta, mi favorita, publicada en España. ¿Qué te parece si empezamos, entonces, hablando acerca de tu obra y explorando la extraña ausencia de narradoras. O tal vez sobre tu transición de la poesía a la narrativa?

ZOÉ VALDÉS: Yo sí creo que hubo una narradora epistolar muy importante, muy joven, que vivió entre Cuba y Tampa. Se llama Juana Borrero. Empezó escribiendo sus primeros poemas a los once años. A los doce mandó su primer poema a *La Habana Elegante*. Amó locamente a Julián del Casal. Realmente yo creo que a eso le debe todo lo que hizo su sensibilidad. Estaba preparada incluso para eso, para asumir a los catorce años que se podía enamorar de un homosexual. Después tuvo una relación, que fue su primer (y único) novio, con Carlos Pío Uhrbach, otro poeta que se fue a la guerra y allá murió. (Ella había muerto antes en Tampa.) Su cadáver nunca apareció. Escribió unas cartas, todas dirigidas a Carlos Pío, que están recogidas en un volumen, *Epistolario de Juana Borrero*. Es el género de la época: cartas que al mismo tiempo se leen como una novela. Ella va contando todo lo que hace día a día. Yo tengo una deuda muy grande con Juana Borrero porque siempre he querido hacer su novela. Es decir, meterme en su piel y hacer una novela de fin de siglo.

EMS: A lo mejor eres su rencarnación.

ZV: ¡Ojalá! Pero ella era mucha Juana Borrero y yo soy poca Zoé Valdés.

EMS: Esperemos que dures un poco más que ella.

ZV: Murió a los diecinueve años, en Cayo Hueso. Una cosa muy linda que le sucedió, y que ella cuenta en una carta a su madre (fíjate qué adelanto en el pensamiento, en el lenguaje. Aunque, bueno, este adelanto en pensamiento y lenguaje lo vemos siempre en la mujer cubana, aunque de forma escondida. Existe hasta un himno feminista en Cuba de 1930 que pocos conocen). Juana Borrero escribió en una carta a su madre que acababa de oír a José Martí dar un discurso. Sube a su habitación y le escribe a su mamá. Tanta fue su emoción (no recuerdo las palabras exactas con que lo dice) que eso le causó tener su primera menstruación. ¿Cómo es que esa niña tiene ese deseo de libertad de pensamiento y además de escritura para hacer esa relación literaria: discurso de Martí, emoción, menstruación? Es decir, ¿cómo puede hilar esa relación? A mí me impresiona mucho eso y creo que es una de nuestras novelistas líricas importantes a través de su epistolario, por decirlo de alguna manera. Aunque nunca escribió una novela, sus cartas sí lo son. Y después está (o mejor dicho estuvo) Dulce María Loynaz, una poetisa que escribió novelas.

EMS: Por lo menos escribió una.

ZV: Y que ella llamó "novela lírica".

EMS: Eso quiere decir no que estemos en desacuerdo sino que hay una modificación. Sí existe una tradición, pero evidentemente es distinta a la tradición masculina, lo que se diría la tradición "dura". Mientras que aquí tenemos una tradición de novela epistolar o lírica, una tradición "suave".

ZV: Hay casos como estos muy esporádicos. Además, en algunos casos tirados por los pelos, pero enfocaban ya un deseo, una necesidad. Creo que tienes toda la razón. En mi caso particular, *Sangre azul* empezó siendo un poema extenso, un poema con personajes que hablan a través del poeta y de tantos otros poemas conocidos. Incluso estaban muy inspirados en Cavafis y en Pessoa. En un momento determinado el poema se me fue haciendo prosa, empezaron a salir los personajes. Estaba en un momento también en que realmente quería ser poeta. A mí no me interesaba la novela. Leía muchas, pero no me interesaba escribir ninguna.

EMS: ¿Estabas aquí en París cuando empezaste a escribir *Sangre azul*?

ZV: Empecé *Sangre azul* aquí y la terminé en Cuba.

EMS: ¿Llegaste a París por primera vez en qué año?

ZV: En 1983.

EMS: Viviste en París entre el 83 y el 88, y en esas fechas empezaste *Sangre azul*.

ZV: Pero ya en La Habana yo escribía. Yo tenía un libro de poemas publicado con un premio en México. Y ese libro de poemas salió siete años después en Cuba. En 1986 salió junto con mi segundo libro de poemas que obtuvo un premio en España en 1986 y se publicó el mismo año. El primero se llama *Respuestas para vivir,* y el otro *Todo para una sombra.* Ya incluso en *Respuestas para vivir* hay poemas-personajes: el Caballero de París, la China, un poema a Juana Bacallao que se llama "Juana la Loca". El paso para mí no fue para nada difícil porque *Sangre azul* es una novela lírica. Una novela que todo el tiempo está hablando con metáforas. Todo el tiempo el personaje está declarando que es una irreal. Y que me permitía, en el momento físico en que yo estaba y en el lugar donde vivía y donde existía, decir cosas que quizá fuera de Cuba no son para nada hechos de la vida, pero en Cuba se convierten y se leen de otra manera.

La sangre azul

EMS: Cuando uno lee *Sangre azul* se tiene la impresión de una novela juvenil, o por lo menos acerca de estos jóvenes. Me recordó, por ejemplo, mi vieja lectura de *Celestino antes del alba,* de Reinaldo Arenas, o aun *Los cuatrocientos golpes*. Hasta se podría decir que hay una evolución en tu concepción del protagonista principal en tus tres narraciones. ¿Dirías tú que hay alguna concepción deliberada en esa evolución, o es algo espontáneo que surge del haber escogido la primera persona como enfoque narrativo?

ZV: Creo que es algo espontáneo. Pero sí, hay algo que es ya producto de mi evolución en la escritura. *La hija del embajador*, si bien fue escrita antes que *La nada cotidiana* en Cuba, la reescribí aquí en París. Hace un año la reescribí llegando aquí. La versión ya publicada es por tanto una mezcla de *Sangre azul* y *La nada cotidiana*. Ya sé que soy una escritora que escribe con un pie en la luna y otro en la tierra. Hay momentos que estoy en realidad rala y de pronto el personaje sube y vuela.

EMS: Cuando te refieres al personaje, ¿te refieres a la narradora?

ZV: Sí. En *La hija del embajador* es en tercera persona. *Sangre azul* pasa de primera a tercera, y *La nada cotidiana* en primera persona. Ahora estoy trabajando *Te di la vida entera*, que está en primera, segunda y tercera. Es un juego muy cómico porque la primera persona pasa de contar a ser contada. Es decir, el personaje pasa de primera a tercera persona con facilidad, y la segunda siempre es la Conciencia Revolucionaria: especie de Pepito Grillo que siempre está tratando de meterse en la narración y decir: "No cuentes esto, cuenta esto; no, esto tampoco".

EMS: El "tú" es siempre un super ego, como ocurre en *La modificación* de Butor, o en *La muerte de Artemio Cruz* de Fuentes. ¿Te refieres a las tres amigas que se reúnen aquí en París?

ZV: No. En *Te di la vida entera* es el personaje del final, la viejita. Son los 60 años de una mujer que ha vivido antes de la Revolución y la etapa revolucionaria en Cuba. Es un homenaje a las mujeres de la generación de mi mamá, que cuando triunfó la Revolución tenían veinte años y se les cortó la vida. Eran mujeres que estaban con sus hijos algunas, otras en sus fiestas, con sus novios en su historia, y la vida de alguna manera se les cortó. Cambiaron muchos códigos en sus vidas. En estos momentos son mujeres que toman pastillas, que beben, destruidas porque de alguna manera el cambio fue muy brusco; no sólo la Revolución, en el sentido social de la palabra, sino una revolución interna. Por ejemplo, los códigos cosméticos: ya no hay esta marca, habrá esta soviética. Es una novela muy detallada. Y es un gran homenaje a dos personas que yo admiro muchísimo: uno es Cabrera Infante. Como mi personaje es La Habana, es un gran homenaje a las novelas de Cabrera Infante. Yo creo que hay dos novelistas de La Habana (ojalá nadie se ponga bravo con esto): Lezama Lima en una cuerda y Cabrera Infante en otra. El otro gran homenaje es a una persona que estando yo en Cuba y para muchísima gente de mi generación nos descubrió muchas canciones que nosotros ni conocíamos: Almodóvar. Por ejemplo, yo no conocía a la Lupe.

EMS: ¿Sabías tú que Cabrera Infante había escrito acerca de la Lupe mucho antes que Almodóvar la descubriera? Pero, por supuesto, eso nunca se publicó en Cuba.

ZV: Aunque no es lo mismo leer sobre ella que escuchar la voz. Además yo no había leído lo de Cabrera Infante sobre la Lupe.

EMS: ¿Alguna vez has oído a Freddy?

ZV: Me acaban de regalar un casete.

EMS: Yo tampoco lo había oído hasta hace muy poco. Impresionante.

ZV: Recuerdo que mostraron todas las películas de Almodóvar en Cuba por una semana de la embajada española en el Teatro García Lorca. Allí vi por primera vez *Mujeres al borde de un ataque de nervios*. Por eso la primera parte de la novela es un homenaje a Cabrera Infante, y la segunda otro homenaje a Almodóvar. Es muy bueno que la historia de estas mujeres almodovianas tengan su origen en Cuba.

EMS: Se podría decir que son "mujeres al borde de un ataque de nervios en La Habana".

ZV: Sí, y que el origen de la película está en Cuba.

EMS: Todo eso es muy interesante, pero no sé si conteste la pregunta que te había hecho.

ZV: Lo que me habías preguntado era sobre esos tres personajes. Después viene otra novela en la cual estoy ahora trabajando también: se llama *Profecía*. Yocandra, Daniela y Marcela se encuentra aquí en París. Es una historia sobre la amistad de tres mujeres en París, Nueva York y otras ciudades y viviendo la realidad de maneras diferentes. Es decir, una con sus venganzas, la otra con sus contradicciones existenciales, por decirlo de alguna manera, y la otra bueno, de una manera mucho más romántica: buscando el París de los años veinte. Esto, claro, crecerá: no se queda sólo en eso.

EMS: Quiero hacerte una observación que requiere algunas consultas en mi ejemplar de *Sangre azul*. A lo mejor una versión de lo que tú acabas de decir en cuanto a las dos dimensiones de personajes: con los pies en la tierra y la cabeza en la luna. Me da la impresión de que en efecto hay mucha fantasía, mucha alucinación, mucho delirio. A veces se pierde el lector en tanto torrente de imágenes porque evidentemente hay una gran fluidez en todo el escenario en que se mueven los personajes. Por otra parte, también he leído este libro como una reflexión filosófica, como si fuera en gran parte un ensayo que va por partes y desarrolla máximas, pensamientos, afirmaciones. Todas ellas muy compatibles por otra parte. Por ejemplo, en la página 20: "Los niños no entienden de eso por suerte yo he soñado más de lo que he vivido". O en la 32: "Uno compra un dulce para vengarse de la soledad. Uno está solo y lee para buscar la compañía de otro que también está solo. Por eso escribe". Es decir, son una serie de observaciones que constituyen una suerte de arte poética. Una filosofía de la creación, de la escritura, como es el tema de la soledad que afecta tanto a estos personajes. Podríamos citar muchos más: no sólo se limitan a cuestiones de creación sino a todo tipo de situaciones. Hay uno acerca de la inteligencia, varios acerca del amor, pero todos están referidos a una concepción de la escritura, la literatura, la imaginación. ¿Me equivoco?

ZV: No, para nada. No fue consciente. Sin embargo, ahora que lo dices he ido pensando, rápidamente reviso la lectura de la época y recuerdo, por ejemplo, que una de mis lecturas entonces era Marguerite Yourcenar. Además, viste que tengo un grupo de libros allí en el estante. Cuando empiezo a leer, leo siempre mucho lo mismo hasta que le saco el jugo. Realmente me gusta mucho volver sobre un mismo libro, y en esa época precisamente leía y releía mucho los libros de Marguerite Yourcenar. Es decir, libros en los que de alguna manera hay una reflexión, pero siempre a través de la propia experiencia, a través de la vida ligada a la escritura, y eso evidentemente influye mucho en mí. Aunque yo siempre estoy en todo lo que hago. Por ejemplo, a mí me gusta estar escribiendo y de buenas a primeras quiero hacer un dulce y voy y hago un dulce. Cuando estoy haciendo ese dulce, también estoy de alguna manera metida en la escritura. Y por eso después de alguna manera el dulce también saldrá en la escritura. Es decir, hay una relación cotidiana muy fuerte con el pensamiento. Quizá lo que sucede, y que has percibido muy bien, es que se trata del caso de una mujer, con toda la cotidianeidad de la mujer, y eso quizás empequeñece o enriquece la narración. Yo he encontrado a mucha gente que en lugar de verlo a favor lo han visto como algo en contra. Algo que empequeñece la calidad de la narración. A mí en cambio no me molesta para nada.

EMS: Yo, al contrario, lo veo como algo extremadamente sugestivo, interesante y nuevo.

ZV: Hace años un escritor que ya falleció, el poeta cubano Luis Rogelio Nogueras, me dijo: "Zoé, si algún día escribes una novela éste es el lenguaje que tienes que utilizar". Es decir, se refería a ese lenguaje cotidiano que te lleva al mismo tiempo a una metáfora quizás hermética, pero de lo cotidiano vas a la aventura poética.

EMS: Bueno tú sabes que eso es, digamos, dentro de la modernidad el más antiguo concepto del lenguaje literario. Es decir, el verdadero lenguaje poético es el lenguaje de todos los días, sólo que transformado por el oído rítmico del poeta. T. S. Eliot lo llamaba "la música de la conversación".

ZV: Claro. Exactamente. Yourcenar me fue muy luminosa en aquel momento. A mí todo me influye. Todo lo que leo me gusta y tengo buena intuición para los libros. Cuando entro a una librería pocas veces me equivoco. Incluso con desconocimiento, con ignorancia.

EMS: Tienes suerte. Tienes eso que en buen cubano llaman "aché".

ZV: Miro siempre entre las páginas y tengo ojo, no sé. Es el ojo del escritor, me imagino yo. Y también, bueno, he tenido buenos consejeros.

Una o dos novelas

EMS: A ver si podemos pasar a tu segunda novela. Tú dices que empezaste *Sangre azul* aquí en París y la terminaste en La Habana. Pero también me dijiste que *La hija del embajador* la escribiste antes de *La nada cotidiana,* y después la terminaste aquí en París.

ZV: Sí, *La hija del embajador* es en realidad un cuento cinematográfico. Era para el cine. Una persona la leyó y me dijo, esto es una novela, no la puedes desperdiciar en el cine. La empecé a reescribir y me quedó un primer manuscrito muy panfletario, muy tonto. Una pobre muchacha hija del embajador que llega a París y no sabía nada. Se va a comprar un desodorante, y en cambio se compra un tubo de cera de zapato. Ya después, estando aquí, me dije no. Este personaje tuvo que haber tenido una experiencia muy dura y una experiencia anterior que le permitía entrar en la ciudad y lógicamente es la hija del embajador. Es decir, nunca ha estado en su país de origen y siempre ha estado viajando de embajada en embajada, de misión en misión.

EMS: ¿Ésta ha sido por casualidad tu formación?

ZV: No, para nada. Mi inspiración fue una muchacha que conocí en Cuba que sí era así. Nació en Cuba, y cuando regresó no entendía por qué se había criado en Dinamarca. No sabía absolutamente nada de lo que pasaba.

EMS: ¿Hablaba español?

ZV: Hablaba español, inglés y francés perfectamente. Pero estaba muy descolocada. También desde luego salió de mi experiencia de haber trabajado cinco años en la misión de Cuba ante la UNESCO. Es la experiencia cotidiana de la ciudad la que está en el personaje. Pero la otra, su psicología, no tiene nada que ver conmigo. Mi extracción es lo contrario: La Habana Vieja, hija de una dependiente de pizzería y mi padre ebanista que se fue a los EUA cuando yo tenía diecinueve años.

EMS: Entonces la reescribiste...

ZV: La reescribí en Cuba. Quedó como un cuento de treintaiséis páginas y después, aquí, se convirtió en una noveleta de noventa y pico de páginas.

EMS: Déjame decirte por qué de tus novelas es la que más me gusta. El lenguaje lírico tiene una fluidez igual que en los otros casos, sólo que aquí hay más control. Además, creo que terminas la novela exactamente donde la tienes que terminar y no sucumbes a la tentación de continuar las aventuras enloquecidas de esta muchacha.

ZV: Eso sí fue muy a propósito. La única solución que ese personaje podría darle a su tragedia era agrediéndose físicamente.

EMS: Cosa que introduces muy al principio de la novela. Hay toda una expectación acerca de eso.

ZV: Exacto. Pero ese corte que notaste me alegra muchísimo que me lo hayas dicho, porque es realmente el del lector avisado. Ese corte brusco que hay al final es precisamente el deseo de dejar al lector con la boca hecha agua para esta novela que te habla de los personajes de *Profecía*. Es decir, en el momento justo en que estas tres personajes se van a encontrar es para salvarle la vida a su amiga. Va a haber todo un *deus ex machina*. Estos dos personajes, Marcela y Yocandra, por azar de la vida, van a tener que salvarle la vida a ella que está postrada en la bañadera, como Petronio, muriéndose. Lo que me gusta de tu observación es que también es una situación de tragedia griega, y al mismo tiempo muy ridícula, de mujer acudiendo al suicidio para salvar su situación. Ésta es una novela que la hice con toda conciencia. Creo que es la novela no sólo más corta sino la más pensada.

EMS: Ahora bien, me pregunto si esa redacción primera difería mucho de la escritura que después tu hiciste aquí en París.

ZV: No, la reescritura aquí en París me ayudó mucho. Tenía ya la experiencia de *La nada cotidiana*.

EMS: ¿La reescribiste después de escribir *La nada cotidiana*?

ZV: Sí. *La nada cotidiana* la reescribí en Cuba entre el 93 y el 94. Realmente fue un vómito.

EMS: Bueno antes de pasar a *La nada cotidiana,* porque me parece un caso más complejo, quiero puntualizar algo a lo que me refería en la primera versión. Evidentemente hay tres etapas de *La hija del embajador*. Una: el cuento cinematográfico; luego, hubo una transformación a tipo cuento; y por último hubo una reescritura, como noveleta. Evidentemente después del tratamiento cinematográfico al cuento hubo muchos cambios, pero después del cuento a la novela hay un desarrollo que tiene que ver no sólo con la extensión sino con la planificación, el desarrollo, del personaje.

ZV: El personaje se me hizo mucho más interior y al mismo tiempo era un personaje demasiado extrovertido, demasiado frívolo. Además hay críticas publicadas en España que destacan la frivolidad del personaje, y que no tiene Yocandra. Sin embargo, debo decir en su defensa que éste es un personaje que hace de su frivolidad su filosofía. Y tanto, que esa filosofía la convierte en un personaje complejo, profundo y muy interior. Es decir, el hecho de gastarse el dinero que le dan en dulces es un gesto filosófico. Demuestra cómo la frivolidad se puede convertir de alguna manera en filosofía.

EMS: Entre paréntesis, déjame hacerte esta observación y pregunta. Lo primero que uno pensaría es la frase de Jacques Vaché que utiliza Cortázar al principio de *Rayuela:* "nada le mata más a un hombre como tener que representar a su país". Viendo ese tipo de acciones por parte de algunas de tus protagonistas, uno pensaría: pero es que a esta escritora lo único que le interesa es describir la anulación de ciertas mujeres cubanas, o de ciertos cubanos en el exilio. Es decir, ese tipo de frivolidad, o anulación, o delirio psicológico, no lo podría tener realmente un cubano o una cubana durante el Período Especial. En este sentido, diría cierta crítica de tu obra, Zoé Valdés ha dejado de ser una escritora cubana, y por tanto sus personajes ya no son representativos de su país.

ZV: Yo creo que Yocandra Patria sí es un personaje del Período Especial de Cuba. Pero a mí no me interesa la representación a través de la escritura, ni del país, ni de nada, ni siquiera de mí misma.

EMS: Sin embargo, eso era precisamente lo que hacías en la UNESCO: ¡representar a Cuba!

ZV: Sí, bueno, eso era peor. Yo era la "esposa acompañante": título que me impusieron en la carta de residencia, lo cual era muy cómico porque con el que era mi esposo tuvimos que casarnos, aunque vivimos juntos muchos años sin casarnos. Yo ni siquiera representaba nada a través de la escritura. Incluso tengo en mi primer libro de poemas, por ejemplo, poemas dedicados a Nicaragua, poemas dolorosos en cuanto a la guerra. Yo me creía ese dolor de la guerra cuando leía en la prensa que el niño Luis Alfonso Velásquez había sido ametrallado; pues eso me dolía. Con lo cual te digo que no me interesa representar nada a través de mi escritura. Lo único que me interesa es en algún momento tener un contacto, que es lo fundamental, con otro ser humano. Ésta es una de las razones por la que escribo a través de las experiencias de los otros. Muchas veces siento que no soy yo la que escribe. Por ejemplo, *Te di la vida entera* empieza diciendo: "Yo no soy la escritora de este libro, soy el cadáver". Es decir, quien escribe ese libro es una mano que está ahí para escribir. Después tenemos ese misterio que es la literatura: hay cosas que no me han pasado, y sin embargo en el momento en que las escribo me están pasando. Es un gran misterio.

La nada cotidiana: la escritura como exorcismo

EMS: Con eso podemos pasar a hablar sobre *La nada cotidiana*. Antes de hacer la transformación de *La hija del embajador* a la versión definitiva pasas por la escritura de *La nada cotidiana*. Pero hay una ruptura existencial con ciertos patrones de tu vida hasta ese momento. ¿No es cierto?

ZV: Pasó por muchas escrituras. Pasó por un libro de cuentos que se publicará próximamente y que se llama *Traficantes de belleza*. Es el paso hacia *La nada cotidiana*. Es el paso sentimental, donde los personajes son más revueltos, tienen más que ver con la realidad inmediata. Incluso el primer cuento que se llama "Traficante de marfil melones rojos" es una historia muy cómica, porque siendo todo muy lírico en realidad es el cuento de una jinetera cubana que de buenas a primeras se encuentra con el espíritu de Rimbaud en La Habana. Jinetea a Rimbaud y Rimbaud lo que le regala al final es un libro de poemas. Y termina diciendo: "¡Le zumba tener que jinetear por un libro de poemas!" Ése es el paso a *La nada cotidiana*. La nada cotidiana es realmente una gran ruptura en mi vida. A mí me pasaron muchas cosas en Cuba que yo viví con un frenesí tremendo.

EMS: ¿Como cuáles?

ZV: Como por ejemplo el hundimiento del remolcador "13 de marzo" con sesenta y pico de personas. Ese evento está en casi toda mi literatura después de que ocurrió.

EMS: A mí también me afectó. Hace dos años me invitaron a dar una conferencia sobre historia cubana del siglo XIX, pero acababa de ocurrir el hundimiento y me sentía muy mal. En un público donde había muchos cubanos, pero también muchos norteamericanos, dije que aunque estuviese fuera de lugar porque era un acto académico, yo dedicaba mi conferencia los veinte niños que habían muerto ahogados ahí.

ZV: Para mí todo eso fue un golpe terrible. Y fue el gran golpe, después de haber tenido otros. Había tenido amigos que se habían ido en lancha y habían muerto.

EMS: ¿Estabas en Cuba cuando ocurrió el caso Ochoa?

ZV: Sí, y recuerdo perfectamente cómo fue todo. Un click de un día para otro, que en la mentalidad fue muy fuerte. Me acuerdo de las imágenes de la televisión, y cómo se puede llegar a manipular a todo un pueblo. La gente el día antes diciendo que no lo podían fusilar, que Ochoa era un héroe, y al día siguiente todo el mundo pidiendo el fusilamiento a causa de la doble moral. Todo influido desde arriba. Fueron otras cosas, no sólo al nivel político sino al nivel cotidiano. El hecho de ser mujer y sin embargo no tener una íntima para ponerte cuando tienes la menstruación. El hecho de no tener siquiera una aspirina. El hecho de venir de un viaje y traer chocolates para los niños de mi edificio y los niños enfermarse porque era la primera vez que comían chocolate. Son experiencias muy fuertes, que ocurren al mismo tiempo que salgo embarazada. Vivo el embarazo de una manera muy especial. Aquí cuando lo cuento dicen "qué maravilla" porque para ellos que lo viven tan bien es una cosa totalmente diferente. ¡Que les digan que tienen que montar una bicicleta bajo un sol que le traquetea, y transitar las lomas del Vedado! Y además hacerlo obligado, no porque lo escogiste sino porque estás obligado. Y eso lo viví de manera muy fuerte.

EMS: Y me imagino con el trauma añadido de saber que en el resto del mundo no se vive así.

ZV: Claro. Exacto.

EMS: O al menos en buena parte del mundo. Sabemos que hay parte del mundo que vive así, pero no buena parte del mundo con la que Cuba debería compararse.

ZV: Claro. Exacto. Que es la equivocación que se comete con demasiada frecuencia, la comparación con Haití y Bolivia. En 1957 Cuba era el tercer país de América Latina, después de Brasil y la Argentina. Desde todo punto de vista estoy hablando y desde el punto de vista cultural e intelectual, el más elevado. De hecho, fue precisamente debido a eso que se pudo hacer la Revolución. La Revolución no permitía el nivel económico, intelectual y social que tenía ese país. Por algo en todo este periodo había una frase que escribí en varios poemas y el otro día estuve revisando: "viene una isla que quiso construir el paraíso". De ahí salió el título de *La nada cotidiana*. La escribí de un tirón. Fue, como te dije hace un rato, un vómito con una rabia tremenda.

EMS: ¿La escribiste en Cuba?

ZV: Completa en Cuba, incluso todas las versiones.

EMS: ¿No tuviste miedo?

ZV: Mucho. Pero trabajé con una táctica que es con la mejor que se puede trabajar en Cuba que es anunciar sin decir: "Estoy escribiendo una novela". "¿Cómo se llama?" *La nada cotidiana*. Todos se quedaban mirando con los ojos en blanco. ¿Con ese título?

EMS: Claro, todos creían que se trataba de un tratado existencialista pensando tal vez: "Esa que acaba de llegar de París."

ZV: Y además "con esa *Sangre azul* que se disparó y que ya nadie lee"... Finalmente la novela la saqué del país por dos vías.

EMS: Pero entonces lo que escribes es de una autenticidad existencial que se refleja en la novela.

ZV: Ya te dije que la escribí de un tirón. No sabía qué iba hacer con la novela. Yo dije, bueno, si la publico me jodo, y si no la publico me jodo más todavía, porque sabía, por experiencia y referencia, que era quizá mi momento más creativo. Ese podría ser mi paso o bien hacia mi consolidación como escritora, o bien mi gran paso a mi autocensura y autodestrucción como escritora.

EMS: Que se parta pero no se jorobe.

ZV: Exacto. Después se dieron otras oportunidades. Una invitación de la editorial para trabajar mis manuscritos y otra invitación de la Escuela Normal Superior de París para participar en un coloquio sobre Martí. Era una invitación de tres meses extendible a seis.

EMS: Entonces a la ruptura que ocurrió a lo largo de tu regreso al país en 1988...

ZV: En realidad, mi ruptura no empieza en 1988. Yo tengo varias rupturas, incluso algunas que ocurren aquí mismo en París.

EMS: Sí, pero para concentrarnos en ese contexto, porque quiero situar la novela dentro de ese contexto. Digamos que en 1988 regresas, la novela se escribe entre el 93 y 94 en Cuba y en el 95 sales. Eso quiere decir que hay una acumulación de vivencias inmediatamente después de tu regreso a Cuba entre el 88 y el 94, un período de seis años.

ZV: Después de 1988 escribo varios libros de poesía. Escribí *Cuerdas para el lince, Esperar la bestia,* que es un libro muy duro, todavía me duele ese libro. Escribí *Traficantes de belleza* y me dedico a escribir para cine también. Escribo *Vidas paralelas,* una película fallida, pero que era una idea muy linda, la idea del cubano que se quiere ir y estar en Cuba y la idea de la cubana que se va de Cuba y quiere regresar.

EMS: ¿Se llegó a filmar?

ZV: Sí, se llegó a filmar, pero la película no salió bien. Cuando le pidieron al director que no se podía mostrar la calle destruida en la parte que muestra a Cuba y que había que poner cosas en las vidrieras, se pusieron cosas en las vidrieras y por Radio Reloj había que anunciarle a la gente que no hiciera cola que eso era para una película y no era para vender. Me acuerdo porque hasta mi madre, que vive en La Habana Vieja, fue corriendo a la calle San Rafael a hacer cola... Con lo cual se maquilla la película. Y eso también fue su detrimento: el hecho de no poder filmar en los EUA, tener que hacer la parte americana en Venezuela con actores venezolanos. Así, la parte de La Habana es muy auténtica, pero la parte de Venezuela/EUA es muy falsa.

EMS: Lo que me dices es que todo esto es un proceso paulatino entre el 88 y el 95 que entonces culminó cuando sales de Cuba y mandas la novela al editor. Pero tú hablas acerca de una serie de rupturas, inclusive en el periodo en que habías vivido aquí en París antes de escribir *Sangre azul*.

ZV: Pienso, en este sentido, no sólo en mi niñez, en la niñez de todos nosotros. Tiene que ver con el hecho de que cuando yo era muy niña, tenía siete años, y era la primera iniciación de los pioneros en Cuba. Yo iba a la iglesia con mi abuela. Iba más a la iglesia porque era la iglesia de La Merced y tenía un patio bellísimo. Tenía amiguitas. Era un lugar muy lindo. Me gustaba mucho ir. Había muchos juguetes. Y el día de la iniciación de pioneros no me quisieron iniciar porque yo era católica. Cuando se dan cuenta de que están todos los alumnos formados y hay tres niñas que no pueden ser pioneras porque van a la iglesia, se alarman. "Pero eso no es así", le dice a la responsable de los pioneros. Estaban los padres, mi abuela estaba ahí. "Hay que preguntarles a ellas." Y recuerdo que me preguntó: "¿De quién quieres ser hija, de Dios o de Fidel?" A los siete años, yo miro a mi abuelo y con los dedos él me hace una señal de V, y dije "De los dos". Me pusieron la pañoleta de pionero.

A partir de ahí mis rupturas fueron sucesivas, poco a poco, sin conciencia de lo que eran. Tú vives tu infancia, tu adolescencia, en una realidad en la que te vas haciendo todo el tiempo héroe, haciendo referencia a los héroes y que te marca de una manera tremenda. Por eso nosotros estamos tan jodidos, porque estamos obligados a ser todo el tiempo trascendentes. Todo el tiempo estamos obligados a ser el Ché, Camilo, héroes y no se puede ser. Uno tiene que comer y cagar como todo el mundo, y no vivir con la fotografía y la metralleta al lado. Ese tipo de cosas a mí me hartaba. Yo siempre he sido más pacífica que combativa. Para tener una buena nota final en la escuela yo me acuerdo que había que ser (me acuerdo de la palabra) "combativa". Eso de "combativa" estaba en los requisitos. Zoé Valdés no es combativa. Nunca lo fui, ni lo era. Y lógicamente cuando sí lo era, era cuando me botaban de la escuela, cuando tenía un problema, porque de alguna manera era tranquila, pero marimacha. Me fajaba siempre con los varones. Estaba siempre haciendo barbaridades. Nunca iba a la escuela, me escapaba mucho, pero era tan fácil componerse. "Antes de la Revolución había prostitución, corrupción. Después de la Revolución, bueno, pues la mujer ya estaba liberada..." Con eso tenías el aprobado. Ya diciendo eso, en cualquier respuesta tenías el aprobado. Por lo cual estudiando un poquito más tenías una nota.

A mí me proponen ser militante de la Juventud Comunista. Hubo una gran reunión que se llamaba "La Conjunta", en donde todo el mundo se paraba, y te buscaban los defectos y la mesa decía tus virtudes. Recuerdo perfectamente a una muchacha que ahora está en Miami. A ella y a mí nos pararon y nos dijeron barbaridades: que me escapaba de la escuela del campo y me iba para el albergue de los varones, que siempre estaba por ahí armando líos... Pues bien, ni ella ni yo salimos. Fuimos las únicas que no salimos militantes, de lo cual me alegré muchísimo. Recuerdo que salimos de ahí y lo celebramos. Nos fuimos a una pizzería, al Club Latinoamericano, a celebrar. ¡Qué bueno! ¡De la cantidad de reuniones que nos hemos librado! Pero claro, eso no lo podíamos decir. No podía ser espontáneo. Nuestro temor de nosotros era salir militantes. ¿Te imaginas? Sólo porque no podíamos decir que no.

EMS: A lo único que lo puedo comparar es al Mariel. Me acuerdo que Reinaldo Arenas me contó en una entrevista muy parecida en Miami que en la cola de la Policía para alegar que era maricón y que, por tanto, cualificaba para irse del país, detrás había una señora de unos 50 años que inmediatamente después alegó que era puta. A pesar de que ella y la policía sabían perfectamente que esa era una señora de su casa que no tenía nada que ver con la prostitución. Sin embargo se tenía que autoacusar de puta para que la dejaran salir.

ZV: Recuerdo también que cuando entramos en La Conjunta entramos al aula. Estábamos blancas las dos y Anita me dijo: "¿Te imaginas si nosotras salimos militantes la cantidad de reuniones que nos tenemos que sonar?" Por suerte habíamos sido consecuentes toda la vida y no salimos militantes. De todas formas había actividades a las cuales realmente no podía faltar. Mi proceso fue así. Mis rompimientos fueron así de poco a poco y en pequeñas cosas. Recuerdo otro estando ya aquí en París y que no tiene nada que ver con el mundo que me rodeaba. Yo estaba en un grupo selecto, es decir, el grupo de Alfredo Guevara y Pepe Horta, gente de otro nivel. Pero dentro de ese grupo había personas puestas ahí que tenían otras intenciones y otro era su trabajo. El trabajo de vigilar: segurosos. Recuerdo que en mi oficina había una foto de Fidel Castro de tamaño grande. Cada vez que un invitado llegaba era una foto que agredía. No todo el mundo está preparado para enfrentarse con una foto de Fidel las veinticuatro horas del día. Propuse que quitaran esa foto y la remplazaran con un grabado de Picasso muy lindo, una de sus famosas palomas. Era mucho más agradable y a la cual todo el mundo tenía acceso estético. Alegué que eso no era un mural del CDR y que no estábamos en Cuba. Recuerdo la reacción violenta de una de esas personas. Hoy trabaja en la embajada de Cuba aquí en París. Me dijo que eso era agredir la imagen del Comandante en Jefe. Con lo cual te podrás imaginar el nivel de brutalidad.

Mi reacción ante eso es decir: no tengo carne de héroe. ¿Piensas así? Jódete, mi hermana. Ése es tu problema; mío no es. Jódete: yo no le voy hacer la moral aquí a nadie. Allá tú. Mi reacción no fue quitar el cuadro y botarlo a la basura. Porque tampoco me pertenecía.

EMS: Aclarada esa serie de rupturas, llegas aquí a París con la novela escrita y entonces decides. Pero para regresar un poco a la redacción de la novela en Cuba: evidentemente, tú agarras una serie de personajes, una serie de "tipos". Una de las cosas más interesantes de tus personajes es que a pesar de que tienen una gran vida imaginaria (mucho delirio, mucha desilusión) son personajes alegóricos. Es decir, no tienen nombres como Pepe, María o Teresa, sino etiquetas, como el Traidor, el Nihilista, la Gusana, el Lince, etcétera.

ZV: Eso es muy importante. Han salido dos críticas negativas al respecto. Dicen que son personajes maniqueos, caricaturescos. Lo cierto es que lo hice con toda intención. Quise marcar la caricatura y el maniqueismo de los personajes porque provienen de una realidad caricaturesca y maniquea. Eso son los personajes que produce esa sociedad.

EMS: Lo cual quiere decir que no son únicamente personajes individuales, sino tipos que se van reproduciendo.

ZV: Y que yo sitúo en el mundillo intelectual, provinciano, habanero. Pero que también los puedes encontrar en una fábrica, por ejemplo. En el caso de los jóvenes lo más terrible es el grupo de los *freakies,* esos jóvenes que hoy en Cuba viven sin casa, en solares yermos, algunos se drogan o se hay inyectado el virus del SIDA y han muerto. De esto trata mi otra novela, *La ira*:

de la cólera. Tipos de personajes que son tan caricaturescos que terminan en la muerte, el vacío y la autodestrucción. Cuando alguien decide inyectarse el virus del SIDA está invocando el peor de los sufrimientos. Pasaremos todos al siglo próximo con fusilamientos en la espalda y con muchachos que decidieron inocularse el virus del SIDA sobre nuestras conciencias. El que pase de eso no tiene la más mínima sensibilidad de un ser humano.

EMS: Si esta técnica es verdaderamente deliberada, entonces ¿no quiere decir algo acerca de tu escritura en *La nada cotidiana*? En parte quieres retratar una serie de tipos basados en tu experiencia personal.

ZV: No tan exactamente eso. Por ejemplo, en el Traidor es cierto que he querido poner un hombre en específico. Pero no es solamente una persona. Hay cosas también del Traidor que son muchos personajes que me inspiraron; del Lince igual. La Gusana menos: la Gusana sí es una persona determinada. Es el personaje que más yo quiero, el más fuerte de ese libro. A pesar de que se llama La Gusana, el nombre no significa que sea persona caricaturesca ni maniquea. Justamente hace el balance. Yo hubiera querido trabajarla más, pero así salió la novela y así se quedó.

EMS: Bueno, me refería también a otra cosa. Por una parte construyes estos tipos basados en vivencias y en anécdotas, personajes compuestos ya sea de una persona o de varias. Pero por otra, uno de los elementos más interesantes acerca de *La nada cotidiana* y *La hija del embajador* es este deseo de dar un testimonio, político, ideológico, histórico, acerca de esta realidad que has vivido. Hay una necesidad de hacer no sólo literatura sino de nombrar la realidad tal como la ve no un personaje, sino tú misma. Noto en tu obra cierto editorialismo, y por ello no quiero decir algo negativo. Es precisamente uno de los rasgos de la novelística más reciente. Las novelas de Milán Kundera o de Umberto Eco, tan ensayísticas que se podría decir regresan al siglo XVIII. Son novelas filosóficas. Tú dirías quizá que son novelas líricas. Pero yo veo sobre todo en los títulos más recientes un cruce interesante entre novela lírica y novela filosófica o política.

ZV: Mi formación, como te dije antes, es sobre todo ensayística y poética. Leo mucho ensayo y mucha poesía. "Con la capacidad del lector macho se aprende; se lee novelas con el placer del lector hembra", eso decía Julio Cortázar. Si la novela a mí me penetra, con los ensayos y la poesía me pasa lo contrario: soy yo la que los penetra. Yo no lo veo tanto porque estoy muy metida en el asunto. Pero sí creo también que en la literatura cubana hay una tradición muy fuerte. Fíjate en las novelas de Lezama, la obra de Virgilio Piñera, *Electra Garrigó*, o *La noche de los asesinos* de Pepe Triana, la misma obra de Cabrera Infante. Cabrera Infante es el filósofo, por decirlo de alguna manera, habanero, con todas las complejidades de una época. Incluso de una época pronosticando el futuro, de manera muy premonitoria. En estos momentos quizá en los jóvenes poetas que conozco hay una tendencia mucho más filosófica, en dirección a los nuevos filósofos europeos. También una tendencia mucho mayor hacia la evasión. Tengo una antología ahí de joven poesía cubana que es impresionante, las referencias son cultísimas, a veces molestas de tan cultas. Tratan de negar toda esa sociedad que viven, todo ese mundo que viven, queriendo ser franceses a toda costa. Es lógico.

EMS: Será la balsa de la filosofía.

ZV: Exacto. Es la balsa. Es precisamente eso.

El libro de la ira

EMS: Dime algo acerca de *La ira,* este libro que todavía no he podido leer aunque ha salido aquí en traducción francesa y próximamente va a salir en español.

ZV: Yo creo que *La ira* te va a gustar. Es una historia muy a *La hija del embajador.* Pero esta vez un personaje es todo lo contrario. Es una muchacha cubana que se gana por sus méritos como poeta una beca en Francia. Aquí conoce en una fiesta a otro cubano. Se enamoran, regresan a Cuba, se casa con este cubano y es toda la simplicidad de una vida muy simple. En un momento determinado ella descubre que este hombre es un agente de la Seguridad del Estado. Ahí empiezan las contradicciones cotidianas, que se van transformando en contradicciones políticas. Es decir, el hecho de que él beba tanto le molesta. Pero él bebe tanto porque tiene problemas en el trabajo, tiene contradicciones con sus superiores y porque las cosas que están pasando en Cuba no le gustan. Todo eso se complica hasta el momento en que él muere en una accidente de avión. Y hay todo un intento de convertir a este personaje en héroe. Los policlínicos llevan su nombre, las fábricas llevan su nombre y a esta mujer le empiezan a robar a su marido. Ella queda viuda, embarazada y empieza todo el último periodo de Cuba. De las manifestaciones del cinco de agosto y todo lo que va ocurriendo poco a poco. Todo va de lo muy simple a lo muy complejo, hasta que ella conoce a dos muchachos que se han inoculado el virus del SIDA. Hay una relación muy linda. Es una pareja y hay una relación de amistad muy linda. Es un canto a la amistad en medio de todo un mundo que la niega y niega los sentimientos más elementales de la vida. No por gusto esta mujer está embarazada, no por gusto le rodea tanta muerte. Su marido que muere, lo convierten en héroe; estos dos muchachos que deciden en protesta inocularse el virus del SIDA. Esa cosa que nos ha perseguido todo el tiempo desde que hemos nacido, "Patria o Muerte", "Socialismo o Muerte". En lugar de decir como el Beny: "¡oh vida!" Este personaje se ve envuelto en toda esta locura, este ciclón de cosas cotidianas, y al fin decide irse del país. Con ocho meses de embarazo en el momento que todo el mundo se está yendo. En agosto del 94 ella decide pedirle a un militar su lancha e irse. La historia está en parte basada en una imagen que yo vi en la televisión cubana. La pasaron sólo una vez, la vieron unas cuantas personas y después nunca más se vio. Una muchacha salió hablando en la televisión, ya en la base naval de Guantánamo, con una niña de quince días en brazos. Se había ido sola en una balsa con ocho meses de embarazo.

La vida es un salmón con grasa

EMS: Empezamos hablando de la aparente ausencia de narradoras y modificamos esa idea. Pero evidentemente tú hablas desde tu condición de mujer. Reinaldo Arenas decía que él era fatalmente homosexual, al igual que tú eres fatalmente mujer. Sin embargo hay otros dos elementos que tú también combinas en tu escritura. Uno de ellos es el humor. Describes constantemente realidades trágicas, horribles, espantosas, pero al mismo tiempo hay mucho humor. Lo picaresco, el absurdo, digamos también el "humor negro", todas estas modalidades están presentes. También está presente la sexualidad. Si tuviésemos que trazar un triángulo conceptual en el cual se pudiese insertar tu escritura sería: la mujer, el humor y la sexualidad.

ZV: Exactamente. Yo creo que tiene mucho que ver. Yo he vivido mucho. Yo creo que lo fundamental está en lo que decía Reinaldo Arenas: lo fundamental de un escritor es vivir. Es la vida de cubano también. Creo que ése es el *fatum* del destino cubano, ése es su signo trágico. ¿Por qué el primero de mayo la Plaza se llena de cubanos? Mi vida, porque venden refrescos de laticas. Es el único momento en que el cubano tiene la posibilidad de comprar en pesos cubanos refrescos de laticas. No le de más vueltas. Cuando yo hablo con mi mamá por teléfono, le digo: "Mami, la Plaza se llenó de gente". Ella contesta "Hija, porque venden refrescos".

EMS: Porque es la verdad.

ZV: Es la verdad más profunda. La vida del cubano es esa y por eso estamos tan jodidos. A un cubano entre decirle que tiene un personaje tendido en la funeraria entre Calzada y K, y que hay un giro en La Tropical, vacila. ¿Para dónde voy? Y con la misma va para la Tropical. Cuando termina de bailar y mover el culo vuelve a decirle luz y progreso al muerto. Tú sabes que es así. Mi vida está llena de eso. Por ejemplo, lo último que ha pasado. Tenía una cita muy importante aquí, todo muy francés, muy parisino. Llego tratando de ser como soy —porque tampoco soy de peinado de peluquería ni nada de eso–. Lo primero que me pasa es que estoy sentada con la persona que tengo que hablar y el camarero que viene hacia nosotros resbala y el pescado que trae en las manos me cae encima. Eso yo no lo puedo prever: mi vida es así. De pronto estoy con un salmón encima de mí y llena de grasa. ¿Qué es lo que quieres que uno haga en ese momento? Situaciones así a mí me ocurren mucho. Cuando quiero hacer vida social seria, me pasan esas cosas. No tengo otro remedio. Yo creo que es un poco también el *fatum* del escritor. Yo conocí a Reinaldo Arenas muy esporádicamente en una madrugada Habana Viejera. Pero nunca tuve una relación directa con él, pero en su literatura también está eso.

EMS: No todo el mundo está abierto a lo inesperado, a lo insólito, lo maravilloso de que hablan los surrealistas. Pero hay ciertas personas que sí están fatalmente predispuestas a eso. Por lo menos no lo impiden. Eso fue Reinaldo, y eso eres tú.

(1998)

Dos transparentes

LA PREGUNTA DE LYDIA RUBIO

La obra de Lydia Rubio abre con una premisa: el arte es un misterio que exige investigación. Lo exige aun cuando estamos igualmente convencidos de que el arte es un misterio, no tiene solución. Por eso las muestras de esta gran artista despliegan unidad conceptual en una serie de formas –pinturas, esculturas, mapas y libros– y objetos –pájaros, barcos, paisajes– que actúan como claves aisladas dentro de la trama de un cuento de misterio. Al espectador es a quien le toca identificar esas claves en todo su esplendor, cual traducción de otro idioma, saltando de pintura a escultura, de figura a palabra, y de palabra a mapa. Todo ello a sabiendas de que el proceso de desciframiento ha de llevarle a una única conclusión: el misterio se multiplica y las claves se suman a maravillas aún mayores. Por todo ello Rubio termina seduciéndonos. Sus poderosas formas, imágenes y colores, revestidos todos de una extraña luz interior, ostentan la marca de un antiguo ritual cuyo sentido, hoy ya perdido, persiste y nos deja atentos, perplejos y encantados.

Con un impresionante dominio técnico, Lydia Rubio construye figuras de insólita belleza que a su vez actúan como signos dentro de una trama hermética. Trama de la cual tal vez ella misma ignora su sentido, aun cuando también esté convencida, como nosotros, de que vale la pena interrogarlo. Utilizo el concepto de *trama* aquí en sus tres acepciones: historia, secreto y lugar. Las tres apuntan hacia otro sentido: *pregunta*. Entre las preguntas que Lydia Rubio se hace está sobre todo el misterio del espacio o lugar, que en su obra recurre obsesivamente en la figura del mapa y, de ahí, la geografía. Y sin embargo, en su obra se trata siempre, y en última instancia, de una geografía imaginaria, un espacio utópico cuyos restos podemos identificar, aun cuando también debemos reconocer su carácter imaginario, su naturaleza literalmente *intramable*. Al inventar ese espacio, Lydia Rubio apunta hacia la existencia de mundos paralelos. Nuestro acceso a esos mundos puede estar vedado, en un sentido estrictamente físico, pero podemos de todos modos *desearlos*. De esta manera, Rubio convierte a sus espectadores en exiliados: nos obliga a imaginar una trama, un sitio imaginario, y a desear nuestro regreso a ella.

Si el Arte es ante todo una pregunta, entonces Lydia Rubio nos ofrece maravillosas respuestas que nos hacen volver a imaginar nuestra conversación con el mundo.

(2001)

HOMBRE DE ORO

EN LA SELVA SE OYEN MUCHOS RUIDOS. Apenas los podemos distinguir. Fue seguramente en esa necesidad de reproducir y distinguir los sonidos que los seres humanos oímos en la naturaleza que nació la música.

El compositor musical no sólo reproduce sonidos: también los ordena, los combina y, a veces, hasta los elimina. El silencio, como sabemos, forma parte íntegra de toda experiencia musical. El proceso creador de reproducción, ordenación, combinación y eliminación de sonidos hace de la música la más abstracta de las artes. Por eso la música, o al menos la verdadera experiencia musical, no tiene asideros concretos en la realidad material, como sí los tiene, por ejemplo, la pintura, que reproduce colores y formas, o la literatura, que se refiere a objetos y situaciones en la vida social. Por eso la música que inventa el compositor es un viaje ciego en un mundo que no existe y al que sólo tenemos acceso a través del más tenue y menos confiable de los sentidos: el oído. Wagner llamó a este dilema estético la búsqueda del Ideal. No se equivocó. Contra lo que muchos piensan, la música es, en el fondo y en realidad, el arte de las ideas.

Aurelio De la Vega es uno de los grandes compositores del mundo hoy vivo. Su trayectoria de más de cincuenta años en el mundo musical ha sido ampliamente reconocida. A sus éxitos de creación se unen, además, su amplia y extensa labor pedagógica. Así como Aurelio tiene ejércitos de admiradores, tiene también legiones de alumnos. En pocas personas se resume mejor la palabra Maestro: ha creado, ha enseñado y ha guiado.

Pero el caso de De la Vega es insólito cuando tomamos en cuenta el contexto en el que su obra surgió y se desarrolló. Si Cuba es mundialmente reconocida como caja musical, y nuestra música popular le ha dado la vuelta al globo, esa fama resulta equívoca si la examinamos en relación con nuestra tradición de música culta. La exagerada atención a nuestra música popular, bailable y divertida, muchas veces ha terminado desplazando a nuestra música culta, escuchable y meditabunda. El monopolio de atención a únicamente cierto tipo de música y que el público se empeña en denominar con el exclusivo nombre de "música cubana", ha terminado empobreciendo la "imagen" de nuestra tradición. Subrayo imagen y no digo realidad. Para contradecirla ahí está la realidad de las obras de nuestros músicos cultos, de Esteban Salas e Ignacio Cervantes, pasando por García Caturla y Roldán, hasta Orbón y De la Vega. En esa realidad no figuran, en cambio, ni la atención que se merecen, ni el lugar que se le debe reconocer a todos ellos en nuestra percepción de la cultura nacional. En efecto: lo que llamamos (o deberíamos llamar) "música cubana" es mucho más rica, amplia y variada de lo que pensamos y, a lo mejor, de lo que nos merecemos.

Crear una obra como la de Aurelio de la Vega en esas condiciones resulta de por sí una labor heroica. Pero si a todo esto añadimos, por una parte, la experiencia del exilio, que De la Vega como tantos otros cubanos hemos padecido durante los últimos cuarenta años, y por otra, la censura totalitaria, que ha querido borrar toda huella de su creación del canon musical, entonces evidente no es tanto lo heroico, sino algo mucho más sencillo: la prodigiosa persistencia de este creador: su entereza y convicción moral.

Dije antes que la verdadera música es, en el fondo, el arte de las ideas. ¿Cuál sería entonces la idea que rige la obra, y quizá la vida, de Aurelio de la Vega? La pregunta es inmensa, y no seré yo, por cierto, el más capacitado para contestarla. Pero sobre esa idea aporto otra, y es la siguiente.

Buena parte de la obra de De la Vega, aunque desde luego no toda, consiste en "suites"—series de piezas musicales montadas sobre poemas de diversos autores: desde Zamora, Octavio Armand y Padilla, hasta Valladares y José Martí—. Una mirada superficial sobre esas piezas llegaría a la conclusión de que se trata de sencillas adaptaciones musicales de textos poéticos. Más cierto, sin embargo, es que De la Vega no sólo "le pone música", por así decirlo, a los poemas: también los escoge, los ordena, y hasta los elimina. Al hacer esto, este compositor, como indica la palabra, "compone", o mejor dicho, vuelve a componer el texto escrito. Al recomponerlo con música también hace otras dos cosas: primero, dialoga o conversa con el texto del poeta; después, ofrece el texto al lector, y al que escucha, con otros oídos. Por eso no es exagerado decir que la idea que rige la obra de Aurelio de la Vega es lo que este proceso describe: facilitar la comunicación con los otros, y el deseo de que nos escuchen.

No es de extrañar que todas esas "suites" o series de poemas tengan una estrategia en común: en medio de una compleja instrumentación, en la que la disonancia cumple un papel crucial para establecer la alineación emocional del poema, siempre surge, como señal de lenta pero inexorable victoria, la voz humana. "La voz humana canta de por sí", ha dicho De la Vega en otro contexto. "Lo único que tiene que hacer un compositor es poner en orden los sonidos." Esa voz, casi siempre, es la de una soprano, una mujer, una voz femenina que, para decirlo con el propio De la Vega, "inventa dulzuras y dramas que proyecta con pureza sinusoidal". Yo pregunto: ¿quién es esa mujer? Será la Madre, la esposa, la amada? Será la Música misma, o la Poesía? ¿Tal vez, la Noche, la Paz, la Patria?

No lo sé. Acaso De la Vega tampoco lo sepa. En realidad, no importa. Basta que la escuchemos. Porque cuando la escuchamos, sabemos también que, de alguna manera, se cumple el propósito: nos escuchan.

Dicen que no todo lo que brilla es oro. En el caso de Aurelio, se equivocan. Todo brilla, hasta lo que no podemos ver.

Aurelio: hombre de oro.
(1997)

Cuba y la noche: exilio y poesía

Alejandro Magno: —Pídeme lo que quieras.
Diógenes: —No me quites el sol.

Quiero decir que mi tema es la poesía cubana del exilio, pero no hago más que anticiparlo y encuentro esa descripción demasiado imprecisa. Me interesa decir algo no de la poesía del exilio en conjunto, para lo cual no me siento capacitado, sino apenas de una serie de poemas. De los tres que he escogido, dos se escribieron después de 1959, cuando comienza y aún no termina el último éxodo de la isla, y el tercero, el más conocido y único canónico ("Dos patrias" de José Martí), del siglo antes-pasado. De manera que hasta mi exigua selección desdice o al menos complica lo que podríamos entender como poesía cubana del exilio, cuya historia y recuento, repito, no voy a hacer.[1] De los tres textos que he escogido, sólo uno, el más reciente, habla del exilio de manera explícita; los otros dos, precisamente por no abordarlo, bien se podrían leer con otros enfoques. Pero creo que en los tres el exilio, como aquel que dice, brilla por su ausencia. Dos de los poemas, el primero y el tercero, tienen una relación intertextual —el último alude al primero—. Pero no por ello podríamos tampoco decir, ni así lo pretendo, que los tres construyen una narración continua. Se trata de tres instancias discretas, tres testimonios de tres poetas en tres circunstancias muy distintas. Una sola metáfora: la noche —o mejor dicho: Cuba y la noche— provee un común denominador. Pero hay que reconocer en seguida que aun esa metáfora —es decir, la ausencia de luz— significa, precisamente, la discontinuidad. Tampoco pretendo, por último, ofrecer una teoría original de la relación entre poe-

---

[1] Para ello véase el excelente estudio de Carlos Espinosa Domínguez, *El peregrino en comarca ajena. Panorama crítico de la literatura cubana del exilio*, Boulder, Colorado, Society of Spanish and Spanish American Studies, 2001, así como la antología de Nedda G. de Anhalt, *La fiesta innombrable*, prólogo de Guillermo Cabrera Infante, presentación de Gastón Baquero, introducción y selección de Nedda G. de Anhalt y Víctor Manuel Mendiola, México, El Tucán de Virginia, Fundación E. Gutman, 1992.

sía y exilio, salvo tal vez la que derivo de otras meditaciones conocidas sobre el tema, como son las de Claudio Guillén y Edward Said.[2] Y aun así, esas fuentes tratan la relación entre exilio y literatura en general, y menos el caso particular, y a mi juicio más espinoso, de la que existe entre exilio y poesía.

Me interesa indagar más, por tanto, lo que nos dicen los tres textos sobre el tema, incluso la índole más específica sobre el exilio. Lo cierto es, y me limitaré a este único comentario de tipo histórico, que el tema del exilio cubano ha sido, para decir lo menos, la cenicienta en las discusiones sobre el exilio de escritores e intelectuales latinoamericanos a lo largo del siglo XX, aun cuando la mayoría de esos exilios nunca fueron tan definitivos como el nuestro y ya dejaron de serlo hace tiempo. Los cubanos nunca podremos olvidar, entre otros ilustres insultos, el indigno discurso de aceptación del Premio Nobel de Gabriel García Márquez, que tanto abundó sobre la muy legítima tragedia de los exiliados de regímenes autoritarios en América del Sur pero en ningún momento mencionó el exilio causado por el totalitarismo castrista, que a la altura de 1982 ya contaba con más de un millón de personas desplazadas por razones políticas.

Dos patrias

Dos patrias tengo yo: Cuba y la noche.
¿O son una las dos? No bien retira
Su majestad el sol, con largos velos
Y un clavel en la mano, silenciosa
Cuba cual viuda triste me parece.
¡Yo sé cuál es ese clavel sangriento
Que en la mano le tiembla! Está vacío
Mi pecho, destrozado está y vacío
En donde estaba el corazón. Ya es hora
De empezar a morir. La noche es buena
Para decir adiós. La luz estorba
Y la palabra humana. El universo
Habla mejor que el hombre.
                            Cual bandera
Que invita a batallar, la llama roja
De la vela flamea. Las ventanas

---

[2] Me refiero a Claudio Guillén, *El sol de los desterrados. Literatura y exilio*, Barcelona, Quaderns Crema, 1995, y Edward W. Said, *Reflections on Exile and Other Essays*, Cambridge, Harvard University Press, 2000.

Abro, ya estrecho en mí. Viuda, rompiendo
Las hojas del clavel, como una nube
Que enturbia el cielo, Cuba, viuda, pasa...[3]

El poema de Martí adolece de ese tipo de olvido que, al decir de Borges, es íntimo producto de la fama. Baste recordar las palabras de Octavio Paz, en uno de los luminosos capítulos de *Los hijos del limo*, donde lo identificó como la articulación más elocuente de la poética analógica en toda la poesía moderna.[4] Ha sido objeto de múltiples lecturas, pero nunca, que yo sepa, como testimonio, o cifra, del exilio de Martí, que fue donde lo escribió. El texto consta de tres partes: una primera hasta el quinto verso, donde relata la visión nocturna, pesadillesca, donde Cuba aparece como viuda en velos y portando un clavel; una segunda, hasta el 13, donde se interpreta la visión como profecía del martirio y muerte del poeta y la noche como símbolo de la ausencia, no sólo de luz sino de lenguaje; por último, en la tercera se suceden un símbolo material, la vela que flamea como bandera, y la visión de Cuba, viuda muda, deshojando el corazón del poeta para luego desvanecerse en la bruma nocturna.

De todas sus oraciones, sin duda las más enigmáticas son las dos primeras, y en particular la pregunta: "¿O son una las dos?" La metáfora martiana ha sido, por cierto, lo suficientemente poderosa para llegar a convertirse en un lugar común: hoy es el título de una novela de Pico Iyer, de una pintura de Humberto Calzada y, como veremos, el tema recurrente en los poemas en prosa de Pérez Firmat. No hay duda, además, de que debemos entender esa metáfora y pregunta contra el trasfondo de la tradición poética, romántica, del nocturno, género tan frecuente en la poesía martiana, y que en este caso sugiere un nocturno vuelto pesadilla. La pregunta sugiere que si bien la analogía entre Cuba y la noche es bella y aceptable como figura retórica, en cambio se vuelve tenebrosa y amenazante como figura literal: viuda sangrienta. El resto del poema gira sobre esta insólita literalización para formular, implícitamente, otra pregunta: ¿qué pasa, en efecto, cuando Cuba y la noche son una las dos? La premisa de esa pregunta, retórica o no, es que Cuba, la patria, está ausente y por tanto que la noche, esa otra patria de los poetas románticos, suple su presencia. Sólo que suplir esa presencia significa

---

[3] Cito de José Martí, *Poesía completa,* Carlos Javier Morales (ed.), Madrid, Alianza Editorial, 1995, pp. 214-215.
[4] Véase Octavio Paz, *Los hijos del limo. Del romanticismo a la vanguardia,* Barcelona, Seix Barral, 1974, pp. 140-141.

no el consuelo del bien perdido, como suele ocurrir en los nocturnos, sino el relato de la pesadilla de esa pérdida. Esencial dentro de esa pesadilla es que el poeta padece la fragmentación del cuerpo: el pecho destrozado y todo su ser "estrecho en sí". Por eso en la bruma de la noche se desvanecen no sólo la viuda sino el propio cuerpo del poeta.

Más allá de continuar la tradición del nocturno –tal vez, en este caso, del contra-nocturno–, el poema de Martí comparte esa dualidad arquetípica que Claudio Guillén vislumbra en la literatura del exilio: si la metáfora solar significa una actitud por la que el desterrado aprende a compartir con otros un proceso común y un impulso solidario, la nocturna, ausencia de ese sol, "denuncia una pérdida, un empobrecimiento o hasta una mutilación... La persona se desangra. El yo siente como rota y fragmentada su propia naturaleza psicosocial" (14). La primera actitud, según Guillén, la simbolizan Plutarco y Séneca –el exilio no es una desgracia sino una oportunidad que pone a prueba el valor del espíritu, motivo igualmente de cínicos y estoicos–; la segunda la encarna Ovidio, el poeta elegíaco de Roma: el exilio sí es una desgracia, y la poesía describe sus padecimientos. No es exagerado, por tanto, ver "Dos patrias" como una elegía ovidiana: elegía no sólo de la nación que encarna el luto de la Cuba viuda, canto desde el exilio; también la elegía que escribe Martí sobre sí mismo, muerto a los 42 años: canto de ultratumba.

Las observaciones de Claudio Guillén muestran hasta qué punto la meditación de Martí, como las otras que veremos, pertenecen al canon de la poesía del exilio, aun cuando descreo que "Dos patrias" inaugure el tema en la historia de la poesía cubana. Ejemplos anteriores sobran, como el de Juan Clemente Zenea, otro romántico, que en 1861 escribiría versos que con los años todo niño cubano se ha aprendido de memoria en la escuela casi tanto como los *Versos sencillos* de Martí:

¡Señor! ¡Señor! ¡el pájaro perdido
Puede hallar en los bosques el sustento,
En cualquier árbol fabricar su nido
Y a cualquier hora atravesar el viento!

¡Y el hombre, el dueño que a la tierra envías
Armado para entrar en la contienda,
No sabe al despertar todos los días
En qué desierto plantará su tienda!

¡Y a mí! ¡Señor! A mí no se me alcanza
En medio de la mar embravecida,
Jugar con la ilusión y la esperanza
En esta triste noche de la vida![5]

Evocaciones parecidas sin duda aparecen en la obra de poetas anteriores, como por ejemplo en Heredia, primero de los románticos exiliados. Pero lo que en todas ellas me interesa más es esa asociación tipológica entre noche y exilio que, según Guillén, provee la impronta ovidiana. El poema de Zenea, por ejemplo, es la segunda sección de su suite "En días de esclavitud", pero cuando se publicó en La Habana en 1861 y Zenea vivía exiliado en Nueva York, apareció con el título de "Nocturno", con el que siempre se le ha conocido. Parte de la lógica de esa tipología, como vimos en "Dos patrias", es en efecto la noche, el plácido nocturno; pero también, junto a ella, la pesadilla trasnochada: el fantasma o fantasmagoría que en el caso de Martí no sólo es la viuda que es Cuba sino él mismo. No en balde Guillermo Cabrera Infante ha leído la literatura cubana nacida en el exilio como una tradición fantasmagórica: "Ahora nos miran, pero muchos de nosotros nos vemos en su vigilia. No tenemos ojos para ellos porque son los escritores fantasmas de América. Fueron, de hecho, lo que somos ahora. Hablo, por supuesto, de los escritores cubanos en el exilio, que vivieron y murieron en el siglo XIX".[6] Esos fantasmas que Cabrera Infante invoca no son únicamente los que pululan en la cíclica historia cubana de violencia política y exilio; son también las no-personas en que todo exilio transforma al escritor o intelectual peligroso, sea dentro del Estado al que se opone y a veces hasta fuera de él, entre los acólitos y beneficiarios de su poder. En este sentido, no es extraño que el propio Martí, asediado en su tiempo igualmente por españoles, norteamericanos y sus propios compatriotas, podría sentirse como muerto en vida y padecer de visiones sobre su destrucción. "Esa ventana que abrieron —agrega Cabrera Infante sobre la misma tradición—, es nuestra ventana ahora. Habitamos esa casa donde vivieron un día o una noche como proyectos que se proyectan ahora. Y en esta hora, ahora, porque vivimos somos fantasmas menores. Somos, hoy, los *zombies* literarios de mañana. Como las víctimas del vampiro, somos *the undead, los* muertos vivos" (7).

Es aquí donde quiero iniciar la lectura de "Criatura de otoño" de Heberto Padilla, muerto en el exilio de Alabama hace menos de dos años.

---

[5] Cito de Juan Clemente Zenea, *Poesía*, La Habana, Letras Cubanas, 1989, p. 215.
[6] Cito de Anhalt, p. 7.

>Ni una sola amenaza prueba la incongruencia
>De tus dones y el viento en Tenafly.
>He llegado hasta aquí tarde en la noche
>Apegado a la vida, indoblegable.
>Nada hay de ayer. No hay más que ramas
>Y la claridad bermeja de las hojas.
>Todo camino es intemperie. Ningún techo lo cubre.
>Tú eres aún el sueño y la blasfemia
>Con que opera la fe, pasión de lo invisible
>Que retorna, mi gran amor, mi último amor,
>Eco imperecedero
>Donde habita la lucidez de nuestra época,
>Poliedro estricto como la eternidad.
>*No te arrepientas.* [7]

Sería tentador leer este poema de amor como un soneto trunco de cuya forma quedan apenas los catorce versos. La primera mitad, justo hasta el séptimo, sitúa el argumento del diálogo: la consistencia y fidelidad del tú, cuyos dones se oponen a la adversidad, y que se resume en el viento de Tenafly. Estamos, en efecto, en el exilio de New Jersey —en los márgenes de la urbe neoyorquina— adonde el poeta ha llegado "tarde en la noche". La referencia temporal del verso complementa la del título: sabe, al decir de Martí, que "la noche es buena para decir adiós", pero su apego a la vida resulta mayor que el deseo de muerte. Y así, una vez descargados dolores y resentimientos, sólo queda la presencia de una naturaleza protectora y clara. Sobre todo clara: luz otoñal que se vuelve antídoto de la noche, del exilio y de la muerte. También una transformación moral: vivir no es más que saberse a la intemperie y sin protección. Vale decir: vivir es saberse exilado; o bien al revés: hay que saberse exiliado para poder empezar a vivir. En la segunda mitad se abunda en el diálogo con el tú, fuente de fe y de persistencia, vinculado en seguida con un amor que se sabe no sólo amor sino último en el tiempo. Ese amor es persistente e imperecedero. Pero también es un eco, repetición de otro sonido anterior, imagen o fantasma sonoro cuya imperfección abriga "la lucidez de nuestra época", el único o al menos el más auténtico valor que el poeta ha conocido. La lucidez del tú es tan precisa o

---

[7] Cito de la antología de poemas de Padilla que publicó la revista electrónica *La Habana Elegante* en su homenaje póstumo al poeta en su número de primavera 2001. Según la revista, el poema fue escrito en una tarjeta postal del día de los enamorados a la poeta Lourdes Gil y era inédito a la fecha de publicación.

estricta como la eternidad, lo cual equivale, a su vez, a la derrota del tiempo y de la muerte. Pero el elogio del tú culmina, al final, exhortando a la firmeza, como si al hacerlo se reconociese un margen de duda dentro de una antigua convicción. "No te arrepientas" suena a advertencia, casi a amenaza. El poeta podrá aspirar al "poliedro estricto", pero sus dudas no confesas delatan la imperfección demasiado humana de desconfianza, suya y del tú: después de todo se trata, en ambos casos, de frágiles "criaturas de otoño".

Sería lícito, además, leer este poema, coloquial en tantos sentidos de la palabra, no como un diálogo entre tú y yo, sino como un monólogo interno con otro aspecto del yo, con su conciencia o con ese otro, tal vez menos apreciado, que también lo habita. Pero sea o no el poeta el tú, el poema comunica una sensación de profunda ambivalencia. No se doblegará el poeta pero el tono del poema rezuma la incómoda realidad de tardanza ("tarde en la noche"). Esa dislocación temporal va de la mano con otra, psicológica y más profunda: el agobio de los dolores de ayer crea una sensación de vivir simultáneamente en varios niveles de temporalidad, lo que para efectos de evaluar la poesía del exilio Claudio Guillén llama el "resultado del exceso de retrospección y memoria" (153). El "eco". en efecto podrá ser imperecedero, pero, al decir de Guillén, es "la palabra que sólo se recuerda sin oírla. No es la voz directa de la vida, sino su eco" (153).

Lo que en "Dos patrias" es franca angustia y desesperación ante el destrozo del exilio, en "Criatura de otoño" se vuelve una resistencia ante la fantasmagoría del destierro. El mayor fantasma no es una figura dada, como la Cuba viuda, sino el lenguaje mismo, contaminado por la irrealidad que crea el exilio. Tal sería el efecto ovidiano, por así decirlo, del exilio en el lenguaje, cuyo previo trauma existencial igualmente sería, como dice Edward Said, "el incurable cisma entre un ser humano y el lugar nativo, entre el ser y su verdadero hogar: una tristeza esencial que no puede ser sobrepasada... Los logros del exilio quedan permanentemente minados por la pérdida de algo dejado atrás para siempre" (177). El poema de Padilla aspira, por tanto, al consuelo que podría ser o bien estoico o bien cínico, para invocar una vez más esa polaridad antigua. Pero el lenguaje del exilio, fuera del control del sujeto o del diálogo, aparece erosionado más allá de las proyecciones de la filosofia y la poesía.

Es precisamente en esta disyuntiva ideológica y lingüística donde quiero iniciar mi lectura del último texto, el poema XXXI de las *Cincuenta lecciones de exilio y desexilio* de Gustavo Pérez Firmat:

> La palabra expatriación está escrita en el Diccionario de nuestra lengua, pero su verdadero sentido no se encuentra sino en el corazón de un proscrito, amante de su patria.
> José Antonio Saco

Descreo de la expatriación. Acepto el exilio, el extrañamiento, la expulsión, la proscripción, el destierro; mas no la expatriación, porque la patria no es una realidad legal o geográfica sino una presencia cordial. Se puede ser exiliado y no apátrida; se puede ser apátrida sin nunca haber salido de la tierra natal. Como apunta Saco, la definición de la patria está escrita en el corazón. A eso también aluden los tantas veces citados versos de Martí: "Dos patrias tengo yo: Cuba y la noche. ¿O son una las dos?" Si la patria es noche, carece de fronteras y ofrece refugio a todos —hasta a aquellos que el país expulsa.

A nuestra patria no es cuestión de visitarla, recordarla, conquistarla o imaginarla; es cuestión de escribirla. La inscripción desmiente la proscripción.

> Cuba es: una grafía sin geografía, un recurso de mi discurso,
>   una rumba sin rumbo.
> Cuba es: hogar sin lugar, paisaje sin país, cielo sin suelo.
> Cuba es: canto sin llanto, hondo sin fondo, noche sin oscuridad. [8]

El libro donde aparece el texto contiene cincuenta "lecciones", una por cada año del autor, en las que se propone, como indica el título, indagar en los dolores del exilio y deshacerse de ellos. La tarea es por tanto, simultánea. Como el libro contiene, a un tiempo, un lamento y un consuelo, resulta difícil, tal vez imposible, deslindar una actitud de la otra en cada uno de sus cincuenta textos. La posición exílica de este poeta es, a la vez, desesperada y desafiante, angustiosa y burlona, estoica y cínica. Esa hibridez de tonos se da la mano con la hibridez de los textos: son a un tiempo poemas en prosa y ensayos de reflexión, poesía y autobiografía. Su síntesis, a veces deslumbrante, hace pensar en las *Mínima moralia: reflexiones sobre una vida mutilada* de Theodor Adorno, escritor exiliado si los hubo. Y no muy distinto a Adorno, Pérez Firmat llega a la conclusión de que el único hogar, la única patria, es la escritura, para lo cual entabla un diálogo, a través de citas representativas, con José Antonio Saco y José Martí, los pensadores del exilio más célebres del siglo XIX cubano.

---

[8] Cito de *Cincuenta lecciones de exillo y desexilio*, Miami, Ediciones Universal, 2000, pp. 73-74.

El poeta refuta la expatriación, que él dice interpretar como "realidad legal o geográfica", y afirma a su vez su sentido moral o imaginario: no se puede expatriar por decreto, a menos que borremos la patria del corazón. Para ello, interpreta también los versos de Martí: la noche es de todos, a diferencia de Cuba que, sobre todo hoy, se pretende pertenecer sólo a algunos. Su interpretación de los versos de Martí por tanto refuta la tradicional carga simbólica de la noche como espacio de nostalgia y dolor y lo recodifica con otro significado: la noche es el refugio sin fronteras "hasta para aquellos que el país expulsa". Noche, por tanto, como papel negro: página abierta donde el sujeto desterrado realiza su *inscripción* para derrotar así la *proscripción* en un juego conceptual que, característico del libro, postula una vertiginosa lógica otra, una alternativa radicalmente distinta a la del destierro y anclada en el lenguaje. De ahí que Cuba se reduzca, en este argumento, a una serie de juegos conceptuales: "grafía sin geografía", "recurso de mi discurso", hasta llegar a "noche sin oscuridad".

La protesta conceptual de Pérez Firmat incurre en una serie de abiertas inversiones semánticas, o al menos de desvíos lógicos, que se manifiestan de manera flagrante. Así, la página en negro que es la noche sin dolor tiene otras contrapartidas, tal vez menos evidentes, como por ejemplo todo lo que tiene que ver con el concepto de expatriación. El verbo expatriar tiene, normalmente, dos sentidos, según sea reflexivo o transitivo. En la cita de Saco, expatriación tiene el sentido transitivo, y también más arcaico: expatriar significa desterrar, enviar al ostracismo. Modernamente, ese sentido se ha perdido y se favorece el reflexivo: expatriarse significa autoexiliarse voluntariamente. Uno se expatría como estrategia de alejamiento e independencia personal, tal como lo hicieron, entre otros escritores modernos, Nietzsche, Rilke, Hemingway, T. S. Eliot, Auden, Joyce, Beckett, Goytisolo. Pérez Firmat violenta ese sentido moderno, regresa al arcaico de Saco y le atribuye a la expatriación un sentido, como él mismo dice, legal o geográfico: expatriado es a quien el Estado le priva de su lugar y ciudadanía. No me interesa, desde luego, señalar estas dislocaciones de sentido como "errores" filológicos o de redacción, sino como ejemplos prácticos y fehacientes de la misma resistencia moral por la que el texto aboga. Al recodificar el sentido de expatriación el texto inscribe la patria de otro modo. Su error se convierte en lo que Joyce, ese otro exiliado, llama por boca de Stephen Daedalus, ese otro futuro exiliado, "los portales del descubrimiento". Es precisamente ese supuesto "error" el que lleva al autor al otro "error", la imagen con que culmina la serie conceptual con que re-escribe a Cuba: "noche sin oscuridad". El texto busca vaciar la noche de Martí –y de paso la de Padilla– del dolor y la nostalgia que la atraviesa. La noche sin oscuridad podrá ser una contradicción lógica porque *no* existe en la realidad. Pero como sí existe como imagen y hasta como figura retórica –se trata de un oxímoron– su mera existencia prueba que su hallazgo cumple su cometido: derrotar la *pro*scripción a través de la *in*scripción.

Estamos, en este texto al menos, con una versión más de la consolación, *no* ya por la filosofía, o siquiera de la poesía, tanto como de la escritura. El "desexilio" de Pérez Firmat es análogo, en este sentido, a lo que Guillén llama el "contra-exilio": el poeta aprende y escribe desde el exilio, distanciándose de él como entorno o motivo, y reaccionando ante las condiciones sociales, políticas o, en general, semióticas de su estado, mediante el impulso mismo de la exploración lingüística e ideológica que le permite ir superando esas condiciones originarias" (31). Por eso las lecciones de Pérez Firmat son en realidad cartas que el poeta escribe, y sobre todo a sí mismo. Al escoger entre la elegía y la epístola, los dos géneros ovidianos por excelencia, opta por la segunda: mientras la elegía proclama y valora la ausencia, la epístola procura remediarla y suprimirla. La opción es valiente, lúcida, inventiva, y hasta cierto punto heroica. Pero no es ni definitiva ni totalmente compensatoria, cosa que el poeta mismo por cierto sabe. La penúltima de las lecciones reconoce que "Hace años me parecía que nadie se moría en Miami; ahora no conozco otra ciudad con más muertos, con más muerte, que Miami... De ser refugiados sin país hemos pasado a ser exiliados sin consuelo" (122). La noche podrá no tener oscuridad, pero no por ello deja de ser noche.

Resultaría tentador ver una suerte de progreso histórico en la sucesión de estos tres textos, que he leído, por cierto, en orden cronológico e histórico. Pero crear una unidad de la que en realidad carecen terminaría imponiendo un optimismo utópico que ninguno de los tres poetas comparte, y yo con ellos.[9] Por eso, mi lectura de tres textos tan distintos sobre el mismo tema –quisiera verlos como *Ejercicios de exilio*– son, como todo, discutibles. Igualmente lo es la selección de poemas y poetas en que me he basado. Porque en realidad, hay tantos exilios como poemas, y poetas, que lo testimonian. No lo es, en cambio, la íntima realidad de nuestro exilio, actualmente el más largo del mundo hispánico, ni tampoco de los numerosos poemas que de él siguen dando cuenta.

(2002)

[9] La excepción sería José Martí. Pero su utopismo es un rasgo de su prosa, no de sus desesperados poemas.

Epílogo

A LA SOMBRA DE LA MATA DE AGUACATES

Claremont, California
a 31 de marzo de 1995
Sr. Octavio Paz
México, D.F.

Querido Octavio:

Los organizadores de la presentación de nuestro libro *Blanco /Archivo Blanco* en El Colegio Nacional me han pedido un texto para ser leído en ese acto. La petición me ha dejado un poco desconcertado, pues poco puedo agregar ya a las más de cien páginas que sobre tu poema escribí para el epílogo de nuestro libro. Pensé, en un primer momento, decir algo acerca de nuestra colaboración editorial y crítica durante todos estos últimos años; pero ¿cómo decir algo definitivo sobre una relación que aún continúa? También se me ocurrió la posibilidad de hablar un poco más sobre el trasfondo budista del poema, pero entonces pensé que, como en la paradoja de Wittgenstein, lo único que valía la pena añadir sobre ese tema era mejor dejarlo en silencio... Presionado por lo prematuro de la petición, opté finalmente por escribirte esta carta que, como dicta el género, se encuentra a medio camino entre el ensayo literario y la confesión personal. En ella quiero decir algo sobre mí mismo y también sobre una dimensión secreta, o al menos íntima, de mi relación con tu obra.

Te escribo desde Claremont, California, donde como sabes vivo intermitentemente y donde mi esposa y yo tenemos una casa muy bonita de estilo español con un acogedor patio interior. En esta casa es donde estamos criando a nuestra hijita Camila, quien ya cuenta cuatro años. Te escribo no sólo frente a la pantalla de mi computadora, sino, más allá y a través de los ventanales que rodean mi estudio, encarando ese patio interior en cuyo primer término se alza un hermoso y antiguo árbol de aguacate. Escogí este sitio preciso para instalar mi computadora y escribir cuando por fin me mudé a Claremont porque encuentro esta vista, lo que quiero que sea este paisaje, de particular inspiración para mi trabajo. Explicar mi fascinación por esta vista, por este patio, me tomará algún espacio, pero espero que el recorrido valga la pena, o al menos que nos entretenga.

Siempre que me preguntan de qué parte de Cuba soy –porque, como sabes, soy cubano, y de lós buenos– respondo sin titubear: de Santiago de Cuba. Nunca me deja de sorprender esa respuesta mía, que se me sale de la boca más o menos espontáneamente. Aunque nací en Santiago y temporalmente me siento más cercano a los cariñosos orientales que a los díscolos habaneros, lo cierto es que mis padres me llevaron a La Habana cuando era recién nacido. Fue en esa gran y hermosa ciudad donde me crié: allí fui a la escuela, allí recibí mis primeras impresiones humanas y allí hice mis primeras amistades. En Santiago de Cuba, en cambio, viví apenas un año, acabado de cumplir los diez, en 1960, cuando regresé con mi madre y hermano menor durante un periodo especialmente turbulento en nuestras vidas. A la conmoción nacional que siguió en esos años al triunfo de la revolución de Fidel Castro, se añadía una crisis matrimonial por la que pasaban mis padres y que resultó en una separación. Fuimos a parar nosotros tres a la antigua casa de la familia de mi madre, en una sección de la ciudad que lleva un dulce nombre poético, pero que años después comprobé podría ser surrealista: el Reparto Sueño.

Nunca antes, excepto cuando nací, había estado ni en Santiago ni en la casa de mi familia. Pero a medida que crecí en La Habana muchas veces escuché a mis familiares contar anécdotas felices sobre la vida allí, lo cual sirvió para que cuando llegué, o regresé, a los diez años, la casa adquiriese una fascinante dimensión mítica. En Santiago de Cuba pasé, por tanto, muy poco tiempo, pero comparado con todos los años que, antes o después, viví en La Habana fue una época lo suficientemente importante para mí como para anclarme psicológicamente y hacerme identificar como santiaguero, residente emocional si no legal de ese Reparto Sueño al que (y no es un mero juego de palabras) sigo regresando en sueños.

En esa casa mítica a la que regresamos mi madre, mi hermano y yo ya no vivía el familión del que había oído durante años –todos se habían mudado a la igual mítica Habana. Sólo una tía solterona llamada Esperanza, hermana de mi abuela, vivía en la casona, y ella nos acogió como si fuéramos sus propios nietos e hija. Fue esa tía, por cierto, modelo de coraje e independencia, la que, durante el tiempo que pasé en esa casa, me alentó en mis primeras letras y marcó así para toda la vida mi compromiso con la literatura, o al menos con lo que yo creía entonces era eso: escribirle cartas a mis familiares en una flamante máquina de escribir.

La casa del Reparto Sueño no era nada del otro mundo. Construida con planchas de madera a principios de siglo, tiene esa arquitectura tan común en el trópico de paredes abiertas en el techo que comunican con las casas contiguas, de manera que toda una hilera de diferentes casas constituyen en realidad una sola estructura apenas dividida con suertes de cortinas sólidas. La casa misma consta (pues todavía está en pie) de un largo zaguán con cuartos a ambos lados, las recámaras a la izquierda, que al final culmina en un ancho comedor. Alrededor de buena parte de este comedor una celosía lo separa de un patio o jardín central. Por la celosía se filtraba siempre un sol radiante que, junto a las voces de las casas colindantes, para no hablar de los animales que tenían los vecinos –perros, gatos, canarios y alguna que otra cotorra– alegraba cualquier comida. Además del sol, los atronantes aguaceros tropicales salpicaban de lluvia todo el comedor a través de la celosía, lo cual nos ofrecía a mi hermano y a mí una precaria pista de deslizamiento que aprovechábamos sin que nos viera nuestra mamá. El patio, como buen patio cubano, estaba repleto de plantas tropicales –un verdadero manglar de arecas, malangas y corotos multicolores de cuyo centro surgía, majestuosamente, un árbol, o como decimos en Santiago, una mata de aguacates–. Tanto el patio como la casa terminaban en una pared más allá de la cual estaba el patio de otra casa. Puedo afirmar sin duda alguna y con la mayor solemnidad que en ese patio y a la sombra de esa mata de aguacates pasé algunos de los momentos más importantes de toda mi vida.

Ese año de 1960, por decreto oficial, se cerraron todas las escuelas en Cuba, que habían sido nacionalizadas por el nuevo gobierno, con el propósito de organizar la educación. Al tiempo excepcional que significaba el traslado a Santiago y a la ausencia de mi padre se unía, por tanto, el tiempo excepcional de vacaciones de todo un año. Ya te puedes imaginar lo felices que vivimos mi hermano y yo durante todo ese tiempo, pues a pesar de que mi madre no nos dejaba relacionarnos demasiado con los niños del mismo barrio, puesto que después de todo éramos extraños habaneros, disponíamos de tiempo de sobra para dedicarnos a nuestros juegos, y a alguna que otra lección que nos daba una buena vecina, maestra retirada, quien se apiadaba de nuestro involuntario aburrimiento. Pero a pesar de todos los buenos esfuerzos de mi familia por mantenernos más o menos civilizados durante ese tiempo de ocio, lo cierto es que me quedaban muchas horas libres, y era sobre todo por las tardes calurosas después del almuerzo, cuando todo el mundo dormía la siesta y no se oía un alma en todo el Reparto Sueño, que yo me escapaba solo al patio interior de la casa y allí pasaba horas fascinado por la exuberancia de las plantas que me rodeaban y por mi compenetración con ellas. Sólo al final de la siesta, después de lo que me parecía horas de absorta meditación, mi madre o mi tía rompían el hechizo gritándome: "¡Muchacho, vente a bañar!"

Llamar jardín a ese patio sería exagerado. No recuerdo que mi tía cuidase esas matas, que crecían más o menos silvestres con la abundancia natural de la lluvia y del sol tropical. Tampoco había flores, o al menos ninguna que yo recuerde. Pero sí había como un concierto de vegetación alrededor de la mata de aguacates, la cual ocupaba el centro físico de los canteros que bordeaban todo el patio, y la proliferación organizada de todas esas gigantescas hojas alrededor del tronco me servía de toldo en una imaginaria tienda de campaña que yo erigía todas las tardes como refugio del sol durante esos, mis safaris santiagueros. Cubierto por ese manglar me dedicaba a excavar huecos en la tierra muchas veces mojada, y de allí salían toda suerte de bichos: cucarachas, bibijaguas, alacranes, arañas, culebras y alimañas. Un día, después de un fuerte aguacero, me encontré una rana que mi madre, después de descubrirme experimentando con ella, me obligó a liberar del otro lado de la cerca.

Ésas eran, digamos, mis actividades horizontales en el patio de mi casa, que es particular... Pero también había otra dimensión, llamémosla vertical, y que yo asociaba particularmente con la mata de aguacates, con su para mí interminable tronco y una cima gigantesca que se salía muy por encima del techo de la casa. Veía esa mata con características no sólo míticas, sino mágicas y desde abajo la contemplaba con una mezcla de burla y fascinado respeto. Varias veces le oí decir a mi tía que el verano anterior había parido casi quinientos aguacates, evocación que para mí sirvió para que durante muchas noches dormitando en mi cama tratase de imaginar a ese árbol –que todo el mundo en mi casa insistía en llamar por su nombre femenino– dando a luz a un ejército de hijos verdes y morados. Nunca (te lo admito a ti únicamente) logré encaramarme en la mata. En realidad, no había manera: sencillamente no tenía ramas a mi altura, que no era mucha; a menos, es decir, que hubiese inclinado una escalera sobre el tronco, lo cual ideé varias veces con ayuda de mi hermano menor, pero sin suerte. Pero no haber trepado la mata de aguacates nunca obstó para que la siguiese viendo como mi gran compañera de juegos, o más que eso: como un cómplice en mis aventuras; o para que me sintiese plenamente identificado con ella, me sintiese acompañado en ese tiempo de excepción en mi vida de niño, cuando rápidamente me acercaba a los terrores de la adolescencia, para no hablar acerca de otros terrores más siniestros que vendrían para nosotros los cubanos poco después. Un día, cuando al fin mis padres se reconciliaron y llegó la hora de regresar a La Habana, me tuve que despedir de mi mata. Esa última tarde, cuando todos excepto yo dormían, en vez de jugar, me dediqué a mirarla. Y después de un buen rato, sin saber qué más hacer, y sin comprender del todo lo que hacía, la abracé.

Cuando pienso en mi niñez y trato de recordar los momentos más importantes en ella, no puedo dejar de evocar ese patio y esa mata de aguacates. Es como si algo fundamental de mi vida se hubiese forjado en ese espacio cotidiano y mágico y nunca en realidad lo hubiese abandonado, de manera que hoy, después de años de presunta madurez y peregrinación por el mundo todavía sigo allí en el Reparto Sueño, jugando a la sombra del árbol y hablando con él, ese orador de los vientos. Al mismo tiempo, vivo resignado a no poder recuperar esa experiencia. Una vez, te lo cuento también, intenté reproducir las mismas circunstancias que le habían propiciado. Hace dieciséis años, la única vez en treinta y tres años de exilio que he regresado a Santiago de Cuba, volví a visitar la casa. La antigua mata ya había desaparecido, y otra aún más frondosa había tomado su lugar. Pero ni el patio ni la mata eran los mismos. Yo mismo no era el mismo.

Durante años vi esta experiencia de mi niñez como única y extraña, dadas las circunstancias excepcionales de mi vida familiar y de la historia nacional por la que atravesaba entonces. (Las revoluciones producen muchas cosas, pero una de las más sobresalientes es que nos hacen sentir extraños, únicos y desde luego más solos.) Pero con el tiempo he aprendido que lo que me había pasado en el Reparto Sueño es una experiencia común a todos los hombres, y a la que tú felizmente le has dado el nombre de *la otredad*. Nunca podré olvidar la resonancia que sentí al leer tus palabras en "Los signos en rotación" donde como ejemplo de la experiencia de *la otredad* hablas de "la tarde en que vimos el árbol aquel en medio del campo y adivinamos, aunque ya no lo recordemos, qué decían las hojas, la vibración del cielo, la reverberación del muro blanco golpeado por la luz última". "Experiencia hecha del tejido de nuestros actos diarios", resumes en el mismo texto, la otredad es "ante todo percepción simultánea de que somos otros sin dejar de ser lo que somos y que, sin cesar de estar en donde estamos, nuestro verdadero ser está en otra parte. Somos otra parte. En otra parte quiere decir: aquí, ahora, mientras hago esto o aquello." La otredad vendría a ser, de esta manera, el testimonio de la extrañeza de la vida, o mejor dicho, de la extrañeza de estar vivos, y por eso mismo es la sustancia misma de la poesía, ya que la poesía no es sino testimonio o crónica de la otredad. Es la experiencia que captaste con sin igual maestría en *Blanco,* y es la experiencia que nutre toda tu obra poética. También, lo que he querido expresar en estas páginas.

Si la grandeza de la niñez consiste en que durante ella es que somos sensibles a la experiencia de la otredad, en cambio nuestra común tragedia humana consiste en que es sólo como adultos que verdaderamente la apreciamos, de suerte que nos dedicamos vanamente a reproducirla, o a recordarla. La vida es mística, pero por desgracia nos vamos acostumbrando a ella y lo que de niños nos parece una excepción, pronto lo vamos adulterando como una costumbre. No es casual, por eso, que los poetas acerquen constantemente la poesía a la niñez, y en este sentido resulta especialmente notable cómo se repiten las mismas obsesivas imágenes en sus evocaciones. Seguramente recuerdas, Octavio, lo que dice Neruda en sus memorias cuando evoca su niñez en el áspero campo del sur de Chile:

> Todo era misterioso para mí en aquella casa, en las calles maltrechas, en las desconocidas existencias que me rodeaban, en el sonido profundo de la marina lejanía. La casa tenía lo que me pareció un inmenso jardín desordenado, con una glorieta central menoscabada por la lluvia, glorieta de maderos blancos cubiertos por las enredaderas... Se comenzó por infinitas playas o montes enmarañados una comunicación entre mi alma, es decir, entre mi poesía, y la tierra más solitaria del mundo. De esto hace muchos años, pero esa comunicación, esa revelación, ese pacto con el espacio, han continuado existiendo en mi vida.

Mi gran y llorado amigo y compatriota, el escritor Reinaldo Arenas, dice algo parecido en sus memorias sobre su niñez en los campos de Oriente:

> Creo que el esplendor de mi infancia fue único, porque se desarrolló en la absoluta miseria, pero también en la absoluta libertad; en el monte, rodeado de árboles, de animales, de apariciones y de personas a las cuales yo era indiferente... Los árboles tienen una vida secreta que sólo les es dado descifrar a los que se trepan a ellos, subirse a un árbol es ir descubriendo un mundo único, rítmico, mágico y armonioso; gusanos, insectos, pájaros, alimañas, todos seres aparentemente insignificantes, nos van comunicando sus secretos... Creo que la época más fecunda

de mi creación fue la infancia: mi infancia fue el mundo de la creatividad. Para llenar aquella soledad tan profunda que sentía en medio del ruido, poblé todo aquel campo, bastante raquítico por cierto, de personajes y apariciones casi míticos y sobrenaturales...

¿Tendré que recordarte tus propias evocaciones en el jardín de la casa de tu abuelo Ireneo con la higuera, esa mata tuya de aguacates, y tus diálogos con la otredad? "Yo salía y penetraba en su centro: sopor visitado de pájaros, vibraciones de élitros, entrañas de fruto goteando plenitud... Hoy la higuera golpea en mi puerta y me convida. ¿Debo coger el hacha o salir a bailar con esa loca?" O aquellos versos maravillosos de *Pasado en claro*:

> La higuera, sus falacias y su sabiduría:
> prodigios de la tierra
> —fidedignos, puntuales, redundantes—
> y la conversación con los espectros
> Aprendizajes con la higuera:
> hablar con vivos y con muertos.
> También conmigo mismo.

Octavio: tengo que cortar aquí. Veo, a través de los ventanales, y oigo por encima de los golpes de mi teclado, a mi hijita Camila quien me llama para que salga a jugar con ella al patio. Por lo pronto, ya sabes por fin por qué escribo desde donde escribo, y por qué escribo sobre tu obra. Ahora veo que Camila está apuntando a la mata de aguacates. "Aprendizajes con el aguacate: hablar con vivos y con muertos. También conmigo mismo." Reparto Sueño. Parece que Camila también se quiere trepar en la mata, y como la pobre no alcanza yo tengo que ayudarla.

Te quiero y me quedo corto.

Tu amigo,
Enrico Mario Santí.

(1995)

ÍNDICE

Introducción 9

Primera Parte
UNA MODERNIDAD

Nación inventada 19

Félix Varela: visionario 34

Habanera 38

Cecilia Valdés, c'est moi 45

José Martí 49
    Ismaelillo y el modernismo, 49; La revolución cubana, 77; *Nuestra América* y la crisis del Latinoamericanismo, 89; Meditación en Nuremberg, 99

Cuba/España 105
    El tronco y la rama, 105; 98: Narcisismo y melancolía, 110

Segunda Parte
BIENES DEL SIGLO

Primera República 127

Hernández Catá: cañon y diáspora 133

Fernando Ortiz, o la crítica de la caña 138

Lezama y Vitier: crítica de la razón reminiscente 151

República de revistas 166

Lezama Lima 168
    Parridiso, 168; La invención de Lezama Lima, 189; *Oppiano Licario:* poética del fragmento, 205; *Brillando oscura,* 225

El fantasma de Virgilio 229

Tercera Parte
Isla en dos

De Hanover a La Habana 247

Cabrera Infante 254
    Música adentro, 254; Cuerpos del delito, 260

Retóricas de Gutiérrez Alea 278
    Ideología: *Memorias del subdesarrollo,* 278; Reconciliación: *Fresa y chocolate,* 96

Reinaldo Arenas 313
    Vida y milagros, 313; "Nada se puede hacer con uno mismo", 322

Severo Sarduy 327
    Política del texto, 327; Efecto barroco, 336

Periodismo y literatura 342

Jiménez-Leal 353
    "8A", 353; La realidad invisible, 354

Cuba y los intelectuales 359

Contra la doble memoria 363
    Dúplica, 382

El jardín de Heberto Padilla 385

Isla sin fin 388

Plante con Zoé Valdés 392

Dos transparentes 411
    La pregunta de Lydia Rubio, 411; Hombre de oro, 412

Cuba y la noche: exilio y poesía 415

Epílogo: A la sombra de la mata de aguacates 425

Este libro se terminó de imprimir en noviembre de 2002 en los talleres de Impresora y Encuadernadora Progreso, S. A. de C. V. (IEPSA), Calz. de San Lorenzo, 244; 09830 México, D. F. En su composición en que se usaron tipos Berthold Baskerville de 10:13 puntos, se hizo en los talleres de Solar, Servicios Editoriales, Calle 2, 21; 03810 México, D. F., a cuyo cuidado estuvo la edición, que consta de 2 000 ejempalres